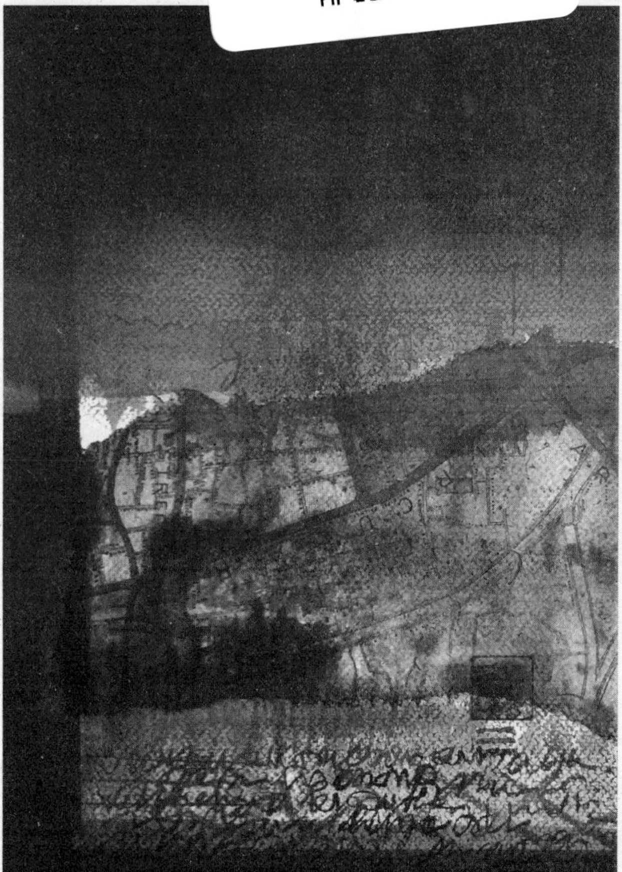

রজত সেন

Kolkata City of Print

Mara Züst

Translated by
Linda Cassens Stoian and Dipanwita Sarkar

Spector Books
Leipzig

কলকাতা
সিটি অব প্রিন্ট

লিখেছেন — Written by

Mara Züst
মারা জিউইস্ত

প্রকাশনা — Published by

Spector Books
স্পেকটর বুকস

Kolkata
City of Print

কলকাতা সিটি অব প্রিন্ট

মারা জিউইস্ত

অনুবাদ
লিন্ডা ক্যাসেন্স স্টোইয়ান এবং দীপান্বিতা সরকার

স্পেকটর বুকস
লাইপজিগ

EDITORIAL NOTES

The decision to make the book design bilingual is based on the tradition of bilingual printing that was fashionable in popular literature in North India throughout the nineteenth century. This heritage was carried on with the publishing of Rabindranath Tagore's *Lekhan* (1926).

In Kolkata City of Print, common local expressions and names of historical movements are highlighted in the main text and explained in the glossary, together with the names of persons and institutions that were important in the research on print for this book. Terms specific to printing techniques and processes mentioned in the text are also included in the glossary and specially labelled within the text.

institutions and organizations

persons

○ local expressions and names of historical movements

● nomenclature specific to print

সম্পাদকের কথা

দুই ভাষায় এই বইয়ের পরিকল্পনা আর প্রকাশ উত্তর ভারতের দ্বিভাষিক প্রিন্টিং ঐতিহ্যের অন্তর্গত। উনবিংশ শতকের জনপ্রিয় সাহিত্যগুলি এভাবেই প্রকাশিত হত। রবীন্দ্রনাথ ঠাকুরের 'লেখন' (১৯২৬) প্রকাশনার ক্ষেত্রেও এই ঐতিহ্যের ধারাটি লক্ষ করা গেছে।

কলকাতা সিটি অব প্রিন্ট-এর মুল পাঠে অপরিবর্তিত রূপে ব্যবহৃত সাধারণ আঞ্চলিক অভিব্যাক্তি আর ঐতিহাসিক আন্দোলনের নাম গুলো বইয়ের শব্দকোষে ব্যাখ্যা করে বোঝানোর চেষ্টা করা হয়েছে। যে মানুষেরা আর প্রতিষ্ঠান এই গবেষণার সঙ্গে যুক্ত আর যাদের ভুমিকা গুরুত্বপুর্ণ, তাঁদের পরিচয়ও দেওয়া হয়েছে। বিভিন্ন ছাপাই-এর পদ্ধতি ও কৌশল সম্পর্কেও সাধ্যমত ধারণা দেওয়ার চেষ্টা করা হয়েছে। পরিভাষাগুলি বিশেষভাবে চিহ্নিত হয়েছে মুল পাঠে।

প্রতিষ্ঠান ও সংস্থা

মানুষজন

○ স্থানীয় পরিভাষা ও প্রকাশভঙ্গী, ঐতিহাসিক আন্দোলন

● মুদ্রণের সঙ্গে সংশ্লিষ্ট পরিভাষা ও নাম

TABLE OF CONTENTS

সুচিপত্

TABLE OF CONTENTS

সুচিপত্

Dum Dum station in the evening; the blue-white cast typical of the city, which usually envelops the train station, is only perceptible now in the twilight as gray. The day having dragged on endlessly from one experience to the next, I limp after it, at the mercy of my own civility and thirst for adventure. At this moment I'm standing with Victor on a platform of the train station, waiting for a train that will take us eastward. A drunk devotedly strokes a street dog, there are piles of wares all around, people are high-spirited, rush hour is over. When the local train pulls in, we can get in without pushing and shoving, a situation a long way from the image of masses of people swelling out from commuter trains that I know from my walks. Here only the smell of damp garbage and the long-serving machinery of the train are the same. Soon it becomes apparent to me that Victor wants to show me something very special. In his relaxed but clear way he indicates that I should sit next to him in the open doorway. From here—the almost empty railroad cars at our backs—the city passes us by, with its innumerable houses and huts and skies overcast with smog. With the airstream in my face, feet dangling freely, incapable of any resistance, nothing remains but to forget my fears and turn toward the dreams that hover over the city between the houses and the sky. With the night air I breathe them in so that this little moment of happiness remains a part of me.

Down Picnic Garden Road and up from the canal in Kestopur to Kestopur Main Road: these are the areas where I lived during my stays in the city between 2015 and 2017.

সুচনা

বিকেলের স্টেশন চত্বর। দমদম। শহরের নীলচে সাদা যে ছায়া স্টেশন চত্বরকে মুড়ে রাখে, অবসন্ন গোধূলিতে তারই রঙ ধূসর। সারাটা দিন একটা থেকে আরেকটা অভিজ্ঞতায় গড়িয়ে যাওয়া নিরন্তর।আমিও খুঁড়িয়ে খুঁড়িয়ে চলি তার পিছুপিছু নিজের ধৈর্য আর অ্যাডভেনচারের আকাঙ্ক্ষার হাতে নিজেকে ছেড়ে দিয়ে। এই মুহূর্তে ভিক্টরের সাথে দাঁড়িয়ে আছি প্ল্যাটফর্মে শহরের পুবদিকের ট্রেনের অপেক্ষায়। একটা পাঁড় মাতাল একমনে আদর করে যাচ্ছে একটা নেড়ি কুকুরকে। এদিক ওদিক ছড়ানো ছিটনো স্তূপীকৃত জিনিশ, জঞ্জাল।চারদিকে সজীব ছটফটে মানুষের আনাগোনা যদিও ব্যাস্ততা, ঠেলাঠেলি খানিকটা থিতিয়ে এসেছে। ট্রেনটা প্ল্যাটফর্মে ঢোকার পর মনে হল, আজ অত ঠেলে গুঁতিয়ে না উঠলেও চলবে। ট্রেন থামলেই একরাশ লোক ট্রেনের ভিতর থেকে বাইরে উপচে পড়ার রোজকার অভিজ্ঞতা থেকে আজকের দিনটা অনেকটাই আলাদা। আবর্জনা আর অনেক দিন ধরে ব্যবহৃিত ট্রেনের সব যন্ত্রের গন্ধ যেন একইরকম। হঠাৎ বুঝতে পারলাম যে ভিক্টর বিশেষ কিছু একটা দেখাবার জন্যে আমাকে খোলা দরজার সামনে ওর পাশে বসতে ইঙ্গিত করছে ওর নিজস্ব হাল্কা আর স্বতঃসিদ্ধ ভঙ্গিতে। এখান থেকেই ঠিক এই মুহূর্তটা থেকেই আমাদের পেছনে প্রায় ফাঁকা রেলকামরার পাশ দিয়ে আর আমাদের পাশ দিয়ে শহরটা তার অগণিত ঘরবাড়ি, কুটির, বস্তি, ধোঁয়া-ধুলোর আকাশ নিয়ে হু-হু ক'রে ছুটে যেতে লাগল। আমার মুখের ওপর বাতাস আছড়ে পড়ছে। পা দু'টো মুক্ত হয়ে দুলছে, প্রতিরোধের ক্ষমতা নেই। কোনও ভয় নেই, ত্রাস নেই, শুধু স্বপ্নের দিকে ফিরে চাওয়া ছাড়া। সেই স্বপ্ন, যা এই শহর, তার আকাশ, বাড়ি-ঘর সমস্ত কিছুর ভেতর ভেসে আছে যেন! এই রাত্রির বাতাসের ভেতর আমি প্রাণ ভ'রে শ্বাস নিলাম, ভালোলাগার ওই টুকরো সময়টুকুকে আমার ভীতর জিইয়ে রাখতে চেয়ে।

পিকনিক গার্ডেন রোডের দিক থেকে গড়িয়ে আসা ফিরতি রাস্তায় এবং কেষ্টপুর ক্যানাল থেকে কেষ্টপুর মেইন রোডের দিকে যাওয়ার ওইসব পথেই ছিল আমার থাকার ডেরাগুলো। ২০১৫ থেকে ২০১৭ সাল—এই দু'বছর। এইসব অঞ্চলগুলো মুল কলকাতা শহরের মানচিত্র থেকে অল্পের জন্য যেন ছিটকে বেরিয়ে গেছে। শহরের দক্ষিণ পুর্ব ভাগে এই পিকনিক গার্ডেন-বন্ডেল ব্রিজ

Both neighborhoods usually slip off the edge of a map of Kolkata ○. On the one hand, Picnic Garden lies in the southeastern part of the city beyond Bondel Bridge and the railway tracks that people like to cut across when going toward the Wetlands on foot. On the other hand, Kestopur is located in the northeastern part of the city, a quarter built sixty years ago when workers were needed to construct the Kestopur Canal. Both urban districts are defined by unofficial trades: fish sellers, dressed in their lungis ○ and sitting on the ground; chai sellers with stalls on wheels that have wood fires for cooking; and coconut dealers with bicycles and machetes. Listening to your own thoughts in Kestopur is difficult. As soon as the morning hawkers ○ have retreated with their calls, the racket of traffic sounds swells, pausing only for a break in the early afternoon. Behind Kestopur begins Rajarhat New Town, a gigantic urban development project and satellite city built in the late 1990s, whose dimensions exceed what I have learned in Switzerland to consider as *extra-large*. After completion, New Town is expected to become the official home of several million people—a figure claimed in relation to the estimated 100,000 former residents who have been displaced in the process (Waligora 2015:164). But let's get back to Picnic Garden and to Kestopur, the pockets from where I made my way to follow the traces of print in this city.

Kolkata ○ is a city in which culture is highly prized. In addition, it is a city in which writing, drawing, editing, publishing, printing, pressing, binding, and distributing happen: print is everywhere in this city. Accordingly, my friends—artist couple Saumik Chakraborty and Piyali Sadhukhan—navigate via designing posters as well as doing

ছাড়িয়ে আর যেসব রেলপথ পেরিয়ে মানুষেরা পায়ে হেঁটে চলে যায় জলাভুমিগুলোর দিকে। অন্যদিকে, কলকাতার ○ উত্তর-পুর্ব দিকে পড়ছে কেষ্টপুর। প্রায় ষাট বছর আগে এই অঞ্চলটির পত্তন হয়, কেষ্টপুর খাল তৈরির সময় যখন শ্রমিকেরা সেখানে থাকতে শুরু করে। এরকম আধা-শহুরে জেলাগুলিতে বিচিত্র জীবিকার মানুষজনদের সন্ধান মেলে। কেউ কেউ হয়ত মাছবিক্রেতা, লুঙ্গি ○ পরে মাটিতে থেবড়ে বসে পড়ে, তো কেউ চাকা লাগানো গাড়িতে চলমান চায়ের দোকান খুলে বসেছে, কাঠের চুলোতে বেশ রান্নাবান্নার ব্যবস্থাসমেত। সাইকেল করে ডাব বিক্রি করতেও দেখা যাবে কাউকে কাউকে। নিজের ভাবনার শব্দও শোনা যায় না এত আওয়াজ ভোর হতে না হতেই এই কেষ্টপুরের এদিকটায়! সকালের ফেরিওয়ালাদের ○ হাঁকডাক, বিক্রিবাটার হইহট্টগোল থামতে না থামতেই শুরু হয়ে যায় যানবাহনের উৎকট চেঁচামেচি। দুপুর গড়িয়ে বিকেল হওয়ার ঠিক আগে আগে আওয়াজের তীব্রতা খানিক কমে এসে কিছুটা শান্ত হয়। কেষ্টপুরের পরেই শুরু হচ্ছে রাজারহাট নিউটাউন, এক বিপুল দৈত্যাকার নাগরিক উন্নয়ন প্রকল্প। মুল শহরের পাশেই এই উপগ্রহ-শহরখানির সুচনা হয় নব্বই দশকের শেষদিক থেকে। সুইজারল্যান্ডকে যথাসম্ভব *অতিরিক্ত বড়* করে ভাবা হলেও তা এই নবীন উপগ্রহ-নগরীরর কাছে শিশু মনে হবে। নির্মাণ শেষ হতেই দেখা যাচ্ছে লক্ষ লক্ষ মানুষের বসবাস শুরু হয়ে গেছে এখানে, বিশেষ করে কর্মসুত্রে আস্তানা গেড়েছে বহু মানুষ। আগেও যে লক্ষখানেক মানুষ বাস করত, প্রকল্প চলাকালীন স্থানান্তরিত হতে হয়েছিল যাদের, তাদের সকলকে এবং নতুন বাসিন্দাদের নিয়ে এলাকা এখন সরগরম (Waligora 2015:164)। কিন্তু আসুন, আবার ফিরে যাই পিকনিক গার্ডেন আর কেষ্টপুরের দিকে। কেননা, এসব অঞ্চল থেকেই শুরু হয়েছিল আমার কলকাতা শহরকে খুঁজতে চাওয়া। তার অলিগলিপথের, পদচিহ্নের তল্লাশি।

কলকাতা শহরে সংস্কৃতি তার যথাযথ যোগ্য মুল্য পায়। লেখালেখি, অঙ্কন, সম্পাদনা, প্রকাশনা, মুদ্রণ, বাঁধাই, পরিবেশনা–শিল্পের যে কোনও দিকই নিপুণভাবে সম্ভব এখানে। বিশেষ করে ছাপার সংস্কৃতি তো শহরের সর্বত্র। আমার বন্ধু শিল্পী দম্পতি সৌমিক চক্রবর্তী ও পিয়ালি সাধুখা জীবিকা চালান প্রধানত সিনেমা আর থিয়েটারের সেট পরিকল্পনা করে, মঞ্চভাবনা ও দৃশ্যপট সাজিয়ে তুলে বা পোস্টার ডিসাইন ক'রে। শহরের সবচেয়ে বড় উৎসব, *শারদৎসবে* প্রতি বছর দুর্গা প্রতিমা গড়ার কাজেও ডাক পড়ে এই শিল্পী দম্পতির। খড় মাটি দিয়ে শিল্পীর হাত গড়ে তোলে আশ্চর্য সব দেবদেবীর

scenic design for film and set design for theater. A further engagement that occupies them annually entails the impressive production of idols: religious statues made of clay and straw for the great *puja* in honor of the goddess Durga, which takes place every October in the city. For Saumik and Piyali it is a venture with a lead-time of several months, requiring the assistance of several employees. In this manner, Saumik and Piyali try to keep economy and aspiration in balance in the way they work so that their own art doesn't fall by the wayside, and also so that they do not irritate the censorship board. Their own reaching-for-the-stars is completely self-determined, and they are proud to have made a name for themselves with what they are doing. In Kolkata ◯, I discover a paradox: despite the foreignness of this city, there is the familiar creativity of an art scene. Or, as the travel writer Helge Timmerberg notes in his account of a journey along the Ganges: "Until now, I only knew two types of Indians: the old and the new. The old ones believe in mantras, the new ones in millions. The old ones wear waistcloths or those long white things (with or without turbans), the new ones prefer Diesel jeans or tailored suits (but never without a Rolex). The old ones are amusing; the new ones, ridiculous. In Kolkata ◯, I get to know a third type. Neither old nor new, but rather contemporary, modern, globally normal." (Timmerberg 2006:165–166)

But as normal as my friends are in this city, the city itself is not, at least compared to the one I come from. When asked how I could bring these different worlds together, a question that crops up in juxtaposing Kolkata ◯ and Zurich, a good friend, artist Habib Ahmed Afsar, answers with a counter-question: "Do you have to?"

মুর্তি। হৃদয়গ্রাহী এই সৃষ্টি আদৃত আর পূজিত হয় মানুষের কাছে, মর্যাদা পায় শিল্পীর হাতের উৎকর্ষও। কিন্তু এসব কাজে সময়ও লাগে প্রচুর। মাসের পর মাস লেগে যায়। সৌমিক-পিয়ালি তাঁদের বেশ কিছু জন সহযোগী নিয়ে ব্যস্ত থাকেন বছরের বেশ কিছু সময়। অর্থনীতি আর শিল্পাকাঙ্ক্ষার মধ্যে এভাবেই একটা ভারসাম্য বজায় রেখে চলতে হয় তাঁদের, যাতে ভালোবাসার শিল্পটি মুখ থুবড়ে না পড়ে। সেন্সরবোর্ডকে বিব্রত না করেই নিজের মত গুছিয়ে কাজ করা যান। নিজেদের লক্ষ্যে অবিচল এই শিল্পীদ্বয়। নিজেদের ভাগ্য নিজেরাই গড়ে তোলায় বিশ্বাসী। তাই জীবনের লড়াইও নেহাত কম নয়। আত্মবিশ্বাসও প্রবল। তাঁরা শিল্প নিয়ে যে ধারার কাজ করে যাচ্ছেন, যে ভাবনা ভাবছেন তা-ই তাঁদের নাম উজ্জ্বল করেছে, এনে দিয়েছে কাঙ্ক্ষিত গৌরব! তাঁদের কাজ দিয়ে সকলকে এই আনন্দটুকু দিতে পেরেই তাঁরা বড় খুশি, পরিপূর্ণ! কলকাতা শহরের একটি আপাতবিপরীত বৈশিষ্ট্য লক্ষ করার মত, যতই বিদেশ হোক না কেন, যতকিছুই আলাদা লাগুক না কেন, শিল্পকলার দৃষ্টিভঙ্গিতে দেখলে একই রকম সৃষ্টিশীলতার মিল খুঁজে পাবে যে কোনও প্রবাসী। ভ্রমণকাহিনিলেখক হেলগে টিমারবার্গ লিখছেন, গঙ্গাতীরবর্তী পথ ধরে যেতে যেতে তাঁর অভিজ্ঞতার কথা: “এখনও পর্যন্ত দু’ধরণের ভারতীয়র দেখা পেলাম। এক পুরাতন ও আর এক নবীন প্রকৃতির ভারতীয়। পুরাতন ভারতীয়রা কটিবস্ত্র সমেত সাদা জোব্বা পরেন, পাগড়ি কখনও পরেন, কখনও পাগড়ি ছাড়াই। আর নতুন ভারতীয়দের পছন্দ ডিসেল জিন্স অথবা দর্জির বানানো স্যুট (কিন্তু রোলেক্স ছাড়া কখনোই নয়)। পুরনোরা বেশ কৌতুককর আর মজাদার, নবীনরা হাস্যকর। কিন্তু তৃতীয় প্রকার ভারতীয়র খোঁজে আছি এখনও যারা সমসাময়িক, আধুনিক ও আন্তর্জাতিক বিচারে স্বাভাবিক।” (Timmerberg 2006:165–166)

কিন্তু আমার কলকাতাবাসী বন্ধুরা বেশ স্বাভাবিক, আমার মতই খানিকটা, আমার সঙ্গে তো দিব্যি মেলে। যদিও গোটা শহরটাই তাঁদের মত নয়। আমার নিজের শহরের চাইতে এই শহর অনেকটাই আলাদা। মাঝেমধ্যে মনে প্রশ্ন জাগে, ধন্দে পড়ে যাই কী করে মেলাই দুই শহরকে? কলকাতা আর জুরিখকে? আর একজন শিল্পী বন্ধু হাবিব আহমেদ আফসর উত্তরে পালটা প্রশ্ন করে বসেন “দরকারটাই বা কী মেলানোর?” এই প্রবন্ধেরই অন্তর্গত একটি গৌণ শিরনাম হল ‘কলকাতার ○ কাছে শেখা’। এই মহানগরীর প্রায় ১৫ মিলিয়ন বাসিন্দা এক লহমায় আমার আজন্মলালিত সমস্ত যুক্তিবোধকে পরিপূর্ণভাবে চুরমার করে দিতে সক্ষম। যত কাছাকাছি আসি

Accordingly, the subtitle of this essay ought to be "Learning from Kolkata ○" because this city, whose metropolitan area encompasses approximately 15 million inhabitants, is capable of turning my sense of logic completely upside down. So much so that the closer I get to the city, the more I lose my usual way of thinking. And I become aware of just how right philosopher George Steiner was in saying, "We shall never know how far thought reaches in respect of the sum of reality." (Steiner 2005:7) However, in Kolkata ○, this does not lead to sadness, as described by Steiner, but rather, as cultural scientist Homi Bhabha claims, to "the very act of going *beyond*" (Bhabha 2004:6). As I understand it: to think beyond my logic and yet within it, with all the surprises that the acceptance of such a contradiction holds. This is what this essay is about, and it never presumes to portray the core of Kolkata ○ as it really is.

My landing in Kolkata ○ was triggered by my interest —as an artist and art historian—in print media. Or more concretely: through Rani Khanna's *Kolkata Books*, a film from the *Artscape* series produced for Al Jazeera about the bookstalls on College Street and some of the neighborhood's protagonists. What I've found is a city where hearts beat for everything that is print, whether it's paper, printing ink ●, machines, text, or a mixture of these. In this city poems are written and published, pamphlets and books produced and sold, printing plates ● smeared with ink, in the fine arts as in the commercial trade of print. Here old printing techniques are still in use, there is philosophizing about their demise, standing next to a printing press, spatula in hand, or sitting under the ceiling fan in a university institution. I've wandered throughout Kolkata ○ looking for anything that could be print, keeping a

এই শহরের, আমার স্বাভাবিক ভাবনাচিন্তার ক্ষমতা লোপ পেতে থাকে। হঠাত করে মনে হয়, দার্শনিক জর্জ স্টেইনার কী নিদারুণ সত্যিটাই না বলে দিয়েছেন, "আমরা কখনই জানব না বাস্তবের নিরিখে চিন্তা কতখানি সুদুরপ্রসারী বা কার্যকরী!" (Steiner 2005:7) স্টেইনারের বক্তব্যের সার অনুযায়ী কলকাতা শহর কেবল দুঃখই জাগায় না, বরং বিজ্ঞানী হোমি ভাবা যেমন বলেন নিজেকে, "*ছাড়িয়ে যেতে পারার* মত সাধন" (Bhabha 2004:6) দিয়ে বুঝতে চেষ্টা করি, নিজের যুক্তির উর্দ্ধে গিয়ে যে বোধ, সেই বোধ দিয়ে অনুভব করার চেষ্টা করি, গ্রহণ করার চেষ্টা করি এই শহরটার যাবতীয় বিস্ময়কে আর ভাবনার বৈপরীত্যকে। ঠিক এই কারণেই হয়ত বা কলকাতা শহরের একেবারে খাঁটি নিজস্ব চিত্র ধরা যাবে না এই প্রবন্ধে।

মুদ্রণ মাধ্যমের একজন শিল্পী ও ইতিহাসবিদ হওয়ার দরুন কলকাতায় আসার আগ্রহটা একটু তীব্রই ছিল আমার। কলেজস্ট্রিটের বুকস্টলগুলো আর এরকমই আনুষঙ্গিক কিছু চরিত্র নিয়ে *আর্টসকেপ* সিরিসে আল জাহিরার জন্য নির্মিত হয়েছিল রানি খান্নার তথ্যচিত্র 'কলকাতা বুক'স'। এই ছবি দেখার পর কলকাতার ○ প্রতি আগ্রহ আরও বেড়ে গেছিল স্বাভাবিকভাবেই। মুদ্রিত অক্ষরের জন্য এই শহরের হৃদস্পন্দন সবসময় টের পাওয়া যায়। ছাপার এত চল এখানে! কাগজ, ছাপার কালি ●, ছাপার মেশিন ●, পাণ্ডুলিপি সবমিলিয়ে ছাপার উদ্দীপনা চোখে পড়বার মত। এই শহরে কত কত কবিতা প্রতিদিন রচিত হয়, ছাপাও হয় কিছু, প্রকাশিত হয় নিয়মিত। পুস্তিকা হয়, বই বেরোয়। কালি লেপা প্রিন্টিং প্লেটগুলো ●! ছাপার সংস্কৃতি এই শহরের মজ্জায় মজ্জায়, শিল্পে ও বাণিজ্যেও মুদ্রণের প্রভাব সাঙ্ঘাতিক। পুরনো পদ্ধতিতে ছাপার চল এখনও রয়েছে এই শহরে। পুরনো প্রযুক্তিটি বাতিল করার কথা ভাবলেই উদাস চোখে চশমা হাতে নিয়ে প্রেসের পাশে দাঁড়িয়ে থাকতে দেখা যাবে আবেগতাড়িত মানুষজনদের অথবা বিশ্ববিদ্যালয়ের সিলিংফ্যানের ঘর্ঘর শব্দের নীচে উদাসীন স্মৃতিকাতর হয়ে ভাববেন কত যুগের সম্পর্ক এর সঙ্গে তাঁদের এবং এতসব ভেবে কিছুতেই পুরনো ছাপার পদ্ধতিটি বাদ দিয়ে উঠতে পারবেন না তাঁরা। সারা শহর জুড়ে অলিতেগলিতে সর্বত্র আমি ছাপার অক্ষর খুঁজে ফিরেছি। কোথায় কারা মুদ্রণ পদ্ধতির ওপর কী কী পরীক্ষা নিরীক্ষা চালাচ্ছেন, তার খোঁজও করেছি। প্রায় এক প্রকার তদন্ত করে ফেলেছি কলকাতা শহরের ছাপার সংস্কৃতি ও পদ্ধতি নিয়ে। কলেজস্ট্রিটের বইয়ের দোকান থেকে শুরু ক'রে জাতীয় গ্রন্থাগারে বসে পাঠ, সেখান থেকে থেকে সুইজারল্যান্ডে আমার বইয়ের টেবিলে এসে থেমেছে এই খোঁজ। প্রথমবারের

particular eye out for its being used experimentally, I've commissioned prints, leafed through the College Street bookstalls, and read in the National Library of India and at my desk in Switzerland. More stays followed the first. Texts, lectures, and an exhibition emerged—and then this booklet, an attempt to sketch an image of Kolkata City of Print, whose complexity resembles a repeatedly overprinted press proof ●.

পর আরও যত গিয়েছি, থেকেছি, ততই বইপত্র, বক্তৃতা, প্রদর্শনীর সঙ্গে আরও বেশি করে করে পরিচয় হয়েছে। আর তারপর এই পুস্তিকা বের করার তাগিদ, কলকাতার ○ ছবি তুলে ধরতে চেয়ে। কলকাতা সিটি অব প্রিন্ট, প্রেসপ্রুফ ● দেখার জন্য আরও আরও অসংখ্যবার ছাপার পর ছাপার জটিলটা নিয়ে বেঁচে থাকা এই শহর।

It's one of my first evenings in town, one of my first evenings ever in Southeast Asia. Through the contact of a friend, I have made an appointment with Saumik, who has suggested that I attend a vernissage with him. Following his directions, I am walking through Kolkata ○, not yet aware of the fact that it's best in this city to ask the way en route. When I arrive an hour late—maybe it's due to my poor sense of orientation, but maybe it's also because of the wonderful light of the blue hour in this smoky city—, I am already impatiently awaited. In fact, the event is already over, but the responsible persons can be persuaded with a few insistent words to turn on the spots again. So I quickly glance at Israeli flares in the sky and rumpled Indian bedsheets, while I encounter people chatting who will later become my friends. The theme of the exhibition is the night, a theme that I have already worked on artistically. However, I cannot remember seeing any images in the exhibition that my father made, as Saumik claims later: "Didn't you see them?" In addition, I had never received a request to exhibit the relevant series of works. And so, already on one of my first evenings in Kolkata ○, I stumble across the laid-back way this city deals with print, in this case across the pirated printing of art. Too bad that I never got to see these reproductions.

To pursue questions about print—questions in the sense of the aforementioned "printed pressed bound"—means, among other things, to raise questions about the role of the viewer in and through the artwork. To this end, concerning the field of alternative publishing ●, media theorist

কলকাতা শহরে তো বটেই, দক্ষিণ পূর্ব এশিয়াতেই সেটা ছিল আমার প্রথম সন্ধ্যা। এক বন্ধুর সুত্রে সৌমিকের সঙ্গে আমার যোগাযোগ হয়। সৌমিক-ই বলে ওর সঙ্গে একটি ছবির এগজিবিসনের ওপেনিং-এ যেতে। তার দেওয়া ডিরেকশান মেনেই সে প্রথম আমার কলকাতার রাস্তায় হাঁটা। তখনও জানি না, কলকাতায় রাস্তা চেনার সবচে সহজ উপায় হল, রাস্তাতেই লোকজনকে জিজ্ঞেস করে নেওয়া। প্রায় ঘণ্টা খানেক পরে পৌঁছলাম গন্তব্যে,জানিনা আমার রাস্তা চেনার আক্কেলের অভাবেই নাকি এই ধোঁওয়াটে শহরটার অপার্থিব নীল আলোটার ভিতরে ইচ্ছে করেই হারিয়ে গিয়েছিলাম আমি কে জানে! যদিও গন্তব্যে পৌঁছনোর জন্য এত তীব্র অপেক্ষা ছিল আমার যে আর তর সইছিল না। প্রদর্শনী ততক্ষণে শেষ হয়ে গেছে। কিন্তু উদ্যোক্তাদের কিঞ্চিত অনুনয় বিনয় ক'রে আবার প্রদর্শনী চালু করতে বলা হল। আমার চোখ পড়ে গেল ক্যানভাসে, একটাতে আকাশে ইজরায়েলি মশালের আগুনের বিচ্ছুরণ আর একটিতে ভারতীয় শয্যায় কোঁচকানো চাদর। প্রথমবার দেখা হল সেইসব মানুষদের সঙ্গে যারা গল্পগাছা করছিলেন নিজেদের মধ্যে... যারা কিছুদিনের মধ্যেই হয়ে যাবে আমার ভালো বন্ধু। প্রদর্শনীর থিম রাত্রি। এই থিমের ওপর আমিও বেশ কিছু কন্সেপচুয়াল কাজ করেছি। আমার মনে পড়ে না আমার বাবার আঁকা কোন ছবি সেই প্রদর্শনিতে দেখেছি কিনা... পরে সৌমিক জিজ্ঞাসা করেছে-"তুমি দেখনি সেগুলো?" সত্যি বলতে কি আমাকে তো কেউ কখনো ওই বিষয়ের উপর ছবির এগজিবিসান করতে বলেনি আর। আর তাই এ শহরে প্রথম সন্ধেতেই আমি একটু ধাক্কা খেয়েছিলাম এই ভেবে যে এই শহর ছাপা নিয়ে কত গাছারা ভাবে কাজ করে! এমনকী বিনা অনুমতিতে অন্যের কাজ ছেপে দেয়!!! কিন্তু আমার দুর্ভাগ্য যে পরে আর কখনোই এই রকম থিমের অনুকরণ দেখার সুযোগ হয়ে ওঠেনি।

সেই সন্ধের সুত্র ধ'রেই মুদ্রণ নিয়ে কিছু প্রশ্ন আসছিল মনে। যে কোনও শিল্পকর্ম যে দেখে, সেই দ্রষ্টার ভুমিকা নিয়েও চিন্তা দানা বাঁধছিল মাথায়। পুর্ব উল্লেখিত printed pressed bound—এর কথা মাথায় রেখেই বলা যায় এর অর্থই হল শিল্পকাজে দ্রষ্টার ভুমিকা নিয়ে প্রশ্ন তোলা। এই প্রসঙ্গে, প্রচারমাধ্যম তাত্ত্বিক আলেসান্দ্রো লুডোভিকো উদ্ধৃত করেছেন অধিবাস্তববাদী

Alessandro Ludovico cites the proclamation of Surrealist André Breton: “One publishes to find comrades!” Ludovico goes on to say that the main concern is not commercial success, aesthetic purity, or archiving one’s own work, but rather this kind of publishing is about fostering and spreading ideas among like-minded people through a “viral” communication model (Ludovico 2012:31). Artist Bernhard Cella and his comrades-in-arms, media theorist Leo Findeisen and art historian Agnes Blaha, specify the following parameters for publications in the field of self-publishing ●: no ISBN and printed on paper (Cella, Findeisen, Blaha 2017:79). According to media studies scholars Konrad Finsler and Lotta Suter, who thoroughly analyzed the nature of the alternative press ● in German-speaking Switzerland in 1977, the following can be added: “The alternative press ● considers itself as part of those groups which are only marginally involved in institutionalized political decisions.” (Finsler and Suter 1977:5–6) Likewise, according to the literary scholar Annette Gilbert, “spreading ideas” always takes place within a social context, so that the alternative press ● can never act completely independently in determining what will appear in the publisher’s catalog or what the price will be (Gilbert 2016:221).

Kolkata ○ doesn’t care much about all this, since the city follows its own logic in the field of print: in Kolkata ○, there are numerous examples of networks of informal reprography ● that also aim to be commercial. As in the mid-1960s in West Berlin, as well as in Hannover and Hamburg, where a vibrant pirate printing movement existed, such a scene can also be traced in Kolkata’s ○ history of print. In contrast to Germany at the time, however,

আন্দ্রে ব্রেতঁর র উক্তি: "একজন শিল্পী তাঁর সৃষ্টি প্রকাশ করেন সঙ্গী খুঁজে পাওয়ার আশায়!" লুডোভিকো বলেন, শিল্প প্রকাশের মুল লক্ষ্য বাণিজ্যিক সাফল্য পাওয়া নয়, নান্দনিক বিশুদ্ধতাও নয়, এমনকী নিজের কাজ সংরক্ষণ করাও তার মুল উদ্দ্যেশ্য হতে পারে না। শিল্প প্রকাশিত হয়, সমসনস্ক মানুষের মধ্যে নিজের চিন্তা ভাবনা ছড়িয়ে দেবার অভিপ্রায়ে। প্রকাশনা এমনই এক সংক্রামক মাধ্যম যা শিল্পীর ভাবনাকে ছড়িয়ে দেয় যাতে দ্রষ্টা বা পাঠক তাকে লালন করতে পারে (Ludovico 2012:31)। আর একজন শিল্পী বার্নহার্ড সেলা আর তাঁর অভিন্নহৃদয় বন্ধু গণমাধ্যম বিশেষজ্ঞ লিও ফিন্ডেইসেন এবং শিল্প ইতিহাসবিদ অ্যাগনেস ব্লাহা নির্ধারণ করে দিয়েছেন এই স্ব-প্রকাশনার ● কিছু মাপকাঠি। নিজের শিল্প নিজেই আইএসবিএন নম্বরসহ কাগজে প্রকাশ করা অনুচিত (Cella, Findeisen, Blaha 2017:79)। জার্মান ভাষাভাষির সুইজারল্যান্ডে বিকল্প প্রেসের চরিত্রটি বেশ সুচারুভাবেই বিশ্লেষণ করেছেন গণমাধ্যম গবেষণা পণ্ডিত কনরাড ফিন্সলার এবং লটা সুটার ১৯৭৭ সালে। তাঁদের মতে, "বিকল্প প্রচারমাধ্যম বা গণমাধ্যম নিজেদের সেইসব গোষ্ঠীভুক্ত মনে করেন, যারা প্রাতিষ্ঠানিক ও রাজনৈতিক সিদ্ধান্ত গ্রহণের ক্ষেত্রে প্রান্তিকভাবে যুক্ত" (Finsler and Suter 1977:5–6)। একইভাবে, সাহিত্যের দিকপাল প্রাজ্ঞ অ্যানেট গিলবার্গের মতে, ভাবনা চিন্তা ও বিশ্বাস ছড়িয়ে দেওয়ার জন্য একটা সামাজিক অনুষঙ্গ লাগে, যাতে পরিবর্ত মুদ্রণ-মাধ্যম ● কখনই স্বাধীনভাবে প্রকাশকের তালিকা অথবা মুল্য নির্ধারণ করে দিতে পারে না (Gilbert 2016:221)।

কিন্তু শহর কলকাতা এসব তত্ত্বের ধার ধারে না। মুদ্রণ বা প্রিন্টের দুনিয়াতে সে একেবারেই তার নিজের তালে চলে। কলকাতায় নিয়মনীতির তোয়াক্কা না ক'রে ফটোকপি করার অসংখ্য সুযোগ রয়েছে এবং তা বাণিজ্যিকভাবে সফল হওয়ার বাসনা নিয়েই। নানান মাধ্যম রয়েছে বিভিন্ন সাধারণ বা আটপৌরে ছাপার জন্য। ষাটের দশকের মাঝামাঝি পশ্চিম বার্লিনে, হ্যানওভারে আর হামবুর্গে এক তোলপাড় করা পাইরেট অথবা নকল বেআইনি মুদ্রণের প্রচলন শুরু হয়েছিল। কলকাতাও অনেকটা এমনই মুদ্রণের ইতিহাস বহন করে। জার্মানির সঙ্গে পার্থক্য একটাই, কলকাতায় শুধু পাইরেট মুদ্রণের প্রচলনই হয়নি, কলকাতার ○ কালোবাজারে বিক্রি হওয়ার জন্য রাতারাতি দেদার রেডবুক ছাপা হয়েছে। শুধু তাই নয়, রাস্তায় ঢেলে প্রকাশ্যে বিক্রি হয়েছে হিটলারের আত্মজীবনী 'মাই স্ট্রাগল' এর-মত নিষিদ্ধ বই। এসব বই কেমন করে ছাপা হল? একইরকম সোজাসাপ্টা পদ্ধতির

the movement in Kolkata ○ not only produces red books for the black market, but also in this city *Mein Kampf* is on the program and displayed on street corners. The machines used for producing these books are the same analog, easy-to-use offset printing ● presses that were once used for minimal editions or small print runs in the West, where they were superseded in the 1970s by the up-and-coming photocopier ●. To cite official figures giving an overview of the business of pirate printing in India, the *Study on Copyright Piracy in India*, completed in 1999, revealed that thirty percent of the total number of books sold in the country fall into this category, a ratio that seems rather too low to me when strolling past the College Street bookstalls, also known as Boipara ○ (Nair, Barman, Chattopadhyay 1999:17). For as thin as the wallets are here, so great is the thirst for knowledge. In terms of securing authorship or in the sense of censorship, legal controls on pirate printing are also of limited use (Altbach 1975: 53–56 and Chatterjee 2008). Perhaps this is the silent revenge for the fact that such regulations primarily serve the interests of industrialized countries.

TYPE YOUR PRINT, XEROX ●!

But even with a thicker wallet, access to texts can be difficult, as poet and publisher Adil Jussawalla maintains in his wonderful essay *The Joys of Xerox*. What can be done if publishers do not distribute their goods widely or reprint out-of-print books? "The change could begin in a small way by using the humble Xerox ●. Nissim Ezekiel used to cyclostyle ● his new poems and pass them around

অফসেট প্রেসেই ছাপা হয় অল্প সংখ্যক এডিশনের জন্য। কলকাতার ○ এ'হেন বেআইনি ছাপার বাজার ১৯৭০-এর পাশ্চাত্যের নতুন আসা ফটোকপিয়ারদেরও ● ছাপিয়ে গিয়েছিল। ভারতবর্ষে পাইরেট প্রিন্টিং-এর ধারনা পাওয়া যায় 'স্টাডি অন কপিরাইট ইন ইন্ডিয়া' নামক গবেষণামুলক পরিসংখ্যানে (১৯৯৯-এ শেষ হওয়া) যেখানে দেখা যাচ্ছে, ভারতে প্রকাশিত মোট বইয়ের প্রায় ৩০% বই-ই এই পাইরেট প্রিন্টিং-এর আওতায় পড়ছে, তবে কলেজস্ট্রিটের বইপাড়ায় ○ ঘুরতে ঘুরতে মনে হয়েছিল এই অনুপাতটা বড়ই কম হবে (Nair, Barman, Chattopadhyay 1999:17)। কলেজস্ট্রিটের বই-এর স্টলগুলোতে ঘুরতে ঘুরতে বইয়ের গন্ধ নিতে নিতে মনে হয়, এই অগাধ জ্ঞান-তৃষ্ণার কাছে আমাদের টাকার ওয়ালেট কত ক্ষুদ্র আর শীর্ণ! কিন্তু লেখকস্বীকৃতি বা সেন্সরশিপের যৌক্তিকতা বজায় রাখার জন্য পাইরেট প্রিন্টিং-এর ক্ষেত্রে আইনি নিয়ন্ত্রণ বড়ই সীমিত। আইনকানুন যে কেবল শিল্পভিত্তিক দেশের স্বার্থ চরিতার্থ করে, এ কি তারই নিশ্চুপ প্রতিশোধ? (Altbach 1975:53–56 and Chatterjee 2008)।

নিজের প্রিন্ট নিজে করুন, জেরক্স

টাকার পার্স স্বাস্থ্যবান হলেই যে বইয়ের আগ্রহ বেশি হবে এমনটা নয়। কবি ও প্রকাশক আদিল জুসাওয়াল্লা তাঁর অসাধারণ প্রবন্ধ 'জয়েস অব জেরক্স'-এ এমনটাই বলেছেন। প্রকাশকরা যদি তাঁদের পণ্য অর্থাৎ পাঠকের চাহিদামত বইয়ের পরিবেশনা না করেন অথবা আউট অফ প্রিন্ট বইগুলোকে আবার না ছাপেন, তাহলে কী বা করার থাকে? সাদামাটা জেরক্স দিয়েই তখন কাজ চালিয়ে নিতে হয় বৈকি! "এই ছোট্ট উপায় এক বড় বিপ্লব ঘটিয়ে দিল। নিজিম ইজিকিয়েল তাঁর নতুন কবিতা সাইক্লোস্টাইল ●-এর (একটি প্রতিলিপি যন্ত্র) সাহায্যে পরিচিত বন্ধুবান্ধবের মধ্যে ছড়িয়ে দিতেন। বই বেরনোর আগেই বন্ধুরা পড়ে নিত সেসব জগদ্বিখ্যাত কবিতাগুলো। বইগুলো যখন আর পাওয়া যেত না, আউট অফ প্রিন্ট হয়ে যেত, তখন একে একে সকলেই এইসব পদ্ধতির সাহায্য নিতে শুরু করলেন। কবি নিজেই জেরক্স করে ছড়িয়ে দিতেন তাঁর সৃষ্টিকে আগ্রহী পাঠকের কাছে। আমার নিজের ধারণা বহু হারিয়ে যাওয়া সৃষ্টিই, ভুলে যাওয়া বই আবার উঠে এসে পঠিত হয়েছে এই জেরক্সিং পদ্ধতির সাহায্যে" (Jussawalla 2014:230)। একটি চ্যালেঞ্জ

among friends before they were collected in a book. When the books went out of print, as they all did, one by one, he had to Xerox ● them and pass copies around. I believe a Xeroxing programme would resurrect many long-buried, forgotten books." (Jussawalla 2014:230) The essay ends with a challenge that speaks to the heart of everyone connected with alternative publishing ●: "Start your own home publishing programme by Xeroxing a favourite book of yours which is out of print and which you'd like others to read. Sell it at cost to a friend, at a profit to those who aren't friends and at twice the price to an enemy. ... Good books have to be kept in print and Xeroxing them is one way of doing it." (Jussawalla 2014:231)

In Kolkata ○, this city of print, there are countless copy shops, part of the city's sprawling, endless mesh of informal trades. Moreover, in every other store there is a photocopier ● under the sales counter. Only a few people own their own printer. The slogan identifying this branch of business is "Xerox ●," a term used in place of photocopying, i.e., no one understands what photocopy ● means. In fact, it's not very surprising that Xerox ● was the first company in India, indeed worldwide, that served this sector of the print industry beginning in the early 1980s. Here in Kolkata ○, the innumerable five-square-meter booths that have Xeroxing as their main line of business, so to speak, have names such as XEROX DONE HERE STD. ISD. PCO. In addition, their infrastructure is equipped to handle digital printing. It's really wonderful to see the title Kolkata City of Print appear on the monitor on the back wall of such a tiny booth opening onto the street as I'm getting a job done there.

ছুঁড়ে দিয়ে শেষ হয় জুসাওআল্লার এই প্রবন্ধ—"নিজের বাড়িতেই জেরক্স মেশিনের সাহায্যে আউট অফ প্রিন্ট প্রিয় বইগুলি কপি করে ছাপার ব্যবস্থা নিজেই শুরু করে ফেলুন। যে বই আর পাওয়া যায় না অথচ মানুষ পড়তে চান, সেইসব বইয়ের প্রতিলিপি বানিয়ে ছড়িয়ে দিন। নিজের বন্ধুদের উৎপাদন মুল্যেই বিলিয়ে দিন, আর অতটা বন্ধু নয় যারা তাদের কাছে বিক্রি করুন অল্প লাভ রেখে, আর শত্রুদের বিক্রি করুন দ্বিগুণ দামে। ভালো বই যেভাবেই হোক কাছে রাখা দরকার, জেরক্স করা হল তার একটি সহজ উপায়।" (Jussawalla 2014:231)

ছাপার শহর কলকাতায় রয়েছে অগুন্তি কপি-শপ, আঁকাবাঁকা সর্পিল পথের ধারে, পথের অংশ হয়ে। নিয়মবিরুদ্ধ বাণিজ্যের অন্তহীন জালের মধ্যে কুণ্ডুলী পাকিয়ে রয়েছে এইসব প্রতিলিপি করার দোকানপাট। সাধারণ দোকানেও সেলস কাউন্টারে একটি জেরক্স মেশিনসহ একজন ফোটোকপিয়ার ● থাকবেনই। অল্প কয়েকজনেরই মাত্র নিজস্ব প্রিন্টার থাকে। এই ব্যবসার স্লোগান হল-'জেরক্স'। 'ফোটোকপি'-র বদলে 'জেরক্স' শব্দটিই এখানে বেশি চলে। 'ফোটোকপি ●' কথাটি প্রায় কেউই বোঝেন না। আসলে 'জেরক্স' হল ভারতবর্ষে সেই প্রথম কোম্পানি যারা ১৯৮০ সালের গোড়ার দিক থেকেই প্রিন্টিং জগতে এই যন্ত্রটির সুবিধা দিয়েছিল। কলকাতা ○ শহরে একটি পাঁচ বর্গফুটের ঘর থাকলেই সেখানে একটা 'বুথ' খুলে জেরক্সিং মেশিন বসিয়ে শুরু করে দেওয়া যায় ব্যবসা—'এখানে XEROX DONE HERE STD. ISD. PCO'। ডিজিটাল প্রিন্টিং চালানোর মত যান্ত্রিক পরিকাঠামো আছে এই দোকানগুলোর। কলকাতা সিটি অব প্রিন্ট মনিটরে এই শিরোনামখানি ভেসে উঠতে দেখাটা যে কী আনন্দের! তাও আবার খোলা রাস্তার দিকে মুখ করা অমন ছোট্ট একটা বুথের পেছন প্রাচীরের ওপর বসে কারণ এখানেই খানিক কাজ করার ফুরসত পেয়ে গেলাম।

PRINTING TECHNIQUES FOR THE MASSES, PART 1

The small copy shop is located near Bondel Bridge and is equipped with four men—one of them called Uncle—three photocopiers ●, a monitor, and something undefinable wrapped in plastic above the crawl space. I would like to have the draft of a book printed from digital data and agree with the employees that I'll be back in five minutes, as I want to get something to eat. When I come back, the job is still running. However, unlike what I had expected, it is not the same DIN A3 size as the original file, but rather is being printed in A4 format. Moreover, it is printed double-sided in grayscale and not single-sided in color. The whole thing looks so economical and efficient that I don't dare intervene. And in answer to the question whether I would like to have the stack of paper bound—"With spiral binding, it's like a book!"—I cannot refuse: "Yes, I would like to have a book, a practical Indian paperback, the most exclusive edition." As such, the final object is so convincing that the original idea to proofread this draft of a book is postponed until the next day. Instead I place a new order in the same shop.

In Kolkata ○, various technical means of reprography ● exist: hand-carved woodblocks ●, carbon paper used with typewriters, digital offset printing ●, custom-made machines for printing lines. And there are also old machines still in operation that could be called museum pieces, but that survive far away from the nostalgia of a museum of local history. As long as they can be justified economically, these different techniques are practiced, and,

সর্বজনসাধারণের জন্য প্রিন্টিং কৌশল, প্রথম পর্ব

বন্ডেল ব্রিজের কাছে ফটোকপি করার একটা ছোট্ট দোকান রয়েছে। চারজন মানুষ কাজ করেন। একজন 'কাকু', তিনজন ফোটোকপি ● করার লোক, একটা মনিটর, এবং ছোট্ট একটা জায়গায় ওপর রাখা প্লাস্টিকে মোড়া অদ্ভুত একটা জিনিশ। একটা বই ডিজিটাল প্রিন্ট করাতে গেছি... বইটার ডেটা দোকানে দিয়ে বললাম, পাঁচ মিনিটের মধ্যে ফিরে আসছি। আসলে খুব খিদে পেয়ে গেছিল। কিছু খেয়ে আসতে হবে। দোকানদার রাজি হলেন। ফিরে এসে দেখি তখনও চলছে আমার বইয়ের কাজ। আমি ভেবেছিলাম ফাইলে যেমন ডিআইএন এ-থ্রি ফরম্যাটে আছে, তেমনই হবে, কিন্তু পাতাগুলো বেরল এ-ফোর সাইজে। তারওপর, এগুলো গ্রে স্কেলে দু'দিকে ছাপা হয়েছে। একদিকে রঙিন পাতায় নয়। পুরো ব্যাপারটাই এত সস্তায় আর ঠিকঠাক হয়ে গেল যে আমি আর আপত্তি করলাম না। তারওপর আমায় জিজ্ঞাসা করা হল, আমি পাতাগুলো বাঁধাই করে নিতে চাই কিনা। ওরা বললেন, স্পাইরাল বাইন্ডিং করালে বইয়ের মতই দেখতে হয়ে যাবে। আমি বারণ করলাম না। আমি তো বই আকারেই চেয়েছি। একেবারে খাঁটি ভারতীয় পেপারব্যাকের স্বতন্ত্রতম সংস্করণ। শেষমেশ জিনিশটা এতটাই সুন্দর হল যে এটাকে প্রুফ দেখার কপি হিসেবে রাখার বাসনা আমি ত্যাগ করলাম। পরের দিন অগত্যা আবার ওই একই দোকানে একই বইয়ের ছাপার অর্ডার দিতে হল। প্রুফ দেখার জন্য।

কলকাতায় ○ ছাপার জন্য নানান পদ্ধতি রয়েছে। হ্যান্ড কার্ভড উডেন ব্লক ●, টাইপ রাইটারের সঙ্গে কার্বন পেপার ব্যবহার করে, ডিজিটাল অফসেট প্রিন্টিং ●, প্রিন্টিং লাইনের জন্য প্রচলিত প্রথায় তৈরি মেশিন ইত্যাদি। অনেক পুরনো দিনের মেশিনগুলোও সচল কলকাতার ○ ছাপাখানাগুলোতে। যাদের হয়ত থাকার কথা ছিল যাদুঘরের দ্রষ্টব্য হিসেবে। কিন্তু মিউজিয়ামের নস্টালজিয়ার অনেক দুরে এই বাস্তব সময়েই তারা দিব্যি সমর্থ হয়ে বেঁচে বর্তে আছে। যতদিন সাশ্রয়ের কথা ভেবে ছাপতে হবে, সর্বসাধারণের নাগালের মধ্যে মুদ্রণমুল্য রাখতে হবে, ততদিন এই পুরনো কৌশল ও পুরনো যন্ত্রগুলোও টিকে থাকবে। যেমন ধরুন, মিমিওগ্রাফিং ● বলে একটি বেশ পুরনো প্রযুক্তি ব্যাপক পরিমানে এই শহরে ব্যবহৃত হয়। ১৯৫০ সালে পাশ্চাত্যে এই

considering the depressingly low level of wages in this city as well as an almost unimaginable mass of potential customers, they will stay in operation for an unforeseeable future. For example, a technique still widely in use in this city is mimeographing ●, a transfer duplicating ● method promulgated in the West from the 1950s for the production of science fiction fanzines as well as for the zines ● of the Beat Generation, and later by the Fluxus movement and by punks, though it was supplanted in the 1980s by the copy machine ● and the inkjet printer ●. Furthermore, the literary avant-garde cultural movement that began in the 1950s in India employed this type of production: i.e., little magazines ○, informal, self-published magazines or booklets, such as *Shabda* (published 1954–1960) or *damn you: a magazine of arts* (1965–n.d.), that were published and circulated in this way. By the way, the latter was published by poet Arvind Krishna Mehrotra and inspired by Ed Sanders's *Fuck You: A Magazine of the Arts*. In addition to the title and concept, Mehrotra even used the same production technology as Sanders (Zecchini 2014:48–55). I would even dare to say that the early zines ● of the Kolkata ○-based Hungry Generation (also known as the Hungryalists) were mostly mimeographed ●, although this is difficult to verify due to the limited availability and access to publications related to this movement. In any case, publications that I saw at the (Little Magazine Library and Research Center) were produced using letterpress ● and probably flexo printing ●.

In primary school the sheets that our teacher handed out to us were printed in violet letters and had their own peculiar sour, slightly alcoholic smell, which I liked a lot

পদ্ধতির উদ্ভব হয়। এটি একটি স্থানান্তর বা ট্রান্সফার প্রিন্টিং ● পদ্ধতি। মুলত কল্পবিজ্ঞানের ফ্যানজাইনস প্রকাশ করতে আর বিট জেনারেশনের জাইনস প্রকাশ করার সময় এই পদ্ধতির সুচনা হয়েছিল। পরবর্তীতে ফ্লক্সাস আন্দোলনের হাত ধরে পাঙ্কদের দ্বারা উচ্ছিন্ন হয়ে ১৯৮০ সালে কপি মেশিন ● আর ইঙ্কজেট প্রিন্টারে ● পরিবর্তিত হয়। আবারও সাহিত্যের পুরোধা হয়ে ওঠে সাংস্কৃতিক আন্দোলন। ১৯৫০ সাল থেকে ভারতবর্ষে প্রকাশিত হতে শুরু হয় লিটল ম্যাগাজিন ○। প্রচলনের বাইরে গিয়ে এই স্ব-প্রকাশিত ম্যাগাজিন বা পুস্তিকাগুলো ভারতীয় সাহিত্যে বিল্পব ঘটিয়ে দিল। পরপর অসংখ্য ছোট পত্রিকা বেরতে লাগল যাদের অবদান ভারতীয় সাহিত্যে চিরস্মরণীয় হয়ে থাকবে। ১৯৫৪ থেকে ১৯৬০—এই চার বছর ধরে প্রকাশিত হত 'শব্দ'। সমাজকে পালটে দেওয়া এইসব ম্যাগাজিন কোনও কিছুর তোয়াক্কা না করেই সাহিত্য চর্চা করে যেতে লাগল। কোনও কোনও পত্রিকা এইরকম মর্মে ও নামে বেরতে লাগল 'ড্যাম ইউ: আ ম্যাগাজিন অব আর্টস' (১৯৬৫ সাল থেকে শুরু হয়), 'ফাক ইউ: আ ম্যাগাজিন অব আর্টস'। 'ড্যাম ইউ: আ ম্যাগাজিন অব আর্টস' সম্পাদনা ও প্রকাশ করেন কবি অরবিন্দ কৃষ্ণ মেহরোত্রা এবং এদ সান্দারের সম্পাদনায় বের হয় 'ফাক ইউ: আ ম্যাগাজিন অব আর্টস'। সান্দারের পত্রিকা দ্বারা প্রভাবিত হয়ে মেহরোত্রা প্রকাশ করেন তাঁর পত্রিকা। সান্দার ও মেহরোত্রার ম্যাগাজিনের নামের আর চরিত্রর যেমন মিল ছিল, তেমনই ছিল পত্রিকা ছাপার ক্ষেত্রে প্রযুক্তিগত মিলও (Zecchini 2014:48–55)। বলতে দ্বিধা নেই, কলকাতার ○ হাংরি জেনারেশনের প্রথম দিকের সাহিত্যপত্রিকাগুলিও মুলত ছাপা হত মিমিওগ্রাফেই ●। যদিও এটির সত্যতা যাচাই করার সুযোগ খুব একটা নেই কারণ এসব প্রকাশনার সঙ্গে যারা যুক্ত ছিলেন, তাঁদের সন্ধান পাওয়া বা তথ্যের সহজলভ্যতাও স্বাভাবিকভাবেই সীমিত। লিটল ম্যাগাজিন ○ লাইব্রেরি ও গবেষণা কেন্দ্রে যেসব ম্যাগাজিন দেখেছি, সেগুলি ছাপা হয় লেটারপ্রেসে ● অথবা সম্ভবত ফ্লেকসো প্রিন্টিং ● পদ্ধতিতে।

প্রাইমারি স্কুলে পড়ার সময় শিক্ষকেরা এক ধরণের বেগুনি রঙের ছাপার অক্ষরে লেখা কাগজ দিতেন, তাতে কেমন একটা চোঁয়া গন্ধ পাওয়া যেত। খানিকটা মদের গন্ধের মত বা টকে গেলে যেমন গন্ধ বেরোয় অনেকটা সেইরকম। ওই গন্ধটা আমার বেশ লাগত। মিমিওগ্রাফড ● ছাপার কাগজেও ওইরকম একটা গন্ধ আমি পেতাম। ফ্র্যাঙ্ক স্টোডলকা ১৯৬০-এর দশকের মধ্যভাগে প্রকাশিত তাঁর পুস্তিকা 'আ বিগিনার'স গাইড টু অ্যামেচার

and is closely related to that of mimeographed ● copies. In his booklet *A Beginner's Guide to Amatuer* [sic] *Publishing*, issued in the mid-1960s, Frank Stodolka writes about the spirit duplicator ●, which is also a method of transfer duplicating ● and was broadly distributed in North America under the brand name Ditto machine ●: "There is the spirit duplicator ● (ditto ●) and his kid brother, the much deplored hectograph (hecto). Advantage? CONTROLLED COLOR. All colors, red, green, blue, black, besides that purple which has assaulted the eyes of many a fan." (Stodolka 2016/2018:25, originally published mid-1960s). In contrast to the spirit duplicator ●, the mimeograph ● is suitable for longer print runs. In fact, here it's worth recounting the history of the invention of reproduction machines in the era before the spirit duplicator ●: in 1874, the papyrograph was invented; in 1875, the electric pen; in 1881, the cyclostyle ●; in 1887, the rapid duplicator; in 1889, the mimeograph ●; in 1906, the recitgraph; in 1907, the photostat; in 1910, the Ditto machine ●; and, in 1923, the spirit duplicator ● (Eichhorn 2016:4–5; also see Office Museum). While I personally came across a spirit duplicator ● in Switzerland in the early 1980s, according to Abhijit Gupta, Associate Professor of English at Jadavpur University, the mimeograph ● was still in use in the first decade of this century as a simple copy machine ● because computer ink for digital devices was both expensive and unreliable (Gupta 2009a:¶2). In Switzerland today, the mimeograph ● appears only in the context of retromania.

Rising costs in the field of print is a recurrent theme in my interviews and exchanges: Pranab Kumar Chattopadhyay speaks of rising paper prices, which

পাবলিশিং'-এ 'স্পিরিট ডুপ্লিকেটর ●'-এর কথা লিখেছেন। এটিও একরকমের মুদ্রণ পদ্ধতি। ট্রান্সফার প্রিন্টিং পদ্ধতি উত্তর আমেরিকাতে যা 'ডিটো মেশিন' নামে ছড়িয়ে পড়েছিল। "এক ছিল 'স্পিরিট ডুপ্লিকেটর ●' বা Ditto machine ● আর তারই ক্ষুদ্র সংস্করণ হিসেবে 'হেক্টোগ্রাফ' বা 'হেক্টো'। হেক্টো খুব একটা মর্যাদাপুর্ণ ছিল না। কিন্তু সুবিধা অনেক ছিল, ডিটো কিংবা হেক্টোর। কী সেই সুবিধা? নিয়ন্ত্রিত রং। রঙের বৈচিত্র্য—লাল, সবুজ, নীল, কালো, আর ওই সুন্দর বেগুনি রঙ তো আমার মত কত ভক্তেরই না নজর কাড়ত!" (Stodolka 2016/2018:25: ২৫, ১৯৬০-এর দশকের মাঝামাঝি প্রকাশিত হয়েছিল)। স্পিরিট ডুপ্লিকেটরের ● তুলনায় মিমিওগ্রাফ ● লম্বা টানা প্রিন্টিং-এর জন্য বেশ উপযুক্ত। 'স্পিরিট ডুপ্লিকেটর ●' উদ্ভবের আগেও অনেক রকম ছাপার মেশিন ছিল, মুদ্রণের ইতিহাসে উল্লেখযোগ্য স্থান আছে তাদেরও। ১৮৭৪ সালে 'প্যাপিরোগ্রাফ' আবিষ্কৃত হয়। ১৮৮১ সালে 'ইলেকট্রিক পেন'। ১৮৮৭ তে 'সাইক্লোস্টাইল ●'। তার দু'বছর পর ১৮৮৯-এ 'র‍্যাপিড ডুপ্লিকেটর'। তারপর আসে 'মিমিওগ্রাফ ●', ১৯০৬-এ। ১৯০৭-এ 'রেকিটগ্রাফ,' ১৯১০-এ 'ফটোস্ট্যাট' আর 'ডিটো মেশিন'। ১৯২৩-এ 'স্পিরিট ডুপ্লিকেটর ●' (Eichhorn 2016:4–5; আরো দেখুন Office Museum) সুইজারল্যান্ডে প্রথম আমি স্পিরিট ডুপ্লিকেটর ● দেখি ১৯৮০ সালে। যাদবপুর বিশ্ববিদ্যালয়ের ইংরাজির অধ্যাপক মাননীয় শ্রী অভিজিৎ গুপ্ত জানান, ২০০০ সাল অবধিও সাধারণ কপি মেশিন ● হিসেব জাঁকিয়ে ব্যবহার করা হয়েছে মিমিওগ্রাফকে ● কেননা, ডিজিটাল যন্ত্রের জন্য তৈরি 'কম্পিউটার ইঙ্ক' একইসঙ্গে মহার্ঘ আর বড় একটা ভরসাযোগ্যও নয় (Gupta 2009a:¶2)। আর সুইজারল্যান্ডে আজকের দিনে মিমিওগ্রাফের ● প্রসঙ্গ অতীতস্মৃতিচারণ ছাড়া কিছুই নয়।

মুদ্রণ প্রসঙ্গে নানা আলাপচারিতায়, আলোচনায় যে প্রসঙ্গটি বারবার উঠে এসেছে, তা হল ক্রমবর্ধমান মুদ্রণমুল্য। প্রণবকুমার চট্টোপাধ্যায় বলেন, কাগজের দাম এত চড়চড় করে বাড়ছে! ফলতঃ বাড়ছে ছাপার খরচও। লিটল ম্যাগাজিন ○ সম্পাদনা ও প্রকাশনার সঙ্গে সক্রিয়ভাবে যুক্ত শ্রী চট্টোপাধ্যায় আর পেরে উঠছেন না। পত্রিকা চালাতে বাধ সাধছে টাকার অভাব। শিল্পী শ্রীকান্ত পাল কপারপ্লেটের ● বদলে ব্যবহার করা শুরু করেছেন উডকাট ● প্রিন্টিং। গণমাধ্যম বিষয়ে বিশারদ ও কমিক্স শিল্পী দীপ্তনীল রায় অন্য আর একজন কমিক্স আর্টিস্ট ও অলংকরণ শিল্পী থমাস ওট-এর প্রশংসায় পঞ্চমুখ। কেননা এই শিল্পী স্ক্র্যাচবোর্ডকে ● মাধ্যম

plagues his existence as a little magazine ○ activist; to cut costs, artist Srikanta Paul has switched from working with copperplate ● to woodcut ● printing; and media studies scholar and comics artist Deeptanil Ray admires comics artist and illustrator Thomas Ott and his use of scratchboard ●—a relative of mezzotint ●—as a medium, but cannot afford to employ this method in his own artistic work. Perhaps this is why I didn't come across a single Risograph ● in Kolkata ○. In Europe and the United States this technique is particularly popular for producing self-published materials with a haptic appearance despite having been created digitally. Although I didn't come across any machines of this type in Kolkata ○—and even *An Atlas of Modern Risography* does not document a single occurence for India (Stencil 2018)—, I did hear of a group of artists in Mumbai who own such a printer. In contrast, (analog) photocopiers ● and (digital) offset printing ● machines enjoy widespread popularity. This is especially the case for little magazines ○, as Sandip Dutta, operator of the Little Magazine Library and Research Center, confirmed in a conversation with me while giving me a tour through the library. This observation leads me to question why there isn't more experimentation in this city with different printing techniques. It cannot be just a matter of the production costs, because the older a machine is, the cheaper production becomes. And older machines are more flexible in terms of operation, which is generally conducive to working experimentally.

হিসেবে ব্যবহার করেছেন তাঁর কাজে। 'মেজোটিন্ট ●'-এর সঙ্গে একটা সম্পর্ক আছে স্ক্র্যাচবোর্ডের। থমাসের মত দীপ্তনীলের ইচ্ছে থাকলেও সামর্থ্য নেই এই ব্যয়সাপেক্ষ মাধ্যম ব্যবহার করে কাজ করার। এই কারণেই হয়ত কলকাতায় ○ একখানিও 'রিসোগ্রাফ ●' চোখে পড়ল না। ইউরোপ কিংবা যুক্তরাষ্ট্রে অথচ এই পদ্ধতি বেশ জনপ্রিয়, বিশেষ করে নিজস্ব শিল্পসৃষ্টি প্রকাশনার ক্ষেত্রে। ডিজিটাল উপায়ে ছাপা হলেও একটু স্বতন্ত্র স্বকীয়তার ছাপ রাখতে রিসোগ্রাফ পদ্ধতিটি বেশ ভালো। কিন্তু কলকাতায় এই প্রিন্টিং পদ্ধতির একটিমাত্র নিদর্শনও চোখে পড়ল না। এমনকী 'অ্যান অ্যাটলাস অব মডার্ন রিসোগ্রাফি'-তেও ভারতের কোথাও এর ব্যবহার কোনওভাবে নথিভুক্ত হয় নি (Stencil 2018)। মুম্বাইয়ের কোনও কোনও শিল্পীর কাছে শুনেছি এরকম প্রিন্টার আছে। তুলনায় ফোটকপিয়ার ●(অ্যানালগ) ও অফসেট ● মেশিন বহুল জনপ্রিয়তা পেয়েছে। বিশেষ করে লিটল ম্যাগাজিন ○ ছাপার ক্ষেত্রে। লিটল ম্যাগাজিন ○ লাইব্রেরি ও গবেষণা কেন্দ্রের সংগঠক ও সাধারণ সম্পাদক সন্দীপ দত্তর সঙ্গে কথা হওয়ার সুযোগ হয়েছে আমার। তাঁর লাইব্রেরিখানা দেখারও সৌভাগ্য হয়েছিল। লাইব্রেরিটি পর্যবেক্ষণ করার পরই আমার মনে প্রশ্ন জাগল, কেন এই শহর বিভিন্নতর মুদ্রণ প্রযুক্তি নিয়ে আরও কিছু পরীক্ষা নিরীক্ষা করেনি। উৎপাদন ব্যয়ই হয়ত একমাত্র কারণ নয়। কারণ যত পুরনো প্রযুক্তি ততই তো কম উৎপাদন খরচ। পুরনো মেশিনগুলো ব্যবহার করাও বেশ সহজ। পরীক্ষানিরীক্ষা করার সঙ্গে সঙ্গে দিব্যি কাজও চালিয়ে নেওয়া যায়।

গণ প্রতিরক্ষায় (পরিবহণ) প্রিন্টিং

কয়েক জন বিশিষ্ট শিল্পী, যাঁদের সঙ্গে পরিচয় হয়েছে আমার, তাঁদের মধ্যে একজন দেবনাথ বসু। যিনি শিল্পের বইয়ের জন্য একটি স্বতন্ত্র বিন্যাস খুঁজে চলেছেন। ২০১৬ সালের এক বসন্তের দিনে তাঁর হাওড়ার স্টুডিয়োতে গিয়েছিলাম সৌমিক চক্রবর্তীর সঙ্গে। একটা শান্ত অলস সকাল। হাওড়া ব্রিজের ওপর দিয়ে আমাদের ট্যাক্সি ছুটছে, আর অ্যাম্বাসেডর গাড়িটির রেডিওতে বাজছে একটা পুরনো বিখ্যাত বাংলা পপ সঙ্গীত, যার সঙ্গে গলা মিলিয়ে গুনগুন করছেন সৌমিক। দেবনাথবাবুর বাড়ির পরিবেশটা বেশ ফুরফুরে, আন্তরিক। তিনি খুব সুন্দর পরিমার্জিত ইংরাজিতে প্রথমেই তাঁর

PRINT AS (PUBLIC TRANSPORT) DEFENSE DEVICES

While looking for a format I know as the Artist's book ●, one of the few artists I come across is Debnath Basu. I visit him in spring 2016 in his studio in Howrah together with Saumik Chakraborty. It's a laid-back Saturday morning. Our taxi ride over Howrah Bridge is accompanied by Saumik's voice singing along with old Bengali pop hits playing on the radio of the Ambassador. At Basu's, the atmosphere is relaxed, even though the artist uses English with great caution, which puts his prints in the foreground. Basu is a trained printmaker, but more than a specific printing technique, his medium is the Artist's book ●. For him, anyone who ever collaborates with him in publishing a book is also implicitly involved conceptually in the choice of the printing technique or the combination of image and text. During our visit he shows me his different Artist's books ●, all produced without an editor. These are image series, which are not always presented in a bound form, but are always supplemented by an introductory or descriptive text. Also, the artist normally uses a combination of a wide variety of different reproduction techniques: photocopying, copperplate printing ●, lithography ●, or letterpress ● printing. These are works that are both biting and poetic.

For example, *Public Transport Defense Devices* (Basu 2000) addresses the challenging conditions of public transportation in Kolkata ○, and indeed, in India as a whole. The book is an artistic collaboration between Basu and artist Anandajit Ray, produced using copperplate ● and letterpress ● printing at Rini and Dhumals Studio,

পছন্দের প্রিন্টিং বিষয় নিয়ে কথা বললেন। শ্রী বসু একজন দক্ষ প্রশিক্ষিত মুদ্রণযন্ত্রী। কিন্তু ছাপার প্রযুক্তি বা পদ্ধতি নিয়ে যত না বললেন, তার চেয়ে ঢের বেশি বললেন ছাপার মাধ্যম নিয়ে। তাঁর মাধ্যম হল আর্টিস্ট বুক ●। যিনিই তাঁর সঙ্গে বই প্রকাশের কাজে যুক্ত থেকেছেন, তারই পরোক্ষভাবে পরিচয় হয়েছে তাঁর বিশেষ প্রিন্টিং কৌশলের সঙ্গে, ছবি ও লেখা মিলিয়ে তাঁর কাজ। নিজের বাড়িতেই তিনি এমন কত শিল্পীর বই দেখালেন। সেগুলি কারও সম্পাদনায় প্রকাশিত হয় নি। এগুলি ছবির সিরিজ নিয়ে তৈরি। সব কটা বাঁধানো বইয়ের মতও নয়। কিন্তু সেসব ছবির সঙ্গে টুকরো বর্ণনা বা সামান্য ভুমিকা হিসেবে কয়েক লাইন লেখা অবশ্যই আছে। শিল্পী মাত্রই নানান রকম মুদ্রণকৌশল নানান মাধ্যমে ব্যবহার করবেন। যেমন ফটোকপি, কপারপ্লেট প্রিন্টিং ●, লিথোগ্রাফি ● অথবা লেটারপ্রেস প্রিন্টিং ●। এছাড়াও ছবি, লেখা, নিজের ইচ্ছা মত যেকোনো কিছুই ব্যবহার করার এক্তিয়ার আছে তাঁর। লেখাগুলো কিছু কিছু বসুবাবু তাঁর লেখক-বন্ধুবান্ধবের থেকে সংগ্রহ করে নেন। কিছু নিজেই লেখেন। এই লেখাগুলো বেশ কাব্যময়।

কলকাতা ○ এবং ভারতের পরিবহন ব্যবস্থার সমস্যাগুলো উঠে এসেছে (Basu 2000) সালে প্রকাশিত 'পাব্লিক ট্রান্সপোর্ট ডিফেন্স ডিভাইসেস' নামক বইটিতে। দেবনাথ বসু ও শিল্পী আনন্দজিৎ রায়ের যৌথ উদ্যোগে এই বই মুলত কপারপ্লেট ● ও লেটারপ্রেস ● প্রিন্টিং কায়দায় প্রকাশিত হয়েছে 'রিনি এন্ড ধুমাল'স স্টুডিয়ো'তে। এই বইয়ে বিভিন্ন পৌরাণিক প্রতিরক্ষা কৌশলের ঐতিহাসিক উপস্থাপনা চিত্রায়িত হয়েছে। যেমন, ধাতুর তীক্ষ্ণ অগ্রভাগযুক্ত বক্ষবর্ম অথবা বিদ্যুতের তার। সুদুর জুরিখ থেকে কলকাতায় ○ এসে, দেবনাথবাবুর স্টুডিয়োতে বসে আলোচনা করার মত এটি বেশ মোক্ষম একটি বিষয়, কেননা গণ পরিবহনের ধারণা দিয়েই এই দেশের সংস্কৃতিকে জানা সবচেয়ে সহজ। পাশ্চাত্য চেতনায় বিচার করলে এ'দেশের পরিবহন ব্যবস্থায় নির্জনতার বড়ই অভাব বোধ হয়। এখানে থাকাকালীন নাগরিক যানবাহনে আমাকে প্রায়শয়ই দমে যেতে হত। বিদেশি আগন্তুক হিসেবে সাধারণ মানুষ খানিকটা পাশ কাটিয়ে যেত। ভিড়ে ঠাসা গাড়িঘোড়ায় কোনও বিদেশিনীর কোলে তো আর অপরিচিত শিশুকে ধপ করে বসিয়ে দেওয়া যায় না, বা মুখের ওপর দুম ক'রে ব্যাগ চাপিয়েও দেওয়া যায় না, তাই এড়িয়ে যেত হয়ত। দেবনাথ বসুকে মনে হল তাঁর পারিপার্শ্বিক সমাজের প্রতি তিনি খানিকটা নির্বিকার। তাঁর শৈল্পিক মুদ্রণের কাজগুলোও বাজারে খুব একটা স্বীকৃতি পায় নি। সমালোচক গবেষকদের কাছেও নয়। তবু, ভারতীয় সমাজ

and features a variety of historical representations of mythological *defense devices*, metal-spiked breastplates or electric wires. An apt topic, I think, while sitting in Basu's studio: if you come from Zurich to Kolkata ○, "*public transport defense devices*" are a good idea as public transport is the most immediate way to access this city and Indian culture, with its—to Western sensibilities—almost complete lack of privacy. Faced with the masses of people, I regularly capitulate in the urban transport system: I experience neither unfamiliar children on my lap nor bags in my face as intrusive, but rather quite simply as an unavoidable circumstance. Basu is also stoically devoted to his environment. Although his artist prints receive little recognition on the market and among critics, Indian society and the global political situation provide him with enough material for further experiments. In this arena his keen insight follows a very specific goal, as stated by Soumik Nandy Majumdar, art historian and friend of the artist: "The more he goes for dissecting it, the more he messes up. That's Debnath's tight spot, that is his game." (Basu 2007:5)

এবং আন্তর্জাতিক রাজনৈতিক পরিবেশ তাঁকে পুনরায় পরীক্ষানিরীক্ষা করার যথোপযুক্ত রশদ দিয়েছে। এই রঙ্গভুমিতে তাঁর পরিজ্ঞান ও অন্তর্দৃষ্টির একটা বিশেষ উদ্দেশ্য আছে হয়ত। দেবনাথ বাবুর বন্ধু আর একজন গুণী শিল্পইতিহাসবিদ সৌমিক নন্দী মজুমদারের মতে, "দেবনাথ বাবু যত তাঁর ভাবনা নিয়ে কাঁটাছেড়া করেন, ততই গণ্ডগোল বাঁধান আর ওটাই তাঁর আসল জায়গা, ওই বিশৃঙ্খলাটাই তাঁর শিল্পের মজা" (Basu 2007:5)।

TYPISTS, CARVERS, AND PRINTERS

What the typists working at the corner of Mahatma Gandhi Road and Surya Sen Street have to offer is announced by the sign "Bengali, English Type ● & Cyclostyle ●." Their services include the typing of notes, amending or supplementing of documents, and transcription of verbally communicated messages. At the street corner mentioned above, there are about seven such vendors at each stall, with one to two people sitting in front of their typewriters working on the jobs. For the transcription of my photocopied text, I choose a sympathetic typist with half-frame eyeglasses, because the only woman who works here is already busy. When my job is nearly finished—the typist works fast, but his machine is old and the text long—, Habib starts talking with the typist's co-worker. After the usual questions, such as where do I come from, and why does Habib speak such a strange dialect of Hindi, Habib asks him what he does besides his bread-and-butter job. In response to his reply that he is interested in astrology, Habib lets him read his palm. There in the lines the following is written: He has a "flickering mind," had a difficult time at 42, cannot keep anything material, i.e., money, and will live to be 90 years old. "No, no, please, not 90 years!" is all that Habib can answer, words that would be fittingly carved on a tombstone.

I come across the entire expanse of print in Kolkata ○ while roaming the area east of College Street and north of Mahatma Gandhi Road, the bookbinder area called Daftaripara ○, where you can find paper dealers, paper

টাইপিস্ট, কার্ভার ও প্রিন্টার

মহাত্মাগান্ধি রোড আর সুর্যসেন স্ট্রীটের রাস্তার কোণে যে টাইপিস্টরা এক মনে বসে কাজ করে যান, তাদের সামনে সাইন বোর্ডে লেখা থাকে, 'বাংলা, ইংরিজি টাইপ ● ও সাইক্লোস্টাইল ●'। তারা বিভিন্ন ধরণের লেখা যেমন নোটস, কোন দলিলের বয়ানে কিছু রদবদল বা মুখে বলা কথা কাগজে টাইপ করার কাজ করে থাকেন। এই রাস্তার কোনায় প্রতিটি দোকানে প্রায় সাতজন করে লোক আছেন, আর দুই কি তিনটে করে টাইপরাইটার... পালটে পালটে প্রতিটি টাইপ রাইটারের সামনে বসে এক-একজনকে কাজ করে যেতে দেখা যায়। আমার ফটোকপি করা বই টাইপ করানোর জন্য আমি একজন বেশ দরদী গোছের আধ-ভাঙ্গা চশমার টাইপিস্টকে বেছে নিলাম কারণ এখানে একমাত্র মহিলা যিনি কাজ করেন, তিনি সবসময় ব্যস্ত। আমার বইয়ের কাজ যখন হয়ে এসেছে, খুব তাড়াতাড়িই হাত চালাছিলেন টাইপিস্ট। কিন্তু তার মেশিনটা বেশ পুরনো আর আমার কাজটাও বেশ বড়ো। টাইপিস্টের সহকারীর সঙ্গে আলাপ জমিয়ে ফেলল আমার সঙ্গী হাবিব। সাধারণ প্রশ্ন যেমন আমি কোথা থেকে এসেছি, হাবিব কেন এমন অদ্ভুত হিন্দিতে কথা বলে ইত্যাদি কথাবার্তার পর হাবিব তার কাছে জানতে চাইল সে তার রুটিনমাফিক জীবিকার বাইরে আর কিছু করে কিনা। উত্তরে সহকারীটি বলে, তার জ্যোতিষে আগ্রহ আছে। অমনি হাবিব নিজের হাত মেলে দিল। হাবিবের হাত দেখে সে রায় দিল, তার নাকি "মতি চঞ্চল। বছর বেয়াল্লিশে সময় খুব খারাপ যাবে। টাকাপয়সা, সম্পত্তি কিছুই ধ'রে রাখতে পারবে না। আয়ু নব্বই বছর।" অমনি লাফিয়ে উঠল হাবিব। প্রবল আপত্তিতে জানালো "না না, আর যাই হোক, নব্বই বছর আয়ু কিছুতেই নয়," এটুকুই বলতে পারল সে। এই কথাগুলোই যেন তাঁর সমাধিপাথরে খোদাই করা থাকবে।

কলকাতার ○ প্রিন্ট দুনিয়ার প্রায় পুরো চত্বরটি আমি আবিস্কার করেছি কলেজ স্ট্রিটের পুর্ব দিকে এবং মহাত্মাগান্ধী রোডের উত্তর দিকের অঞ্চলগুলোতে এলোমেলোভাবে ঘুরতে ঘুরতে। বই বাঁধাই অঞ্চলটির নাম দফতরিপাড়া ○। এই দফতরিপাড়াতেই খুঁজে পাওয়া যায় কাগজ ব্যাপারীদের, পেপারকাটার আর প্রিন্টারদের, সঙ্গে তাদের অ্যানালগ অফসেট ● মেশিন, সিল্কস্ক্রিনার ●, কার্ডবোর্ড কাটার, কার্ডবোর্ড ফোল্ডার্স, বুক বাইন্ডার্সসহ এই পেশার সঙ্গে

cutters, printers, and their analog offset printing ● machines, silkscreen ● printers, cardboard cutters, cardboard folders, bookbinders, and many others who are in some way affiliated with this sector. The bookbinder area is a congested, bustling alleyway with hundreds of cubbyholes each averaging about ten square meters, permeated by fireplaces, children, chickens, and paper bundles. The Daftaripara ○ is a place that I would hardly have dared to dream up and yet is more challenging than it seems: more than once, retracing my steps to a certain small manufacturing workshop is nerve-racking. And despite all the enthusiasm for the various crafts, the poverty that characterizes this area is not always easy to bear.

The Daftaripara ○ Initiative is making the seemingly contradictory nature of the neighborhood visible. Launched in 2012 by Abhijit Roy, Professor of Film Studies, with Nilanjana Gupta, Professor of English, both teaching at Jadavpur University, the project is conducted with students (Daftaripara Initiative 2012). One part of the research deals with the extremely precarious economic conditions of this area, the severe threat of displacement by industrial production as well as general digitization. The owners of the small shops are hardly able to pay themselves more than their workers, who, as claimed by bookbinder Nepal Chandra Dey in an interview, earn sixty rupees per day. In an attempt to improve their situation, in 1990, the owners of the small workshops, together with their workers, went on strike for better pay from their clientele. However, their customers threatened to withdraw their business from the Daftaripara ○ and the situation remained unchanged (Roy 2014a:129). Or, to speak in the language of print: as fragile as a monotype ●.

সংশ্লিষ্ট অন্যান্য কর্মীদেরও। বই বাঁধাই-এর তল্লাটটি বড়ই ঘিঞ্জি, জনসমাকীর্ণ। ব্যস্তসমস্ত সরু সরু অলি গলিতে প্রায় দশ বর্গমিটার অন্তর খানাখন্দ, গর্ত, চটের তাঁবু দিয়ে ঘেরা চুল্লি, বাচ্চাকাচ্চা, ছড়ানো ছেটানো হাঁস মুরগি, কাগজের স্তূপাকৃতি বান্ডিল। দফতরিপাড়ার মত অঞ্চল কখনো দুঃস্বপ্নেও ভাবতে পারি না। ওপর ওপর যেমন দেখতে লাগে আসলে জায়গাটি তারচেয়েও বেশি দুর্দশাগ্রস্ত, শোচনীয়। একাধিকবার ছোট্ট একটি বই প্রস্তুতকারক কর্মশালায় এই পথ দিয়ে আসতে গিয়ে অত্যন্ত স্নায়ুপীড়াদায়ক ঠেকেছিল। নানা ধরণের শিল্পের উদ্যম উদ্দীপনা চোখে পড়ার মত হলেও এক দুর্বিষহ দারিদ্রের অন্ধকার এই অঞ্চলটিকে ঘিরে রেখেছে।

দফতরিপাড়া ○ ইনিশিয়েটিভ হল একটি গবেষণামুলক কার্যক্রম, তাতে উঠে আসে অঞ্চলটির বৈশিষ্ট্য। এক আপাত পরস্পরবিরোধী পরিবেশ লক্ষণীয় এই অঞ্চলটিতে। যাদবপুর বিশ্ববিদ্যালয়ের ফিল্ম স্টাডিজের অধ্যাপক শ্রী অভিজিৎ রায় এবং ইংরাজি সাহিত্যের অধ্যাপিকা শ্রীমতী নীলাঞ্জনা গুপ্ত তাঁদের ছাত্রছাত্রীদের নিয়ে ২০১২ সাল থেকে দফতরিপাড়া বিষয়ক গবেষণাটি চালিয়ে যাচ্ছেন (Daftaripara Initiative 2012)। এই গবেষণা একাধারে অঞ্চলটির অনিশ্চিত অর্থনৈতিক অবস্থা নিয়ে চর্চা করে, স্থানীয় ব্যবসাগুলি থেকে ক্রমাগতই বাসিন্দাদের উৎখাত করে দেওয়ার হুমকি নিয়ে আলোচনা করে, তেমনই গবেষণায় উঠে আসে সাধারণ ডিজিটাইজেশন-এর বিষয়টিও। এই ছোট ছোট বই বাঁধাই দোকানের মালিকদের খুব সামান্যই লাভ থাকে, এমনকী বাঁধাই শ্রমিকদের মজুরি দিয়ে তাদের চেয়ে বেশি টাকা মালিকরা তুলতে পারেন না ঘরে। বুক বাইন্ডার নেপাল চন্দ্র দে একটি সাক্ষাৎকারে বলেছেন, দিনে ষাট টাকার বেশি আয় হয় না তাঁর এই ব্যবসা থেকে। এই অবস্থার উন্নতি চেয়ে ১৯৯০ সালে কয়েকটি ছোট ছোট দোকানের মালিকরা মিলে অনশনে বসেছিলেন, খরিদ্দাররা যাতে ন্যয্যতর মুল্য দেয়, তার দাবিতে। অতঃপর, খদ্দেররা দফতরিপাড়া ○ থেকে ব্যবসা তুলে দেবার হুমকি দেয় এবং অবস্থা যে তিমিরে ছিল, সেখানেই থেকে যায়। (Roy 2014a:129)

আমার একটি পছন্দের লেটারপ্রেসে ● ছাপার দোকান ছিল, বৈঠকখানা রোডের দক্ষিণপ্রান্তে পেছন দিকের একটা নিরালা সরু গলিতে। শহরের কোনও মানচিত্রে খুঁজলেই এই গলির অস্তিত্ব মিলবে না। বেশ নামডাক আছে একটা কাঠের ব্লক খোদাই ●-এর দোকান রূপসা ব্লক হাউস, তার খুব কাছেই এই জায়গাটা। এই 'রূপা ব্লক হাউস'-এর মালিকের চোখ আর হাত

One of my favorite printing shops for letterpress ● is located at the southernmost part of Baithakkhana Road in a quiet back alley that cannot be found on any city map. It is very close to the stall of one of the best local hand-carvers of letters ● and subjects made of wood ●: Rupsha Block House, where complex originals get transferred from digital data printed on paper into a woodcut ●. The name of the letterpress ● printing shop is Suman Printing Works, but its existence behind a skewed wooden door could hardly be imagined. The owner Sankar Chakraborty, who has two other men working in his tiny production company, is very friendly and courteous. Serving us tea, he shows us at length his type ● and theme collection, lead and wood printing formes ● in Bengali and English, printing formes ● with shoes, saints, flowers, sari bodices or *cholis*, and fans. He took over the company from his uncle, and his specialization is described on his business card: "All Kinds of Printing Jobs & General Order Supplier." The company mainly prints plastic bags with large-format letters ● and subjects; the shop has never done small-format texts using hot lead typesetting. When asked how he's doing, Chakraborty describes himself as sitting on the "deathbed" of his machines, as the letters made of lead, plastic, or wood ● could easily wear out, and, if they do, he won't be able to get any new ones because no one else produces these anymore. It's a place where Baudrillard's reflections in *Why Hasn't Everything Already Disappeared?* are manifest. Through science, analytical knowledge, and the implementation of technology, the human species aims to analyze and transform the world. As described by Baudrillard, human beings have created technology to grasp the world analytically. However,

সব সময়ই ব্যস্ত, সচল। কাগজে ছাপা ডিজিটাল ডেটা থেকে জটিল প্রাথমিক উপাদান নিয়ে উডকাট ● প্রিন্টে পরিণত করে ফেলেন নিমেষের মধ্যে। আর ওই লেটারপ্রেসে ● ছাপার দোকানটির নাম (সুমন প্রিন্টিং ওয়ার্কস)। ট্যারচা একটা কাঠের দরজার পেছনে এর মলিন অস্তিত্বটি সত্যিই অকল্পনীয়। দোকানের মালিক শঙ্কর চক্রবর্তী বেশ বিনীত ও বন্ধুভাবাপন্ন মানুষ।। তাঁর এই ক্ষুদ্র ব্যবসায়িক প্রতিষ্ঠানে দু'জন মাত্র কর্মচারী। আমাদের চা-টা খাইয়ে তিনি তাঁর লেটার আর থিম-এর সংগ্রহ দেখালেন। দেখালেন সীসা ও কাঠের ফর্মে ● বাংলা ইংরাজি হরফ। এছাড়াও জুতো, ফুল, শাড়ির বা ওড়নার জমিন, পাখা বা *ঋষিপ্রতিম* আকৃতির থিম। তাঁর কাকার ব্যবসা ছিল এটি। কাকার উত্তরসুরি হিসেবে দোকানের মালিকানা এখন তাঁর। দোকানের বিশেষীকরণ কার্ডে বেশ সুন্দর করে লিখে দেওয়া আছে: 'সব ধরণের প্রিন্টিং-এর কাজ করা হয়। সাধারণ যে কোনও অর্ডার সাপ্লাই করা হয়'। এই কোম্পানি মুলত প্লাস্টিক ব্যাগের ওপর প্রিন্টিং-এর কাজ করে। ছাপার অক্ষর ও অন্যান্য বিষয় বিন্যাসগুলি বেশ বড় বড় হরফে ●। এই দোকানে গরম লেড টাইপসেটিং ●-এর মাধ্যমে ছোট ছোট হরফের কাজ একেবারেই হয় না। শ্রী চক্রবর্তীকে 'ব্যবসা কেমন চলে?' প্রশ্ন করা হলে তিনি বলেন, একেবারে মৃত্যু সজ্জায় রয়েছে তার যন্ত্রপাতিগুলো। লেড ●, প্লাস্টিক ● ও কাঠের ● লেটারগুলোর জরাজীর্ণ দশা। একেবারে নষ্ট হয়ে গেলে নতুন আর কিনতেও পারবেন না জানালেন। কারণ এখন আর কেউই এসব তৈরি করে না। এই প্রসঙ্গে প্রতিফলিত হয় বোঁদলিয়ার্ডের 'হোয়াই হ্যাজন'ট এভরিথিং অলরেডি ডিসঅ্যাপিয়ার্ড?'-এ তাঁর ভাবনার প্রতিচ্ছবি। বৈজ্ঞানিক বিশ্লেষণী তত্ত্বজ্ঞান এবং প্রযুক্তির বাস্তবায়ন দিয়ে মানুষ পুরো পৃথিবীটাকেই ব্যখ্যা করতে ও বদলে ফেলতে চায়। বোঁদলিয়ার্ডের মতে মানুষ প্রযুক্তির আবিষ্কার করেইছে পৃথিবীটাকে যুক্তি দিয়ে কব্জা করবার জন্য। কিন্তু অদ্ভুত বৈপরীত্যে প্রযুক্তি একটা বিলয়ের প্রক্রিয়া সুচিত করেছে। কীসের বিলয়? এই সত্যিকারের পৃথিবীটার খাঁটি অস্তিত্বের বিলয়। প্রযুক্তির মাধ্যমে বজ্রমুঠিতে পৃথিবীর নিয়ন্ত্রণ করতে চেয়ে এই আসল পৃথিবীটাই যেন হারিয়ে ফেলতে বসেছে মানুষ (Baudrillard 2009:10–11)। যা কিছু এখনও সত্যি, খাঁটি, তার প্রতি শেষবারের মত নজর না দিয়ে আর কী বা করার থাকে? কিন্তু নিয়তিনির্ধারিত এইসব প্রিন্টিং যন্ত্রপাতিগুলো এখনও কাজ করে চলছে। কে বলতে পারে আমার বইটাই হয়ত ওইরকম প্রিন্ট অর্ডারে ছাপা হয়ে বেরবে।

paradoxically, technology initiates a process of dissolution, beginning with the disappearance of the real world. Grasping hold of the world through technology then means getting rid of the world (Baudrillard 2009:10–11). So what else remains for us but at least to give one of the last commissions to these still real but doomed print works, the print order that will maybe constitute this book?

BLACK TOWNS, BLACK LETTERS ●, BLACK BIRDS, DEAD BODIES

In broadly surveying woodcut ● printing in Kolkata ○, one comes across the term Battala ○ (also Bat-tala ○ or Bat-tal ○, literally "under the banyan tree" or "under the Bengal fig"). The word derives from the name of a neighborhood, which in the nineteenth century stood for everything in print. Encompassing variants—such as song lyrics, propaganda pamphlets, posters, Muslim Bengali legends, mythological works, novels, *almanacs*, and calendars of holy or religious days (Ghosh 2004:178)—, Battala ○ was always used for printing in bulk, with a corresponding compromise in terms of the quality of paper used and the resulting print quality. This customary standard started to change by the middle of the nineteenth century, in particular after the 1870s, when new, "better" technologies —especially lithography ●—became established (Ghosh 2006:17). The craftsmen of Battala ○, all men, probably came from blacksmithing and had no formal training. As described by art historian and artist Paula Sengupta, it is unlikely that they were trained by European printmakers: the Europeans were only interested in intaglio

কালো শহর, কালো অক্ষর ●, কালো পাখি, মৃতের শহর

উডকাট ● প্রিন্টিং নিয়ে ব্যাপকভাবে পরীক্ষানিরীক্ষা করতে গেলে একটি শব্দের সঙ্গে পরিচিত হতেই হবে, তা হল বটতলা ○ বা বটতল ○। অর্থাৎ বটগাছের তলায়। উনিশ শতকে শোভাবাজার-চিৎপুর এলাকার একটি পাড়ার নাম থেকে থেকে উঠে এসেছে এই শব্দ। সম্ভবত সেই পাড়ায় ছিল বিশাল এক বটগাছ, সেখান থেকেই এই নামের উৎপত্তি। বটতলা ○ কলকাতা ○ ও বাংলার মুদ্রণ প্রকাশনা শিল্পের আদি স্থান। এর সঙ্গে বাংলার সবরকম ছাপার সংস্কৃতি অঙ্গাঙ্গিভাবে মিলে গেছে। ছাপার বিষয়ে নানান বৈচিত্র্য যেমন গানের পদ, প্রজ্ঞাপন পুস্তিকা, পোস্টার, বাঙালি মুসলিমের কাহিনি, *পৌরাণিক* উপকথা, পঞ্জিকা সবই পড়ে বটতলা ○ প্রকাশনার মধ্যে (Ghosh 2004:178)। বটতলা ○ মুদ্রণে বিশাল আয়তনে ছাপার কাজ হত, কাগজের মান বা প্রিন্টিং-এর উৎকর্ষ নিয়ে খুব একটা মাথাব্যথা ছিল না। ছাপার গুণমানের সঙ্গে কিছুটা আপস করেই বৃহৎ পরিমাণ কাজ হত। এই গতানুগতিক মানের বদল ঘটতে শুরু করে উনিশ শতকের মধ্যভাগ থেকে, বিশেষত ১৮৭০ সালের পর যখন নতুন ধারার প্রযুক্তির উত্থান হয়, মুলত লিথোগ্রাফি ● চালু হবার পর পর (Ghosh 2006:17), বটতলার ○ কারিগররা প্রধানত লোহা লক্করের কাজ যারা করত, অর্থাৎ কামারের পেশা থেকে উঠে আসা কিছু মানুষ, যাদের কোনও রকম প্রথাগত প্রশিক্ষণ ছিল না। শিল্পইতিহাসবিদ ও শিল্পী পলা সেনগুপ্তর বর্ণনা অনুযায়ী, এটা একেবারেই অসম্ভব যে তারা ইউরোপী মুদ্রণ-কারিগরদের কাছ থেকে কাজ শিখেছিল। ইউরোপীয়দের কেবলমাত্র খোদাই ● মুদ্রণ পদ্ধতিতেই আগ্রহ ছিল যা লিথোগ্রাফির ● চল হওয়ার আগে অবধি মানচিত্র বা রেখাচিত্র ছাপতে ব্যবহৃত হত (Sengupta 2012a: 23–24, 55)। যদিও মানচিত্র, নকশা, রেখাচিত্র মুদ্রণের কাজগুলি ব্রিটিশদের নিয়ন্ত্রণাধীন ছিল, বেশ নির্ভুল ভাবেই ছাপা হত সেগুলো। যে উপায়ে ইস্টইন্ডিয়া কোম্পানি এবং পরবর্তীতে ব্রিটিশ রাজতন্ত্র রাজনৈতিক স্থায়িত্ব অর্জন করেছিল ভারতে, তার সঙ্গে মোনোটাইপ ● মুদ্রণ পদ্ধতির বেশ মিল খুঁজে পাওয়া যায় বৈকি!

উনিশ শতকে বটতলা ○ মুদ্রণ ও প্রকাশনা ছিল চিৎপুর এলাকা ও এর দক্ষিণে শোভাবাজারসহ লাগোয়া অঞ্চলকে কেন্দ্র ক'রে। তারও আগে অষ্টাদশ শতকের ছাপার প্রেসগুলো ছিল লালবাজার অঞ্চলে (Paul 1983:10

printmaking ● processes, which, until the introduction of lithography ●, were better suited to the reproduction of maps and diagrams (Sengupta 2012a:23–24,55). However, although maps and diagrams—instruments of control by the British—were printed with precision, the political stability that the East India Company and then the British Crown achieved through their methods rather resembled a monotype ●.

In the nineteenth century, Battala ○ was mainly localized in the Chitpur district and in Shovabazar to the south of it, as well as in other adjacent neighborhoods. In the eighteenth century, the printing presses were mainly located in Lal Bazar (Paul 1983:10 and Shaw 1981:12–13). In particular, Chitpur is an area in which even today various traces of print are to be found: the old machines of (Biswanath Studio), a printing works that will soon be closed; the screenprinting ● workshop of (Galaxy Printers), spurred on by the dedicated young printer Vicky Bikash; or the collection of historical woodblocks ● by artist Aditya Basak. From the early nineteenth century onwards, the well-known Battala ○ woodcut ●—among other things—emerged here in the field of print. These coarsely carved pictorial representations were made by craftsmen who had no artistic training.

In 1983 artist and researcher Ashit Paul published *Woodcut Prints of Nineteenth Century Calcutta*, a study of historical woodcuts ● in Kolkata ○, which not only achieved the status of a standard work, but was also pioneering in both its content and design. In the 1970s, he had been editor of the political little magazine ○ *Pramiti*, which was produced using a transfer duplicating ● process called cyclostyle ● and aimed to unite a variety and Shaw 1981:12-13)। বিশেষত চিৎপুর অঞ্চলে বিভিন্ন প্রকার মুদ্রণের সন্ধান পাওয়া যায়। যেমন অতি পুরনো যন্ত্রপাতি নিয়ে এখনও চলছে বিশ্বনাথ স্টুডিয়ো, আর কিছুদিনের মধ্যেই বন্ধ হয়ে যাবে হয়ত। তেমনই সিল্কস্ক্রিন ● ওয়ার্কশপ দিয়ে চলছে গ্যালাক্সি প্রিন্টার্স, তরুণ মনযোগী প্রিন্টার ভিকি বিকাশ চালাচ্ছেন এই মুদ্রণ সংস্থা। আবার শিল্পী আদিত্য বিকাশ প্রাচীন উডব্লক ● সংগ্রহ নিয়ে কাজ করে চলেছেন। উনিশ শতকের গোড়ার দিকে যেমন অন্যান্য মুদ্রণ পদ্ধতির সঙ্গে প্রচলিত হয়েছিল বটতলা ○ উডকাট ●। এইরকম মোটাদাগের খোদাইপদ্ধতিতে করা চিত্রসমন্বিত উপস্থাপনার কারিগরদের কোনও রকম চারুশিল্পের প্রশিক্ষণ ছিল না।

১৯৮৩ সালে শিল্পী এবং গবেষক অসিত পাল প্রকাশ করেন উনিশ শতকের কলকাতার ○ উডকাট ● মুদ্রণ নিয়ে তাঁর গবেষণাপত্র 'উডকাট প্রিন্টস অব নাইনটিনথ সেঞ্চুরি ক্যালকাটা'। নিঃসন্দেহে একটি অসাধারণ মানের কাজই শুধু নয়, এর বিষয়বস্তু ও পরিকল্পনাও ছিল যুগান্তকারী। এর আগে ১৯৭০ সাল নাগাদ তিনি 'প্রমিতি' নামে একটি রাজনৈতিক লিটিল ম্যাগাজিন ○ সম্পাদনা করতেন। সাইক্লোস্টাইলড ● কার্বন পদ্ধতিতে ● সেটি ছাপা হত। নানারকম শিল্প ধারার বৈচিত্র্যকে একত্রিত করা ছিল এর লক্ষ্য (Sengupta 2014:10)। 'উনিশ শতকের কলকাতার উডকাট মুদ্রণ' ছাড়া আর কোথাও উডকাট ●-এ করা কালি মুর্তির এত সুন্দর প্রতিকৃতি খুঁজে পাই নি আমি। কাঁচা উডকাট ● এর মাধ্যমে গড়ে ওঠা এই দেবীমুর্তি সনাতন প্রেক্ষিত ছাড়াই যথেচ্ছ বৈসাদৃশ্যে একেবারে সরাসরি দোর্দণ্ডপ্রতাপে জিভ বের করে আছেন। রাজা রবি ভার্মা অথবা বামাপদ ব্যানার্জির কিচ চিত্রকলার সন্ন্যাসীদের থেকে আমুল আলাদা ঘরানার অলৌকিক প্রভাবযুক্ত এই কালিমুর্তি। খানিকটা ইউরোপীয় ধারায় প্রভাবিত, ক্রোমিলিথোগ্রাফি ● বা অয়েল পেইন্টিং-এর মাধ্যমে প্রতিলিপি করা হয়েছে। এই ধরণের মুদ্রণ ১৯০০ সাল নাগাদ প্রচলিত হয়েছিল এবং এখন আর কোথাওই প্রায় খুঁজে পাওয়া যায় না। সাধারণ বটতলা ○ মুদ্রণের কালিদেবীর ছবি থেকে আলাদা এই মুদ্রণ-ঘরানা, বটতলার ○ কালীমুর্তির ছবি এখনও খুঁজলে অনেক পাওয়া যাবে।

বটতলা ○ উডকাট ● প্রক্রিয়ায় ছাপার বিষয়বস্তু উঠে আসত প্রাত্যহিক জীবনযাত্রা থেকে। সাধারণ গার্হস্থ্য ঘরে ব্যবহার করার জন্য যেসব মুদ্রণ দরকার পড়ত যেমন চিত্রিত *পশ্বাবলী*, *পঞ্জিকা*—সবই ছাপা হত বটতলা ○ প্রকাশনায়। পশ্বাবলীতে বিভিন্ন পশুপাখি ও সাধুসন্ন্যাসীর ছবি আঁকা থাকত। বটতলা ○ কারুশিল্পকে প্রধানত পাঁচ ভাগে ভাগ করা যায়।

of artistic positions (Sengupta 2014:10). Nowhere else have I gotten so close to one of the most beautiful depictions of Kali in woodcut ● than in *Woodcut Prints of Nineteenth Century Calcutta*. Rendered through raw woodcut ● without a classic perspective and in high contrast, she sticks out her tongue wildly and directly—an apparition radically different from the kitschy saints created by artists such as Raja Ravi Varma or Bamapada Banerjee under European influence and reproduced through chromolithography ●. Such prints came into vogue around 1900 but can no longer be found in any household, in contrast to the many Battala ○ Kalis that still populate the city today.

The Battala ○ woodcuts ● depict subject matter from everyday life and, being prints for home use, are illustrated with *pashvabali*, depictions of animals as well as representations of saints. The prints were included in *almanacs*, also called *panjikas* in Bengali. Sengupta divides the Battala ○ reliefs into five categories: iconic representations of Puranic deities, Puranic and syncretic divinities in action, depictions of social events, narrative scenes from stage productions, and the imagery of commercial advertising (Sengupta 2012b). Oddly, Sengupta doesn't explicitly mention woodcut ● prints ● of fish and birds in her list, although I came across this imagery again and again in books with historical illustrations, as well as on living-room walls. One explanation for this prevalence is that the urban population at that time still felt strongly connected to the notion of having rural origins. To be noted, however, is that although the local elite was interested in such themes, in the quest for a Bengal Renaissance ○ it did not care about such popular depictions. This created tension between the culture of the bhadralok ○, who were educated

পৌরাণিক দেবদেবীর প্রতীকী উপস্থাপণা, পৌরাণিক দেবতাদের প্রথা ভাঙা ক্রিয়াকলাপ, সামাজিক ঘটনার বিবরণ, মঞ্চ পরিবেশনার আখ্যান দৃশ্য এবং বাণিজ্যিক বিজ্ঞাপনের টুকরো চিত্র (Sengupta 2012b)। কিন্তু অদ্ভুতভাবে শ্রীমতী সেনগুপ্তকৃত তালিকায় মাছ বা পাখির উডকাটপ্রিন্টের বিষদ উল্লেখ পাওয়া যায় না। যদিও এইসব ছবি আমি ঐতিহাসিক চিত্রণে, অলংকরণে আর বহু মানুষের ঘরের দেওয়ালে বারবার খুঁজে পেয়েছি। নাগরিক মানুষজন কীভাবে তাদের গ্রামীণ আদি উৎসের বিশ্বাস বয়ে বেড়ান, তারও ব্যাখ্যা পাওয়া যায় ঘরে টাঙানো এই ছবিগুলোর বহুল ব্যবহার থেকে। নাগরিক রুচিসম্পন্ন এলিট মানুষজনদের এজাতীয় বিষয়ের ওপর আগ্রহ থাকলেও খুব প্রচলিত হওয়ার কারণে তারা এই লোকায়ত ছবিগুলোকে খুব একটা মর্যাদা দিত না। বাংলার নবজাগরণকে ঘিরে এক নতুনতর উন্মাদনা এই লোকশিল্পগুলোকে কিঞ্চিৎ ম্লান করে দিয়েছিল বৈকি! ব্রিটিশ শিক্ষা দ্বারা প্রভাবিত ভদ্রলোক বা 'বাবু' সংস্কৃতি আর সাধারণ শ্রেণীর মানুষের বয়ে নিয়ে যাওয়া চিরাচরিত ঐতিহ্যবাহী লোক-সংস্কৃতির মধ্যে যেন একটা সংঘাত তৈরি হয়েছিল এই সময় থেকেই। ক্রমে এই লোকশিল্পগুলোই প্রান্তিক ও বিস্মৃত হতে বসে (Ghosh 2006:21 উদাহৃত ১৯৮৯সালে Banerjee 1989)।

শিল্পী চিত্তপ্রসাদ ভট্টাচার্য উডকাট মুদ্রণের মাধ্যমে গ্রামবাংলার শিল্প সংস্কৃতিকে বিস্তারিতভাবে তুলে ধরেছেন। তাঁর অনেক সহকর্মীর মতই তিনিও তরুণ বয়সে অবিভক্ত কমিউনিস্ট দলের সদস্য ছিলেন। উডকাটস ও লিনোকাটস মুদ্রণ যেন রাজনৈতিক সংগ্রামে ঔপনিবেশিক নিপীড়নের বিরুদ্ধে কার্যকরী প্রতি-আধিপত্যবাদী একটি হাতিয়ার, এমনই মনে করতেন এই শিল্পী। দ্বিতীয় বিশ্বযুদ্ধের টালমাটাল অবস্থায় গ্রামীণ মানুষদের দুর্দশা আর ভোগান্তির চিত্র দেখা যায় শিল্পী ফ্রান্স মাজিরিলের ছবিগুলোতে। ১৯৪৩ এর দুর্ভিক্ষ বাংলায় প্রায় ত্রিশ লক্ষ মানুষের প্রাণ কেড়ে নিয়েছিল। চিত্তপ্রসাদ সারা পশ্চিমবঙ্গ ঘুরে ঘুরে তথ্য সংগ্রহ করেছেন, সৃষ্টি করেছেন এই মর্মান্তিক ঘটনার শৈল্পিক নথি। তাঁর প্রথম বই 'হাংরি বেঙ্গল, আ ট্যুর থ্রু মিদনাপুর ডিসট্রিক্ট' প্রকাশিত হয় ১৯৪৩ সালের নভেম্বরে। ক্ষুধার্ত বাংলা আর মেদিনীপুর জেলা জুড়ে এই সফর যেন ওই সময়ের এক কড়চা। এই বইয়ের প্রায় ৫০০০ প্রকাশিত কপি বাজেয়াপ্ত করে নষ্ট করে দেয় ব্রিটিশ শাসক। বুঝতে অসুবিধে হয় না, ইংরেজ সরকারের এই বই বাতিল করার প্রয়াস কলকাতার দুর্ভিক্ষ ও খাদ্য সংকটকে ধামাচাপা দেওয়ার চেষ্টাকেই প্রতিফলিত করে। শত শত নিথর প্রাণহীন দেহ, না খেতে পেয়ে মরে যাওয়া সারি সারি মানুষের

in British schools, and the social classes maintaining traditional folk culture, which was gradually marginalized as the so-called "lesser" culture (Ghosh 2006:21 as cited by Banerjee 1989).

An artist who critically explored rural Bengal through woodcuts ● is Chittaprosad Bhattacharya, known as Chittaprosad. Like many of his colleagues, when he was young Chittaprosad was a member of the Communist Party of India before it became fragmented. He considered his woodcuts ● and linoleum cuts ● to be effective counter-hegemonic tools in the political struggle against colonial oppression. His images, like those of the artist Frans Masereel, depict the suffering of the rural population during the turmoil of World War II. In 1943, during the Bengal Famine—in which an estimated three million people lost their lives—Chittaprosad traveled throughout West Bengal and artistically documented the terrible events. The chronicle, his first book, was published under the title *Hungry Bengal. A Tour Through Midnapur District by Chittaprosad in November 1943*. A commitment that was not without consequences: the British administration confiscated and destroyed nearly all of the 5,000 copies that had been released. This total annihilation mirrors the British government's endeavor to eliminate the consequences of the hunger crisis in Kolkata ○, i.e., to remove the countless lifeless bodies from the view of the city's eyes by prohibiting any reportage (Mukherjee 2015:15; Ray 2013:9). Chittaprosad's woodcuts ● and his annihilated books, the missing images of the dead, and the silenced press all prove that paper and printing ink ● alone do not promise any truth.

স্তূপ, শহর কলকাতার ○ এই ছবি কখনোই কোনও সংবাদপত্রে প্রকাশিত হতে দেয় নি ব্রিটিশ সরকার (Mukherjee 2015:15; Ray 2013:9)।

চিত্তপ্রসাদের উডকাটস ● এবং তাঁর নির্মূল হওয়া বই-ই যেন সারি সারি মৃতদেহের হারিয়ে যাওয়া ছবি, আর সেই নীরব গণমাধ্যম আর একবার প্রমাণ করে, শুধুমাত্র কাগজ আর ছাপার কালি ● একাই কোনও সত্যকে কবুল করে না।

PRINTING TECHNIQUES FOR THE MASSES, PART 2

Prepress ● is not only a domain in itself within print, but also within Kolkata ○. The necessary infrastructure—display screens, printers, and computer mice—can be found tucked away in small alleyways, in the entrances to buildings, and above the rows of shops lining the streets, which are only accessible using steep stairs. Looking for someone who can do exposed transparent polyster film ● for us, we end up at some small shop on Chitpur Road, whose entrance I would never be able to find again. When Krispin shows the responsible employee the four-color separations ● of the subject matter on the computer screen, the employee says it won't work like that. No chance of making a good screenprint ● from these print-ready files, the grain is too coarse. But he immediately proposes a solution: we should get a reprographic ● copy of the subject matter that we have brought along with us on a postcard, which can be done at the photo studio next door. Such digital data would be something he could work with. So we set off for the photo studio, which, however, happens to be closed. We continue further down the street to the next option. But unfortunately this place specializes in portraits photographed against an atmospheric background. After a chai on the street corner, Krispin decides that we should try instead to find a solution at the first prepress ● shop. We try this and suddenly it's quite simple: Another employee—or is it the same person, is it the same backroom?—decides that the data are actually okay so the digital print-ready files can be exposed ● on transparent polyester film ● and printed. However, he wants

সর্বজনসাধারণের জন্য মুদ্রণ কৌশল, দ্বিতীয় পর্ব

'প্রিপ্রেস ●' শুধুমাত্র প্রিন্টিং বা মুদ্রণ শিল্পের এক্তিয়ারভুক্ত নয়। এটা এই কলকাতার একটা জ্যান্ত অংশও বটে! প্রয়োজনীয় পরিকাঠামো, যন্ত্রপাতি যেমন: ডিসপ্লে স্ক্রিন, প্রিন্টার্স, কম্পিউটারের মাউস জড়ো করে বিক্রি হতে দেখা যায় ছোট ছোট গলিঘুঁজিতে। বড় বড় বিল্ডিং-এ ঢোকার মুখেও বিক্রি হয় এগুলি। সারিবদ্ধ দোকানের দোতলায় এইসব সরঞ্জামের দোকান মেলে, সিঁড়ি বেয়ে ওপরে উঠে গেলেই হল। সিল্কস্ক্রিন প্রিন্টিং ●-এর ফিল্ম এক্সপোজ করতে পারেন, এমন একজনকে খুঁজছিলাম আমরা। চিৎপুরের এক ছোট্ট প্রতিষ্ঠান 'ফটোগ্রাফি চর্চা', সেখানেই পেয়ে গেলাম তাঁকে। এই দোকানটির মূল ফটক আর চাইলেও কোনোদিন খুঁজে পাব না আমি। দোকানের একজন কর্মচারীকে ক্রিসপিন কম্পিউটার স্ক্রিনে বিষয়টার চার রকম রঙের বিভাজন ● দেখালে তিনি বলেন এটা ঠিক ওভাবে হবে না। প্রিন্ট-এর জন্য তৈরি ফাইল থেকে ভালো স্ক্রীনপ্রিন্ট ● করা যায় না, কারণ এসব ক্ষেত্রে গ্রেইনগুলো অত্যন্ত অমসৃণ থাকে। কিন্তু সঙ্গে সঙ্গে তিনি একটা উপায় বাতলে দিলেন। আমরা একটা পোস্টকার্ডে করে যে বিষয়বস্তু টা নিয়ে এসেছি পাশের জেরক্সের দোকান থেকে টা কপি করে নিলে সেটা দিয়ে কাজ করা সম্ভব তার পক্ষে। আমরা দৌড়ে সেই ফটোস্টুডিওর খোঁজ করতে গেলে দেখা গেল সেটা বন্ধ। আমরা তখন সেইরাস্তা ধরে অন্য দোকানের খোঁজ করতে গিয়ে দেখি সেই স্টুডিওগুলো শুধু পিছনে সিন-সিনারি আঁকা পরদা টাঙ্গিয়ে তার সামনে খদ্দের বসিয়ে ছবিতোলার কাজ করে। রাস্তার ধারে এক কাপ চা খেয়ে ক্রিস্পিন থিক করলো যে যেকোনো প্রি-প্রেস শপে গিয়েই বরং আমরা একটা উপায় খুঁজে বার করার চেষ্টা করি। আর এবার সত্যিই বেশ সহজেই কাজটা হয়েও গেল। আমরা সেই দোকানে ফিরে এলাম আবার... এবার অন্য একজন কর্মী, নাকি আগের জনই? আর এই কি সেই পেছনের দিকের ঘরটা? সেই কর্মী জানালেন, এবার ঠিক আছে, ওই ডিজিটাল প্রিন্টের তৈরি ফাইল টা থেকেই এবার সহজেই পলিয়েস্তার ● ফিল্ম বা প্রিন্ট এক্সপোজ ● করা যাবে। এবার তিনি নিজেই কালার সেপারেশন ● করে নিলেন, ক্রিসপিনেরটি ব্যবহার না করে। তার বদলে আমরা তাঁকে পুরো কাজটাই করতে দিয়ে দিলাম তার সাথে প্রিন্টিং কোম্পানি আর প্রিন্টারের নাম ফিনিশড প্রোডাক্ট এর উপর ছাপাইএর অধিকার সুদ্ধু

to do the color separation ● himself and not use Krispin's. In return, we give him the job, along with the right to put the name of the printing company and the printer on the finished product.

The building in which the artist Aditya Basak lives in Chitpur is one of the most beautiful colonial buildings I have ever visited in Kolkata ○, with a tall-growing shade tree in the courtyard. As an artist with a strong interest in history, Basak pays special attention to the technological developments that took place in Bengal in the nineteenth century (see Sengupta 2014). In particular, he is interested in the field of print, as is revealed by the following text he hands to me during one of my visits: "During 1965, in my boyhood, I was already familiar with all sorts of printing presses thriving around our house. Letterpresses ● were mostly run on Victoria, Baltimore, or Phoenix machines; as [they] were expensive, Heidelbergs ● were rare.... From the 1980s, printing on larger offset ● machines took the major chunk of the business and it pushed the earlier players to the back bench." (Basak 2014) Accordingly, Basak collects wood blocks ● and prints, paints litho ● press and linotype ● machines with tempera, and likes to show people the printing presses that are still in use in his neighborhood, so that the history of this technology is preserved for as long as possible. He also has a collection of historical Battala ○ *almanacs (panjikas)*, which served as the subject of a book he published.

This is a comprehensive collection of yearbooks with religious dates, not just those concerning Hinduism, which he inherited from his grandfather. The fifty to sixty books are from the mid- to late nineteenth century,

শিল্পী আদিত্য বসাক চিৎপুরে যে বাড়িটায় থাকেন, অমন সুন্দর উপনিবেশীয় পরিবেশযুক্ত বাড়িতে আমি কখনও এর আগে যাই নি। বাড়ির উঠোনে লম্বা লম্বা গাছের ছায়া! শিল্পী হিসেবে ঐতিহাসিক ঘটনায় আগ্রহী বসাক বাবু উনিশ শতকের বাংলায় প্রযুক্তির অগ্রগতিকে বিশেষ প্রাধান্য দেন (দেখুন Sengupta 2014)। বিশেষত ছাপার প্রতি তাঁর আগ্রহ তাঁর লেখাতেই স্পষ্ট, যে লেখা তিনি পড়িয়েছিলেন আমাকে: "তখন ১৯৬৫ সাল হবে, ছেলেবেলা থেকেই আমি সবরকম প্রিন্টিং প্রেসের সঙ্গে পরিচিত ছিলাম, আমাদের বাড়িকে ঘিরে যেগুলো গড়ে উঠছিল। ভিক্টোরিয়া, বাল্টিমোর বা ফোয়েনিক্স মেশিন দিয়ে লেটারপ্রেস ● ছাপা হত, এই ছাপার পদ্ধতি বেশ ব্যয়সাধ্য ছিল। হেইডেলবার্গ ● খুব প্রচলিত ছিল না। ১৯৮০ সাল থেকে, অপেক্ষাকৃত বড় অফসেট ● মেশিনে ছাপা শুরু হওয়ার পর তা বাজারের একটি বড় অংশ দখল করতে শুরু করে আর আগের পদ্ধতিগুলো ধীরে ধীরে পিছিয়ে পড়ে" (Basak 2014)। *আদিত্যর* সংগ্রহে আছে কাঠের ব্লক ● এবং প্রিন্ট, টেম্পেরা দিয়ে তিনি রঙ করেন লিথো ● প্রেস আর লিনোটাইপ ● মেশিন এবং মানুষজনদের গর্ব ভ'রে জানান, প্রিন্টিং প্রেস এখনও চলে তার তাঁর আশপাশের এলাকায়, যাতে এই প্রযুক্তির ঐতিহ্য ও ইতিহাসকে যথাসম্ভব ধরে রাখা যায়। তাঁর কাছে পুরনো বটতলা ○ *পঞ্জিকার* সংগ্রহ রয়েছে, যার ঐতিহাসিক মূল্য অপরিসীম। তা নিয়ে একটি বইও প্রকাশিত হয়েছে।

পবিত্র ধর্মীয় পুজোপাট, তিথির তারিখ নিয়ে একটি বর্ষপঞ্জির সংগ্রহ তিনি পেয়েছিলেন তাঁর ঠাকুরদার কাছ থেকে। শুধু হিন্দু ধর্মেরই নয়, অন্য ধর্মাবলম্বীদের পবিত্র তারিখও দেওয়া থাকত এতে। ১৮২০ সাল নাগাদ পঞ্জিকার সাংঘাতিক চল শুরু হওয়ার পর উনিশ শতকের শেষ দিক থেকে প্রায় ৫০-৬০টি বই লেখা হয়েছে (Paul 1983:52)। উডকাট ● দিয়ে ওইসব বইয়ের অলঙ্করণ করা হত। উডকাটের ● কারিগরদের জোগাড় করে নিতেন প্রকাশকরাই। তাদের অলংকরণ-এর ছবিগুলোতে বিভিন্ন ধর্মীয় কাহিনির বর্ণনা থাকত। গ্রাফিক ডিসাইনে ছবিগুলো ফুটিয়ে তোলা হত, এক একটি চিত্র যেন আলাদা এক একটি ফ্রেমে শিরোনামসহ শোভা পেত। পাঁজির কারুকাজগুলোর বিন্যাস এমনভাবেই হত যেন ওরা আগে থেকেই জানে একটা ক'রে পাতা ছিঁড়ে দেওয়ালে টাঙানো হবে ওদের। পঞ্জিকা বিশাল পরিমানে ছাপানো হত। এখন যদিও অতটা চল নেই। তবু এখনও প্রায় প্রতিটি দোকানেই *পঞ্জিকা* মেলে, বিশেষত দশকর্মা ভাণ্ডারগুলোতে। বসাকবাবুর আগ্রহ শুধুমাত্র উডকাটকে ● ছাপার মাধ্যম হিসেবে ব্যবহার করা নয়। বরং

the earliest having been written shortly after the first high phase of the *almanacs* around 1820 (Paul 1983:52). Woodcuts ● were used for the illustrations of the books, which were done by craftsmen who had been hired by the publishers. Their decorative imagery depicts religious events; the depictions are embedded in a graphic design that endows each individual image with a frame and a caption. It almost seems as if the design foresees that the single pages will be torn out of the *almanacs* and hung up. Editions of the *panjikas* were once produced in huge numbers, but today their circulation has shrunk. Nonetheless, they can always still be found at every kiosk. What interests Basak about the *almanacs* is more than just the woodcut ● as medium of image reproduction; he considers the books from a cultural-historical point of view. In the book he published about the *almanacs,* he not only addresses the iconography, but also the technical background of production. In addition, he explores the design of the commercial advertisements, which were part of the *almanacs* and designed by the same woodcarvers as the iconographic representations. And, he is also intrigued by how the artistic design of the divinities sprang over to advertisements within the *almanacs*, and from there, seeped into the commercial world (Paul 1983:60).

Today in Kolkata ○, it's still possible to find lithography ● being used in mass production. While in Switzerland it's only used for fine arts print ●, in Kolkata ○, it is employed for the production of circus and other posters as a purely analog medium, although no longer with the original Solnhofen limestone ● as a printing substrate ●, but rather with metal plates. Basak has led me to such a printing works in his neighborhood in Chitpur:

বইগুলোকে তিনি এক সাংস্কৃতিক-ঐতিহাসিক দৃষ্টিভঙ্গিতে দেখেন। *পঞ্জিকা* নিয়ে যেই বইগুলো তিনি প্রকাশ করেছেন, তাতে তিনি শুধুমাত্র মুর্তিশিল্প নিয়েই কথা বলেন নি, ছাপার প্রযুক্তির পটভুমি নিয়েও কথা বলেছেন। কথা বলেছেন বাণিজ্যিক বিজ্ঞাপনের ডিসাইন নিয়েও, যা পঞ্জিকারই অংশ এবং ওই একই উডকার্ভারদের করা মুর্তিশিল্পের উপস্থাপনা। কীভাবে পঞ্জিকার দেবদেবীর শৈল্পিক ডিসাইনগুলো ছড়িয়ে গেল বাণিজ্যিক বিজ্ঞাপনগুলোতে, আর সেখান থেকে গোটা বাজারে তাও উঠে এসেছে বইয়ের আলোচনায় (Paul 1983:60)।

কলকাতায় ○ এখনও লিথোগ্রাফি ● ব্যবহার করে গণহারে বিশাল পরিমাণ ছাপা সম্ভব। সুইজারল্যান্ডে যদিও ফাইন আর্ট প্রিন্টিং ●-এর জন্যই লিথোগ্রাফিকে ● ব্যবহার করা হয়। কলকাতায় এমনকী সার্কাসের প্রচারের জন্য বা অন্য বিষয়ে পোস্টার বানানো হয় খাঁটি অ্যানালগ মাধ্যমে। যদিও প্রিন্টিং ফর্ম ● হিসেবে সোলোনহফেন লাইমস্টোন ● আর ব্যবহার করা হয় না, তার বদলে মেটাল প্লেট ব্যবহৃত হয়। আদিত্য চিৎপুরেই তাঁর আশপাশের অঞ্চলে আমাকে নিয়ে গিয়ে এমন সব ছাপার কাজ দেখালেন। রবীন্দ্র লিথো নামে একটি জায়গায় ১০০ বছরের পুরনো Furnival & Co litho machine ● লিথো প্রেসটি এখনও চলছে। লেটারার স্বপন দাস নিজের হাতেই প্রিন্টিংপ্লেট গুলোকে ● রঙ করেন মিরর ইমেজ স্ক্রিপ্ট দিয়ে। এই শিল্পটির সঙ্গে আমার আগে থেকেই পরিচয় আছে, জুরিখের সুইস ফেডেরাল ইন্সটিটিউট অব টেকনোলজির গ্রন্থাগারে হাতে তৈরি ঐতিহাসিক পুঁথির সংগ্রহ থেকে।

স্বপন দাস প্রিন্টিং মেশিনের পেছনে ছোট্ট জায়গাটুকুতে ব'সে ছোট ছোট প্রিন্টে কাজ করেন। বাংলা ও ল্যাটিন হরফের পেন্সিল স্কেচ ছাড়াও অলংকরণ করেন তিনি, তারপর গ্রিজী ক্রেয়ন দিয়ে ট্রেস বের করেন। প্রিন্টিং প্লেটের ● মাপের চাইতে বড় নয় তাঁর কাজের জায়গাটি। এইসব কাজগুলো যেন আমাকে ভারতীয় মালিকানাধীন প্রথম লিথোগ্রাফি ● প্রেসের কথা মনে করিয়ে দেয়। ১৮৩০ সালের শুরুর দিকের কথা। ফৈজ আলি কলকাতার টালিগঞ্জ অঞ্চলে একটি ওয়ার্কশপ করাতেন। ১৮২০ সালের পর যখন শহরে ছাপার প্রযুক্তি বেশ জনপ্রিয় হল, তার পরে পরেই (Shaw 2016:180–181)। প্রথম বাংলা প্রিন্ট টাইপফর্ম ●, লেড টাইপের ● পক্ষে বেশ ভাল মানের একটি টাইপফেস ● প্রস্তুত করা হয়েছিল *A Grammar of the Bengali Language* বইটি প্রকাশ করার জন্য। ১৭৭৮ সালে ন্যাথানিয়েল ব্রাসি

Rabindra Litho, a place where there is still a 100-year-old Furnival & Co litho machine ● in operation and, if needed, letterer Swapan Das paints the printing plates ● directly by hand with mirror-image script. It is a craft that I'm only familiar with from the collection of historical manuals stored in the library of the Swiss Federal Institute of Technology in Zurich.

Swapan Das works in the small printing works in a little area behind the printing machine. There he sketches Bengali and Latin characters as well as illustrations in pencil and afterwards traces them with a greasy crayon; his workspace is not much bigger than the printing plate ● itself. This work leads me back to what is presumably the first Indian-owned lithography ● press. At the beginning of the 1830s, shortly after printing technology had gained in popularity in the city during the 1820s, Fyz Alle ran a workshop in Tolly Gunge (Shaw 2016:180–181). The first Bengali print font, a standard typeface ● for letters made of lead ●, were created for *A Grammar of the Bengali Language*, published in 1778 by Nathaniel Brassey Halhed, Orientalist and henchman of the first and highly controversial Governor-General of India, Warren Hastings. In addition, a design for Bengali typeface ● was established, which ignored the cursive ● of handwritten Bengali (Ross 1999:7). In the 1930s this development was followed by further standardization as the Bengali typeface ● was adapted for the linotype ● (line-casting) machine (Olocco 2014:23–27). On the other hand, the letterer mentioned above, Das, drew ten different typefaces ● off the cuff—including sweeping cursives ●—for a poster I commissioned on one of my first visits to the printing works. He was able to maintain the boisterous, poetic power of the

হ্যালহেড রচনা করেন এই বই। তিনি ছিলেন বৈয়াকরণ, প্রাচ্যভাষাবিদ ও ভারতের প্রথম বিতর্কিত গভর্নর জেনারেল ওয়ারেন হেস্টিংসের কট্টর সমর্থক। এর সঙ্গে সঙ্গেই বাংলা টাইপফেসের ● নকশা আবিষ্কৃত হয়, যা বাংলা কার্সিভ ● হাতের লেখাকে অস্বীকার করল (Ross 1999:7)। ১৯৩০ সালে বাংলা টাইপফেসের ● সঙ্গে যখন লিনোটাইপ ● 'লাইন কাস্টিং ●' মেশিন সংযোজিত হল, তখন মুদ্রণের এই অগ্রগতি আরও মান্যতা পেল (Olocco 2014:23–27)। অন্যদিকে যার কথা ইতিপুর্বে হচ্ছিল, সেই স্বপনবাবু, নিজের আস্তিন থেকে বের করলেন দশ দশটি আলাদা রকমের টাইপফেস। তার মধ্যে ছড়ানো বাংলা কার্সিভও ● ছিল। যখন প্রথম প্রথম বাংলা প্রিন্টিং এর সঙ্গে আমরা পরিচিত হচ্ছিলাম, তখন একটি পোস্টারের জন্য আমি এই রকম কার্সিভ ● করে দিতে বলেছিলাম। বাংলা কার্সিভ ● হরফের যে একরকম আশ্চর্য কাব্যময়তা রয়েছে, স্বপনবাবু খুব সুন্দর করে তা ফুটিয়ে তুলতে পেরেছিলেন। হেস্টিংস-এর বরাত দেওয়া *A Grammar of the Bengali Language*-এর মুদ্রণ-হরফের ● থেকে অনেকটাই আলাদা এই কার্সিভের ● ধরণ। যদিও ভাষাগত দিক থেকে ভারতীয় উপমহাদেশকে নিয়ন্ত্রণ করার জন্য ওয়ারেন হেস্টিংস-এর উদ্যোগে হ্যালহেড রচিত এই বইয়ের গুরুত্ব অনেক।

একটি প্রাক-প্রেস প্রদর্শনশালা

ব্লক ● বা প্লেটের প্রিন্টিং সারফেসে ● এক ধরণের উপাদান ব্যবহার করার চল শুরু হল, আর সেই সঙ্গেই লিথোগ্রাফিরও ● অগ্রগতি সুনিশ্চিত হল। কী সেই উপাদান? প্রথম দিকে চুনাপাথর ● জাতীয় জিনিস দিয়ে এবং তারপর ধাতু দিয়ে প্রস্তুত হত সেই উপাদানটি। এরপরই এল অফসেট প্রিন্টিং ●। যদিও অফসেট প্রিন্টিং ●-এও ওই একই কায়দায়, ব্যবহার করা হত পরস্পর প্রতিরোধী জল এবং তেল। অফসেটে ●, খুব ব্যবহারিক কারণেই ছাপার কালি ● অন্য একখানি বাহক বা ক্যারিয়ার দ্বারা স্থানান্তরিত করা হয়, যাতে কাগজে কম পরিমাণ কালি পৌঁছয়। যেহেতু বিংশ শতকের শুরুর দিক থেকেই এর উদ্ভাবন, তাই অফসেট প্রেস ● খুব দ্রুত পুরোপুরি স্বয়ংক্রিয় মেশিনে ● পরিণত হয়। সহজেই অনুমেয়, কলকাতায় ○ পুরোপুরি স্বয়ংক্রিয় Heidelberg Kord ● খুবই জনপ্রীতি পেয়েছিল, কেননা, অফসেট ● আর লেটারপ্রেস ● দুই ক্ষেত্রেই এটি ব্যবহৃত হতে পারে (অন্তত

original Bengali, in contrast to the letters ● in *A Grammar of the Bengali Language*, which had been commissioned by Governor-General Hastings in part to gain better linguistic control over the Indian subcontinent.

A PREPRESS ● MUSEUM

The development of lithography ● was defined by the type of material used for the printing surface (printing block ● or printing plate ●). This was initially based on Solnhofen limestone ● before metal was introduced and offset printing ● followed. Although offset printing ● is based on the same technique—water and fat repelling each other—with offset ●, the printing ink ● transfer takes place for practical reasons via another kind of printing substrate ●, so that less ink is transferred to the paper. Since their invention at the beginning of the twentieth century, offset printing ● presses rapidly evolved into fully autonomous printing machines ●, obviating the need to manually load the paper into the machine. In Kolkata ○, it can be assumed that one type of a fully autonomous machine ●—the Heidelberg Kord ●—enjoyed popularity because it could be used as both an offset ● and a letterpress ● machine (at least by the entrepreneurs who could afford such a machine). And it can also be assumed that even today there is still a Heidelberg Kord ● in operation in Kolkata ○. This means that for work to be printed using offset printing ● machines in the Daftaripara ○ neighborhood, prepress ● is still done "digital to analog": via a printer, the print data are transferred digitally to be made into an exposed transparent polyster film ●, which is

যেসব ব্যবসায়ীদের সামর্থ্য থাকে এই মেশিন কেনার)। প্রসঙ্গত, ১৯৫৫ সাল থেকে শুরু করে ২০০২ সাল অবধি এই Heidelberg Kord ●-এর উৎপাদন অব্যাহত ছিল। ধরে নেওয়া যেতে পারে, কলকাতায় ○ এখনও এর চল আছে। অর্থাৎ দফতরিপাড়া ○ অঞ্চলে অফসেট ● মেশিনে ছাপার ক্ষেত্রে প্রিপ্রেস ● এখনও 'ডিজিটাল থেকে অ্যানালগ'-এ হয়। প্রিন্টারের মাধ্যমে প্রিন্ট ডেটা ডিজিটালরূপেই ফিল্মে ট্রান্সফার হয়ে যায়। ফলতঃ মেটাল প্লেটে ● এক্সপোজ করাও যায়। এদিক দিয়ে বিচার করলে প্রিন্টিং মেশিনের জন্য এই পদ্ধতিটি বেশ আদর্শ। এই পদ্ধতির অনেক আধুনিক নামধাম রয়েছে, যেমন Toko Offset 770 ●, Mitsubishi DAIYA-1-1 ● অথবা HMT SOM 125 ●। অন্যদিকে, (আর্ট এন্ড কোম্পানী)-র মত চিৎপুর রোডের ছোট ছোট দোকানগুলোতে প্রিপ্রেস ● প্রক্রিয়াটি লেটারপ্রেস ● অথবা রিলিফ প্রিন্টিং ●-এর মাধ্যমেই হয়। এখানে ষ্ট্যাম্প অর্ডার করা যায়: যে প্রিন্টিং প্লেটগুলোতে ধাতু দিয়ে খোদাই করা থাকে তাদের বলা হয় 'স্টেনসিল প্লেটস ●'। তারওপর, দোকানের রসিদের ওপর লেখা অন্যান্য ধরণের প্রিন্টিং-এর তালিকাও রয়েছে, যেমন, 'স্কুল ব্যাজেস', 'সিনেমা স্লাইড', 'রেডিও ও টিভির বিজ্ঞাপন', 'নেগেটিভ পসিটিভ', 'কমন সিল', 'স্টিল পাঞ্চ ●', 'নেম প্লেট', 'গ্লো সাইন', 'ব্যানার' ইত্যাদি।

একটু ধৈর্য ধরলে, (আর্ট এন্ড কোম্পানী)-র কর্ণধার বৈদ্যনাথ আশ আপনাকে ঐতিহাসিক প্রিন্টিং ব্লকের ● সংগ্রহ দেখাবেন। তাঁর ছিমছাম ছোট্ট দোকানের দেয়ালে সারিবদ্ধভাবে সাজানো রয়েছে এই ব্লকগুলো। কাঠ-খোদাইটি একটি আলম্ব দিয়ে রাখলে 'লিনোলিয়াম ●' মনে হবে। এই খোদাই চিত্রণগুলোর দিকে তাকিয়ে থাকলে, কোনও ফেলে আসা সুদুর অতীতে ঢুকে পড়া যায়। জিঙ্ক এবং কপার দিয়ে তৈরি রাস্টার্ড হাফটোন ● প্রিন্টিং প্লেটগুলো ● যে ফোটোকেমিক্যাল পদ্ধতিতে প্রস্তুত হত, উডব্লকগুলি ● তারই পুর্বসুরি। সম্ভবত শিশুসাহিত্যিক, উদ্ভাবক ও উদ্যোক্তা উপেন্দ্রকিশোর রায় (অথবা রায় চৌধুরি) ১৮৯৫ সাল নাগাদ এই হাফটোন ব্লক প্রিন্টিং ● নিয়ে অনেক পরীক্ষা নিরীক্ষা করেছিলেন। সাউথ ইস্ট এশিয়াতে তিনিই প্রথম এই ধরণের প্রিন্টিং প্লেটের ● এর উদ্ভাবণ করেন (Ghosh 2004:243; আরো দেখুন Raychowdhury 1897–1912/2014)।

প্রায় দুশো বছরের পুরনো সংগ্রহ এসব। এইসব ব্লকের ভেতরেই বাণিজ্য শহর কলকাতাকে ○ যেন স্থায়ীভাবে উৎকীর্ণ করা হয়েছে। ব্লকগুলির মধ্যেই পাওয়া যায় ওই সময়ের নানান বানিজ্যিক প্রতিষ্ঠানের নামধাম ও

done on a metal plate. This process is standard procedure with the printing machines in this quarter, which have such modern-sounding names as Toko Offset 770 ●, Mitsubishi DAIYA-1-1 ●, or HMT SOM 125 ●. On the other hand, small stalls like (Art & Co.) on Chitpur Road are responsible for prepress ● for relief printing ●. Here it's possible to order print punches ● called "stencil plates;" these are matrices ● etched in metal. In addition, as listed on the stall's receipt, other printing options include "School Badges, Cinema Slide, Radio & TV Ad., Negative Positive, Common Seal, Steel Punch ●, Name Plate, Glow Sign, Banner, etc."

But that's not all. If you have patience, a certain Baidyanath Ash, owner of (Art & Co.), will show you his collection of historic printing blocks ●, which he presents lined up behind him on the wall of his cubbyhole. Carved from wood and with a support that reminds you of linoleum cut ●, they depict imagery that takes you right back in history. The woodblocks ● are precursors of a reprographic ● process entailing rasterized halftone ● printing plates ● made of zinc and copper. From 1895 these were offered by the author of children's books, inventor, and entrepreneur Upendrakisor Ray (also known as Upendrakishore Raychowdhury or Raychaudhuri), making them the first such plates in Southeast Asia (Ghosh 2004:243; see also Raychowdhury 1897–1912/2014). Part of the collection is almost two hundred years old, and the merchant city of Kolkata ○ is thus permanently inscribed in them. "Mukh Bilash. Motor Brand" stands there, an Ambassador in the center, a motor vehicle that was produced in India according to British specifications from the late 1950s and that still shapes the cityscape today.

পণ্যচিত্র। 'মুখবিলাস মোটর ব্র্যান্ড' তার মধ্যে একটি। একখানা অ্যাম্বাস্যাডার গাড়ির ছবি মাঝখানে, ১৯৫০ সালের শেষের দিকেই এই অ্যাম্বাস্যাডার গাড়ি ব্রিটিশ বিশেষীকরণসহ বাজারে আসে। এখনও শহরের রাস্তায় দেখতে পাওয়া যায় এই গাড়ি। 'ডে রাইস' কোম্পানির বিশেষত্ব হল, 'ফ্রি ফ্রম অ্যানিম্যাল ফ্যাট', অর্থাৎ পশুচর্বিমুক্ত সামগ্রী। এক শাড়ি পরিহিতা ভদ্রমহিলা হাতে একটা সাবান নিয়ে দাঁড়িয়ে আছেন, এমন ছবি। যেন তিনি 'কেয়ার বিপ্লব'-এর মুক্তিযোদ্ধা। ১৮৫৭-১৮৫৮ সালের সিপাহী বিদ্রোহ নিয়েও এরকম কাহিনি প্রচলিত আছে। মনে করা হয়, সিপাহীদের মধ্যে দ্রোহের আগুন আরও প্রবলবেগে জ্বলে উঠেছিল যখন তারা জানতে পারল এনফিল্ড রাইফেলের জন্য নতুন বন্দুকধারীর কার্তুজগুলি গরু আর শুয়োরের চর্বি দিয়ে তৈরি করা হয়। হিন্দু ও মুসলমান দুই জাতিরই এতে ধর্মীয় ভাবাবেগে সাংঘাতিক রকম আঘাত লাগে। এই যুদ্ধে ইংরেজদের কাছে নির্মমভাবে হেরে যান ভারতীয় সৈন্যরা। ফিরে আসা যাক আশ বাবুর ব্লক সংগ্রহের কথায়। যেহেতু যাবতীয় প্রিন্টিং ব্লক ● বা প্লেট প্রিন্টিং ●-এ সরাসরি বা ডিরেক্ট ট্রান্সফারের জন্য ব্যবহার করা হয়, তারা যে তথ্য বহন করে, তা তো আয়নারই প্রতিচ্ছবি। এটাই কি ইতিহাসের একটি স্বতন্ত্র দৃষ্টিভঙ্গির দিককে নির্দেশ করে না?

Or "Dayrise", annotated by "Free From Animal Fat," whereby the woman in a sari with a bar of soap in her hand immediately becomes a freedom fighter for the Care Revolution. According to one of the tales about the Sepoy Mutiny of 1857–1858, which was brutally suppressed by the British, the rebellion was triggered when Indian soldiers realized that the substance greasing cartridge ammunition used in combat by the British against them—the Indian soldiers, Hindus as well as Muslims—contained both pig and cow tallow. But back to the woodblocks ● of Ash: as with all printing blocks ● or printing plates ● used for a direct transfer in printing, the information they carry is a mirror image. Doesn't that already mean a different view of history?

Cash books, "Subjectwise Students' Attendance Books," lists to record personal data: even after the withdrawal of the British administration, in Kolkata ○, books with tables (spreadsheets) are still used heavily. Moreover, a good part of the book production of Daftaripara ○ entails lists, i.e., the orderly arrangement of lines. These lines are so important that in Kolkata ○, there are printing machines used only for this purpose that do not involve relief ●, intaglio ●, flatbed ●, screen- ●, or offset printing ●. These are custommade metal racks that are screwed together and threaded through by strands that loosely guide the print sheets. With these machines the color transfer functions simply through watercolor and a cylinder by which the interval—inch, half-inch—of the lines to be printed is determined. Using a damp cloth, light blue, red, or pale green is applied to pens that enable the color to flow from this cylinder onto the paper as lines. Everything seems very simple, and, at the same time, it is highly complex: the printing machine is a very poetic object. In this way it not only prints lines for the organization of society, but is in itself a philosophical artwork that directly leads one to question how such a fragile system can be sustained with such continuity along these lines. This doesn't have a lot to do with print in the classical sense; rather, these machines are a perfect reflection of Kolkata ○. The only difference for me is that the technology of the city remains without a name.

‘ক্যাশবুক’, বিষয় অনুযায়ী স্টুডেন্টদের অ্যাটেনডেন্স রেজিস্টার, ব্যক্তিগত লিস্ট, খোপ কাটা নানা ফরম্যাট-ব্রিটিশ শাসন চলে যাওয়ার পরও সেই সব কিছুই কলকাতায় ○ এখনও ব্যাপক হারে ব্যবহার করা হয়। দফতরিপাড়ার ○ বইয়ের ব্যাবসার একটা বড় অংশ জুড়ে রয়েছে এই ধরনের বিভিন্ন লাইন-টানা খাতা। এই তালিকা বা লাইন করা খাতাগুলো এতই গুরুত্বপুর্ণ যে কলকাতায় কিছু প্রিন্টিং মেশিন শুধু এই জন্যই চলে। যেগুলোতে রিলিফ ●, ঈণ্টাগলীয়া ●, ফ্ল্যাটবেড ● স্ক্রিন বা অফসেট প্রিন্টিং ●-এর কোন কাজ ই হয় না। এগুলো হল পছন্দ মত বানানো অর্ডারি মেটাল র‍্যাক, যেগুলো একদিকে স্ক্রু আরেকদিকে শক্ত সুতো দিয়ে জোড়া যার মাঝ দিয়ে আলতো ভাবে কাগজের সারিতে লাইন প্রিন্ট হয়ে বেরিয়ে আসে। এইসব মেশিনগুলো রং ট্রান্সফারের কাজ করে, প্রয়োজনমত এক বা আধ ইঞ্চি ফাঁক রেখে জলরং ও সিলিন্ডারের মাধ্যমে। একটা ভেজা কাপড় ব্যবহার করে হালকা নীল, লাল, ফিকে সবুজ রং পেনে ভরে দেওয়া হয় যাতে তা রং-গুলোকে সিলিন্ডার থেকে কাগজে লাইন অনুযায়ী বইয়ে দিতে পারে। আপাতভাবে সবকিছুই সহজ মনে হলেও আসলে কিন্তু বেশ জটিলঃ প্রিন্টিং মেশিন আসলে একটা বেশ এক অদ্ভুত কাব্যময়তা ব্যাপার। এভাবেই এ মেশিন গুলো শুধুমাত্র সামাজিক প্রতিষ্ঠানগুলোর কাজ প্রিন্ট করার একটা যন্ত্র না বরং নিজের মধ্যেই একটা দার্শনিক-শিল্পকর্ম যেন যা সরাসরি মনে এই প্রশ্নের উদ্রেক করতে পারে যে এমন পলকা একটা পদ্ধতি কীভাবে লাইনের ধারাবাহিকতা বজায় রাখার কাজ চালিয়ে যেতে পারে। চিরাচরিত ভাবে প্রিন্টিং এর ক্ষেত্রে এসব ভাবার দরকার পড়ে না। আসলে এই মেশিনগুলো যেন কলকাতার-ই ○ একটা যথার্থ প্রতিচ্ছবি। শুধু আমার কাছে বিস্ময়ের একটাই ব্যাপার যে এই শহরের এই অনন্য প্রিন্টিং-টেকনোলজি নামহীন হয়ে রয়ে গ্যাছে।

কলকাতা ○ শহর আমাকে অনেক ভাবিয়েছে, অনেক প্রশ্ন এনে দিয়েছে মনে এবং এসব প্রশ্নের উত্তর খুঁজতে খুঁজতে আমি এই শহরের ইতিহাসকে ধরার চেষ্টা করেছি, যার অনেকটাই ধরা গেছে বইয়ের পাতায়। কারণ শুধুমাত্র ভারতবর্ষ ও পশ্চিমবঙ্গের ইতিহাসই বিতর্কিত নয়, আমার বন্ধুদের সঙ্গে কথা

Kolkata ○ keeps leading me to questions that require my getting a grip on the history to be found on the bookshelf. This is not only because the history of India and Bengal is highly controversial and needs a closer look, but also this history pervades the conversations I have with my friends and the art I encounter. For example, the father of artist Saumik Chakraborty was a lifelong trade union leader of the Centre of Indian Trade Unions (CITU), as well as a member of the Communist Party of India (Marxist) (CPI(M)). As a young woman, the mother of his wife—artist Piyali Sadhukhan—carried on her involvement in the Naxalite political resistance movement in prison. The artist couple and their friends are also engaged in furthering the interests of the rural and impoverished urban population as well as working against rampant Hindu fundamentalism; for almost twenty years, filmmaker Malay Mukherjee has been working for the non-profit organization (NPO) Development Research Communication and Services Centre (DRCSC), documenting villages of rural West Bengal and the changes they are undergoing. In addition, for nearly thirty years now he has been making independent films for indigenous communities so that they can learn what others in similar situations have done to overcome their problems (personal exchange with the author, WhatsApp April 25, 2017). And graphic novelist and filmmaker **Sarbajit Sen** works regularly through artist workshops with oppressed tribes in the northern part of the state.

But let's go back to the beginning of the history of Kolkata ○, as it is important for my research. From 1772, when the city became the headquarters of the East India Company, and continuing through 1858, when—as a result of the Sepoy Mutiny a year earlier, the British Parliament

বলার সময়ও টের পেয়েছি এই ইতিহাসের প্রভাব ছেয়ে আছে আমাদের কথোপকথন জুড়েও, বিশেষ করে যখন শিল্পকলা নিয়ে কথা বলেছি, তখনও। যেমন, শিল্পী সৌমিক চক্রবর্তীর বাবা আজীবন সিটুর (সেন্টার ফর ট্রেড ইউনিয়ন) একজন ট্রেড ইউনিয়ন নেতা ছিলেন। শুধু তাই নয়, ছিলেন ভারতের মার্ক্সিস্ট কমিউনিস্ট পার্টির (সিপিআইএম)একজন সদস্য। তাঁর স্ত্রী শিল্পী পিয়ালি সাধুখাঁর মা তরুণী বয়সে নকশাল আন্দোলনের সঙ্গে যুক্ত ছিলেন, জেলও খেটেছেন। এই শিল্পী দম্পতির বহু বন্ধু বান্ধবই গ্রামবাংলার ও দরিদ্র নাগরিক মানুষের উন্নয়ন নিয়ে সমাজকল্যাণমূলক কাজের সঙ্গে যুক্ত, তাছাড়াও তাঁরা কাজ করে চলেছেন হিন্দু মৌলবাদের বিরুদ্ধে। প্রায় কুড়ি বছর ধরে চিত্র পরিচালক মলয় মুখার্জি এনপিও ডেভেলপমেন্ট রিসার্চ কমিউনিকেশন এন্ড সার্ভিসেস সেন্টারের জন্য কাজ করে চলেছেন, পশ্চিমবঙ্গের গ্রাম বাংলার প্রকৃত অবস্থার এবং তাদের দুর্দশা ও ভোগান্তির ডকুমেন্টেশন বা নথি প্রস্তুত করা হচ্ছে। এর ওপর প্রায় ত্রিশ বছর হতে চলল তিনি আদিবাসী সম্প্রদায়কে নিয়েও স্বতন্ত্র চিন্তাশীল ছবি বানিয়ে চলেছেন যাতে তারা তাদের অসুবিধাগুলোকে চিহ্নিত করে সেগুলোকে নিজেদের সাধ্যমত মোকাবিলা করতে পারে (লেখকের সঙ্গে ব্যক্তিগত আলাপচারিতা, হোয়াটসঅ্যাপ, ২৫-০৪-২০১৭)। গ্রাফিক ঔপন্যাসিক ও চিত্রপরিচালক **সর্বজিৎ সেন** নিয়মিত আর্টিস্ট ওয়ার্কশপ করান এবং উত্তরবঙ্গের নানান উপজাতিদের ওপর নির্যাতনের সমস্যা নিয়ে কাজ করেন।

কিন্তু আসুন ফিরে যাওয়া যাক কলকাতার ○ ইতিহাসের গোড়ার দিকের কথায়, কারণ আমার গবেষণার জন্য এই বিষয়টি একটু বেশিই গুরুত্বপুর্ণ। ১৭৭২ সালে যখন কলকাতা ○ ইস্ট ইন্ডিয়া কোম্পানির হেড কোয়ার্টারে পরিণত হল, এবং ১৮৫৮ সালের সিপাহী বিদ্রোহের কারণে তার বছর খানেক আগে ব্রিটিশ পার্লামেন্ট দ্বারা কোম্পানির ক্ষমতাচ্যুতি হলে ভারতবর্ষ রাজ উপনিবেশে পর্যবসিত হয়। ১৯১১ সাল পর্যন্ত কলকাতাই ○ ইংরেজ শাসিত ভারতের রাজধানী ও দেশের দ্বিতীয় গুরুত্বপুর্ণ শহর হিসেবে বিবেচিত হত। ১৬৭০ সালে ব্রিটিশ রাজশক্তি ইস্ট ইন্ডিয়া কোম্পানির ওপর দায়িত্ব আরোপ করেছিল, কোম্পানির হাতেই ক্ষমতা ছিল যাবতীয় যুদ্ধ পরিচালনার, এলাকা দখল করার, টাকা ছাপানোর এবং অপরাধদমনমুলক আইন ও বিচার বিভাগীয় দায়িত্ব সম্পাদন করার। ১৭৫৭ সালে কর আদায়ের বাড়তি ক্ষমতা পেল ইস্ট ইন্ডিয়া কোম্পানি (Hansen 2010:76)। এই ঘটনাই ব্রিটিশ মুদ্রণ সংস্কৃতি ও মুদ্রণ যন্ত্রগুলোকে ইংল্যান্ড থেকে এই শহরে নিয়ে

disempowered the enterprise and India became a crown colony—until 1911, Kolkata ○ was the Indian capital of the British Empire and was long considered the country's second most important city. Important to note is that in 1670 the British Crown granted the East India Company the right to wage wars, acquire territories, mint money, and exercise criminal jurisdiction. In 1757, it acquired the additional right to collect taxes (Hansen 2010:76). This brought printing machines and the culture of print from England to the city: 1777 is the founding year for the city's first printing workshop. The proprietor J. A. Hicky, a bankrupt businessman, sought a way out of his misery by printing forms and battas ○ [receipts] (Shaw 1981:1). What also flourished was the printing of Bibles, *almanacs* (Christian, Muslim, and Hindu), newspapers, and magazines as well as advertisements, either bound in one of the aforementioned products or printed independently.

Emerging in the nineteenth century, the so-called Bengal Renaissance ○—a project of the urban elite and formed completely in the spirit of cultural supremacy—was not only opposed to colonial reign, but also hostile toward lower levels of society. This fueled the development of the arts across a broad spectrum, which explains the importance of literature, music, and visual arts in Kolkata ○ even today, surprisingly throughout all societal strata. The significance of print can also be attributed to this resurgence, because without printing presses such a flowering is unimaginable. In literature, this meant a movement that consolidated adverse attention: the British administration had an interest in furthering a Bengali that was aligned with the aims of its bureaucracy, and the native intelligentsia wanted a Bengali that promised a proper cultural identity

আসে। ১৭৭৭ সালে শহরে প্রথম মুদ্রণ বিষয়ক কর্মশালা অনুষ্ঠিত হয়। দোকানের মালিক জে এ হিকি, একজন দেউলিয়া ব্যবসায়ী, তাঁর অর্থনৈতিক দুর্দশা থেকে মুক্তি পেতে অন্য উপায় খুঁজতে খুঁজতে বিভিন্ন আবেদনপত্র ও বাট্টা ○ বা রসিদ ছাপতে শুরু করলেন (Shaw 1981:1)। তারপর বাইবেল ছাপার চল শুরু হল, এছাড়াও ছাপা হল পঞ্জিকা ○ (হিন্দু, মুসলিম ও ক্রিশ্চান তিন ধর্মেরই), সংবাদপত্র, ম্যাগাজিন, আর বিজ্ঞাপন যেগুলি ছাপা হয়ে এগুলিতেই বেরত অথবা আলাদাভাবে ছাপা হত।

উনিশ শতকে বাংলার রেনেসাঁ ○ বা নবজাগরণের ○ উত্থান মুলত নাগরিক এলিট ক্লাসের চিন্তাধারার পরিবর্তনের মাধ্যমে সুচিত হয়েছিল। প্রধানত সমাজ সংস্কারমুলক আন্দোলন এবং সৃজনশীলতা ও সাংস্কৃতিক উৎকর্ষের জোয়ারকে কেন্দ্র করেই রূপ নেয় বাংলার এই নবজাগরণ ○। বাংলার নবজাগরণ ○ কিন্তু ঔপনিবেশিক শাসনের বিপক্ষে ছিল না। বরং দেশীয় অনগ্রসর শ্রেণী ও তাদের সংস্কৃতির পরিপন্থী ছিল। বিস্তৃত পরিসরে শিল্পের অগ্রগতি সাধিত হয়েছিল এই সময়ে। কলকাতার ○ সাহিত্য, সঙ্গীত, শিল্প সবকিছুতেই চিন্তাভাবনার পরিবর্তনের ছায়া পড়েছিল। রেনেসাঁর সেই পরিবর্তনের সুত্র ধরেই ধীরে ধীরে নানা সামাজিক স্তর বয়ে এসেছে বর্তমান সময়ের শিল্প। নবজাগরনের এই উত্থানই হয়ত মুদ্রণ বিষয়টির ওপরও সবিশেষ গুরুত্ব আরোপ করেছিল। কারণ প্রিন্টিং প্রেস ছাড়া এই ধরণের সামগ্রিক উন্মেষ অকল্পনীয়। সাহিত্যের ক্ষেত্রে কিছুটা বিপরীতমুখী বৈশিষ্ট্য লক্ষ করা গেছিল এই আন্দোলনকে ঘিরে। ব্রিটিশ শাসকের আগ্রহ ছিল বাঙালিকে শিক্ষায় দীক্ষায় এগিয়ে নিয়ে যাতে তাকে সরকারি আমলাতন্ত্রের উপযুক্ত করে তোলা যায়। কিন্তু দেশীয় বুদ্ধিজীবীরা চাইতেন বাঙালি তার নিজস্ব সংস্কৃতির ধারাটি বজায় রাখুক (Ghosh 2006:4)। ঠিক এই কারণেই যখন ব্রিটিশরা *A Grammar of the Bengali Language*-এর মত বই প্রকাশ করার সিদ্ধান্ত নিল, যা কিনা বাংলার বেশ প্রামাণ্য ও নির্ভরযোগ্য একটি বই। কিন্তু *পেটিট বুর্জোয়া* এবং শিক্ষা সংস্কৃতির দিক থেকে অনগ্রসর শ্রেণীর মানুষেরা 'ভদ্রলোক ○' বা 'বাবু' কালচারের বলে দেগে দিয়ে সমালোচনা করে এই বইটির। বটতলা ○ প্রকাশনীর ইতিহাসের দিকে নজর দিলে দেখা যাবে, ঊনবিংশ শতক জুড়েই একটা আকাঙ্ক্ষা যেন জেগে উঠেছিল শিক্ষিত সমাজের মধ্যে—তা হল যত প্রচলিত ধারা চলে আসছে, তাকে নিশ্চিহ্ন করা। ফলতঃ আরও নতুন আধুনিক সাহিত্যধারা যেগুলি ধর্মশাস্ত্র বা ধর্ম বিষয়ক সাহিত্য থেকে আলাদা হয়ে জন্ম দিল নির্দিষ্ট ঘরানার বটতলা সাহিত্যের। এই

(Ghosh 2006:4). This is how it came about that while the British had the power to determine a publication like *A Grammar of the Bengali Language*, which became the most authentic version of Bengali, lower societal levels and the *petite bourgeoisie* found their own way of dealing with the bourgeois bhadralok ○ culture: a glance at the history of Battala ○ publications shows that in the course of the nineteenth century, the aspiration to dissolve existing genres and further the resulting development of new formats that differed from the canon led to the emergence of typical forms of Battala ○. The fact that printers stemmed from the lower societal levels served this evolution, as the members of these strata did not care about elitist Puritanism and the hypocrisy of the *haute bourgeoisie*. Publications—without designated authorship—even appeared with clever farmers, handmaids, and prostitutes, making fun of the bhadralok ○ culture and serving as its counterpart (Ghosh 2006:300, 303). In addition, during the nineteenth century British publishers discovered the English-speaking market in India (Joshi 2004:17). And, as they came to realize, such an Indian readership was not interested in literature that authentically reflected life in England. As the central themes of English literature were social mobility, individualism, and romantic love, there was little room in India for the reality it portrayed. Accordingly, publishers adapted their program to the Indian public (Mukherjee 1985, as cited in Joshi 2004:47).

Nonetheless, the British administration managed to counteract what it designated as the "vulgar and degenerated" Bengali with a history of Bengali as high culture (Kaviraj 2014:89). The characteristic of this new language is described by Sudipta Kaviraj, a political scientist and

বিবর্তনকে মেনে নিয়েও একটি সত্য উঠে আসে, তা হল প্রিন্টাররা কিন্তু তথাকথিত অনগ্রসর শ্রেণীর মধ্য থেকেই উঠে এসেছিল। তারা মোটেই এলিসিস্ট পিউরাটানিসম-এর ধার ধারত না। দাম্ভিক বুর্জোয়াদের ভণ্ডামি নিয়েও তাদের মাথাব্যথা ছিল না। নামজাদা লেখক লিখিত ছাড়াও বই প্রকাশিত হত। বুদ্ধিমান কৃষক, দাসী বাঁদি এমনকী গণিকারাও ভদ্রলোক ○ কালচারকে ব্যঙ্গ করে নানান রসাত্মক লেখা লিখত। কিছু কিছু মনে হত যেন সেইসব 'ভদ্র' সাহিত্যেরই অনুরূপ অংশ বিশেষ। এসব লেখা ছাপা হয়েও বেরত (Ghosh 2006:300, 303)। এর পাশাপাশি, উনিশ শতকে ব্রিটিশ প্রকাশকরা এক ইংরেজি ভাষাভাষীর বাজার আবিস্কার করে (Joshi 2004:17)। কিন্তু অচিরেই তারা বুঝতে পারল, ভারতীয় পাঠকরা মোটেও ইংরেজদের অবিকল জীবনযাপনের প্রতিচ্ছবি সাহিত্য হিসেবে পাঠ করতে আগ্রহী নয়। ইংরাজি সাহিত্যের মুল বিষয়গুলো ছিল সামাজিক গতিশীলতা, ব্যক্তিস্বাতন্ত্র্য অথবা কল্পনা-রঙিন প্রেম ভিত্তিক। ইংরেজদের বাস্তব আর ভারতের প্রকৃত ছবির মধ্যে বিস্তর ফারাক। ইংরাজি ভাষার লেখকদের রচনাতে উঠে আসত তাদেরই নিজস্ব জীবনের ছবি। ভারতীয় পাঠকের জন্য সেসবই উপস্থাপনা করতেন এই ইংরেজ লেখকরা যেখানে কোথাও ভারতীয় বাস্তবতার জায়গা ছিল না (Mukherjee 1985, উদাহৃত Joshi 2004:47)।

তথাপি, ব্রিটিশ শাসক বাঙালিকে 'অভদ্র ও অপকৃষ্ট' মনে করলেও কোনোমতে স্বান্ত্বনা দিত এই ভেবে যে আর যাই হোক বাঙালির সংস্কৃতির অতীত ইতিহাস কিন্তু বেশ সমৃদ্ধ! (Kaviraj 2014:89) এই নবীন ভাষার বৈশিষ্ট্য বর্ণনা করেছেন রাষ্ট্রবিজ্ঞানী ও 'সাবঅল্টার্ন স্টাডিজ কালেক্টিভ' এর প্রতিষ্ঠাতা শ্রী সুদীপ্ত কবিরাজ। 'আপাত উচ্চমার্গীয়, উচ্চনাদী, অবাস্তব প্রাচীন ধারার এক সাহিত্যানুশীলন নতুন মোড়কে আধুনিক প্রভাবে প্রভাবিত হয়ে তরলীকৃত হয়ে উঠে আসছে বিদ্রুপাত্মক স্বরমুর্ছনায়, এই হল আধুনিক গদ্য'। কিন্তু 'গুরুগম্ভীর চিন্তাশীল এই কথাসাহিত্য যেন এক দুর্বল গতিহারা যান যার ভেতর প্রাণ নেই, অনুভুতিকে প্রকাশ করার সর্বস্ব শক্তি যেন হারিয়ে বসে আছে' (Kaviraj 2014:91) ভাষা যেন আটকে পড়েছে সেই দেমাকি ভদ্রলোক ○ সংস্কৃতির গণ্ডিতে। সাধারণ মানুষের খোলা গলায় সে আর বাজছে না, যেন কোন বাধা তাকে গ্রাস করছে। কিন্তু সে সময়ে বিভিন্ন ভাষায় বিভিন্ন ধারার বই প্রকাশনার মান ও তার বহুবিস্তৃত কর্মকাণ্ড দেখে কি মনে হয়, তা শুধুমাত্র একটা সমর্থ বৃহত্তর বাজারেরই কর্ষিত ফলাফল? নাকি অন্য কোনও নিগুঢ় ধ্বংসাত্মক ভাবনার বীজ রয়েছে তার অন্দরে নিহিত? বটতলা ○ প্রকাশনার

founding member of the Subaltern Studies Collective, as "a high, sonorous, unpractical classicism that through modern influences was gradually unfrozen into the recognizable cadences of an ironic modern prose," but it was "weak as a vehicle of serious reflective prose compared to the strength of its ability to express sentiment." (Kaviraj 2014:91) In other words, it is a language that has remained stuck somewhere between the haughty bhadralok ○ culture and the language of the resistant common people. Isn't it also possible that the then widespread standard practice of publishing books in multiple languages was not only cultivated because of larger potential markets, but also stemmed from a subversive intention? In any case, Battala ○ publications can be subdivided into the following categories: monolingual in Arabic, Bengali, "Musalmani-Bengali," English, French, Lepcha, Ooriya, Oordoo, Sanskrit, and Santali; bi- or trilingual in Sanskrit and Bengali; Sanskrit and English; Bengali and English; Sankrit, Bengali, and English; and, Arabic, Bengali, and English (Mitra 2015:183–184).

LEKHAN এবং ABOL TABOL

The fine arts also followed the revolutionary course of the new era, meaning that Western influences should be overthrown in favor of an independent Indian Modernism. Through artist Abanindranath Tagore, a nephew of Rabindranath Tagore, a direction in art emerged that went down in history as the Bengal School ○. As art historian Susan S. Bean describes the aspirations at that time: "They found indigenous mediums and an alternative sense of scale in the precolonial traditions of India, especially miniature

নানান ঘরানা রয়েছে। শব্দকোষ রয়েছে আরবি, বাংলা, 'মুসলমানি বাংলা', ইংলিশ, ফ্রেঞ্চ, লেপচা, ওড়িয়া, উর্দু, সংস্কৃত, সাঁওতালি ভাষায়। দ্বিভাষিক বা ত্রিভাষিক হিসেবেও বহু বই বের হত, যেমন সংস্কৃত-বাংলা, সংস্কৃত-ইংরাজি, বাংলা-ইংরাজি, সংস্কৃত-ইংরাজি-বাংলা, আরবি-বাংলা-ইংরাজিতে (Mitra 2015:183–184)।

লেখন বনাম আবোলতাবোল

এই নতুন যুগের বৈপ্লবিক জোয়ারে গা ভাসাল ফাইন আর্টসও। শিল্পে স্বাধীন স্বকীয় ঐতিহ্যের ধারা অব্যাহত রাখতে পাশ্চাত্য প্রভাবকে সরিয়ে রেখেই ভাবনাচিন্তা করতে হবে, এই ছিল নব্য আধুনিক শিল্পসৃষ্টির মুল বার্তা। রবীন্দ্রনাথ ঠাকুরের ভ্রাতুষ্পুত্র শিল্পী অবনীন্দ্রনাথ ঠাকুরের নেতৃত্বে চিত্রশিল্পভাবনার এক নতুন দিগন্ত খুলে গেল। বেঙ্গল স্কুল ○ নামে ইতিহাসে স্থান পেয়েছে এই ভাবধারার শিল্প। শিল্পইতিহাসবিদ সুজান এস বিন-এর বর্ণনা অনুসারে সেই সময়ের শিল্পভাবনার আকাঙ্ক্ষা ছিল এমন:"তারা মুলত স্বদেশী মাধ্যমকে বেছে নিয়েছিল। প্রাচীন প্রাক-ঔপনিবেশিক সাহিত্য থেকে ঐতিহ্যগত শিল্পধারা এগিয়ে নিয়ে গিয়ে তৈরি করল এক বিকল্প শিল্পরীতি যা বাস্তব ও প্রচলনের শিল্পধারা থেকে স্বতন্ত্র হয়ে রইল। বিশেষ করে সমসাময়িক জাপানী পদ্ধতিকে পরীক্ষানিরীক্ষামুলকভাবে ব্যবহার করে এক ধরণের মিনিয়েচার পেইন্টিং তাঁদের চিত্রকরণে জায়গা করে নিল।" (Bean 2013:39) রবি ঠাকুরের ছোট্ট একটি কাব্যগ্রন্থ 'লেখন'-এ সুস্পষ্টভাবে ধরা পড়েছে এই শৈল্পিক অনুভবের উদ্দেশ্যেখানি। ছোট ছোট কবিতাগুলির কবিকৃত ইংরাজি তরজমাও সঙ্গে পাওয়া যায়। প্রায় বছর দশেকের বেশি সময় ধরে কবি জড়ো করেছিলেন এই কবিতাগুলো। নাম দিয়েছিলেন 'অণু' বা 'সংক্ষেপে লেখা'। দুই থেকে ছয় লাইনের এই টুকরো লেখাগুলোর নাম কবি নিজে দিয়েছিলেন '*কবিতিকা*' বা 'অণু কবিতা'। লেখনগুলি শুরু হয়েছিল কবির চীনে ও জাপানে থাকাকালীন। লেখাগুলির বৈশিষ্ট্য ছিল হাতের অক্ষরের ব্যক্তিগত পরিচয় বহন করা। কাগজে বা রুমালে কিছু লিখে দেবার জন্য অনেক মানুষ কবিকে অনুরোধ করতেন, তা থেকেই এই লেখাগুলোর জন্ম। ১৯২৬ সালে রবীন্দ্রনাথ স্বহস্তে এই কবিতা থেকে কিছু নির্বাচন করে সরাসরি কপি করলেন অ্যালুমিনিয়াম প্লেটে ●, স্টাইলাস ব্যবহার করে। তারপর সেই 'শিট' গুলোই পাঠিয়ে দেওয়া

painting, and experimented with contemporary Japanese techniques." (Bean 2013:39) *Lekhan*, the collection of brief poems in Bengali and English by Rabindranath Tagore, quintessentially represents the artistic realization of these aims as print. These were accumulated for more than ten years and written as "particles" or "jottings"—two to six lines, which Tagore himself called *kabitika* or verselets. In 1926 he transcribed a selection of these directly with printing ink ● as a mirror-image onto aluminum printing plates ●, using a stylus, so that his handwriting created a poetry that is both literature and visual art. How he actually executed the mirror-image transfer of the handwriting necessary for the offset ● printing remains uncertain. Afterwards these pages were sent to Berlin, where individual pages were printed as facsimiles ●, but not bound. One year later, in Bengal, some copies were then bound in leather; in some, pages were even left out and others were in the wrong order. They were then privately distributed; the few surviving copies do not mention a publisher (Radice 2011:9). Art critic Pranabranjan Ray owns one of the facsimiles ● of the original edition of this little book, from which he read to me during one of my visits.

Tagore was fascinated by the Rotaprint ●, a small-format offset printing ● machine (Banerjee 2014:287). In the introduction to *Lekhan*, Tagore conveys his great fascination and direct interaction with materials, whether paper, silk, or stone: "The lines in the following pages had their origin in China and Japan where the author was asked for his writings on fans or pieces of silk." (Tagore 1926:6) In this way, in a completely sovereign manner, the author establishes a direct personal connection with the rendition of the text that leads the viewer of the book

হল বার্লিনে, ‘সেখানে হাতের অক্ষর ছাপবার উপায় আছে খবর পেয়ে’। কবিতার সঙ্গে সঙ্গে কবির এই হাতের লেখাও কম কাব্যময় ছিল না। দুইয়ে মিলেই তৈরি করেছিল সাহিত্য ও অপুর্ব দৃশ্যকলা। বার্লিনে মুদ্রিত লেখনের প্রতিটি পৃষ্ঠা ছাপা হয়েছিল আলাদা আলাদা ভাবে। বাঁধাই হয় নি যদিও। তার বছর খানেক বাদে কিছু কপি চামড়া দিয়ে বাঁধানো হয়েছিল। কিন্তু কিছু পাতা বাদ পড়ে যায় আর অন্যগুলোও ভুল ক্রমানুযায়ী বাঁধাই হয়। এগুলো ব্যক্তিগতভাবে পরিচিত নিকট বন্ধুবান্ধবদের মধ্যেই বিলি করা হয়েছিল। যেগুলো বেঁচে ছিল সেগুলো আর কোনও প্রকাশককে দেওয়া হয় নি (Radice 2011:9)। শিল্প-ইতিহাসবিদ প্রণবরঞ্জন রায়ের কাছে ‘লেখন’এর একটি ফ্যাকসিমিলি ● সংস্করণ আছে যা থেকে তিনি আমায় একবার পাঠ করে শুনিয়েছিলেন। এই সংগ্রহ তাঁর কাছে এক অমূল্য সম্পদ।

রবীন্দ্রনাথের খুব পছন্দ ছিল Rotaprint ●। এটি অফসেট ● মেশিনেরই একটি ক্ষুদ্র সংস্করণ (Banerjee 2014:287)।১৯২৬-এ ● কবি মীরর-ইমেজের মত করে সটাঈলাসের সাহায্যে সরাসরি অ্যালুমীণীয়াম প্লেটের উপর কবিতিকার কিছু অংশের প্রতিলিপি করেন যাতে তাঁর হাতের লেখা এমন কবিতার সৃষ্টি করে যা একইসাথে সাহিত্য ও ভীশুয়াল আর্ট। ● বিপরীত পাতা হিসেবে, তিনি তখন আসলেই হাতের লেখার মিরর ইমেজ ট্রান্সফার করছিলেন যা অফসেট প্রিন্টিং ● এর জন্য জরুরি। রবীন্দ্রনাথ নিজেই তাঁর হাতে ব্যবহার্য জিনিসের সঙ্গে যোগাযোগের প্রতি মুগ্ধতার বিষয়টি জানিয়েছেন। সে কাগজই হোক, রূমাল বা পাথরই হোক। কবি লিখেছেন: “এই লেখনগুলো শুরু হয়েছিল চীনে, জাপানে। পাখায়, কাগজে, রুমালে কিছু লিখে দেবার জন্যে লোকের অনুরোধে এর উৎপত্তি” (Tagore 1926:6)। এভাবেই, সার্বিকভাবে নিজের ব্যক্তিসত্তা ও লেখার আবেদনের সঙ্গে নিবিড় যোগ স্থাপনা করলেন কবি। গুটেনবার্গের মুদ্রণ আবিস্কারের পুর্বে যেমনভাবে পাণ্ডুলিপিকে ● দেখা হত (দেখুন Chaudhuri 2008)।

যদিও এখন সেই হাতে লেখা পুঁথি না থাকলেও, কলকাতা সিটি অব প্রিন্ট শুধুমাত্র বই-প্রস্তত বিষয়ক মুদ্রণ কর্মশালা বা ওয়ার্কশপে অংশগ্রহণ করেই ক্ষান্ত হয় না, খড়খড়ে অগুনতি পাতা উলটে পালটে বইয়ের গন্ধ নিতে জানে এই শহরের বইপ্রেমীরা। আমি নিজেও দফতরিপাড়ায় ○ গিয়ে ছুঁয়ে এসেছি সেসব ছাপার পাতাদের। বলাই বাহুল্য, প্রতিটি প্রেসের আলাদা স্বাতন্ত্র্য ও নিজস্বতার ছাপ রয়েছে। প্রতিটি প্রিন্ট চলাকালীন তাদের সামান্য বদল ঘটতে দেখা যায়।

back to the manuscripts ● of the time before Gutenberg (see Chaudhuri 2008). Although it is to be printed and not handwritten, I hope not only that Kolkata City of Print at least smells like the printing workshops that were involved in the production, but also that when readers have it in their hands, it rustles like the myriad kinds of paper I have touched in the Daftaripara ○ quarter. In addition, each printing machine has its own characteristic imprint, which changes minimally during each print run.

At almost the same time as *Lekhan*, another book was published in Kolkata ○ that also emerged through the experimental use of print. It was written, illustrated, and edited by Sukumar Ray, son of the previously mentioned Upendrakisor Ray, inventor of the first halftone ● method in South Asia, and founder of the printing and publishing company U. Ray and Sons, whose titles included the popular children's magazine *Sandesh*. After his father's sudden death in 1915, S. Ray not only took over these enterprises, but also stayed active as a poet, short story writer, and playwright—mainly of children's literature. His most important work is considered to be *Abol Tabol* [in English, literally The Weird and the Absurd], a children's book of nonsense verses in Bengali printed in 1923. For this book, S. Ray had instructed the printer to reuse the printing plates ● that had already been employed for the reproduction of some of the poems in *Sandesh*. But midway through the process, he abandoned this idea and decided to utilize line block ● instead of some of the original plates. He instructed the printer to cut parts out of the existing printing blocks ● so that he could reposition the captions (Ghosh 2004:250). Unfortunately, my edition of 2008 shows no traces of this.

প্রায় ‘লেখন’ এরই সমসাময়িক আর একটি বই প্রকাশিত হচ্ছে কলকাতায় ○, যে বইও ছাপা হওয়ার সময় মুদ্রণ নিয়ে পরীক্ষানিরীক্ষা করেছে। এই বইয়ের লেখক, সম্পাদক শ্রী সুকুমার রায়। বইটিতে অসামান্য সব অলংকরণও তাঁরই করা। এর আগে উপেন্দ্রকিশোর রায়ের কথা উল্লেখ করেছিলাম, যিনি প্রথম দক্ষিণ এশিয়াতে হাফটোন ● পদ্ধতির উদ্ভাবন করেন, তাঁরই সুযোগ্য পুত্র এই সুকুমার রায়। মুদ্রণ ও প্রকাশনা সংস্থা ‘ইউ রায় এন্ড সন্স’-এর প্রতিষ্ঠাতা ছিলেন উপেন্দ্রকিশোর রায় যেখান থেকে বিখ্যাত ছোটদের পত্রিকা ‘সন্দেশ’ প্রকাশিত হত। ১৯১৫ সালে বাবা উপেন্দ্রকিশোরের মৃত্যুর পর সুকুমার রায় এই উদ্যোগের দায়িত্বভার গ্রহণ করলেন। শুধু তাই নয়, পাশাপাশি লিখতে থাকলেন কবিতা, ছোট গল্প, নাটক। মুলত ছোটদের জন্য হলেও তাঁর লেখা পড়ত সব বয়সের রসিক পাঠক। তাঁর সবচেয়ে জনপ্রিয় ও উল্লেখযোগ্য বই ‘আবোল তাবোল’ (ইংরাজিতে যাকে বলে উইয়ার্ড ও অ্যাবসার্ড)। ১৯২৩ সালে ছোটদের জন্য লেখা এই বইয়ের মধ্য দিয়েই ভারতীয় সাহিত্যে প্রথম ‘ননসেন্স রাইম’-এর প্রবর্তন করেন সর্বকালের সেরা সুকুমার রায়। এই বই ছাপার জন্য সুকুমার রায় এমন একটি প্রিন্টারের নির্দেশ দেন, যাতে পুর্ব ব্যবহৃত প্রিন্টিং প্লেটগুলোকে ● পুনরায় ব্যবহার করা যায়। যে প্লেটগুলো হয়ত ‘সন্দেশ’-এর কিছু কবিতার প্রতিলিপি করতে ইতিপুর্বে ব্যবহৃত হয়ে গেছে। যদিও এই প্রক্রিয়ার মাঝপথে তিনি এই পরিকল্পনা মাথা থেকে বের করে দিলেন এবং আসল প্লেটের বদলে সামান্য লাইন ব্লক ● ব্যবহার করবেন ঠিক করলেন। যখন তিনি শিরোনাম আবার করে বসাচ্ছেন বা ঠিকঠাক করছেন তিনি মুদ্রাকরকে নির্দেশ দিয়েছিলেন যে প্রিন্টিং ব্লকগুলো ● রয়েছে সেগুলো থেকে অংশ বিশেষ কেটে দিতে যাতে তিনি আবার করে শিরোনামগুলি বসাতে পারেন (Ghosh 2004:250)। দুর্ভাগ্যক্রমে আমার ২০০৮ সালের এই সংস্করণে সেসব ইতিহাসের কোনও চিহ্ন নেই। যদিও ইংরাজি ভাষার অনুবাদে ভাষা বা ছন্দের পরীক্ষানিরীক্ষা ও কারিকুরিগুলো মোটেই ধরা যায় না।

BENGAL—WEST BENGAL—WEST PAKISTAN—BANGLADESH

A holiday in honor of Subhas Chandra Bose, a hero of the Indian independence movement. The city is celebrating, at least in certain areas: the roadsides are lined with portraits and busts of Bose, often flanked by the goddess Saraswati, whose commemoration took place the day before. Bose, by the way, hated the English so implacably that he allied himself with Hitler. We are on the road in Daftaripara ○, whose streets are quiet for a while. Most manufactories keep their roller shutters down. Only a few production sites are open for business and in operation including a print punch ● workshop, which Krispin immediately goes for, irresistibly attracted to the print punches ●, stacks of thick paper, and finished, i.e., punched, print matrices ●. Fascinated, she stands in front of a shelf with assemblages of abstract shapes, rectangles, and lines without being able to guess their purpose. Different craftsmen constitute the production line for manufacturing print punches, ● which has various stages carried out at different workshops that the customer visits one after the other: Starting in one small room, the design of the desired print punch ● is first drawn by hand on preprinted packaging paper; at the next station, the pencil lines are skillfully turned by hand manipulation into bent metal; and finally, in a small chamber boards are sawn and then the bent metal is nailed onto the wood. The result would make a fine display in any museum devoted to Modernism; however, no more than a handful of rupees is paid for such a piece. This demonstrates the lack of appreciation for such labor-intensive and materially valuable work in print production.

বাংলা—পশ্চিমবঙ্গ—
পশ্চিম পাকিস্তান—বাংলাদেশ

ভারতের স্বাধীনতা সংগ্রামের অন্যতম নেতা সুভাষ চন্দ্র বোস-এর জন্মদিবস উপলক্ষ্যে সব ছুটি। কলকাতাও উদযাপন করছে, অন্তত শহরের কিছু কিছু অঞ্চলে। রাস্তার ধারে-ধারে টাঙানো নেতাজির ছবি আর আবক্ষ মুর্তি... কখনো দেবী সরস্বতীর মুর্তির পাশেই শোভা পাচ্ছেন নেতাজি কারণ ঠিক আগের দিনটাই ছিল সরস্বতী পুজো। নেতাজির ইংরেজ বিদ্বেষ এতটাই তীব্র ছিল যে তিনি তাদের তাড়ানোর জন্যে হিটলারের সাথেও হাত মিলিয়েছিলেন। আমরা দফতরিপাড়ার ○ রাস্তায় দাঁড়িয়ে... কিছুক্ষণের জন্য শান্ত হয়ে আছে অঞ্চল। বেশিরভাগ কারখানারই আজ ঝাঁপ বন্ধ,শাটার ফেলা। কয়েকটা প্রডাকশান-শপ শুধু খোলা... কাজ চলছে। তার মধ্যে একটা হল প্রিন্ট-পাঞ্চ ওয়ার্কশপ... দেখেই ক্রিস্পিন দৌড়ে গেলো... এর প্রতি ওর অদম্য আকর্ষণ... ডাঁই করা মোটা কাগজের স্তুপ আর পাঞ্চ হওয়া প্রিন্টের ছাঁচ। বিমুগ্ধভাবে একটা শেলফের সামনে দাঁড়িয়ে পড়ে ও যাতে ডাঁই করে রাখা আছে বিমুর্ত, আয়ত আর সরল আকারের বিভিন্ন ছাঁচ... সেগুলোর ব্যাবহারিক উপযোগ খোঁজার চেষ্টা করে ও। একটা প্রডাকশানে লাইনে বিভিন্ন কারিগর... যার অনেকগুলো স্তর... আলাদা আলাদ ওয়ার্কশপে হয়... যেগুলো কাস্টমাররা একের পর এক ঘুরে-ঘুরে দ্যাখেন ঃ প্রথম একটা ছোট্ট ঘর যেখানে পছন্দের প্রিন্ট পাঞ্চের ডিজাইন এঁকে তৈরি হয় প্রি-প্রিন্টেড প্যাকেজিং পেপারের উপর, তার পরের ধাপে পেন্সিল লাইন গুলোকে দক্ষ হাতে বেন্ট মেটালে পরিবর্তিত করা হয় আর সবশেষে একটা ছোট্ট ঘরে বোর্ডগুলিকে করাত দিয়ে চেরা হয় আর বেন্ট মেটালগুলোকে পেরেক দিয়ে কাঠের সঙ্গে আটকে দেওয়া হয়। এতে করে পুরো জিনিশটা একটা মডার্ন মিউজিয়ামে রাখা নিখুঁত ডিসপ্লের মত সুন্দর হয়ে ওঠে... যদিও তার পরিবর্তে অতি সামান্যই মজুরি পান কারিগররা। এতে করেই বোঝা যায় যে এমন শ্রম-নিবিড় আর মুল্যবান কাজের বড় একটা স্বীকৃতি নেই এই প্রিন্ট-প্রডাকশানের জগতে।

এই অঞ্চলের বেশ কাছেই বর্ডার। যে সীমান্ত বরাবর বাংলা ভাগ হয়ে গেছিল ১৯৪৭ সালে। পুর্ব পাকিস্তান ও পশ্চিমবাংলায়। কলকাতার ○ পুর্বাঞ্চল থেকে এই সীমান্তের দুরত্ব মাত্র ৭০ কিলমিটার। ব্রিটিশ রাজশক্তির চক্রান্তে এই

At its nearest point, the border along which the so-called Partition of India was executed in 1947 is located about seventy kilometers east of Kolkata ○. Quickly laid down by the British government, it divided the former unified colonial territory into two sovereign states, India and Pakistan, cutting "through communities and people, villages and homes, with less care than it might have taken to slice up a leg of lamb," according to writer Arundhati Roy (Roy 2014b:62). Partition brought millions of refugees from East Pakistan, now Bangladesh, to West Bengal. Between 1947 and 1967, history professor Joya Chatterji estimates the number of Hindu refugees to have been at least six million. In addition, an estimated one million persons are believed to have died as a result of the violent separation of existing communities. Even as late as the 1950s, the government under Prime Minister Jawaharlal Nehru pursued the aim of encouraging refugees to return to their places of origin, arguing that the refugees from the East, unlike those from the West, the Punjabis, were not true refugees, but economic migrants (Chatterji 2001:76,83).

In the early years of the Partition, there was no support available for three-quarters of the refugees, the remaining quarter being placed in poorly equipped refugee camps in rural West Bengal (Fraser 2008:29–30). This also had drastic consequences for the local population, since after 1964 the refugees were settled in regions that were not only relatively unfertile, but also already considered marginalized, so-called tribal areas (Chatterji 2007:315–316). The urban middle class also began to become aware of the rapidly growing population of Kolkata ○, as many of the refugees did not want to be displaced to the periphery. Food prices rose massively

নির্মম বাংলা-ভাগ হয়েছিল "দুই সম্প্রদায়ের মানুষকে আলাদা করে দিয়ে, সঙ্গে ভাগ হয়ে গেছিল ঘর বাড়ি গ্রাম দেশ আশা স্বপ্ন, সব ভাগ হয়ে ভেঙে টুকরো টুকরো হয়ে গেছিল। নিরীহ মেষশাবকের পা দুটো টুক করে কেটে দেওয়ার চাইতেও কম গুরুত্ব দিয়ে অনায়াসে এই সোনার বাংলার ওপর করাত চালালো ইংরেজ সরকার," লিখছেন অরুন্ধতী রায়, একজন স্বনামধন্য ভারতীয় লেখিকা (Roy 2014b:62)। এই দেশভাগের ফলশ্রুতি হিসেবে লক্ষ লক্ষ মানুষ পুর্ব পাকিস্তান অর্থাৎ বর্তমান বাংলাদেশ থেকে, ঘর বাড়ি ছেড়ে উদ্বাস্তু হয়ে চলে এসেছিল এপার বাংলায়, পশ্চিমবঙ্গে। ইতিহাসের অধ্যাপিকা শ্রীমতী জয়া চ্যাটার্জির হিসাব অনুযায়ী, ১৯৪৭ থেকে ১৯৬৭ সাল অবধি প্রায় ষাট লক্ষ হিন্দু উদ্বাস্তু হয়ে পশ্চিমবঙ্গে চলে আসতে বাধ্য হয়েছিলেন। এছাড়াও যারা রয়ে গেছিলেন, তার মধ্যে প্রায় দশ লক্ষ মানুষ এই হিংসাত্মক বিভাজনে মারা গিয়েছিলেন। তবু ১৯৫০ এর শেষ দিকে প্রধানমন্ত্রী জওহরলাল নেহেরুর নেতৃত্বাধীন ভারত সরকার কিছু উদ্বাস্তুদের তাঁদের জন্মস্থানে ফিরে যেতে সহায়তা ও উদ্বুদ্ধ করেছিল। সরকার যুক্তি দিয়েছিল, পুর্ব বাংলা থেকে আসা মানুষরা পশ্চিম থেকে আসা পাঞ্জাবিদের মত খাঁটি উদ্বাস্তু নয়। তারা মুলত অর্থনৈতিক উদ্বাস্তু (Chatterji 2001:76,83)।

দেশ ভাগ হওয়ার প্রথম দিকে, মোট উদ্বাস্তুদের মধ্যে তিন চতুর্থাংশ কোনও রকম সাহায্য পায়নি। বাকি এক চতুর্থাংশ উদ্বাস্তুদের রাখার ব্যবস্থা হয়েছিল গ্রাম বাংলার দারিদ্র্য-লাঞ্ছিত রিফিউজি ক্যাম্পগুলোতে (Fraser 2008:29–30)। এর ফলে পশ্চিমবাংলার জনসংখ্যার ওপর এক প্রচণ্ড প্রভাব পড়েছিল। ১৯৬৪ সাল থেকে এই আশ্রয়ার্থীরা বসবাস করতে শুরু করে অপেক্ষাকৃত কম উর্বর জায়গাগুলো বেছে নিয়ে, প্রান্তিক বা আদিবাসী অঞ্চলে (Chatterji 2007:315–316)। নাগরিক মধ্যবিত্ত মানুষও এই আকস্মিক জনসংখ্যাবৃদ্ধিতে প্রমাদ গুনল। অনেক রিফিউজি তাদের অধিকৃত জায়গা ছাড়তে চাইছিল না। খাদ্য সামগ্রীর দাম বেড়ে গেল চড়া হারে। বাসস্থান আর থাকবার জায়গা হল অকুলান। একই সময়ে পুর্ব পাকিস্তান থেকে যে আশ্রয়ার্থীরা ঝাঁকে ঝাঁকে পশ্চিমবঙ্গে চলে এসেছিলেন, তাঁরা রাজনৈতিকভাবেও নিজেদের সংগঠিত করলেন। নিজেদের অসহনীয় দুরবস্থার মোকাবিলা করার জন্য একটি রাজনৈতিক অবস্থান নেওয়ার প্রয়োজন ছিল তাঁদের। পাশাপাশি রাজনৈতিক সক্রিয়তার এক প্রগতিশীল ঐতিহ্যও ছিল তাঁদের চরিত্রে। এই দুই কারণ মিলে গিয়েই পশিমবঙ্গে বামপন্থী রাজনীতির অগ্রসর সম্ভব হল, পুর্ববঙ্গ থেকে আগত উদ্বাস্তু মানুষেরাই মুখ্য ভুমিকা রাখলেন

and housing became scarce. At the same time, the refugees who had swarmed in from East Pakistan to West Bengal quickly began to organize themselves politically on account of both their intolerable situation and their own dynamic tradition of political activism. Through this engagement they played a key role in the development of the Left in West Bengal, a Left that could sustain itself until 2011 as a Marxist Tendency government (Chatterji 2001:91, 101). The people who came to West Bengal as refugees have remained to this day, and countless new arrivals add to the numbers daily—people fleeing not only the extremely repressive government of Bangladesh, but also the dramatically detrimental conditions induced by climate change, which are evident at the coast. Other circumstances add to the difficulties of the damaged environment. Major areas of the river system of Bangladesh begin in India where the rivers are dammed. This led not only to disputes over water rights, as well as a host of other problems for Bangladesh such as adverse impacts on agriculture, navigation, irrigation, fisheries, forestry, salinity intrusion into coastal rivers and groundwater, riverbed aggradation, sediment influx, coastal erosion and submergence, as with the Ganges at the Farakka Barrage. In addition, tributaries are being spoiled by chemical plants, as with the Tista, a tributary of the Brahmaputra River.

এই বাম রাজনীতির প্রসারণে। ২০১১ সাল অবধি পশ্চিমবঙ্গে এই মার্ক্সীয় বামপন্থী সরকার ক্ষমতায় টিকে ছিল (Chatterji 2001:91, 101)। পূর্ববঙ্গ থেকে যেসব মানুষ শরণার্থী হয়ে কলকাতায় এসেছিল, তারা এখানেই রয়ে গেলেন, পশ্চিমবঙ্গেরই স্থায়ী নাগরিক তাঁরা এখন। এখনও প্রায়ই বাংলাদেশ থেকে অসংখ্য মানুষ চলে আসে পশ্চিমবঙ্গে। বাংলাদেশের দমনাত্মক সরকারের জ্বালায় অতিষ্ঠ হয়েই শুধুমাত্র নয়, হানিকর জলবায়ু পরিবর্তনের কারণেও, সমুদ্রের উপকূলবর্তী অঞ্চলে যার প্রকোপ সবচেয়ে বেশি করে টের পাওয়া যায়। এই দুর্ভাগ্যজনক পরিস্থিতি আরও শোচনীয় হয়ে উঠেছে কারণ বাংলাদেশের নদীর প্রবাহগুলির উৎস ভারত, আর ভারতে বাঁধ দিয়ে জল ধরে রাখা হয়। ফরাক্কা বাঁধ দিয়ে যেমন আটকে রাখা হয় গঙ্গার জলপ্রবাহ। এর শাখানদীগুলোও কলকারখানার রাসায়নিক বর্জ্য দ্বারা দুষিত। ব্রহ্মপুত্র নদের শাখানদী তিস্তার জলও জলদুষণে বিষাক্ত হয়ে উঠছে।

ছোট্ট কাগজে বন্দী ইতিহাস

কলকাতায় ○ দেশভাগের ক্ষতই একমাত্র আঘাতের চিহ্ন বহন করে না। এছাড়াও কিছু বছর আগেও দুটি মর্মান্তিক ঘটনা ঘটে গেছে। ১৯৪৬ সাল। ১৬ থেকে ১৯শে অগস্ট, তিন চার দিনের মধ্যে প্রায় হাজার মানুষ মারা গেল হিন্দু ও মুসলমানের সাম্প্রদায়িক দাঙ্গায়। এই ঘটনা দেশভাগের ঘোষণা হওয়ার অব্যবহিত পরেই ঘটে। এই দাঙ্গার ঘটনা *গ্রেট ক্যালকাটা কিলিংস* বা ঘৃণাপূর্ণ ভাষায় বলতে গেলে *গ্রেট অ্যাকশন ডে* (প্রত্যক্ষ সংগ্রাম দিবস) নামে ইতিহাসে বর্ণিত হয়েছে। এই ঘটনার বছর তিনেক আগে পশ্চিমবঙ্গে ভয়াবহ দুর্ভিক্ষ হয়, যার নথি পাওয়া যায় চিত্তপ্রসাদ বাবুর পূর্বউল্লেখিত 'হাংগ্রি বেঙ্গল, আ ট্যুর থ্রু মিদনাপুর ডিসট্রিক্ট' বইতে (১৯৪৩)। ১৯৪২ সালের শুরুর দিকে বর্মা পতনের পর ভারত পূর্ব-এশিয় মিত্র সীমান্তবর্তী দেশ হিসেবে পরিগণিত হল। জাপানী আক্রমণের ভয়ে কিছু মাসের মধ্যেই তদানীন্তন সরকার সমস্ত উদ্বৃত্ত চাল বাজেয়াপ্ত করে ৪৫০০০ খানা নৌকা নষ্ট করে দেয় যা ছিল ওই অঞ্চলের প্রাণকেন্দ্র। এরপর জাপান আক্রমণ করলে প্রায় চার লক্ষ পঞ্চাশ হাজার থেকে পাঁচ লক্ষ দেশবাসী বর্মা থেকে পালিয়ে এসে উদ্বাস্তু শরণার্থী হিসেবে পশ্চিমবঙ্গে ঢোকে (দেখুন Mukherjee 2015)।

HISTORY PRESSED INTO A PIECE OF PAPER

However, the aftereffects of the Partition are not the only traces of politically-induced trauma in Kolkata ◯. Two noteworthy catastrophic events took place earlier. As has already been mentioned, in 1943, West Bengal was plagued by the famine documented by Chittaprosad in *Hungry Bengal. A Tour Through Midnapur District by Chittaprosad in November 1943*. After the fall of Burma in early 1942, India had become the Allies' East Asian border territory. Fear of a Japanese invasion led to the government's confiscation of all "surplus" supplies of rice and destruction of 45,000 boats—the lifeline of the region—within a few months. At the same time, the invasion of Japanese forces drove an estimated 450,000–500,000 indigenous refugees out of Burma and into West Bengal (see Mukherjee 2015). Only three years later, between August 16 and 19, 1946, thousands of people lost their lives in religiously motivated conflicts between Hindus and Muslims. One event entailed the announcement of the Partition and went down in history as the *Great Calcutta Killings*, or more cynically as *Direct Action Day*.

These two traumatic events—the *Bengal Famine and Great Calcutta Killings*—are closely related; in particular, the famine fundamentally changed societal structures in a very short time. So I'm not surprised when I find their traces shaping events of Bengal's history in prints and printmaking: during the 1970s and into the 1980s, Somnath Hore, sculptor, printmaker, and—in his early years—designer of political posters, created a series that was partly untitled and partly entitled *Wounds*. The artist is to be

দুটো মর্মান্তিক ঘটনা—*গ্রেট ক্যালকাটা কিলিং* আর *বাংলার মন্বন্তর* পরস্পরের সঙ্গে অতি নিকট সম্পর্কযুক্ত। ভয়াবহ এই দুর্ভিক্ষ খুব অল্প দিনের মধ্যেই সামাজিক পরিকাঠামোকে একেবারে মুল থেকে টলিয়ে দিয়েছিল। খুব একটা অবাক হই না, যখন এই ঘটনাগুলোর চিহ্নসমুহ রূপ পেতে দেখি বাংলার মুদ্রণ ও মুদ্রণ প্রযুক্তিতে। ভাস্কর, চিত্রশিল্পী ও মুদ্রণ-প্রণেতা সোমনাথ হোর তাঁর তরুণ বয়সে, ১৯৭০ থেকে ১৯৮০ সালের মধ্যবর্তীকালিন সময়ে পরিকল্পনা ও প্রস্তুত করছেন কিছু রাজনৈতিক পোস্টার। একটি সিরিজ সৃষ্টি করেছিলেন তিনি ঐ সময় নাগাদ যার অংশত কোনও শিরোনাম না থাকলেও 'উন্ডস' নামক আখ্যানে অন্তর্ভুক্ত হয়েই প্রকাশিত হয়েছিল। স্বাধীনতা পরবর্তী ভারতবর্ষে তিনি প্রথম প্রজন্মের একজন শিল্পী হিসেবে খ্যাতিলাভ করেছিলেন। একই সঙ্গে তাঁর কাজ ছিল খুবই স্বাধীন স্বতন্ত্র ঘরানার। এক ধরণের বিষাদ জড়িয়ে থাকে তাঁর সৃষ্টিতে। একধরণের শুন্যতা ছায়া ফেলে, প্রেমাস্পদের বিরহ-মিলনজনিত করুণরস নয়, বরং সাধারণ মানুষের দহন যন্ত্রণা উঠে আসে তাঁর শিল্পসৃষ্টিতে। এখানেই তিনি বেঙ্গল স্কুল আর্টিস্ট-পরবর্তীদের মধ্যে স্বতন্ত্র। সোমনাথ হোড়, কমিউনিস্ট চিত্রশিল্পী চিত্তপ্রসাদের গুণমুগ্ধ ছিলেন।

শিল্পী সোমনাথ হোরের 'ক্ষত' বা 'উন্ডস' সিরিজের মুল কাজটি দেখতে, ২০১৬ সালের কোনও এক বসন্তের দিনে আকার প্রকার-এ গেছিলাম। সেখানে গ্যালারিস্ট অভিজিৎ লাট এর সঙ্গে দেখা হল। এই তরুণ চিত্রপ্রদর্শক খুবই উপকারী একজন মানুষ। আমাকে কফি খাওয়ালেন সঙ্গে স্থিতিশীল একটা ইন্টারনেট কানেকশনও দিলেন। অভিজিৎ আমাকে সিরিজটি দেখালেন: প্রিন্ট মিডিয়ামের কাজের এক ধারে অন্য কিছু কাজ রয়েছে, সেগুলি পেপার পাল্প ● দিয়ে তৈরি। সাদা অথবা একরঙা স্পেসের ওপর তিনি নানা ধরণের নানা আকারের ছাঁচ তৈরি করেছিলেন, কোনো কোনোটা লাল রঙে, কোনোটা রঙহীন, এমনিই। 'ক্ষত' চিহ্নের মত দেখতে ওই কাজগুলো চোখের সামনে থাকলে এক যন্ত্রণার আবহ অবধারিতভাবে তৈরি হবেই দর্শকের মনে, ভারতীয় ইতিহাসের কোনও হিংসাত্মক যন্ত্রণাময় ইঙ্গিত ছাড়াই। শিল্পীর নিজস্ব প্রযুক্তিতে নির্মিত এই সাদা পাতাগুলো অতীত ক্ষতর কথা বলে, কাটা দাগ, রক্ত পুঁজ, হিংসার কথা বলে। সেই যন্ত্রণাময় অধ্যায় যা দেশের বুকের ওপর চির আঘাত রচনা করে গেছে। এইসব কাটা দাগ, সেলাই, দগদগে আঘাতের চিহ্নগুলোকে আর চাইলেও সারাবার উপায় নেই। সোমনাথ হোরের এই সৃষ্টি 'উন্ডস' একটি প্রচ্ছন্ন শিল্প হিসেবেই রয়ে গেছে। হ্যন্ডমেড পেপারের ওপর কোনও কোনও জায়গায় ওইরকম কাঁটাছেঁড়া মোটিফগুলিই এই

considered among the first generation of artists of so-called independent India. At the same time, his work is very autonomous, shaped by a melancholy without the pathos of reconciliation, and this distinguishes him from other post-Bengal School ○ artists. Hore, like Chittaprosad, was a member of the Communist Party of India.

In order to be able to see an original of the *Wounds* series, in the spring of 2016, I make my way to Akar Prakar. There I meet with galerist Abhijit Lath, who is extremely helpful and also willingly provides me with coffee and a stable internet connection. Abhijit shows me the series: works at the edge of the print medium, they are made of paper pulp ●—white or also monochromatically tinted in red—poured into a casting mold made by the artist. Lying in front of you, the artworks are capable of causing pain through their sheer presence, which has no direct reference to the history of India: the white sheets tell of past injuries, of wounds, which, although they are maybe already scarred over, are nonetheless still ineluctably visible; the red sheets, on the other hand, show cuts, sutures, open wounds, with no possibility of healing. Yet Hore's *Wounds* are subdued works, conveyed by the fine structure of the handmade cast paper, only perforated in some places by interventions made by the artist on the casting mold.

Are these direct intrusions, executed with brutality by an artist who condemned violence all his life, the means whereby I am able at this moment to become part of the history of the Indian subcontinent? In any case, for Hore, the subject was inescapable: "Unknown to me, the wounds of the famine of 1943, the barbarities of war, the horrors of the communal riots of 1946 were impinging on my style

দৃশ্যকলার প্রধান বৈশিষ্ট্য। শিল্পীর হাতে নির্মিত এই ধরণের 'কাস্টিং মোল্ড'-এর ব্যবহার অদ্ভুত এক হিংসাত্মক সময়ের নজির হয়ে রয়ে গেছে।

এই কি তবে সেই সরাসরি দ্বর্থহীন শিল্পমাধ্যম বা প্রতিষ্ঠান, যাকে আশ্রয় করে একজন শিল্পী ঘৃণিত ইতিহাসের, হিংসার বিরোধিতা করেছেন, নিষ্ঠুরতাকেই তাঁর শিল্পের উপাদান বা বিষয়বস্তু করে তুলে? এই কাজ দেখেই তবে কেন বা আমার মনে ভারতীয় উপমহাদেশের যন্ত্রণাময় অধ্যায়ের কথা মনে পড়ে গেল? এখানেই এই শিল্পের প্রাসঙ্গিকতা। সোমনাথ হোরের এই শিল্প-বিষয় ছিল অপরিহার্য: "আমার কাছে অচেনা, ১৯৪৩ সালের দুর্ভিক্ষের যন্ত্রণা, পরপর যুদ্ধের সামগ্রিক বর্বরতা, ১৯৪৬ এর সাম্প্রদায়িক দাঙ্গার সন্ত্রাস, আমার শিল্প-শৈলীতে এর প্রভাব পড়েছিল আর আমি সেগুলির অন্তর্লিখনই করেছি আমার শিল্প নির্মাণে। একটা সময় এল, আমি যাই করি, কাঠের ছোট অংশের ওপর খোদাই-কাজ অথবা জ্বলন্ত ধাতু আর অ্যাসিড দিয়ে তৈরি গ্যাপিং হোল বা ছিদ্র, কাঁটা বা ছেঁড়ার মত পরিকল্পনাহীন কোনও শৈলী বা ডিসাইন, সবকিছুই যেন কেমন ওই 'ক্ষত' বা 'আঘাত'-এর রূপ নিচ্ছিল, একটি বিষয়বস্তুই বারবার ফুটে উঠছিল ওইসব কাজগুলোতে। বঞ্চিত, নিপীড়িত, দুর্দশাগ্রস্ত জীবনের মুর্ত কল্পনা আকারলাভ করেছিল ওই দৃশ্যকলার কাজগুলোতে" (Sarkar 1998:32)। যখন এই বই লিখিত হচ্ছে, এই 'ক্ষত' গুলির প্রাসঙ্গিকতা কয়েকটি ঘটনার হাত ধরে আবারও ফিরে ফিরে আসছিল। যেন আর একবার এতটা সময় পেরিয়ে এই ক্ষতমুখগুলি আবার দগদগে হয়ে উঠছিল। প্রান্তিক, দলিত বা সংখ্যালঘু জাতির ওপর আক্রমণ, গণমাধ্যম বা এনপিওর কাজ ও কণ্ঠ রোধ করার জন্য রাষ্ট্রীয় সন্ত্রাস নিত্যনৈমিত্তিক হিংসার বাতাবরণ সৃষ্টি করে চলেছে (Amnesty International 2017/2018)।

and engraving themselves on it, till there came a time when whatever I did, whether it was chiseling a piece of wood, or burning metal with acid to create a gaping hole, or cutting and tearing with no premeditated design, it would throw up innumerable wounds, bodying forth a single theme—the figures and features of the deprived, the destitute and the abandoned converging on us from all directions." (Sarkar 1998:32) Now, as Kolkata City of Print is being written, these wounds are on the verge of cracking open again: assaults against ethnic and religious minorities are increasing, and freedom of the press as well as the work of NPOs are continuously being constrained by organized gangs and repression by the state (Amnesty International 2017/2018).

LINES STROKED ON MAPS AND IN DRAWING BOOKS

It's a book that I don't want to buy as new. At least not new in the sense of an original, not when it's a gift for Habib. It has been published recently, written by India's most well-known author. It takes me a few days to find it in the turmoil of Kolkata ○. It's at a crossroads, in the hands of a hawker ○, and I'm in a taxi. I cannot remember how much it costs, but only the overwhelming joy I experience when I am finally holding the book in my hands. Habib is also happy about the gift that I present to him at the next opportunity. A few days later, he admits to me that there is something confusing about the story. This is not—as it turns out after further inquiry—due to the rampaging story unfolded by the author, but rather because in the process of pirating the book, the stacks of copies somehow got mixed up, as Habib shows me by quickly flipping through the pages. However, he's not actually concerned about it. He has grown to like this story full of stories one way or another and also the other way around. Borrowing from the title of Arundhati Roy's recent book (2017), what a "ministry of utmost happiness" for the lovers of experimental books.

The "ninth art" form, the comic, is irrevocably bound to the idea of reproduction: whereas in painting or sculpture the original is eulogized, with the comic, the exhibition of originals seems to be an exercise of academic diligence. Comics and graphic novels are created on the drawing board as well as on the computer and reach their public via the medium of print. And so my research leads me to the

মানচিত্র ও আঁকার খাতায়
রেখার দাগ

এই বইটা আমি কখনোই নতুন কিনতে চাই নি হাবিবের জন্যে। নতুন বলতে যেটা প্রকাশকের এডিশন। ভারতের অন্যতম পরিচিত একজন লেখকের এই বইটা সম্প্রতি প্রকাশিত হয়েছে। কলকাতার নানা ঝুটঝামেলার মধ্যে কিছুদিন লেগে গেলো আমার এটা খুঁজে বার করতে। একদিন আমি ট্যাক্সিতে... হঠাৎ এক চৌমাথায় হকারের ○ হাতে দেখলাম এই বই...। মনে নেই কত দাম ছিল বইটার। শুধু মনে আছে আমি কি খুশি হয়েছিলাম শেষপর্যন্ত বইটা দু হাতের মধ্যে পেয়ে। হাবিবও খুবই খুশি হয়েছিলো যখন আমি এটা ওকে গিফট করি। কিন্তু কিছুদিন বাদে হাবিব বলেছিল, এই গল্পটার মধ্যে কিছু একটা গোলমাল রয়েছে। আরও খতিয়ে দেখে বোঝা গেল যে এই অসঙ্গতি লেখকের গল্প বলার ভঙ্গিমার কোন ত্রুটি নয়, বরং বইটা জাল করার সময় হওয়া গণ্ডগোল-ই এর জন্য দায়ি। কপিস্ট্যাকগুলি কোনভাবে যেন মিশে গিয়েছিল, হাবিব কয়েকটা পাতা উলটে আমাকে দেখালো। যদিও এই ব্যপারে ও তেমন ভাবিত না। এক্সক্সক্সক্স এক্সক্সক্সক্স। এই গল্প অরুন্ধতী রায়ের সাম্প্রতিকতম, ২০১৭ তে প্রকাশিত বই থেকে নেওয়া। কি "চুড়ান্ত খুশির সময়" স্বতন্ত্রধারার বইপ্রেমীদের কাছে।

'নাইনথ আর্ট' কমিক ফর্মের বিষয়টি একেবারেই প্রতিলিপি বা 'কপি' করার ধারণায় নিবদ্ধ। এতে মুল বস্তু বা ব্যক্তিটি চিত্রে কিংবা ভাস্কর্যে বেশি গুরুত্ব ও প্রশংসা পায়। কমিকসে মুল বিষয়ের উপস্থাপনা রীতিমত এক কেতাবি অধ্যবসায় ও অনুশীলনের ব্যাপার। কমিকস ও গ্রাফিক উপন্যাসগুলি ড্রইং বোর্ডের ওপর রচিত হয়, এছাড়া কম্পিউটারেও হয়। তারপর সেগুলি প্রিন্ট হয়ে পাঠকের কাছে পৌঁছোয়। আমার গবেষণার সুত্র ধরেই আলাপ হয় গ্রাফিক-ঔপন্যাসিক, কার্টুনিস্ট ও চিত্রপরিচালক সর্বজিৎ সেন ও তাঁর স্ত্রী চুম সেনের সঙ্গে। শ্রীমতী সেন গ্রাফিকের কাজগুলোয় রং-এর দিক গুলো দেখেন এবং সর্বজিতের আঁকাগুলোকে ডিজিটাল মাধ্যমে পরিবর্তিত করেন। শিল্পবোধসম্পন্ন চিত্রাঙ্কনের মধ্য দিয়ে সর্বজিৎ কেবলমাত্র নিজের জীবনের অভিজ্ঞতাই তুলে ধরেন না, তাঁর আঁকা প্রাণবন্ত ছবিগুলো সমাজের নানা সমস্যা ও জটিলতার চিত্রসমন্বিত বর্ণনাও দেয়। তাঁর সৃষ্ট গ্রাফিক নভেল 'ফেলো ডায়ারিস্টস'-এ (Sen 2013) দেখা যাচ্ছে, প্রধাণ চরিত্র এক বিত্তশালী

graphic novelist, cartoonist, and filmmaker Sarbajit Sen and his wife Chum Sen, who is the colorist responsible for his graphic work and also does the digital execution of his drawings. Through his artistic drawings and as a filmmaker, Sarbajit not only uses vivid images to convey experiences from his own life, but also approaches social issues pictorially through drawing. Accordingly, his graphic novel *Fellow Diarists* (Sen 2013) begins with the sale of a house by the protagonist, the son in a long-established family, who pursues the promise of a better, more modern life through the opportunities provided by newly acquired financial means. Resettlement way across the city, however, is accompanied by an increasing number of pages being blown around—not unlike Jeff Wall's *A Sudden Gust of Wind (After Hokusai)*, c. 1994, itself an interpretation of Katsushika Hokusai's woodcut ● *Travellers Caught in a Sudden Breeze at Ejiri*, c. 1832—which the protagonist at some point recognizes as pages from the diary of his father.

In the course of the narrative, Sarbajit's clearly conceived images dissolve, turning the well-known urban silhouette into a landscape of upheaval. Making its way through this tumult is a baggage train of people with their belongings. The depiction recalls not only how Sarbajit's father Mihir Sen was directly affected by the Partition, which took place in 1947, but also what he endured again in 1971 in the disheveling eruption resulting from religious and ethnic strife. Sarbajit's story ends with a group of refugees on the other side of a barbed-wire fence; above their heads a billboard announces: "Déjà Vu. Developers & Realtors," proclaiming an end that is not, that cannot be final, since the conflicts that connect India, Pakistan, and Bangladesh, and indeed all of Southeast

পরিবারের ছেলে, যে তার বাড়ি বিক্রি করে দিতে চায় আরও আধুনিক, উচ্চবিলাসী জীবন যাপনের তাগিদে। পুনর্বাসনের পথ খুঁজতে খুঁজতে পাতা বাড়তে থাকে, পাতা ভরে ওঠে, পাতা উড়ে যায়। জেফ ওয়ালের 'আ সাডেন গাস্ট অব উইন্ড' (হকুসাই-এর পরবর্তীতে) ১৯৯৪ সালে যা কাতসুশিকা হকুসাইয়ের উডকাটে ● নির্মিত 'ট্রাভেলারস কট ইন আ সাডেন ব্রিজ অ্যাট এজিরি'-রই (১৮৩২) আর এক অনুবাদ। যেখানে প্রধান চরিত্রটিও তার বাবার ডায়েরির পাতা খুঁজে পান।

আখ্যানের প্রবাহপথে সর্বজিতের কাল্পনিক চিত্রগুলি একে একে পালটে যায়, নাগরিক সিলুয়েট থেকে ধীরে ধীরে প্রাকৃতিক দৃশ্যে উত্তীর্ণ হয়। যেন জনবোঝাই ট্রেনে করে লোকজন তাদের শেষ সম্বলটুকু নিয়ে অনিশ্চিত দুরের যাত্রায় পাড়ি দিয়েছে। ঠিক যেভাবে সর্বজিতের বাবা মিহির সেন ১৯৪৭ এর দেশভাগের সময় একবার আর আবারও ১৯৭১এর ধর্মীয় জাতিগতসীমান্ত পার হয়েছিলেন। সর্বজিতের গল্পটি শেষ হচ্ছে একদল উদ্বাস্তুদের নিয়ে যারা কাঁটাতারের বেড়ার ওপারে দাঁড়িয়ে। যাদের মাথার ওপর বিজ্ঞাপনের সাইনবোর্ড ঝোলানো, যাতে লেখা "দেজা ভু ডেভেলপারস অ্যান্ড রিয়ালটর" যার অর্থ শেষ হয়েও শেষ না হওয়া কেননা ভারত, পাকিস্তান, বাংলাদেশ ও দক্ষিণ পুর্ব এশিয়ার দেশগুলির মধ্যে পারস্পরিক বিবাদ কখনোই মেটার নয়। দারিদ্র্য আর অত্যাচার থেকে বাঁচতে এখনও অগণিত শরণার্থী নিয়মিত সীমান্ত পার হয়ে কলকাতায় ○ ঢুকছে, বেশিরভাগই বাংলাদেশ থেকে আসা মানুষ। আর সরকারের পাশাপাশি যে 'ডেভেলপারস এন্ড রিয়াল্টর' তাদের বাণিজ্যিক স্বার্থ নিয়ে ভাবিত, গরীব মানুষকে তারা থোড়াই রেয়াত করে, বরং যেখানে তাদের উৎপাদিত পণ্যের চাহিদা হবে, সেখানেই তারা জিনিস বিক্রি করার জন্য ছুটে আসবে।

সর্বজিৎ ছবি আঁকেন ইতিহাসের প্রচ্ছন্ন অবদমিত অংশকে প্রকাশ্যে আনবার প্রচেষ্টায়। তিনি মাঝেমাঝেই গল্প ফাঁদেন, অনেক কমিক ম্যাগাজিন থেকে অনুরোধ আসে গল্প চেয়ে অথবা প্রদর্শনীতে যোগদান করার জন্য। যেমন অধুনাবিলুপ্ত ড্রিঘাংচুর চরিত্র তাঁর হাত ধরে আবার ফিরে আসে। সর্বজিৎ বলেন, যখন সমমনস্ক মানুষজন আমার থেকে কিছু চান, আমি অবশ্যই তা নিয়ে ভেবে দেখি অবশ্য যদি এই সময়ে ও সমাজে তার কোনও প্রাসঙ্গিকতা থাকে" (লেখকের সঙ্গে ইমেল মেসেজ মারফৎ জবানবন্দী)। কিন্তু বাণিজ্যিক বরাতের কাজ নিয়ে তিনি কথা বলতে চাইলেন না। যদিও তা দিয়েই তাঁর জীবিকা নির্বাহ হয়। তিনি বরং তাঁর বাবার ঘরানায় খাঁটি শিল্পনির্ভর কাজের

Asia, are far from being resolved. In an attempt to escape poverty and repression, countless refugees are still coming daily to Kolkata ○, most of them across the borders of Bangladesh. And, concerned only about their own commercial interests, the "Developers & Realtors"—along with the government—couldn't care less about the poor, as long as they find people and land for the production of their goods as well as customers for their wares.

Sarbajit draws to express the eagerly concealed or repressed part of history. He often develops his stories in response to requests for contributions to exhibitions or comic magazines, such as the now defunct *Drighangchoo*, as described by Sarbajit himself: "When those who want something from me are like-minded—I feel free to work on something that I consider is socially/politically relevant." (Email message to author, April 27, 2017) On the other hand, he does not like to talk about commercial commissions, even though they also provide his livelihood. Concerning the dissemination of artistic works, he much prefers to speak in the spirit of his father, who was a writer, literary activist, and co-editor of *Bengal Lights*, a bi-annual magazine published today in collaboration with the University of Liberal Arts Bangladesh (ULAB): "My father ... put his hands into many things—(chiefly) short stories, novels (a few), countless radio plays, and also film scripts. He believed in a broad Marxian philosophy." (Email message to author, April 27, 2017) Bundling all these strands together, it almost seems as if they form the brush from which Sarbajit's stories have been stroked.

প্রচারণা নিয়ে কথা বলতেই অধিক উৎসাহী। 'বেঙ্গল লাইটস'এর সহ সম্পাদক তাঁর বাবা একজন সক্রিয় সাহিত্যকর্মী ও লেখক। ইউনিভার্সিটি অব লিবারাল আর্টস বাংলাদেশ-এর সহযোগিতায় এই 'বেঙ্গল লাইটস' নামক পত্রিকাটি বছরে দু'বার করে প্রকাশিত হয়। "আমার বাবা শিল্পের নানা ধারা নিয়ে কাজ করেছেন। মুলত ছোট গল্পলেখক। উপন্যাসও লিখেছেন কিছু। বেতারের জন্য অসংখ্য নাটক লিখেছেন। এমনকী বাবার লেখা সিনেমার চিত্রনাট্যও রয়েছে। মার্ক্সিয় ভাবধারায় বিশ্বাসী ছিলেন তিনি" (ইমেল মেসেজ মারফৎ কথোপকথন, ২৭.৪.২০১৭)। এতসব সুত্র ধরেই উঠে আসে সর্বজিতের জীবনের গল্প।

মুদ্রিত চিত্র ও শিল্প

কলকাতায় ○ কিছু শিল্পীর সঙ্গে পরিচয় হয়েছে আমার যারা ফলিতকলা ও ললিতকলা বিষয়ে চর্চার পাশাপাশি মুদ্রণ নিয়েও কাজ করছেন। তাঁরা তাঁদের অবদান রেখেছেন চারুকলায়, নন্দনতত্ত্বে এবং মুদ্রণ ইতিহাসেও। এই শহর ছাপা নিয়ে যে কাজ করতে অভ্যস্ত তাঁর বাইরেও মুদ্রণ বিষয়ক অনেক কিছুই আছে যা নিয়ে এই শিল্পীরা নিয়মিত কাজ করে চলেছেন। শিল্পী অতিন বসাক, যার পছন্দের প্রিন্টিং প্রযুক্তি হল কপার প্রিন্টিং। তিনি অদ্ভুত সব ভুতুরে জোকারের অবয়ব বা অন্যান্য অতিপ্রাকৃতিক গঠনের ছবি নির্মাণ করেন যেগুলি সাধারণ মানুষের আকার আকৃতি থেকে খানিকটা আলাদা। এসব কাজের জন্য ব্যবহৃত তাঁর প্রিন্টিং-প্রযুক্তিও বেশ অদ্ভুত। প্রিন্টিং প্লেট ● টেক্সচারিং এর মাধ্যমে এই কাজগুলো করেছেন তিনি। শিল্পী মৌটুসি চক্রবর্তী জানালেন কীভাবে তিনি ইঙ্ক পেন এবং সিল্কস্ক্রিন ব্যবহার করেন। ফটোগ্রাফিকেও তিনি বিষয়ভাবনা ও প্রাসঙ্গিকতার গুরুত্ব অনুযায়ী মিলিয়ে দেন তাঁর কাজে। ভারতবর্ষের মত এক সংরক্ষণশীল সমাজে নারীদেহই তাঁর ছবির বিষয়বস্তু। এর আগে যে শিল্পী শ্রীকান্ত পালের কথা বলেছিলাম, তিনি আমাকে কলকাতায় প্রিন্টিং এর ওপর আমার তত্ত্ব-তালাশ ও গবেষণার কাজে বিশেষ সহায়তা করেছিলেন, অনেক অজানা গোপন খবরও দিয়েছিলেন। প্রশিক্ষিত প্রিন্টমেকার হিসেবে ছাত্রাবস্থায় পড়াশোনা করা কালীন তিনি কপার প্রিন্টিং ●-এর মাধ্যমে কাজ করতে পছন্দ করতেন। কিন্তু পরবর্তীতে তিনি উডকাট ● পদ্ধতির ওপর মনোনিবেশ করেন।

In Kolkata ○, I met some artists from both applied and fine arts who work with the medium of print. They have all contributed to making the aesthetics and history of printmaking more widely known and understood in this city. Artist Atin Basak, whose preferred printing technique is copperplate printing ●, explained to me with great patience not only the meaning of his imagery—eerie clowns or matrices ● far above and beyond ordinary humanity—, but also his specific use of the technique, i.e., the texturing of the printing plates ●. Another artist, Moutushi Chakraborty, explained to me her way of using pen and ink, screenprinting ●, and photography, as well as the ongoing thematic intensification of her artwork, which centers on the female body in a conservative society such as India's. And a further artist, Srikanta Paul, mentioned above, closely followed my exploration of print in Kolkata ○. As a trained printmaker, during his studies he liked to work with copperplate printing ●, but afterwards shifted his focus to woodcut ●.

Srikanta likes to work in large format with woodcut ●; some of his works deal with a paper size of almost three meters in length. The themes of his imagery are also demanding: in the work entitled *Woodcut-Craft 4* (2013), a naked Narasimha-Einstein sticks out his famous tongue at the viewer. His chest is covered with a thicket of roots and branches and he carries two snakes biting their tails around his neck. The subject matter that Srikanta is interested in belongs to folk and tribal art: fish and twigs, as found in the popular Battala ○ woodblock ● prints, which he updates through a contemporary

শ্রীকান্ত অপেক্ষাকৃত বড় ফরম্যাটে কাজ করতে পছন্দ করেন। উডেন প্লেটের সাহায্যে প্রিন্ট করেন। তাঁর কোনও কোনও কাজ প্রায় তিন মিটার দীর্ঘ কাগজের ওপর করা। ছবিগুলির বিষয়বস্তুও বেশ স্বতন্ত্র। 'উডকাট ক্র্যাফট-৪' (২০১৩) নামে একটি কাজ আছে তাঁর, যেখানে নরসিংহ অবতার ও বিজ্ঞানী আইনস্টাইনকে মিলিয়ে ভাবা হয়েছে। আইনস্টাইনের বিখ্যাত জিভ বের করা। মুর্তিটি উলঙ্গ, লতা পাতা শিকড় বাকড়ের ঝাড় দিয়ে তাঁর বক্ষ আবৃত। কাঁধে জড়ানো দুটি সাপ লেজ কামড়ে ধরে আছে। শ্রীকান্ত গ্রামীণ আদিবাসী ও লোকশিল্পকলা নিয়ে কাজ করেন। যেমন বটতলা উডব্লক প্রিন্ট ●-এ মাছ, গাছের ডাল পালা পাতা ইত্যাদির ছবি দেখতে পাওয়া যেত তেমন অনেক কিছুই শ্রীকান্তর কাজেও খুঁজে পাওয়া যাবে। পুরনো বটতলার ○ কাজগুলো তিনি নতুন করে সমকালীন অনুষঙ্গে ফিরিয়ে এনেছেন তাঁর কাজের মধ্য দিয়ে। যে ছবিটির কথা বলছিলাম, নরসিংহ অবতার ও আইনস্টাইনকে মিলিয়ে আঁকা হয়েছে একই শরীরে। নরসিংহ-আইনস্টাইন তাঁর ডান হাতে ধরে আছেন একটি 'কৌমদকী', এটি হল ভগবান বিষ্ণুর দণ্ড যা শারীরিক ও মানসিক ক্ষমতার প্রতীক। উঁচু করা বাঁ হাতের মধ্যাঙ্গুলি থেকে ছত্রাকৃতির বজ্রগর্ভ মেঘ বিস্ফোরিত হচ্ছে যা অনেকটা পারমাণবিক বোমা বিস্ফোরণের ফলে হওয়া ধুমায়িত মেঘের মত, কারও দিকে অভিসম্পাতের মত, আঘাত করার ভঙ্গিতে রূপ পেয়েছে। পোখরান, রাজস্থানের ওপর ১৯৯৮ সালের পারমাণবিক বোমার পরীক্ষামুলক নিক্ষেপের স্পষ্ট ইঙ্গিত পাওয়া যায় এই কাজে, এই পারমাণবিক চর্চা আজও অব্যাহত।

শ্রীকান্তর কাজে বটতলার টুকরো চিত্র যেমন খুঁজে পাওয়া যায়, এখনকার জনপ্রিয় দৃশ্যকলা বা ভিসুয়াল আর্টের অপ্রশিক্ষিত বাজারি কিছু কাজও মিলে যেতে দেখা যায়। আলবার্ট আইনস্টাইনের বিখ্যাত জিভ যেন দেবী কালির জিভের সঙ্গে তুলনীয়, যা বটতলা ○ উডকাট ঘরানার কাজে প্রায়শয়ই খুঁজে পাওয়া যেত। কিছু জিনিস অনুকরণ করতে পছন্দ করেন তিনি। নিজের প্রয়োজনীয় জিনিসপত্র একটা ঝোলায় বেঁধে নিয়ে বেড়ান। ঝোলার গায়ে লেখা *ভারডফরবানডেট* (কথাটি সুইডিশ স্বাস্থ্য পেশার সঙ্গে সংযুক্ত) এবং ঝোলার গায়ে লাল চিহ্ন দেওয়া। তিনি এই ব্যাগটি গড়িয়াহাট থেকে কিনেছিলেন। যদিও কখনও সুইডেন-এ যান নি, তবু সুইডেনের সঙ্গে বেশ একাত্ম মনে করেন নিজেকে। এই লাল চিহ্ন যেন সমাজের বর্তমান অবস্থাকে নির্দেশ করে। আমি যখন তাকে 'উডকাট-ক্রাফট ৪' এর বিষয়ে প্রশ্ন করি, তিনি বলেন "আমার এসব কাজ সামাজিক অবক্ষয় ও অত্যাচারের

rendering. Accordingly, in his right hand, this Narasimha-Einstein holds a *Kaumodaki*, the mace of the god Vishnu that represents both physical and mental powers. In his left, there is a nuclear mushroom cloud that detonates from his middle finger in the gesture of flipping someone off—a reference to the 1998 nuclear test in Pokhran, Rajasthan, whose shadow still lingers today.

In Srikanta's artworks, the imagery of the Battala ○ and its *unschooled bazaar practitioners* is paired with today's popular visual culture: Albert Einstein's tongue is similar to Kali's, which in the typical stylized depictions of the Battala ○ woodcuts ● and their reissue is directly stuck out at the viewer. And Srikanta himself also likes to engage in so-called sampling: somewhat in jest, he carries his belongings around in a cloth bag imprinted with *Vårdförbundet* [Swedish Association of Health Professionals] and an emergency red cross. He bought this bag at one of the market stalls in Gariahat, and even though he has never been to Sweden, he feels "connected" anyway, and, besides, the emergency red cross corresponds to the current situation in India. When I ask him about his imagery in *Woodcut-Craft 4*, he responds: "All these works of mine portray the ideas of social oppression and the treacherous world that are fuelled by the power-hungry politicians and state leaders ... All the mythological characters represent certain political conditions and societal situations." (Email message to author, July 17, 2017)

কথা বলে, এই বিশ্বাসঘাতক পৃথিবী যা ক্ষমতা-লোভী রাজনৈতিক ও রাষ্ট্র নেতাদের অঙ্গুলিহেলনে চলে, পৌরাণিক চরিত্রগুলিও কোনও না কোনও সামাজিক ও রাজনৈতিক অবস্থাকে তুলে ধরে (ইমেইল মারফৎ বার্তা, ১২.০৭.২০১৭)।

Paritosh Bhattacharya is an independent hawker ○ of used books like those which are occasionally to be found in Kolkata ○. Yet Bhattacharya is not just specialized in tracking down and reselling used books. He loves books and reading, and before he sells any book he has managed to unearth, he reads it. As Saumik described to me, Bhattacharya lives a life that is surrounded by books, a life that revolves around books and reading. Understandably, Bhattacharya knows much more than where he can get used books and how to resell them. And since he lacks the economic means to own his own library, he himself is a wandering institution of knowledge. The sale of his books is conducted door-to-door. I don't know if he makes his presence known by calling out in the street, as is the customary practice of hawkers ○, because I myself have never met Bhattacharya. Nevertheless I have declared his personage to be the Stylite pillar saint of this book: Paritosh Bhattacharya sitting on a pile of books, who from now on only has to take care of reading.

Libraries are the temples of printing ink ● and paper: they uphold and protect forms and the formation of thought, which are as diverse as humanity itself. Today, however, with respect to Western libraries, the aforementioned media theorist Ludovico notes that the discourse of the library concerns not only traditional but also digital means of publishing (Ludovico 2016:234). Nonetheless, Kolkata's ○ libraries are still rather more the sites of paper than of computers. Their history dates back to 1770, when private citizen John Andrew ran a public circulating

পরিতোষ ভট্টাচার্য একজন পুরনো বইয়ের ফেরিওয়ালা, স্বতন্ত্র ও স্বাধীন ব্যবসায়ী। যিনি মাঝেমাঝে কলকাতায় আসেন। তবু তিনি ব্যবহৃত পুরনো বই খুঁজে খুঁজে বের করে সেগুলি পুনরায় বিক্রি করায় পারদর্শী নন। কেবল বই পড়তে ভালোবাসেন তিনি। যে কোনও বই প্রকাশ করে বিক্রি করার আগে তিনি খুঁটিয়ে পড়ে নেন। সৌমিক ভট্টাচার্য আমাকে তাঁপদতর ব্যাপারে বলেছিলেন, পরিতোষ বাবুর জীবন বইকে ঘিরেই। বই আর পড়াশোনা নিয়েই তার জীবন কাটে। বুঝতে অসুবিধে হয় না, পুরনো বই পত্তর কোথায় পাওয়া যায় আর কীভাবে তা বিক্রিবাটা করতে হয়, তিনি বেশ ভালোই জানেন। বরং কিছু বেশিই জানেন। যেহেতু তাঁর নিজস্ব লাইব্রেরি বানানোর অর্থনৈতিক সামর্থ্য নেই, তিনি স্বয়ং এক ভ্রাম্যমান জ্ঞানভাণ্ডার। বাড়ি বাড়ি ঘুরে বই বিক্রি করেন। আমার জানা নেই, তাঁকে কলকাতার ○ সাধারণ হকারদের মত প্রচলিত ঢঙে হাঁক দিয়ে উপস্থিতি জানান দিতে হয় কিনা। আমার তাঁর সঙ্গে কখনও সাক্ষাৎ হয় নি। তা সত্ত্বেও পদতসীীআমি তাঁকে এই বইয়ের এক স্তম্ভ ঋষি বলে মনে করি। যিনি এক স্তূপ বইয়ের মধ্যে বসে বসে শুধুই পড়াশোনার তদারকি করে যান।

লাইব্রেরিই হল ছাপার কালি ● আর কাগজের পুণ্য মন্দির। গ্রন্থাগারই নতুন চিন্তাভাবনাকে তুলে ধরে তাদের গঠন ও বিস্তারে বিশেষ ভুমিকা পালন করে। মনুষ্যজাতির মতই বিচিত্র এই ভাবনাচিন্তারা। আজকের দিনে, পাশচাত্য গ্রন্থাগারগুলির ওপর শ্রদ্ধা রেখেই বলা যায়, পুর্ব উল্লেখিত মিডিয়া থিয়োরিস্ট লুডোভিকোর মতে, লাইব্রেরির প্রকরণগুলি মুদ্রণের চিরাচরিত ও ডিজিটাল দু'টি মাধ্যমকে নিয়েই কাজকর্ম ও ভাবনাচিন্তা করে (Ludovico 2016:234)। তবু, কলকাতার ○ লাইব্রেরিগুলোতে কিন্তু কম্পিউটার তেমন চোখে পড়ে না, বরং কাগজের আধিক্যই বেশি। এই গ্রন্থাগারগুলির ইতিহাস শুরু হয়েছিল ১৭৭০ সাল নাগাদ। জন অ্যান্ড্রু নামে এক ভদ্রলোক ○ ওল্ড ফোর্টে একটি পাব্লিক 'সারকুলেটিং লাইব্রেরি' চালাতেন। এর পরেই ১৭৯২ সালে স্থাপিত হয় নিউ ক্যালকাটা সার্কুলেটিং লাইব্রেরি, ১৮২৩ সালে প্রতিষ্ঠিত হয় বাকিংহাম লাইব্রেরি, ১৯৭২ সাল থেকে ব্রিটিশ লাইব্রেরির কার্যক্রম শুরু হয়, এই বিষয়ে পরে আরও আলোচনা করা হয়েছে (আরো দেখুন Ohdedar 1966:48, 53; Nair 2012:31, 46)। এই পর্যন্ত কলকাতায় লাইব্রেরির সংখ্যা আমি গুনে

library in the Old Fort. This was followed by the New Calcutta Circulating Library, founded in 1792; Buckingham's Library, founded in 1823; and, the British Library, in operation since 1972, which will be described in more detail later (see Ohdedar 1966:48, 53; Nair 2012:31, 46). While I have not been able to determine the current number of libraries in Kolkata ○ today, by 1996, West Bengal had one State Central Library, twenty-two district libraries, 120 town libraries, and 2,276 primary-unit libraries. In addition, there were around 3,000 non-governmental or non-sponsored public libraries (Chatterjee 2001:114–115). The range of libraries I visited in Kolkata ○—beyond public libraries with their ongoing obligation to develop their own collections—included school libraries, privately initiated special collections, and libraries where books form the basis of sociocultural activities. I visited these many different kinds of libraries to conduct research and interviews as well as to read or to support the above-mentioned artist Habib Ahmed Afsar with his Expressive Art Therapy workshops.

One such library where books form the basis of sociocultural activities is the Mustard Seeds Community Library, which has been run on Sundays by activist Maura Hurley for several years for children in the Salt Lake district. What Maura offers there are art-based workshops developed in relation to her living-room collection of books. She also works with Shikshamitra, an organization dedicated to sensory learning through reading and artistic activities. Efforts like these and Shikshamitra are committed not only to the advancement of education through strengthening reading and writing skills—resulting, for instance, in an increase in the official literacy rate

উঠতে পারিনি। ১৯৯৬ সাল পর্যন্ত পশ্চিমবঙ্গে একটি রাজ্য পাঠাগার, ২২টি জেলা পাঠাগার, ১২০ টি টাউন লাইব্রেরি এবং প্রায় ২২৭৬টি প্রাইমারি ইউনিট লাইব্রেরি রয়েছে। এছাড়াও বেসরকারি ও কোনওরকম সরকারি অনুদানপ্রাপ্ত নয় এমন ব্যক্তিগত প্রায় ৩০০০ পাব্লিক লাইব্রেরি আছে (চ্যাটার্জি ২০০১: ১১৪-১১৫)। প্রচুর লাইব্রেরি আমি ঘুরে দেখেছি। পাব্লিক লাইব্রেরি ছাড়াও স্কুল লাইব্রেরিগুলোতে স্ব-উদ্যোগে অনেক নতুন সংগ্রহ সংযোজিত হয়। সামাজিক সাংস্কৃতিক কাজকর্মের ওপর ভিত্তি করে অনেক বই সংগ্রহ করা হয়ে থাকে। আমার গবেষণার জন্য, পড়াশোনার জন্য এবং সাক্ষাৎকার নেওয়ার জন্য কলকাতার অনেক লাইব্রেরি আমি ঘুরে দেখেছি। বন্ধু হাবিব আহমেদ আফসরকে তাঁর 'এক্সপ্রেসিভ আর্টস থেরাপি'র কর্মশালার কাজেও অনেক লাইব্রেরি ঘুরতে হয়েছে, আমিও গিয়েছি তাঁর সঙ্গে।

এমনই এক লাইব্রেরি হল মাস্টার্ড সিডস কমিউনিটি লাইব্রেরি। সমাজকর্মী মওরা হারলে অনেক বছর ধরে চালাচ্ছেন এই লাইব্রেরি। সল্টলেক অঞ্চলে রবিবার শিশুদের জন্য খোলা থাকে এই লাইব্রেরি। লিভিং রুমে সংগৃহীত বইয়ের সাহায্যে মওরা ছেলেপুলেদের নিয়ে শিল্পসংস্কৃতি নির্ভর কর্মশালা পরিচালনা করেন। শিক্ষামিত্র নামক আরও এক প্রতিষ্ঠানের সঙ্গে তিনি যুক্ত যারা পড়াশোনা ও অন্যান্য শৈল্পিক কার্যক্রমের মাধ্যমে সংবেদনশীল জ্ঞান বিষয়ক কাজকর্মে ব্রতী। মাস্টার্ড সিডস বা শিক্ষামিত্র প্রতিষ্ঠানের এই প্রয়াস শুধুমাত্র লেখা ও পড়ার দক্ষতা অর্জনের মাধ্যমে শিক্ষার অগ্রগতিকে সুনিশ্চিত করে না, ব্যক্তিগত ও সামাজিক ক্ষমতায়ন বিস্তার করে সামগ্রিকভাবে সমাজ উন্নয়নেও সহায়তা করে। প্রসঙ্গত, কলকাতায় শিক্ষার হার ২০০০ থেকে ২০১১ সালে পর্যন্ত সময়কালে ৮০.৮৬% থেকে ৮৭.৬৬% বর্ধিত হয়েছে (Office of the Registrar General & Census Commissioner, India 2011)।

অনুন্নত ও অবহেলিত সম্প্রদায়ের মধ্যে শিক্ষার প্রসারের নানাবিধ কাজ এই শহরে অনেক আগে থেকেই শুরু হয়েছে। শহরের ইতিহাসের দিকে ফিরে তাকালে দেখা যাবে, যাদবপুর বিশ্ববিদ্যালয়ে যে ওয়ার্কারস লাইব্রেরি রয়েছে তা কিন্তু প্রকৃত অর্থে গণগ্রন্থাগার নয়। কিছুদিনের জন্য মুল গ্রন্থাগারটির কাজকর্ম বন্ধ রয়েছে। এই লাইব্রেরির বইয়ের সংগ্রহ যাদবপুর বিশ্ববিদ্যালয়ের একাদেমি অব আইকিডোর (ইন্ডিয়া) ডোজোতে খুঁজে পাওয়া যাবে, যেখানে গাদা করা স্তুপীকৃত বই যেন মঞ্চের মত ঠেলে উঠেছে। ওই জায়গায় যখন বাণিজ্যিক উৎপাদন হত, এই সংগ্রহ শুরু হয়েছিল তখন থেকেই, এই একই

in Kolkata ○ from 80.86 percent to 87.66 percent between 2001 and 2011 (Office of the Registrar General & Census Commissioner, India 2011)—, but also to personal and social empowerment that aims to change society.

Libraries in India are also engaged in providing special educational programs for the underprivileged, an aim that goes far back in the history of the city. A wonderful example of this is the Workers Library, which is housed at Jadavpur University. Actually not a public library, the original library itself has not been in operation for some time. Its collection of books, however, can be accessed today at the Dojo of the Academy of Aikido (India) at Jadavpur University, where they are stacked up like a theater stage. The collection began when manufacturing activities were conducted at the same site where it is now housed. In 2009, in expanding its campus, Jadavpur University took over a former 1950s factory, which had once been used by National Instrument Ltd (NIL) to manufacture optical instruments. As members of the Aikido Club were setting up a training room in a former NIL building, they discovered a collection of 6,000 books, mainly Bengali literature, which had been provided for workers with funds from the company. The collection includes political literature, unauthorized translations of English detective novels, children's literature, pulp magazines, religious texts, travelogues, poetry, horror stories, and even stories in which ghosts have a fondness for chow mein (Bag 2015). Previously mentioned comics artist and media theorist Deeptanil Ray, also an instructor at the Academy of Aikido, showed me the library. Today the Workers Library is maintained by the Department of English, Jadavpur University, and is being studied academically.

জায়গায় এখন বইয়ের সংগ্রহগুলিকে রক্ষণাবেক্ষণ করা হয়। ২০০৯ সালে ক্যাম্পাস বিস্তৃত হল, যাদবপুর বিশ্ববিদ্যালয় ১৯৫০ সালের পুরনো ন্যাশনাল ইন্সট্রুমেন্ট লিমিটেডের ফ্যাক্টরিটি অধিগ্রহণ করল। এই ফ্যাক্টরিতে অপটিক্যাল যন্ত্রপাতি উৎপাদিত হত। আইকিডো ক্লাবের সদস্যরা যখন প্রাক্তন এনআইএল বিল্ডিং-এ একটি প্রশিক্ষণ কক্ষ বানাতে গেল, তারা প্রায় ৬০০০ বইয়ের সংগ্রহ আবিষ্কার করেছিল। মুলত বাংলা সাহিত্যের বই, যেগুলি ওই ফ্যাক্টরির কর্মীদের দেওয়া হত, কোম্পানির খরচ বহন করত। এই সংগ্রহের মধ্যে ছিল রাজনৈতিক সাহিত্য, ইংরাজি ডিটেকটিভ উপন্যাসের অননুমোদিত অনুবাদ, শিশু সাহিত্য, সাময়িক পত্রিকা, ধর্মগ্রন্থ, ভ্রমণের বই, কবিতার বই, ভুতের বই, ‘ভুতেরা চাউমিন খেতে ভালোবাসে’—এমন সব মজার বইও পাওয়া যেত ওই গ্রন্থাগারে (Bag 2015)। পুর্ব উল্লেখিত কমিক শিল্পী ও মিডিয়া থিয়োরিস্ট দীপ্তনীল রায় একাডমী অব আইকিডো-র একজন উপদেষ্টা, তিনিই আমাকে লাইব্রেরিটি ঘুরিয়ে দেখালেন। ওয়ার্কারস লাইব্রেরি এখন বিশ্ববিদ্যালয়ের ইংরাজি বিভাগের দায়িত্বে। বইগুলি বিভাগীয় পঠনপাঠনের কাজে লাগে।

যথাসম্ভব বহুস্বরিক গঠন ও ছাপ ●

মাস্টার্ড সিডস আর ওয়ার্কারস লাইব্রেরির হই-হট্টগোলের সাপেক্ষে দ্য ন্যাশনাল লাইব্রেরি যেন একটা বন্ধ বইয়ের মতই শান্ত ও নীরব। লাইব্রেরির পাশেই চায়ের দোকানের সামনে অলস কুকুরেরা শুয়ে থাকে। ভেতরে প্রবেশের আগে ব্যাগ ভালো করে দেখে খানাতল্লাস করে নেওয়া হয়। ক্যামেরা নিয়ে ঢোকা একেবারেই নিষিদ্ধ (নিয়ে গেলেও দরজার বাইরেই রেখে ঢুকতে হয়)। ১৮৩৬ সালে সরকারিভাবে ‘ক্যালকাটা পাব্লিক লাইব্রেরি’ নামে এর উদ্বোধন হয়। বর্তমানে এটি ‘দ্য ন্যাশনাল লাইব্রেরি’ নামে খ্যাত। প্রবেশদ্বারে অনেকগুলি পুরনো দিনের ছবি টাঙানো যা এই প্রতিষ্ঠানেরই ইতিহাসকে তুলে ধরেছে। কিন্তু আমার পুস্তক-পাঁজির গবেষণার জন্য এই ইতিহাসকে কিছুটা অগ্রাহ্য করেই আমি এগোবো। আমার মুলত উদ্দেশ্য ছিল প্রতিষ্ঠানের আচরণ বিধি কেমন এবং প্রশাসনিক নিয়ম নীতি কেমন তা অনুসন্ধান করা। কাগজের ওপর ছাপার অক্ষরের প্রতি বিশেষ প্রীতি এর নমুনা দেয়। বই ঘাঁটাঘাঁটি করার সুবিধার্থে নানান দ্বিভাষিক মন্তব্য। যেমন হলুদ কাগজের ওপর খুব সস্তা কালো কালিতে ছাপা ● ‘ভিসিটর’স পাস’। উজ্জ্বল সাদা কাগজের ওপর

FORMS AND PUNCHES ●, AS POLYPHONIC AS POSSIBLE

The National Library—officially inaugurated in 1836 as the Calcutta Public Library—seems like a closed book compared to the bustle of the Mustard Seeds Community Library and the Workers Library. Although dogs are lying around lazily next to the tea stall in front of the building, admission is only granted after one's bag has been searched. Cameras are strictly prohibited (and, when carried, must be left at the door). In the entrance area, a series of photographs presents the history of the institution. In my own way I abandon myself to this history. As I attend to my bibliographical research, I am mainly occupied with figuring out the correct rules of conduct and exploring the administrative nature of the institution, which seems to love printing ink ● on paper: handling books entails various bilingual notes, such as the "Visitor's Pass," printed with low-quality black ink on yellowed paper; the "One Day Visitor Card," a small form printed in black on bright white paper and numbered by hand with a rubber stamp; or, the printed form to be completed by hand and required to order books. This one is the biggest of all and is printed in red on bright white paper, although I also came across a historical version printed in black. Only the access to rare books is not negotiated by paper, but rather through a conversation with a public official.

A counterpart of the National Library is the Little Magazine Library and Research Center (also known as the Kalikata Little Magazine Library O Gabeshona Kendra), which is located east of College Street and owned and operated privately on a very limited budget. Founded by

ছোট ছোট প্রিন্টের ছাপায় লেখা 'ওয়ান ডে ভিসিটর কার্ড', তাতে ক্রমিক নম্বর স্ট্যাম্পড করা। এছাড়া বইপত্র অর্ডার করার জন্য মুদ্রিত হরফে লেখা চিরকুটও ব্যবহৃত হয় যেটি অপেক্ষাকৃত বড়, উজ্জ্বল সাদা কাগজের ওপর লাল কালিতে ছাপা। এছাড়াও একটি পুরনো ঐতিহাসিক সংস্করণও পেয়েছিলাম এটির। কিন্তু কাগজের টুকরোতে কাজ হল না, বরং প্রতিষ্ঠানের কর্মকর্তাদের সঙ্গে কথা বলে পাওয়া গেল দুষ্প্রাপ্য বইগুলি দেখতে পাওয়ার সুযোগ।

খানিকটা ন্যাশনাল লাইব্রেরির মতই কলিকাতা লিটল ম্যাগাজিন লাইব্রেরি-ও একটি গবেষণা কেন্দ্র। কিন্তু এটি চলে ব্যক্তিগত উদ্যোগে ও সীমিত অর্থানুকুল্যে। কবি ও প্রাক্তন শিক্ষক সন্দীপ দত্ত এর স্থপতি। ১৯৭৮ সাল থেকে তিনি চালাচ্ছেন এই প্রতিষ্ঠান। অন্য কোনও প্রতিষ্ঠান যে প্রকাশনাগুলির ব্যাপারে বিন্দুমাত্র আগ্রহী নয়, এমন কিছু বই, পত্রপত্রিকা প্রকাশ করেছে এই সংস্থা। কলেজস্ট্রিটের পুর্ব দিকের অঞ্চলে একটি গ্রন্থাগারে স্তুপীকৃত বই সিলিং অবধি ছুঁয়ে আছে। স্ব-উদ্যোগে এবং সমবেতভাবে প্রকাশিত বিভিন্ন পত্রিকাই রাজনৈতিক অর্থে গুরুত্বপুর্ণ বলে মনে করেন শ্রী দত্ত, কারণ এসব ম্যাগাজিনে সাধারণ মানুষের কথা বলা হয়। উঠে আসে তথাকথিত 'ছোটলোক' মানুষের কণ্ঠ। এইসব কণ্ঠ যাতে অশ্রুত না থেকে যায় এবং এদের কথা যাতে আরও বিস্তৃতভাবে ছড়িয়ে দেওয়া যায় পাঠকের মধ্যে, সেজন্য তিনি 'পত্রপুট' নামে নিজে একটি পত্রিকা করেন। ট্যাবুলার ফর্মে যতগুলি লিটল ম্যাগাজিন ○ বের হয়, সবগুলির হিসেব রাখাও এই ম্যাগাজিনের একটি অন্যতম লক্ষ্য। সন্দীপ দত্ত মহাশয়ের মুক্ত মন এবং চিন্তাভাবনার প্রসারতাই তাঁর লিটল ম্যাগাজিন ○ লাইব্রেরি ও গবেষণা কেন্দ্রকে করেছে বহুস্বরিক।

লিটল ম্যাগাজিন লাইব্রেরি ও গবেষণা কেন্দ্র যেসব বই ও পত্রিকাগু-লির প্রকাশনা নিয়ন্ত্রণ করে সেগুলি প্রধানত পেপারব্যাক পত্রিকা হিসেবে ছাপা হয়। নানা রকম বিষয় নিয়ে কাজ করে এসব পত্রপত্রিকাগুলি। সাহিত্য, ইতিহাস, সাংস্কৃতিক পাঠ, রাজনীতি ইত্যাদি বিস্তৃত বিষয়ভিত্তিক পরিসরে এগুলি কাজ করে। কখনও ব্যক্তিগত খরচায়, কখনো বা সরকার অর্থ যোগায় এ' ধরণের প্রকাশনাগুলিতে। লাইব্রেরিটিকে ঘিরে রয়েছে অনেক মানুষের উৎসাহ ও উদ্দীপনা। আমি যখনই গিয়েছি, দেখেছি, দু'তিনজন মানুষ ছোট্ট অপ্রশস্ত স্থানটিতে জটলা করে বিবিধ বিষয়নির্ভর পত্রপত্রিকার খোঁজখবর করছে। সন্দীপবাবু কখনও তাঁদের সহযোগিতা করছেন। কোনও রকম

poet and former teacher Sandip Dutta, since 1978 the center has made publicly available items which, until recently, no other institution was interested. The special collection consists of self- and collectively published magazines, which are piled up to the ceiling in the library. Dutta considers them as already politically important just because they echo the individual voices of the "Little People." In order to ensure that these voices are heard in an even broader context, Dutta also publishes the little magazine ○ Patraput, an attempt to record in tabular form all of the little magazines ○ that have been published. What makes the polyphony of the library and research center possible is Dutta's open mind.

Mainly printed as paperbacks, the publications housed in the Little Magazine Library and Research Center cover a wide range of thematic fields: literature, history, cultural studies, and politics. They are mainly funded privately, but sometimes are also financed by the government. The library is used enthusiastically. When I visited, there were usually two or three people at a time in the tiny premises investigating the theme labels on the shelves, either being followed around by Dutta or with him in the lead. Neither a digital nor an analog catalog exists. And, there is no checkout and return system. Copying documents is done for a fee, with the red "bird on the tree" logo of the library stamped on the photocopy ●. For my own research, I mainly follow visual leads, with help from Dutta, looking for publications in experimental design and production. I find what I'm looking for in the "Film" and "Politics" sections among the little magazines ○ on the Naxalites and women's rights issues. Plus there are other interesting items among the publications of the

ডিজিটাল বা অ্যানালগ পুস্তকতালিকার ব্যাপার নেই। চেকআউট বা রিটার্ন সিস্টেমেরও কোনও গল্প নেই। একটা নির্দিষ্ট মুল্যের বিনিময়ে বই বা পত্রপত্রিকা কপিও করিয়ে নেওয়া যায় অনায়াসে। ফটোকপি ● র ওপর ‘গাছের মধ্যে লাল পাখি’-র লোগো সম্বলিত লাইব্রেরি স্ট্যাম্প দেওয়া থাকে। আমার নিজস্ব গবেষণার জন্য আমি ভিসুয়াল দিকটির ওপরেই বেশি জোর দিলাম। সন্দিপবাবুর সহায়তায় দেখে নিচ্ছিলাম কোন কোন পত্রপত্রিকায় কী ধরণের পরীক্ষানিরীক্ষামুলক ডিসাইন অবলম্বন করা হয়েছে বা প্রস্তুতিতে ব্যতিক্রমী ধারা আছে কিনা। যা খুঁজছিলাম আমি, তা পাওয়া গেল নকশাল ও নারীর অধিকার বিষয়ক লিটল ম্যাগাজিনের ○ সংখ্যাগুলিতে, ‘ফিল্ম’, ‘রাজনীতি’ বিভাগেও পাওয়া গেল কিছু। হাংরি জেনারেশনের প্রকাশনাগুলিতেও ডিসাইনের ব্যতিক্রমী ধারা খুঁজে পাওয়া গেল। হাংরি জেনারেশনের বইপত্র ও পত্রিকাগুলির প্রচ্ছদের ডিসাইন টাইপোগ্রাফিক ক্যারেক্টার দ্বারা সুকৌশলীভাবে করা হত। আগেকার ইউএসএসআর-এর অ্যাভান্ট গ্রেড গ্রাফিকস দিয়েও করা হত প্রচ্ছদের ডিসাইন। রুক্ষ গ্রিড দিয়ে পেজ লে আউট করা হত যেখানে ছবি আর আর কালার-শিফটেড বিজ্ঞাপন ছাপা হত ভক্তদের জন্য। লিটল ম্যাগাজিন ○ লাইব্রেরি আমাকে খুব স্বাভাবিকভাবেই অনুপ্রাণিত করেছিল কারণ প্রিন্ট নিয়ে যে ব্যাপক ও বিস্তৃত আগ্রহ আমার, ছাপার ডিসাইন থেকে শুরু করে তার ইতিহাস, বই প্রস্তুতি থেকে রাজনীতি, মুদ্রণের সমষ্টিগত ও নিজস্ব বৈশিষ্ট্য—সমস্ত বিষয়ে এই লাইব্রেরির সংগ্রহ আমাকে সমৃদ্ধ করেছিল।

Hungry Generation. Their cover designs skillfully work with the typographic character of Bengali type ● or refer to the avant-garde graphics of the former USSR. Their pages, laid out in a rough grid, feature accomplished still images or beautifully color-shifted ads for fans. No wonder that I am so inspired by the (Little Magazine Library and Research Center), whose collection as a matter of course spans the entire wide range of my interests in print: design and history, production and politics, collectivity and individuality.

WHITESPACE AND BLUEPRINT

Saumik and I stand smoking on the sidewalk in front of an old cinema. It's already dark, even though it's not really that late. Together with a female dog, my son tries to find the dog's puppies in the rear courtyard next door. In vain. We've just come from visiting an exhibition realized as part of the Centre of International Modern Art's CIMA AWARD project. Now the evening rush-hour traffic is whooshing past us. Once wandering up and down the different levels and through the in-between spaces of the former grand cinema hall, Saumik and I had again discussed art. "What is there that is genuine about artwork? Where can art be situated in the dilemma of vacillating between 'Indian' identity and 'global'—i.e., Euro-American—discourse? And does that matter at all?" These are questions we like to circumnavigate, explaining our two systems of reference. As we did on that evening while we climbed up and down the stairs of this concrete building. And, what naturally come along with scaling such great questions, once at the top, we were greeted by a moment of cerebral stillness. In the projector room we came across Exi(s)t (2017) by TAXI, an audiovisual work projecting questions about personal (general) relevance into the space. In the midst of booming bass tones, the answer to Saumik's and my questions took shape in stellar nebulae: good art is universal. It encompasses everything around us, and, at the same time, points beyond it. An insight that is also still immutable on the sidewalk, under the starry sky overcast by smog, cigarettes between our fingers, and in our ears the howling of the female dog.

হোয়াইট স্পেস আর
ব্লু প্রিন্ট

সৌমিক আর আমি একটা পুরনো সিনেমাহলের ফুটপাথে দাঁড়িয়ে সিগারেট খাচ্ছিলাম। খুব বেশি দেরি না হতেই সন্ধ্যে নেমেছে। আমার পুত্ররত্নটি একটি রাস্তার মা-কুকুরের সঙ্গে তার ছানা খুঁজতে গেছে। লাগোয়া বাড়িটির পেছনের দিকের উঠোনে কিছুক্ষণ ঘুরঘুর করেও কুকুরছানা খুঁজে পাওয়া গেল না। আমরা সবে একটা প্রদর্শনী দেখে ফিরেছি। সেন্টার অব ইন্টারন্যাশনাল মডার্ন আর্টের সিমা অ্যাওয়ার্ড প্রজেক্ট-এরই একটি পর্ব বলা যায়। বিকেলের ব্যস্ত তাড়াহুড়োতে গাড়িগুলো হুস হুস করে আমাদের পাশ দিয়ে বেরিয়ে যাচ্ছে। পুরনো গ্র্যান্ড সিনেমা হলটির চারপাশে, মাঝের ফাঁকা অংশে, নানা দিক থেকে নানা ভাবে একে ঘিরে ঘুরতে ঘুরতে খুব স্বাভাবিকভাবেই সৌমিক আর আমি আবারও ফিরে আসি শিল্পকলা বিষয়ক আলোচনায়। খাঁটি শিল্প বলতে আসলে কি বোঝায়? ভারতীয়-আন্তর্জাতিক, ইউরোপীয়-আমেরিকান শিল্পধারা ও প্রকরণের মাঝে যে দোলাচোল তাতে প্রকৃত শিল্পের অবস্থান কীভাবে নির্ণয় করা সম্ভব? এই বিভাজন করার বা খাঁটি শিল্প খুঁজতে যাওয়ার কি আদৌ কোনও প্রাসঙ্গিকতা আছে? এই প্রশ্নসমুহকে ঘিরেই আমাদের ভাবনা-চিন্তা প্রদক্ষিণ করছিল। আমরা দু'জনেই নানা প্রসঙ্গ উত্থাপন করি। এই সন্ধেতেই আমরা ঐতিহাসিক কংক্রিট বিল্ডিং-টির সিঁড়ি বেয়ে ওপরে উঠলাম। উঠতে উঠতে দারুণ সব প্রশ্ন ভিড় করে আসছিল আমাদের মনে। একদম ওপরে ওঠার পর আমরা কেমন হঠাৎ থমকে গেলাম! কী একটা অদ্ভুত আনন্দের ঘোরে মাথা যেন আর কাজ করছিল না। প্রজেক্টর রুমে আমরা আবিষ্কার করলাম 'এক্সিস্ট', ট্যাক্সির একটি অডিও ভিসুয়াল কাজ—এই মহাশূন্যে ব্যক্তিগত ও সর্বজনীন অস্তিত্ব সম্পর্কে নানা প্রশ্নের অবতারণা করা হয়েছে এতে। ও'রকম নিচু জলদগম্ভীর আওয়াজের মধ্যে আমার প্রশ্ন আর সৌমিকের দেওয়া উত্তর কেমন মহাজাগতিক শোনালো! যেন কোন দুর নক্ষত্রমণ্ডলী আর নীহারিকাপুঞ্জ থেকে ভেসে আসা। উৎকৃষ্ট শিল্প সর্বজনীন। আমাদের চারপাশের সবকিছুকেই তা ধারণ করে থাকে এবং যা আমাদের অতিক্রম করে যায়। এক ধ্রুব পরিজ্ঞান ও সম্যগদর্শন যা পারিপার্শ্বিক সকল কিছুকে ঘিরে রয়েছে, যেমন এই ফুটপাথ, এই ধোঁয়াশায় ঘেরা তারাভরা আকাশ, দু' আঙুলের ফাঁকের জ্বলন্ত সিগারেট, মা-কুকুরের ভেসে আসা চিৎকার।

One way of getting some sort of grip on local art is to confront India's own history of art. The art historian Partha Mitter pinpoints India's Modernism as being characterized by an interaction between the imagery preserved by the West and the construction of national resistance in art (Mitter 2013:87–88). A paradox that cannot be resolved, because if modernity results from decolonization, the Euro-American model remains the model of the system of reference, as pointed out by art historian Rebecca M. Brown (2009:5). Furthermore, the blueprint of a Modernism rooted in Euro-American capitalism assigns a clear place to non-Western art, as Hito Steyerl points out: "The effect of these hierarchies is that primarily Anglo-American forms of hybridity are privileged over others and interpreted as universal and solely valid examples of cultural mixtures. In conjunction with the conditions of utilization in the global cultural industry, they are objectified, exoticized, sexualized, and thus de-politicized." (Steyerl 2002: 206) In leaving behind existing value systems, according to Édouard Glissent, the aim should therefore be a *poetry of multiplicity*. Without this heterogeneity, a better world is unimaginable. Yet what could an art freed from power—and that has grown out of the simultaneity of different cultures—look like? At best, might an image of this be the countless pieces of printed matter reused in this city as sleeping pads toward which I turn in writing?

For me, the biggest whitespaces in a country as complex as India are the caste system, the rights of indigenous peoples, the exploitation of nature, religious tensions, Kashmir, and also women's rights. Each by itself would be able to fill a library, yet I am directly concerned about all of them. Why do certain people count more than

আঞ্চলিক যে কোনও শিল্পকে আয়ত্ত করার জন্য প্রথমেই ভারতীয় শিল্পের নিজস্ব ইতিহাসের মুখোমুখি হওয়া দরকার। শিল্পইতিহাসবিদ পার্থ মিত্র শ্লেষাত্মক ভঙ্গিতে বলেন, ভারতীয় আধুনিকতা পাশ্চাত্য সংরক্ষিত চিত্রকল্পসমুহের একরকম মিথষ্ক্রিয়াকে চিহ্নিত করার সঙ্গে সঙ্গে নিজস্ব জাতীয় শিল্পধারার প্রতিরোধকারী নির্মাণকে সুচিত করে (Mitter 2013:87–88)। এই আপাতবৈপরীত্যকে বিশ্লেষণ করা একটু কঠিন। কেননা, আধুনিকতা যদি উপনিবেশায়ন ভেঙে যাবার ফলস্বরূপ আসে, তবে ইউরো-আমেরিকান মডেল পুরো সমাজ পরিকাঠামোয় তার ছাপ রেখে যায়, শিল্প ইতিহাসবিদ রেবেকা এম ব্রাউন এমন মত পোষণ করেন (2009:5)। আধুনিকতা বা মডার্নিসমের ব্লুপ্রিন্টের শিকড় প্রোথিত ইউরো-আমেরিকান পুঁজিবাদের অন্দরে যা একটি অ-পশ্চিমীয় শিল্পকলার প্রেক্ষিতের দিকে দিকনির্দেশ করে। হিটো স্টেইআর্লের মতে, "এই উচ্চ শ্রেণীবিন্যাস বা হাইয়ারার্কির ফলস্বরূপ প্রাথমিকভাবে অ্যাংলো আমেরিকান ধারাগুলির সঙ্করতা অন্যগুলির চাইতে বেশি প্রাধান্য ও মর্যাদা পায় এবং এগুলিই বিশ্বজনীন এবং যথার্থ আদর্শ সাংস্কৃতিক মিশ্রণের উদাহরণ হিসেবে মান্যতা পায়। এর সঙ্গে আন্তর্জাতিক সাংস্কৃতিক শিল্পদ্যোগ-এর ক্ষেত্রে এই মিশ্র শিল্পগুলি ব্যবহার করার পরিবেশ পরিস্থিতির ওপর নির্ভর করে এদের বাস্তবায়ন, বৈদেশিকরণ এবং অ-রাজনীতিকরণ" (Steyerl 2002:206)। অর্থাৎ প্রচলিত মুল্যনির্ণায়ক পদ্ধতিকে দুরে সরিয়ে রাখলে, এডুয়ার্ড গ্লিসেন্ট-এর মতে, লক্ষ্য হওয়া উচিৎ *পোয়েট্রি অব মাল্টিপ্লিসিটি*। এই বিষমসত্ত্বতা ছাড়া, একটা উৎকৃষ্টতর পৃথিবী কল্পনা করা সম্ভব নয়। তবু, ক্ষমতা যখন শিল্পকে গ্রাস করে না এবং যখন শিল্পের উপাদান সমসাময়িক অন্যান্য সংস্কৃতিধারা থেকেও উঠে আসে তখন তার চরিত্র ঠিক কেমন হয়? এর সবচেয়ে ভালো নমুনা মিলে যায় মুদ্রণ উপাদান হিসেবে এই শহরের অসংখ্য বিভিন্ন পুনর্ব্যবহৃত স্লিপিং প্যাডগুলিতে যা আমি আমার লেখায় ধরতে চাইছি।

আমার মতে ভারতের মত একটি জটিল রাষ্ট্রে সবচেয়ে বড় 'হোয়াইটস্পেস' গুলি হল বর্ণ ও জাতিভেদ প্রথা, প্রান্তিক ও আদিবাসী মানুষের অধিকার, প্রকৃতির অবব্যবহার ও শোষণ, ধর্মীয় সংঘাত ও নিপীড়ন, কাশ্মীর সমস্যা এবং নারীর অধিকারের মত অসংখ্য সমস্যা। এই বিষয়গুলিই ভরিয়ে ফেলতে পারে অগণিত বইয়ের সাদা পাতা। প্রতিটি সমস্যা নিয়েই এত বই লেখা যেতে পারে যা এক একটা লাইব্রেরি ভরিয়ে তুলতে পারে। আমাকেও এই সমস্যাগুলো বেশ ভাবিয়ে তুলেছিল। কেন কিছু মুষ্টিমেয় মানুষ অন্যদের

others? How do children with an underprivileged educational background get a chance in society? Why is nature polluted? What connects religion and violence? What's happening to the position of women? These are questions that ultimately lead to a bigger question that is applicable globally: why doesn't capitalism care about humanity?

In India, these individual subject areas seem to be especially tightly intertwined: the history of the caste system with its exclusion of the Dalits ○ is also the history of the violent handling of the Adivasi ○ and also the history of the emergence of modern Hinduism. The ruthless exploitation of nature for dams and mines in turn affects the Adivasi ○. The same is true of the violence of the paramilitary troops fighting in states like Andhra Pradesh, Bihar, Jharkhand, or West Bengal against the Maoist-oriented Naxalites. And the issue of religion permeates everything anyway, whether in the tensions with Kashmir or the exclusion of whole populations such as the refugees from Bangladesh or, today, the Rohingyas. However, one of the most marginalized positions is that of women, especially those who belong to no or a low caste, or to a religious minority, or whose sexual orientation is outside of the norm. But even in the better-off stratum, the cultural middle class, which constitutes my milieu in Kolkata ○, marginalization based on gender is the order of the day. Reproductive labor generally falls to women, divorce is still associated with social ostracism, and there are only very few women artists with a strong position professionally.

চাইতে বেশি সুযোগ সুবিধা পাবে? শিক্ষার আলো থেকে বঞ্চিত শিশুরা, অবহেলিত ও দুঃস্থ সামাজিক পটভূমি থেকে উঠে আসা বাচ্চারা কীভাবে সমাজে নিজেদের প্রতিষ্ঠিত করতে পারবে? কেন প্রকৃতি এত দূষিত হয় এ দেশে? ধর্মের সঙ্গে এত এত হিংসার যোগ কেন? সমাজে নারীর স্থান কোথায়? স্বাধীনতাই বা কোথায়? এই অগণিত প্রশ্নই একটি বড় প্রশ্নের দিকে ঠেলে দেয়। তা হল: কেন পুঁজিবাদ মানবতাকে গ্রাহ্য করে না? গুরুত্ব দেয় না? ভারতবর্ষে এই প্রত্যেকটি সমস্যা যেন একে অপরের সঙ্গে সম্পর্কযুক্ত। বর্ণভেদ ও জাতিবৈষম্যের ইতিহাস ও তার দলিত ○ বর্জনের নীতি আর আদিবাসী ○ নিপীড়নের সমস্যা প্রায় একই গল্প। আধুনিক হিন্দুত্ববাদের জন্মও এখান থেকেই। খনি ও বাঁধের কারণে পরিবেশের ওপর যে নিষ্ঠুর অত্যাচার আর শোষণ চলছে তা আদিবাসীদের ○ বিপদ ডেকে আনছে। ওই একইরকম কারণের সূত্র ধরে দেশের কেন্দ্রীয় আধাসামরিক বাহিনী বিহার, অন্ধ্রপ্রদেশ, ঝাড়খণ্ড বা পশ্চিমবঙ্গের মাওবাদী নকশালদের বিরুদ্ধে হিংসাত্মক যুদ্ধ চালাচ্ছে। আর ধর্মীয় সমস্যাগুলো সবকিছুর মধ্যেই সঞ্চারিত হয়েছে, সে কাশ্মীর সমস্যাই হোক কিংবা বাংলাদেশ থেকে বিপুল সংখ্যক মানুষকে উদ্বাস্তু করে বহিষ্কার করে দেবার সংকটই হোক অথবা বর্তমান রোহিঙ্গা সমস্যাই হোক। এর মধ্যে সবচেয়ে প্রান্তিক হলেন নারীরা। বিশেষত নিচু জাতের ও নিম্ন আর্থসামাজিক বৃত্ত থেকে উঠে আসা নারীরা, ধর্মীয় সংখ্যালঘু নারীরা অথবা স্বাভাবিক যৌন গণ্ডির বাইরের নারীরা, তৃতীয় লিঙ্গের মানুষরা। এমনকী অপেক্ষাকৃত সঙ্গতিসম্পন্ন উঁচু সামাজিক স্তরে, রুচিবান সংস্কৃতিসম্পন্ন মধ্যবিত্ত, আমার পরিমণ্ডলের মানুষজনদের মধ্যেও নারীদের প্রতি নানা অন্যায়, অবিচার ও অসাম্য ঘটতে দেখা যায়। ছেলেপুলে জন্ম দেওয়ার কসরত পুরোটাই মহিলাদের দায়, বিবাহবিচ্ছেদের ঘটনাও সমাজে নারীকে ব্রাত্য করে দেয়। কিছু কিছু স্বাধীনচেতা শিল্পমনস্ক নারীর মধ্যে তাঁদের স্বক্ষেত্রে দৃঢ় অবস্থান নিতে দেখেছি অবশ্য।

THE BENGALI CONFUSION OF TONGUES

Dust, filth, noise, masses of people: here at the intersection where Thakdari Road turns into VIP Road, where the buses and auto rickshaws stop on their tours toward the city center during rush hour. But where is the bus that goes from here to College Street? Neither the Bengali characters labeling the buses nor the ticket vendors hanging out of the doors of the buses screaming the name of some destination are of any help to me. And when I shout back to their calls with my question "College Street?" the only response is a shake of the head. So I stand there, in the masses of people, ready to jump on a bus that does not seem to come. What next? In Kolkata ○, there is no signage identifying bus stops and, what is more, there are no general public transportation maps of this city anyway. Giving way to an inner despair, I gradually fall silent as time passes and the bustle around me begins to become overwhelming. Suddenly an inconspicuous old woman plucks at the sleeve of my blouse and points to an approaching bus. Even as I call out "College Street?" I have to leap onto the bus over the nod of the ticket seller so that this gift of the heavens doesn't pass me by. Meanwhile, my patron saint of the day has disappeared silently into the masses, accomplishing further miracles with her personal mindfulness toward her fellow human beings.

The political history of Kolkata ○, indeed of all India, can also be interpreted from the Babylonian confusion of tongues that reigns here. According to the previously mentioned Deeptanil Ray, media theorist, comics artist,

ধুলো, ধোঁয়া, নোংরা আবর্জনা, চিৎকার, চেঁচামেচি, ভিড়। ঠাকদারি রোড ভিআইপি রোডে গিয়ে মিশছে যেখানে, সেখানেই রাস্তাটা ভাগ হয়ে গেছে। ব্যস্ত ভিড়ভাট্টার সময়ে বাস, অটো, রিক্সা এখানে এসে দাঁড়ায় শহরের মুল কেন্দ্রাভিমুখে যাবার জন্য। কিন্তু এখান থেকে কলেজস্ট্রিটে যাবার বাস কোথায়? বাসের ওপর নম্বর লেখা আছে যদিও, আর বাসের দরজা থেকে ঝুলে টিকিট কন্ডাক্টররাও কয়েকটা জায়গার নাম করে চেঁচিয়ে যাচ্ছেন, কিন্তু তাতে আমার কিছুই সুবিধে হবার নয়। আমি যখন তাদের চিৎকার করে জিজ্ঞাসা করি "কলেজস্ট্রিট?" তারা শুধু ঘাড় নাড়িয়ে 'না' বলে। অতঃপর আমি দাঁড়িয়েই থাকি অজস্র মানুষের ভিড়ে। যে বাস এলে প্রত্যেকেই লাফিয়ে ওঠার জন্য উদগ্রীব, সে বাস আর সহজে আসে না। তাহলে কী করা যায়? কলকাতায় ○ বাসস্টপ বোঝার জন্য কোনও চিহ্ন নির্দিষ্ট করে দেওয়া নেই। সাধারণ জন পরিবহনের কোনও মানচিত্রও নেই। যত সময় বয়ে যাচ্ছে চারপাশের হুড়োহুড়ি প্রবল হয়ে উঠছে আর কীভাবে গন্তব্যে পৌঁছব তা ভেবে ভেতরে ভেতরে নিরাশ হয়ে চুপ করে আছি। হঠাৎ এক বয়স্কা সাদাসিধে ভদ্রমহিলা আমার ব্লাউজের হাতা টেনে আমাকে ইশারা করে দেখালো একটি বাস আসছে। আমিও অমনি ছুটে গিয়ে জিজ্ঞাসা করলাম "কলেজ স্ট্রিট?" টিকিট কন্ডাক্টর সম্মতিসুচক ঘাড় নাড়তেই আমি প্রায় হুড়মুড়িয়ে চড়ে বসলাম বাসে যাতে এই দৈব আশীর্বাদরূপী স্বর্গীয় যানটি কিছুতেই ফসকে না যায়। ইতিমধ্যে আমার সহায়রূপিণী যে রক্ষাকর্ত্রী বাস দেখিয়ে দিয়েছিলেন, তিনি আবার হারিয়ে গেলেন ভিড়ের মধ্যেই। আবার কোনও পথদুর্ভাগ্যকে কোনও অলৌকিক দিশার সন্ধান দিতে হয়ত বা।

কলকাতাসহ ○ ভারতের রাজনৈতিক ইতিহাস ব্যাখ্যা করলে প্রায় ব্যাবিলনিয় ভাষার মত জটিলতা খুঁজে পাওয়া যাবে। এর আগে উল্লেখ করা হয়েছে গণমাধ্যম তাত্ত্বিক, কমিক বুক আর্টিস্ট ও আইকিডো উপদেষ্টা **দীপ্তনীল রায়ের** কথা। তাঁর মতে, এটা শুধুমাত্র ১৯৮০ থেকে ১৯৯০ এর গোড়ার দিকের ব্যাপার নয় যে, শিশু ও কিশোররা সোভিয়েত ও চীন দেশের ছোটদের বই ইংরাজি কিংবা বাংলা ভাষায় পড়ত। বাস্তবিকভাবে, তাঁর অনেক বন্ধুই প্রায় দুটি, তিনটি এমনকী চারটি ভাষায় এদিক ওদিক করে কাজ করত

and aikido instructor, it was not just a matter of course in the 1980s and early 1990s that children and adolescents would read Soviet and Chinese children's books in English and Bengali. In fact, many of his friends switch back and forth between two, three, or even four languages (Holmberg 2013). But how can I, as a researching Swiss artist, deal with the fact that I only speak English, no Hindi, no Bengali, not to mention any of the other 1,500 official mother tongues of India, of which at least twenty-four are spoken by at least one million people? With well-educated persons and members of the younger generation, who have attended a reasonably good school, I speak English; in the streets of Daftaripara ○ and in exchanges with people who have less education, I bring along my friends to stand by my side. A strategy that does not help me, however, with the literature: here I have no choice but to limit myself to English and German texts.

How intricately the history of West Bengal is intertwined with language is revealed by small details. For example, because of its historical roots in the British Raj, the National Library has an impressive number of publications in English (as well as a sophisticated system of English forms to fill in), but usually the library staff speak only very simple English. On the other hand, the library has its own sections for the following languages: Assamese, Bengali, Gujarati, Hindi, Kannada, Kashmiri, Malayalam, Marathi, Oriya, Punjabi, Sanskrit, Sindhi, Tamil, Telugu, and Urdu (National Library 2018). In turn, missing from this list are Arabic and Persian, which the Mughals, who ruled the region until the late sixteenth century, considered as signs of being educated (Mishra 2014:46). This shows that languages and dialects are not free from claims to power,

(Holmberg 2013)। কিন্তু একজন সুইস শিল্পী হিসেবে আমি শুধুমাত্র ইংরাজি বলতে পারি। হিন্দি, বাংলা অথবা ভারতের প্রায় ১৫০০টি সরকার অনুমোদিত মাতৃভাষা যার একটিও আমি বলতে পারি না। এতগুলি ভাষার মধ্যে ২৪টি ভাষায় প্রায় দশ লক্ষ মানুষ কথা বলেন। ন্যুনতম স্কুল শিক্ষায় শিক্ষিত ও নতুন প্রজন্মের ছেলেমেয়েদের সঙ্গে ইংরাজিতে কথা বললে তারা বোঝে অবশ্য। যারা একেবারেই ইংরাজি বোঝে না তাদের সঙ্গে রাস্তাঘাটে কথা বলার সময় পাশে কোনও বন্ধুকে ডেকে নিতাম। কিন্তু পড়ার সময় এই কৌশল খাটে না। তাই এখানে ইংরাজি ও জার্মান লেখা ছাড়া আর কিছুই পড়তে পারি না আমি।

পশ্চিমবাংলার ইতিহাসের সঙ্গে কী জটিলভাবে জড়িয়ে রয়েছে ভাষাগুলি! তারই সংক্ষিপ্ত বিবরণ দেওয়া যেতে পারে। বৃটিশশাসিত ইতিহাসের দৌলতে ন্যাশনাল লাইব্রেরিতে অনেক ইংরাজি প্রকাশনার বইয়ের আকর্ষণীয় সম্ভার রয়েছে। সেগুলি খুবই বিশুদ্ধ ও উন্নত মানের ইংরাজি ভাষায় লিখিত বই। ন্যাশনাল লাইব্রেরির কর্মীরাও সহজ ইংরাজিতে কথা বলতে পারেন। অন্যদিকে, লাইব্রেরিটিতে ভারতীয় ভাষায় যেমন অসম, বাংলা, গুজরাটি, হিন্দি, কন্নড়, কাশ্মীরি, মালয়ালাম, মারাঠি, ওড়িয়া, পাঞ্জাবি, সংস্কৃত, সিন্ধি, তামিল, তেলেগু এবং উর্দু ভাষায় লিখিত অজস্র বইয়ের আলাদা আলাদা বিভাগও রয়েছে (National Library 2018)। কিন্তু আরবি বা পার্সি ভাষায় লিখিত বইয়ের সন্ধান পাওয়া যায় না বললেই চলে। এই ভাষাগুলি মুঘলদের চর্চিত ভাষা। প্রসঙ্গত, মুঘল সাম্রাজ্য এ' দেশে ষোড়শ শতকের শেষ ভাগ অবধি রাজত্ব করেছিল (Mishra 2014:46)। এর থেকেই স্পষ্ট, ভাষা বা উপভাষা অথবা কথ্য ভাষা কখনওই ক্ষমতার কবল থেকে মুক্ত নয়। যেহেতু ভাষা সামাজিক শ্রেণী বিভাজনের ও সাংস্কৃতিক পরিচয়ের সুচক ও সংগঠক, ঔপনিবেশিক প্রসঙ্গক্রমে এই পরিস্থিতি অত্যন্ত অনিবার্য যেখানে সামাজিকভাবে ব্যতিক্রমী ও উচ্চ ক্ষমতাবানের অর্থাৎ শাসকের ভাষাকে বৈধতা দেওয়ার রীতিটাই বিশেষভাবে সুস্পষ্ট হয়ে ওঠে (Ghosh 2006:2)।

১৫৫৬ সালে ভারতে প্রথম প্রিন্টিং প্রেস ব্যবহার করা হয় বই প্রস্তুত করার জন্য। পর্তুগিজ থেকে গোয়া হয়ে ঢুকেছিল এই প্রযুক্তি। ১৫৭৭ সালে একটি পর্তুগিজ প্রশ্নোত্তরমালার তামিল অনুবাদ প্রকাশিত হয়। এই বই-ই হল রোমান মেটাল লেটারে মুদ্রিত প্রথম বই (Gupta 2013: 555–556)। ১৭৭৮ প্রকাশিত *A Grammar of the Bengali Language*-এর আগে বাংলায় কোনও বই ছাপা হয় নি। উত্তর ভারতে প্রিন্টিং এর প্রসার খুব

since they are always both index and means of social division and cultural identity. This circumstance was possibly most evident in the colonial context, where attempts to legitimize social exclusion and hierarchy were particularly pronounced (Ghosh 2006:2).

In 1556, the first printing press used in India for the production of books came via the Portuguese to Goa, where, in 1577, a Tamil translation of the Portuguese catechism was released. This book was the first ever printed in an Indian script and language (Gupta 2013:555–556). However, it was not until 1778 that the first book was printed in Bengali: *A Grammar of the Bengali Language*. One reason for the slow spread of print in northern India was that the East India Company banned missionary activity in its territory until 1813 (Stark 2016:191). In the early nineteenth century—presumably in 1813—there was a new impetus in print in India triggered by the arrival of lithography ●. This method, which was used in the West in particular for the reproduction of musical notes, images, and calligraphy, as well as for graphic characters and languages not available in moveable lead type ●, enjoyed great popularity in India, not only for the production of books, but also for other printed products. One reason for the popularity of lithography ● was its capability to easily reproduce all the possible characters of Hindi, Urdu, and other languages (Shaw 2016:89–111). The technique was also comparatively inexpensive. At that time a set of Urdu or Hindi letters made of metal ● needed for the lithography ● process cost about 100 pounds (1,500 rupees), while a letterer who was able to draw different languages and typefaces ● earned about thirty-five rupees a month. In addition, their handwritten character corresponded to

ধীরে ধীরে হয়েছিল। তার প্রধান কারণ ইস্ট ইন্ডিয়া কোম্পানি ১৮১৩ সাল পর্যন্ত এই অঞ্চলে যাবতীয় মিশনারি কার্যকলাপ নিষিদ্ধ ঘোষণা করেছিল (Stark 2016:191)। উনিশ শতকের শুরুর দিকে সম্ভবত ১৮১৩ সালে লিথোগ্রাফি ● প্রচলিত হতেই প্রিন্টিং নিয়ে এক নতুন আলোড়ন লক্ষ করা গেল। এই লিথোগ্রাফি ● পাশ্চাত্যে গানের স্বরলিপি, ছবি ও ক্যালিগ্রাফি মুদ্রণে ব্যবহৃত হত। এছাড়া গ্রাফিক চরিত্র ও ভাষা নির্মাণে দরকার হত, যেগুলি লেড টাইপে ● খুব একটা সুলভ ছিল না। লিথোগ্রাফি ● ভারতে খুব জনপ্রিয়তা পেয়েছিল। শুধু বই প্রস্তুত করার জন্যই নয়, প্রিন্ট-এর দ্রব্যসামগ্রী তৈরি করার জন্যেও লিথোগ্রাফি ● সমাদর পেয়েছিল। এর একটা কারণ হল, হিন্দি, উর্দু ও অন্যান্য ভাষার হরফ তৈরি করতে পারত এই লিথোগ্রাফি ● প্রযুক্তি (Shaw 2016:89–111)। উপরন্তু এই প্রযুক্তি ছিল অপেক্ষাকৃত সাশ্রয়ী। সেই সময়ে এক সেট মেটাল ● উর্দু বা হিন্দি লেটারের খরচ পড়ত প্রায় ১০০ পাউন্ড, অর্থাৎ ভারতীয় মুদ্রায় প্রায় ১৫০০ টাকা। আর সেই সময়ে একজন দক্ষ লেটারারের এক মাসের আয় ছিল মাত্র ৩৫ টাকা, যে কিনা সবরকম প্রচলিত ভাষায় নানারকম টাইপফেস ● আঁকতে পারত। এর ওপর হাতে লেখা হরফগুলির সঙ্গে ম্যানুস্ক্রিপ্ট ● বা পাণ্ডুলিপির বৈশিষ্ট্য মিলে যেত। হস্তলিখিত পুঁথির সঙ্গে সাধারণ ক্রেতার বা খরিদ্দারের পরিচয় ছিল বেশি। ব্রিটিশের আমদানি করা গ্রাফিক প্রবণতার চাইতে এর সঙ্গেই জনমানসের অধিক যোগ ছিল (Orsini 2009:11–17)।

এর ওপর উনিশ শতকের শুরুর দিকে শিল্পনির্ভর কাজের মুদ্রণগুলি হত মুলত উপনিবেশবাদের জন্য বিজ্ঞাপন হিসেবে। সেগুলি তৈরি হত ইউরোপীয় কায়দায়। ভাবনা ও ভাষার দিক থেকেও বৈদেশিক বিষয়গুলি মনোরম ও শান্ত প্রাকৃতিক ভূচিত্র তুলে ধরত। এই ওরিএন্টালিস্ট লিথোগ্রাফগুলো ● ইংল্যান্ডের বাজারের কথা ভেবেই করা হত। কিন্তু একই রকম ছবির অনুরূপ উৎপাদন ক্রোমোলিথোগ্রাফি ● র প্রচলনকে ছড়িয়ে দিল। ১৮৭০ সালের আগে যদিও এই ক্রোমোলিথোগ্রাফি ● ভারতে শুরু হয় নি। এই প্রযুক্তি কাজে লাগিয়ে দেবদেবীর ছবি এবং পৌরাণিক বিষয়ের ওপর ছবি ছাপা হতে শুরু করল এবং ব্যাপকভাবে ছড়িয়ে পড়ল। এছাড়াও ঐতিহাসিক ঘটনা ও প্রাকৃতিক দৃশ্যের ছবিও প্রচুর পরিমাণে ছাপা হত (দেখুন Sengupta 2012a:29)। এরপর আবার, আমি ইংরাজি-চারিত জার্মান ভাষায় লিখছি কলকাতা ○ শহরের প্রিন্ট নিয়ে। এই লেখা হয়ত ইংরাজিতে অনুদিত হবে। তা থেকে হয়ত বাংলাতেও হবে। আর কে জানে, হয়ত আরও নানান ভাষায়, তা থেকে আরও

the attributes of the manuscript ● familiar to the clientele, unlike the graphic severity introduced by the British (Orsini 2009:11–17).

On the other hand, it is claimed that reproductions of artistic works generated during the first half of the nineteenth century served as advertisements for colonization, i.e., portraying—in the typical language of European exotica—idyllic landscapes, architecture that had little to do with actual sixteenth- and seventeenth-century architecture in the East, and a local wearing a turban. These Orientalist lithographs ● were intended primarily for the market in England. Production of the prized images required the spread of chromolithography ●, which did not begin in India before the 1870s. With this technique, representations of goddesses and gods as well as themes from the Puranas begin to spread, along with the imagery reproduced in print of historical events and landscapes (see Sengupta 2012a:29). And, today, I'm writing in English-infused German about print in Kolkata ○, which will be translated into English and then from English into Bengali. And who knows, maybe this Bengali version will be translated further into a completely different language and then into another, just like at the Baptist Mission Press in Serampore, on and on as part of the worldwide Bengali confusion of tongues.

অন্য কোনও ভাষায় অনুবাদ হবে এই লেখার। ঠিক যেমন শ্রীরামপুরের ব্যাপটিস্ট মিশন প্রেসে হয়। পৃথিবীব্যাপী অবিরত এই বাংলাভাষার ধন্দ যার একটি অবিচ্ছেদ্য অংশ।

By chance I meet Himanshu, S, at a seemingly rather fortuitous presentation on behalf of an organization that promotes the fine arts, serendipitously held for once not in Kolkata ○, but, via some quirky turns, in Delhi. Himanshu is neither part of that organization nor even part of Delhi. He lives with his partner Aqui Thami in Mumbai, where for many years they have run the Dharavi Art Room, a community-based project primarily for children in a so-called slum, which has attracted media attention around the world. Also belonging to the Dharavi Art Room is Bombay Underground, a wandering collection of zines ●, their own and those of their co-conspirators. Zines ● are Himanshu's passion. New ones are constantly being created, and then sold during the presentation of the "library." Because, of course, the project needs money, but even more urgently the world needs all these ideas, as evidenced by the many invitations Bombay Underground receives. So sitting one day in Delhi waiting for those who might be interested in his scheduled talk, Himanshu is reading a well-worn paperback edition of a work by Haruki Murakami and lets me ask him questions. Our conversation is about this and that, especially about alternative publishing ●, which is committed to the beauty of the immediate, and about the zine ● as an independently or freely designed booklet with a particular stance—whether toward a political situation, to combat social injustice, or in opposition to those in power in the world. So I sit there in this organization for the promotion of the fine arts and am happy about a serendipitous encounter with someone for whom the conceptual *pai* [library] and "alternative publish-

সৌভাগ্যক্রমে আমার পরিচয় হয় হিমাংশুর সঙ্গে। একটি সংস্থা যারা ফাইন আর্ট নিয়ে অনেক কাজকর্ম করে, তাদের উদ্যোগে একটা সম্মেলনে হঠাতই তাঁর সঙ্গে আমার আলাপ। ওই সভায় একটি প্রেসেন্টেশন ছিল ওঁর। খুবই সমৃদ্ধ হয়েছিলাম তাঁর সঙ্গে কথা বলে। কলকাতাতে ○ নয়, অদ্ভুত যোগাযোগের সুত্রে দিল্লিতে হয়েছিল এই অনুষ্ঠান। হিমাংশু কিন্তু এই সংস্থার সদস্য নন, বা দিল্লিরও নন। তিনি ও তাঁর সঙ্গী আকি থাকেন মুম্বইয়ে। কিছু বছর ধরে ধারাভি আর্ট রুম নামে একটি সংস্থা চালাচ্ছেন তাঁরা। এটি একটি সম্প্রদায়কেন্দ্রিক প্রকল্প যা মুলত বস্তিবাসী শিশুদের নিয়ে কাজ করে, সারা পৃথিবীতে খুব বেশি মনোযোগ পায় না এই ধরণের কাজ। ধারাভি আর্ট রুম-এর মধ্যেই পড়ে 'বোম্বে আন্ডারগ্রাউন্ড' যাকে বলা যায় একটি ভ্রাম্যমান জাইসন বা পত্রিকা ● সংকলন। তাঁদের নিজস্ব ও অন্যান্য সমমনস্ক বন্ধু যারা একইরকম ভাবে পরিকল্পনা করেন, ভাবেন তাঁদের পত্রিকাসমূহ ● মিলিয়ে এই সংগ্রহ। এই পত্রিকা ● হিমাংশুর প্যাশন। নতুন নতুন পত্রিকা ● প্রকাশিত হয়ে চলেছে। সেগুলো বিক্রিও হচ্ছে লাইব্রেরির প্রেসেন্টেশনের পাশাপাশি। "কারণ অবশ্যই এই প্রজেক্টের জন্য টাকা তোলাটা জরুরি। কিন্তু আরও জরুরি হল এই ভাবনা চিন্তাগুলো পৃথিবীর কাছে পৌঁছে যাওয়া। 'বোম্বে 'আন্ডারগ্রাউন্ড' নানা জায়গা থেকে আমন্ত্রণ পায়, এ থেকেই প্রমাণিত তাঁদের নতুন ভাবনা চিন্তার গ্রহণযোগ্যতা। তাই দিল্লিতে একদিন থেকে হিমাংশু অপেক্ষা করছিলেন, তাঁর কাজের ব্যাপারে যদি কেউ আগ্রহী হয়ে কথা বলতে আসে। আমার সঙ্গে যখন দেখা হল, হিমাংশু হারুকি মুরাকামির একটি ছেঁড়াখোঁড়া পেপারব্যাক এডিশন পড়ছিলেন। কাজের ব্যাপারে, তাঁর ভাবনা-চিন্তার বিষয়ে তাঁকে প্রশ্ন করতে উৎসাহিত বোধ করলেন। নানা বিষয় নিয়েই হচ্ছিল আমাদের কথাবার্তা ও আলোচনা। বিশেষত অলটারনেটিভ পাবলিশিং ● নিয়ে। আশু সৌন্দর্যায়নের প্রতি যেমন তার দায় আছে, তেমনই কোনও একটি বিশেষ ভাবনাচিন্তা ও অবস্থানকে কেন্দ্র করে স্বাধীনভাবে পুস্তিকা বা পত্রপত্রিকা ● ডিসাইন করতেও এর অবদান অনস্বীকার্য। এসব পত্রপত্রিকা নানা বিষয় নিয়ে কাজ করে ও মানুষকে ভাবায়—যেমন রাজনৈতিক পরিস্থিতি, সামাজিক অন্যায়-অবিচার, পৃথিবীতে আগ্রাসী ক্ষমতাবানদের বিরোধিতা ইত্যাদি। ফাইন আর্ট প্রোমোশন উপলক্ষ্যে যে সম্মেলনে আমরা গিয়েছিলাম তাতে হঠাৎ করেই এই মানুষটির সঙ্গে দেখা হয়ে

ing ●" are not alien. And as I leaf through the booklet that Himanshu has put in my hands, unfamiliar worlds open before my eyes: drawings of elephants that can hear with their feet; photographs made by women who have recovered their names; stories told by grandmothers in which they philosophize about the habits of their grandchildren—all in all, an endless universe of humanity, photocopied in small editions, and distinguished by the insignia "artroom strikingly."

In Kolkata ○, is there a print infrastructure owned by visual artists or designers beyond mimeographs ● or photocopiers ●? Through my research, bouts of drinking tea, and studio visits, I have found only a few contemporary examples. These are the Society of Contemporary Artists, an association of artists (exclusively men), which owns an intaglio ● printing press, and the Lalit Kala Akademi, whose equipment also consists of an intaglio ● printing press and a discarded lithography ● press. In addition, individual artists own technical infrastructure for print, but —like the above-mentioned institutions—this is limited to hand-operated intaglio ● printing presses. In short, throughout Kolkata ○ I didn't come across any raw materials or special equipment that I felt were intended or used for experimental purposes.

Looking back historically, however, the Bichitra Club emerges as a place characterized by experimental efforts. Here (always male) artists such as Gaganendranath Tagore or Nandalal Bose began to explore print techniques. Around 1900, although the idea of artwork as an everyday commodity had become established, in this sense print was only just being discovered as a suitable medium. The Bichitra Club, founded in 1915 to unify diverse attempts

খুবই উপকার হয়েছিল আমার। তাঁর মতে 'লাইব্রেরি' ও 'অল্টারনেটিভ পাবলিশিং' পরস্পর বেমানান নয়। আমার হাতে একখানা পুস্তিকা ধরিয়ে দিলেন হিমাংশু। আমি পাতা উলটে দেখলাম এ এক অদ্ভুত এক অচেনা দুনিয়া! দেখলাম এমন হাতির ছবি যারা পা দিয়ে শুনতে পায়, সেইসব মহিলাদের ছবি যারা তাদের মর্যাদা ফিরে পেয়েছেন, ঠাকুমাদের বলা গপ্পো যার মাধ্যমে তারা তাদের নাতি নাতনীদের অভ্যাস গড়ে দিচ্ছেন। সবমিলিয়ে এক অপার মানবতার পৃথিবী। ফটোকপি করা ছোট ছোট সংস্করণ। স্বতন্ত্র পরিচয়-চিহ্ন আছে এদের: 'অদ্ভুতুড়ে আর্টরুম'।

মিমোগ্রাফস ● বা বাজার চলতি ফটোকপিয়ার ● ছাড়া কলকাতায় ○ দৃশ্যকলা শিল্পীদের বা ভিসুয়াল ডিসাইনারদের আর কি কোনও মুদ্রণ পরিকাঠামো আছে? গবেষণা করতে গিয়ে, চা খেতে খেতে, নানা স্টুডিয়োয় ঢুঁ মেরে সমসাময়িক এমন কিছু নমুনা জোগাড় হয়েছে-যেমন, সোসাইটি অব কনটেম্পোরারি আর্টিস্ট, একটি শিল্পী সংঘ (মুলত পুরুষদের নিয়ে) যাদের নিজেদের এচিং ● প্রেস আছে। ললিতকলা একাডেমি হল আরও একটি উদাহরণ যাদের হ্যান্ড-অপারেটেড এচিং ● প্রেস আছে এবং আছে একখানা বাতিল লিথো ● প্রেস। এর ওপর অনেক শিল্পীদেরই ব্যক্তিগত প্রিন্ট-প্রযুক্তির পরিকাঠামো আছে, কিন্তু তা উল্লিখিত সংস্থার মত হস্ত পরিচালিত এচিং ● প্রেসগুলির মধ্যেই সীমাবদ্ধ। কিন্তু সারা কলকাতায় ○ আমি প্রিন্টের পরীক্ষানিরীক্ষামুলক কাজ করার কোনও কাঁচা মাল বা বিশেষ রকম যন্ত্রপাতির হদিশ পাই নি।

ইতিহাসের দিকে যদি ফিরে তাকানো যায়, দেখা যাবে যখন বিচিত্রা ক্লাবের উত্থান হচ্ছে, তখন তারা কিছু পরীক্ষামুলক প্রচেষ্টা চালিয়েছিলেন। এই ক্লাবের কিছু সদস্যদের মধ্যে ছিলেন গগনেন্দ্রনাথ ঠাকুর বা নন্দলাল বোসের মত উল্লেখযোগ্য শিল্পী যারা মুদ্রণপ্রযুক্তি নিয়ে গবেষণামুলক পরীক্ষানিরীক্ষা করেছেন। ১৯০০ সাল নাগাদ, আর্টওয়ার্ক ঘরে ঘরে নিত্যদিনের পণ্যে পরিণত হয়েছিল। এই সুবাদে প্রিন্ট একটি উপযোগী যথাযোগ্য মাধ্যম রূপে প্রতিষ্ঠিত হয়েছিল। এই বিচিত্রা ক্লাবের প্রতিষ্ঠা হয় ১৯১৫ খ্রিস্টাব্দে। প্রিন্টিং-এর প্রসারে এই ক্লাব অত্যন্ত গুরুত্বপুর্ণ ভুমিকা পালন করেছিল। সংঘবদ্ধভাবে এই ক্লাবের লক্ষ্য ছিল প্রিন্টিং-এর গতানুগতিক প্রযুক্তিগুলির ওপর গবেষণামুলক চর্চা করে আরও নতুন দিক খুলে দেওয়া। তাদের নিজস্ব কার্যধারা ছিল, সান্ধ্য আসরে নানান প্রিন্টিং প্রযুক্তি নিয়ে তারা আলোচনায় বসতেন। ১৯১৭ সালে অন্যান্য

at exploring various and new styles of painting and printmaking, assumed an important position in this development. Its aims included cultivating new approaches to traditional techniques, which were disseminated through courses and soirees. In 1917, a lithography ● press was acquired along with other equipment from an old Muslim printer, Haricharan Mondal, who was also immediately engaged by the association. Tagore experimented with color lithography ● at the Bichitra Club as an artistic medium for the masses and released his first album of caricatures *Adbhut Lok* [The Realm of the Absurd]. And Bose experimented there using cement as the material for the printing plate ● (Sengupta 2012a:95, 99–100). Completely in the spirit of the Bengal School ○—an avant-garde movement that emerged in the 1950s, especially in Kolkata ○ and Santiniketan, and was aligned with the Indian struggle for independence—, the printing techniques of the woodcut ● and lithography ● were regarded as traditional crafts or artisan trades that should be updated by being adapted for the production of new imagery (Critical Collective:n.d.). Paradoxically, however, considering the principles of the Bengal School of Art, the existence of lithography ● there is inconceivable without the influence of the British, who shipped the printing presses to India.

In the field of literature, poet, essayist, translator, publisher, and professor Purushottama Lal is a progeny of this illustrious community. In 1958, Lal founded a group of writers and a publishing company called the Writers Workshop and was responsible for and meticulously cared about their books. The type ● was handset and the galleys were printed on a treadle-operated press ● in the garage next door. The finished books were bound in

সরঞ্জামের সঙ্গে একজন পুরনো মুসলমান প্রিন্টার হরিচরণ মণ্ডলের কাছ থেকে একটা লিথোগ্রাফিক ● প্রেস কেনা হল। হরিচরণ নিজেও এই ক্লাবের সঙ্গে যুক্ত ছিলেন। রবীন্দ্রনাথ স্বয়ং এই ক্লাবে কালার লিথোগ্রাফি ● নিয়ে পরীক্ষানিরীক্ষা চালান। জন সাধারণের জন্য শিল্প প্রস্তুতির মাধ্যম হিসেবে একে ব্যবহার করার প্রচেষ্টা চালিয়ে তিনি 'অদ্ভুতলোক' নামে তাঁর প্রথম ব্যঙ্গচিত্রের একটি অ্যালবাম প্রকাশ করেন (অদ্ভুতলোক অর্থাৎ অদ্ভুত জিনিসের রাজ্য)। নন্দলাল বোস প্রিন্টিং প্লেটের ● উপাদান হিসেবে সিমেন্ট ব্যবহার করা যায় কিনা তা নিয়ে পরীক্ষানিরীক্ষা করেন (Sengupta 2012a:95, 99–100)। বেঙ্গল স্কুল ○ উত্থানের মধ্য দিয়ে একটা তোলপাড় করা উদ্দীপনা লক্ষ করা গেছিল। ১৯৫০ সালে এটি প্রিন্টিং-এর একটি অগ্রবর্তী প্রসার হিসেবে ধরা যায়। 'বেঙ্গল স্কুল অব আর্ট' কলকাতা ○ ও শান্তিনিকেতনকে তাদের উৎসভুমি কোরে, স্বদেশী ভাবনায় কাজ কোরে মানুষকে স্বাধীনতার আদর্শে উদ্বুদ্ধ করেছিল। মুলত রবীন্দ্রনাথের ভাববাদে দাঁড়িয়ে স্বদেশী ভাবনা থেকে কাজ করে এই আর্টিস্ট গ্রুপ। উডকাট ● ও লিথোগ্রাফির ● মুদ্রণ প্রযুক্তিই ব্যবহার করা হত গতানুগতিক কারুশিল্পে বা কারিগর-শিল্প বাণিজ্যে। নতুন ধারার চিত্রকলা উৎপাদনের প্রয়োজনে এইসব প্রযুক্তির আধুনিকীকরণ জরুরি ছিল (Critical Collective:n.d.)। বেঙ্গল স্কুল অব আর্টের ○ নীতিগত দিক থেকে আপাত বিপরীত মনে হলেও, স্বীকার না করে উপায় নেই, ব্রিটিশ প্রভাব ছাড়া লিথোগ্রাফির ● অস্তিত্ব প্রায় কল্পনাতীত ছিল, কেননা প্রিন্টিং প্রেসগুলিকে ব্রিটিশরাই ভারতে নিয়ে এসেছিল।

সাহিত্যের ক্ষেত্রে কবি, প্রাবন্ধিক, অনুবাদক, প্রকাশক এবং অধ্যাপক পুরুষোত্তম লাল ছিলেন এই বিখ্যাত শিল্পীকুলের বংশধরসম। ১৯৫৮ সালে তিনি একদল লেখক নিয়ে রাইটার'স ওয়ার্কশপ নামে একটি প্রকাশনা সংস্থা গড়ে তোলেন এবং অতি যত্ন নিয়ে তাঁদের বই প্রকাশ করেন। হ্যান্ডসেটে টাইপ ● হত আর গ্যালিগুলো পাশের গ্যারাজে একটি ফ্ল্যাটবেড ট্রেডল মেশিনে ● ছাপা হত। ছাপা হয়ে গেলে হ্যান্ডলুম সুতির শাড়ি দিয়ে সেগুলো বাঁধানো হত আর হাতে সেলাই করা হত পাতাগুলো। বইয়ের নাম ক্যালিগ্রাফিতে শ্রী লাল মহাশয় নিজে লিখতেন ফাউন্টেন পেন দিয়ে (*The Economist* 2010)। প্রতি রবিবার সকালে লাল মহাশয়ের বাড়িতে মিটিং হত। বিচিত্রা ক্লাবের সান্ধ্য আসরগুলির মতই। লেখকরা জমায়েত হতেন। পুরুষ লেখকরাই মুলত। ১৯৬০ থেকে ১৯৭০ দশকের সাহিত্যে যে বিপ্লব হয়েছিল, তার জন্য এঁদের

handloom sari cloth and hand-stitched; the title was done in calligraphy with a fountain pen by Lal personally (*The Economist* 2010). In addition, on Sunday mornings, regular meetings took place at Lal's home. This was a continuation of the soirees at the Bichitra Club, with the authors—in the texts about the meetings, once again, only men are mentioned—who were jointly responsible for the literary revolution of the 1960s and 1970s. And, although the Writers Workshop did not release a great number of editions, the books were on everyone's lips, as is still the case today. However, although I frequently came across references to the Writers Workshop during my research, I have not yet had the opportunity to see an original of any of their publications.

SELF-DETERMINED FOCI AND DISTRIBUTION CHANNELS

Compared to the Bichitra Club or the Writers Workshop, the little magazine movement ○ developed in a completely different way. The roots of the movement lie in the 1950s and the aim to self-determine thematic foci and a particular literary form as a leftist, avant-garde movement liberated from the British *and* the local elites. To this end, alternative publishing ● served as an outlet, and, as had already been practiced by the Western avant-garde of the early twentieth century, publishing was spurred by pure desire and inclination, regardless of the canon. Little magazines ○ are usually produced simply, with the choice of the subject being absolutely free, as there is no obligation to accommodate a publisher's predetermined para-

অবদান অনস্বীকার্য। যদিও রাইটার'স ওয়ার্কশপ থেকে অনেক সংখ্যক সংস্করণ বের হয় নি, কিন্তু বইগুলো অসম্ভব জনপ্রিয় হয়েছিল। মুখে মুখে বইগুলির নাম ঘুরত, আজও খুঁজলে পাওয়া যাবে। যদিও আমার গবেষণার পরিসরে বেশ অনেকবারই রাইটার'স ওয়ার্কশপ-এর নাম এসেছে, তবু এখনও এই প্রকাশনার কোনও আসল বই চাক্ষুষ করার সৌভাগ্য আমার হয় নি।

ব্যক্তিগত বিষয়ভিত্তিক লক্ষ্যবিন্দু ও পরিবেশন পদ্ধতি

বিচিত্রা ক্লাব বা রাইটারস' ওয়ার্কশপ-এর তুলনায় লিটল ম্যাগাজিন ○ মুভমেন্ট একেবারে স্বতন্ত্র ধারায় বিকশিত হয়েছিল। ১৯৫০ সাল থেকেই শুরু হয় এই আন্দোলন। প্রথম থেকেই এই আন্দোলনের লক্ষ্য ছিল একটি নির্দিষ্ট বিষয়ভিত্তিক কেন্দ্রবিন্দুর ওপর, তা হল একটি বামপন্থী সাহিত্যের ধাঁচা গড়ে তোলা। এই অগ্রণী আন্দোলন সাহিত্যকে পাশ্চাত্য এবং দেশজ এলিট প্রভাব থেকে মুক্ত করে। এই পর্যায়েই অলটারনেটিভ পাবলিশিং ● যেন একটা উন্মুক্ত দ্বারের মত কাজ করেছিল ঠিক যেমন বিংশ শতকে পাশ্চাত্য সাহিত্যচর্চা এক অগ্রবর্তী পুরোধা হিসেবে সামনে এগিয়ে নিয়ে গিয়েছিল সাহিত্যকে। বই প্রকাশনার নিখাদ ইচ্ছা ও আগ্রহ উদ্দীপিত হয়েছিল কোনও রকম ব্যবহারিক নিয়ম নীতির তোয়াক্কা না করেই। লিটল ম্যাগাজিনগুলো ○ বের হত খুব সাদামাটাভাবেই, কিন্তু বিষয় চয়ন করা হত যে কোনও মুক্ত ভাবনা চিন্তার ওপর ভিত্তি করে। প্রকাশকের কোনও রকম পুর্ব নির্ধারিত মাপকাঠি বা বাধ্যবাধকতা খাটত না। এই ছোট পত্রিকাগুলি সরাসরি হাতে হাতে বিক্রি হয়ে যায়। যেমন প্রতিবছর কলকাতা ○ বইমেলার লিটল ম্যাগাজিন ○ প্যাভিলিয়ন থেকে প্রকাশিত নানান ছোট পত্রিকা বেশ ভালো পরিমাণে বিক্রি হয়। কলকাতা বইমেলা বৃহত্তম আন্তর্জাতিক বইমেলাগুলির একটি। একটি আঞ্চলিক ভাষাভাষির প্রায় ৩০০ মিলিয়ন মানুষের জন্য এই মেলা। ১৯৭৬ সাল থেকে সরস্বতী পুজো উদাযাপন উপলক্ষ্যে এই বইমেলার সুচনা। সরস্বতী দেবী জ্ঞান, শিক্ষা ও শিল্পের উপাস্য দেবী। প্রায় মেলার মধ্যভাগে বরাদ্দ হয় এই লিটিল ম্যাগাজিনের ○ জন্য নির্দিষ্ট পরিসরটি যাতে বই ক্রেতারা এসে দেখে সংগ্রহ করতে পারে এইসব পত্রপত্রিকাগুলি। ২০১১ সাল থেকে মেলার বিশেষ আকর্ষণ হিসেবে থাকছে এই লিটল ম্যাগাজিন ○ প্যাভিলিয়ন।

meters. They are usually distributed directly, e.g., through the little magazines ○ sector of the (Kolkata Book Fair). One of the world's largest public fairs for a language region of 300 million people, this event has taken place since 1976 during the annual celebration of Saraswati Puja in honor of Saraswati, the goddess of knowledge, learning, and the arts. Centrally located and free to presenters, the special pavilion for the little magazines ○ sector has been a feature of the (Kolkata Book Fair) since 2011.

Little magazines ○ come in *little* and *big* sizes; the *big* versions are used by governmental institutions and commercial enterprises. The *big* versions of little magazines ○ are also more common today, while the *little* little magazines ○ are harder to find. Too bad, since the *little* little magazines ○ are actually more in line with my own interests, often being experimental or at least spurred by great enthusiasm (Holmberg 2013). The first *little* little magazine ○ that I come across in Kolkata ○ is obtained from a toothless old man who sells it to me—photocopied and filled with poetry—in the parterre of a building housing one of the branches of the Indian Coffee House chain on the floor above. For quite some time it will remain the only *little* little magazine ○ to come into my hands, because the total print run of an edition is small, even for those high in demand, not exceeding 300 copies (Mukherjee 2014:316). In contrast, with *big* little magazines ○, a run can entail several hundred copies, as in the case of *Chandro Groham* [Lunar Eclipse], whose co-editor-in-chief Pranab Kumar Chattopadhyay speaks of an edition of 500. For example, *Chandro Groham* is released four times a year, including a thicker special edition exclusively in Bengali about socially relevant issues such as the third gender

নামে লিটল ম্যাগাজিন ○ হলেও লিটল ম্যাগাজিন ○ আসলে ছোট বড় নানা আকৃতির ও আয়তনের হয়। রাষ্ট্র-রাজ্য ও বাণিজ্যিক সংস্থার উদ্যোগে প্রকাশিত পত্রিকাগুলি বেশ বড় করে বের করা হয়। বড় লিটল ম্যাগাজিন ○ গুলি বেশ সুলভ কিন্তু ছোট পত্রিকাগুলোই অস্তিত্ব সংকটে ভোগে। সবসময় সহজে তাদের খোঁজ পাওয়া যায় না। এটা আমার জন্য খুব সমস্যার কারণ আমার আগ্রহ মুলত *ছোট* লিটল ম্যাগাজিন ○ গুলিকে ঘিরেই। যে পত্রিকাগুলি খুব ব্যতিক্রমী বা পরীক্ষামুলক কাজ করে চলেছে অথবা বিপুল উদ্যমে ও উদ্দীপনা নিয়ে প্রকাশিত হচ্ছে (Holmberg 2013)। একজন বৃদ্ধ ভদ্রলোক ○ ইন্ডিয়ান কফি হাউসের নিচে দাঁড়িয়ে এইরকমই কিছু লিটল ম্যাগাজিন ○ বিক্রি করছিলেন। ভদ্রলোক ○ এতটাই বৃদ্ধ যে তাঁর দাঁতগুলোও পড়ে গেছে। আমার হাতে আসা প্রথম লিটল ম্যাগাজিনটি ○ তাঁর কাছ থেকেই কেনা। কিছু সময়ের জন্য এই একটি মাত্র লিটল ম্যাগাজিনই ○ আমার কাছে ছিল। লিটল ম্যাগাজিন ○ আসলে খুব কম সংখ্যায় ছাপা হয়। এক একটি সংস্করণে ৩০০-র বেশি কপি ছাপা হয় না (Mukherjee 2014:316)। কিন্তু অন্য দিকে বড় লিটল ম্যাগাজিন ○ কিন্তু সংখ্যায় অনেক ছাপা হয়। এক একটি সংস্করণে প্রায় কয়েক শ' কপি, যেমন 'চন্দ্র গ্রহণ'এর প্রকাশক প্রণবকুমার চট্টোপাধ্যায় বলেন তিনি এই ম্যাগাজিনটি ৫০০ কপি করে ছাপেন। বছরে চারটে করে সংখ্যা বার হয় এর। চন্দ্রগ্রহণের একটি বিশেষ বড়ো বাংলা সংখ্যা বেরোয় যাতে তৃতীয় লিঙ্গ বা 'ফেক গোল্ডেন মারিচ' এর মত সমাজ-সচেতন বিষয় থাকে। ম্যাগাজিনের ○ প্রকাশকরা নিজেরাই তাদের পত্রিকার ব্যয়ভার বহন করেন। এই সময়ের অসংখ্য সাহিত্য ম্যাগাজিন নিয়মিত উল্লেখযোগ্য সাহিত্যচর্চা করে চলেছে। কৃত্তিবাস পত্রিকা খুবই জনপ্রিয়। এছাড়া অনুস্টুপ, কৌরব, আদম, কবি সম্মেলন, ভাষানগর, শুধু বিঘে দুই, বৃষ্টিদিন ইত্যাদি *ছোট* পত্রিকা ঘিরে কবি, গদ্যকার ও পাঠকদের বিশেষ উৎসাহ লক্ষণীয়।

লিটল ম্যাগাজিনের ○ নান্দনিক উপস্থিতি ও আবেদন কীভাবে সামাজিক আন্দোলনকে সীমায়িত করে, তা নিয়ে আমার ধন্দ কিছুতেই কাটছিল না। এর কিছুটাই মাত্র আমার কাছে স্পষ্ট হয়েছিল। ইউরোপ এবং আমেরিকাতে, ১৯৬০ সালের মাঝামাঝি রাজনৈতিক অভ্যুত্থানের উপস্থাপনা শুধুমাত্র বিষয়বস্তু দ্বারা নির্ধারিত ছিল না, যেমন পর্ন থেকে পাঙ্ক বা রাজনীতি থেকে ম্যাজিক মাশরুম ইত্যাদি বিষয়গুলো বিস্তৃত আলোচনার পরিসরেই সীমাবদ্ধ না থেকে তা স্বতন্ত্র দৃশ্যনান্দনিক ও স্বাধীন শিল্প সৃষ্টির পরিকাঠামো এবং

or “fake golden Maricha.” As with all little magazines ○, the publishers cover most of the costs themselves.

A situation I keep stumbling across and can only partially explain is how rarely the little magazines ○ test the limits of societal revolution through their aesthetic appearance. In Europe and America, from the mid-1960s, the representation of political upheaval was determined not only by the content—the range of issues including, e.g., anything from porn to punk or politics to magic mushrooms—, but also through independent visual aesthetics as well as autonomous production infrastructures and distribution networks. In comparison, the little magazines ○ of Kolkata ○ are primarily confined to text as a means of expression. Furthermore, in Western alternative publishing ●, design is often seen as an integral part of the content: porn, punk, politics, and magic mushrooms are always understood as aesthetic phenomena for which the corresponding visual representation—whether in the style of the drawing stroke or choice of paper—has to be invented. In contrast, most of the publications I find in the (Little Magazine Library and Research Center) are characterized by a uniform design. Following the standard, i.e., by default, most are produced using digital offset printing ●. Strictly speaking, only the cover is designed. This is astonishing, given that the preferred—and cheaper—method of production for most little magazines ○ is with older machines, such as offset printing ● presses, rather than with modern machines. Even if the newer machines are more precise, the older ones offer greater latitude in the processing of the printing plate ● or in dealing with color, which would be an ideal springboard for creative experiments. But why isn’t this springboard

পরিবেশনার নেটওয়ার্ক হিসেবে উপলব্ধ হয়েছিল। তুলনায়, কলকাতার ○ লিটিল ম্যাগাজিনগুলো ○ মত ও চিন্তাভাবনা প্রকাশের মাধ্যম হিসেবে লেখালিখিতেই সীমাবদ্ধ। উপরন্তু, পাশ্চাত্যের অলটারনেটিভ পাবলিশিং ●-এ ডিজাইন ছিল লেখার বিষয়বস্তুর অবিচ্ছেদ্য অংশ। পর্ন, পাঙ্ক, রাজনীতি অথবা ম্যাজিক মাশরুমের মত নান্দনিক বিষয়গুলির জন্য একই ধরণের দৃশ্যগত উপস্থাপনার ক্ষেত্রে কাগজ চয়ন বা আঁকার স্টাইল কীরকম হবে তা আবিস্কার করা বেশ জরুরি। তুলনায়, কলকাতার ○ লিটল ম্যাগাজিন লাইব্রেরি ও গবেষণা কেন্দ্রে পাওয়া যায় এমন বেশিরভাগ প্রকাশনারই ডিসাইনগুলি প্রায় একইরকম। মান বিশ্লেষণ করলে দেখা যাবে, মোটামুটিভাবে ডিজিটাল অফসেট ● প্রিন্টিং-এ ছাপা সবগুলি। সত্যি বলতে গেলে শুধুমাত্র প্রচ্ছদই ডিসাইন করা হয় এখানে। এটাই অবাক করা ব্যাপার যে, অফসেট ● প্রেসের মত পুরনো মেশিনে ছাপলে কম খরচে হয়ে যায়। বরং আধুনিক মেশিনে ছাপলেই খরচ বেশি পড়ে। যদিও এই আধুনিক মেশিনগুলোই লিটল ম্যাগাজিন ○ ছাপার জন্য আদর্শ। নতুনতর যন্ত্রপাতিগুলো যথাযথ হলেও পুরনো মেশিনগুলোতে প্রিন্টিং প্লেট ● প্রসেস করার জন্য বা রং ব্যবহার করার জন্য বৃহত্তর পরিসর পাওয়া যায়: উদ্ভাবনী পরীক্ষা নিরীক্ষার জন্য আদর্শ স্প্রিংবোর্ড। কিন্তু এখনকার স্প্রিংবোর্ডগুলোই কেন তখন ব্যবহার করা হত না? এই প্রশ্নটা গবেষণা চলাকালীন আমার মনে ঘুরপাক খাচ্ছিল। পত্রিকার ডিসাইন নিয়ে ভাবাটা জরুরি কিনা এই প্রশ্নের সঙ্গে সঙ্গে মিলে যাচ্ছিল আরও গভীরতর এক ভাবনা, যা হল, সংস্কৃতির বৃহত্তর পরিপ্রেক্ষিত থেকে যেমন ঐতিহাসিক দিক বা শিক্ষাব্যবস্থা অথবা তার সঙ্গে সহবস্থিত অর্থনৈতিক অবস্থার সঙ্গে সঙ্গতি রেখে বইয়ের পরিকল্পনা বা বিশেষ ডিসাইন করা যায় কিনা। কিন্তু এই উদ্যোগ যথেষ্ট জটিল, শশব্যস্ত দফতরিপাড়ার ○ ঘিঞ্জি অলিগলির মতই।

then used? This is one of the questions that accompanies me along the course of my research, always also coinciding with the insight that questions of design have to be considered from the broader perspective of the whole culture. This entails looking at features ranging from historical aspects to facets of the education system and beyond, to coexisting economic conditions: a venture as complex as the congested, bustling alleyways of Daftaripara ○.

My presentation is entitled "The Lithography Studio of Thomi Wolfensberger." The material that I show is what I could gather on the fly on my computer, as the invitation to give a presentation occurred spontaneously at a vernissage at the Birla Academy of Art and Culture. Unfortunately, I do not have any originals on hand. So I use projections to show the students, who are enrolled in the Printmaker study program and are sitting on blankets in front of me, images of geometrically arranged color surfaces (Shirana Shahbazi); differentiated gray values (Guido Baselgia); and printed furry animals (Michael Günzburger). These works are much more anchored in the conceptual than those lining the gallery in front of the seminar room. At the end of the lecture, it seems as if I have overwhelmed the audience with my presentation. The opportunity to ask questions or give feedback is hardly seized. Further, the informal exchange after the lecture is only used to ask for Swiss coins. Therefore, two years later, I am all the more astonished when upon meeting one of the former students by chance at an exhibition, he speaks to me directly about the printed "living creatures" that I had shown then and describes the lecture as especially inspiring for him at that time. It was something completely different from anything he had known before. A comment that I like to put along with the now dried rose that I officially received at the end of my presentation.

The designation of the targeted profession "Printmaker" for an artistic study program is something I first became acquainted with in Kolkata ○. In Switzerland, since 1995,

‘থমি উলফেনসব্যার্গারের লিথোগ্রাফি স্টুডিয়ো’ ছিল আমার উপস্থাপনার বিষয়। বিড়লা একাডেমী অব আর্ট এন্ড কালচারে অনুষ্ঠিত একটি প্রদর্শনীর উদ্বোধনে হঠাৎ করেই আমার ডাক পড়েছিল একটি প্রেসেন্টেশন দেওয়ার জন্য। নিজের কম্পিউটার হাতড়ে যা যা পেয়েছিলাম, তাই-ই দেখিয়েছিলাম ছাত্রছাত্রীদের। দুর্ভাগ্যবসত আমার হাতে ‘অরিজিনাল’ কিছু ছিল না। অগত্যা, আমার সামনে শতরঞ্জি পেতে বসে থাকা প্রিন্টমেকার স্টাডি প্রোগ্রামের শিক্ষার্থীদের কিছু জ্যামিতিকভাবে উপন্যস্ত রঙিন পৃষ্ঠতলের ছবি দেখালাম কম্পিউটার স্ক্রিনে। এগুলো ছিল ফোটোগ্রাফার শিরানা শাহবাজির কাজ। এছাড়াও গুইডো ব্যাসেলজিয়ার ডিফারেন্টেড গ্রে ভ্যালুজ আর মিখাইল গুনজব্যার্গারের লোমশ পশু প্রাণীদের ছাপা ছবি দেখালাম। ছাত্রছাত্রীদের কাছে এই কাজগুলো কিঞ্চিৎ বেশি ধারণানির্ভর ঠেকে থাকবে, সেমিনার রুমের সামনে সারিবদ্ধ গ্যালারির তুলনায়। বক্তৃতা দেওয়া শেষ হয়ে গেলে আমার মনে হল যেন শ্রোতারা আমার প্রেসেন্টেশনে মুগ্ধ ও আচ্ছন্ন হয়ে গেছে। এসব ক্ষেত্রে পাল্টা প্রশ্ন করার বা প্রতিক্রিয়া দেবার সুযোগ প্রায় পাওয়া যায় না বললেই চলে। বক্তৃতা শেষ হলে অনানুষ্ঠানিক ঘরোয়া পরিসরের আলাপচারিতায় কেবল সুইস কয়েন নিয়েই আলোচনা হল। এর দু’বছর পর এই প্রদর্শনীর কোনও এক ছাত্রের সঙ্গে দেখা হয়েছিল, আমাকে বেশ অবাক করে দিয়ে সে আমার দেখানো সেইসব ছাপা ছবির ‘জ্যান্ত প্রাণীদের’ কথা তুলল। তাকে নাকি এই কাজগুলো খুবই অনুপ্রাণিত করেছিল। এর আগে এমন কাজের ব্যাপারে তার কোনও ধারনা ছিল না। প্রেসেন্টেশনের শেষে যে গোলাপফুলটা উপহার পেয়েছিলাম, তা খুব যত্ন করে রেখে দিয়েছিলাম। শুকিয়ে গেলেও আমার স্টুডিয়োতেই তা মূল্যবান স্মৃতি হিসেবে রয়েছে।

শিল্প গবেষণামুলক কর্মসুচীগুলোর লক্ষ্য অনুযায়ী ‘প্রিন্টমেকার’ হিসেবে যে আলাদা পদে নিয়োগ হয় তা আমার আগে জানা ছিল না। কলকাতাতেই ○ প্রথম এই বিশেষ পেশাটি আমি লক্ষ করলাম। ১৯৯৫ সাল থেকে সুইজারল্যান্ডে শিল্পকলাবিদ্যা ও তার প্রশিক্ষণ পদ্ধতি একটা সংস্কার পর্যায়ের মধ্য দিয়ে চলেছে। যেমন জুরিখ ইউনিভার্সিটি অব আর্টস জেডএইচডিকে-তে বর্তমানে ফাইন আর্টস-এর স্নাতক ও স্নাতকোত্তর পাঠ্যক্রম চালু হয়েছে কিন্তু সাধারণ

artistic education has been going through a phase of reform. For instance, at the Zurich University of the Arts (ZHdK), beginning with a Bachelor's program and on through a Master's, currently it's possible to study Fine Arts, but no longer possible to specifically study painting or sculpture. And, in any case, in Zurich, it was only much earlier, i.e., from 1920 to 1935, that it was possible to enroll in print, which was offered as a major under the course of study called the *Fachschule für Lithographen und Graphiker* [School of Applied Arts for Lithographers and Graphic Designers]. The historical traces of the corresponding educational program in West Bengal lead me again to the School of Industrial Art. Founded in 1854, it was the first institution in Kolkata ○ offering an education in the fields of engraving and the art of woodcut ● (Paul 1983:16). The same year saw the establishment of the Calcutta School of Art, where eventually lithography ● was included as part of the curriculum (Sengupta 2012a:87). Similar to the situation in Zurich, the different slants of the two programs in Kolkata ○ reveal the tension between print as commissioned work, i.e., as design trade or craft, and fine arts printmaking ●, i.e., as an expressive medium of the independent artist. However, in Kolkata ○, this development is closely related to the nationalist movement at the beginning of the twentieth century, which helped bring about a radical change in aesthetic preferences: an "Indian" style emerged alongside the separation between "commercial" and "real" artists (Sengupta, 2012a:84), or between "popular" and "serious" art, which also implied a hierarchy in terms of social milieu.

Today in Kolkata ○ and its surroundings, it is possible to study to become a printmaker at Rabindra Bharatin

চিত্রকলা বা ভাস্কর্য বিষয়ে তেমন বিশদে শিক্ষাচর্চা সম্ভব নয়। জুরিখে বেশ কিছুকাল আগে মোটামুটি ১৯২০ থেকে ১৯৩৫ সাল অবধি প্রিন্ট বিষয়ে পড়াশোনা করার জন্য 'Fachschule für লিথোগ্রাফেন এন্ড গ্রাফিকার' নামক পাঠ্যসুচীর অধীনে ভর্তি হওয়া যেত। লিথোগ্রাফার্স ও গ্রাফিক ডিসাইনারদের জন্য এটি ছিল একটি অ্যাপলায়েড আর্টস স্কুল। পশ্চিমবঙ্গে এই একইরকম শিক্ষা কর্মসুচীর ঐতিহাসিক নিদর্শন বহন করে স্কুল অব ইন্ডাস্ট্রিয়াল আর্ট। ১৮৫৪ সালে স্থাপিত হওয়া এই প্রতিষ্ঠানই প্রথম খোদাই শিল্প ও উডকাটের ● ওপর প্রশিক্ষণ দিতে শুরু করে (Paul 1983:16)। এই প্রতিষ্ঠানের পাশাপাশি, ক্যালকাটা স্কুল অব আর্ট প্রতিষ্ঠিত হয় একই বছরে। কালক্রমে লিথোগ্রাফিও ● পাঠ্যক্রমের অন্তর্ভুক্ত হয় (Sengupta 2012a:87)। জুরিখের মতই কলকাতায় ○ বিভিন্ন দিকের দু'টি কর্মসুচী অনুমোদিত কাজ হিসেবে প্রিন্ট, ও প্রিন্ট বিষয়ক নানা বিতর্ক ও সমস্যা উদ্ঘাটিত করে। যেমন নকশা ও নৈপুণ্য (ডিসাইন ও ক্রাফট), ফাইন আর্ট হিসেবে প্রিন্ট ● বা স্বাধীন শিল্পীর প্রকাশের মাধ্যম হিসেবে প্রিন্টের ব্যবহার–এসব নিয়েই ভাবনা চিন্তা করেছে এই পাঠ্যক্রম। কলকাতায় ○ প্রিন্টের এই প্রসারের সঙ্গে ভারতের স্বাধীনতা আন্দোলনের একটা যোগ রয়েছে। বিংশ শতকের শুরুর দিক থেকেই নান্দনিক বিষয়গুলির ওপর গুরুত্বআরোপ ও পক্ষপাতের ক্ষেত্রে আমুল পরিবর্তন আসে। বাণিজ্যিক শিল্পী ও খাঁটি শিল্পীর বিভাজন প্রক্রিয়ার সঙ্গে সঙ্গে বিকাশ ও উত্থান হয় ভারতীয় শিল্পশৈলীর (Sengupta, 2012a:84)। এই বিভাজন ছিল জনপ্রিয় ও গুরুত্বপূর্ণ গুরুগম্ভীর শিল্পচর্চার মধ্যেও। সামাজিক পরিবেশ পরিস্থিতির শর্তসাপেক্ষে যার আধিপত্য নির্ধারিত হত।

আজকের দিনে দাঁড়িয়ে কলকাতা ○ বা তার আশেপাশের অঞ্চলে বসবাসকারী একজন ছাত্র বা ছাত্রী এক সফল পেশাদার প্রিন্টমেকার হয়ে উঠতে পারে রবীন্দ্রভারতী বিশ্ববিদ্যালয় বা কলাভবনে প্রিন্ট নিয়ে পড়াশোনা করে। কলাভবন হল বীরভুম জেলার শান্তিনিকেতনে বিশ্বভারতী বিশ্ববিদ্যালয় অধীনস্ত ফাইন আর্টস-এর বিভাগীয় প্রতিষ্ঠান। এই শহরের মুদ্রণ শিল্পীদের প্রিন্ট প্রযুক্তি বিষয়ে বেশ ভালো রকম জ্ঞান রয়েছে। চিরাচরিত প্রথাগত মুদ্রণ প্রযুক্তিগুলিতে তারা বেশ দক্ষ ও কুশলী। মুদ্রণশিক্ষার নানা কার্যক্রমের মাধ্যমে শিল্পনৈপুণ্য ও কলাকৌশলের ওপর বিশেষ জোর ও গুরুত্বআরোপের জন্যই এই দক্ষতা অর্জন সম্ভব হয় মুদ্রণশিল্পীদের। তুলনায় ইউরোপ-আমেরিকার যে মুদ্রণকর্মীদের আমি জানি ও যাদের কাজ আমার ভালো লাগে তারা দুটি দিকের যে কোনও একটিতে কাজ করেন। হয় তারা এমন

University or at Kala Bhavan, the Institute of Fine Arts at Visva-Bharati University in Santiniketan, West Bengal. In general, artists in this city possess a great deal of technical knowledge, including skills in traditional printing techniques, which is due to the strong emphasis on craft techniques in the art education programs. In contrast, most of the artists working in the field of print whom I know and appreciate in Europe and America work in one of two directions. Either they collaborate with a printer who has extensive technical knowledge and her or his own workshop; or, working on their own, they pursue an explicitly experimental course of artistic research, e.g., exposing plankton, putting things in the machines that do not belong there, or producing printing plates ● from new materials.

To get a better understanding of what an education in printmaking means for working creatively, I visit both Rabindra Bharatin and Visva-Bharati universities. The visit to the former occurs via an invitation to give a lecture, enabling me to use the opportunity to precede my presentation with a tour of the workshops. Entering the university building, I am struck by the classic aura of an artist's studio, with materials and half-finished works lying around and a contagious bustle uniting everything in one atmospheric whole. This mood is intensified by the way the two disciplines are given space in the building: the sculptors are housed on the ground floor and the students of the Department of Graphics (Print Making) are located on the raised gallery that surrounds the spacious room. Department head and printmaker Parag Ray guides me with great thoughtfulness through this area. The tour reveals great skill in the craft, exposed stencils for silk-

একজন প্রিন্টার যার প্রভুত প্রযুক্তিগত জ্ঞান রয়েছে, নিজেকে বা বিভিন্ন কর্মশালাগুলিতে সহযোগিতা করেন, নয় তাঁরা মুদ্রণশিল্প গবেষণার ওপর হয়ত কোনও বিশদ পরীক্ষামুলক কার্যধারা অনুসরণ করে নিজের মত কাজ করেন। প্ল্যাঙ্কটন এক্সপোজ করা বা মেশিনের বা মেশিনে নেই এমন কিছু জিনিস যোগ করা অথবা নতুন কোনও উপাদান থেকে প্রিন্টিং প্লেট ● প্রস্তুত করা ইত্যাদি নানা গবেষণামুলক কাজ করে থাকেন তারা।

সৃজনশীল কাজ করার জন্য প্রিন্টমেকিং এর প্রশিক্ষণ ঠিক কেমন হয় সেই ব্যাপারে ভাল মত একটি ধারণা পেতে আমি রবীন্দ্রভারতী এবং বিশ্বভারতী এই দুই বিশ্ববিদ্যালয়েই ঘুরে এসেছি। রবীন্দ্রভারতীতে একটি লেকচার দেওয়ার আমন্ত্রণ পেয়ে গিয়েছিলাম। বক্তব্য রাখার আগে আমি তাদেরই একটা ওয়ার্কশপ ঘুরে নেওয়ার সুযোগ হাতছাড়া করিনি। বিশ্ববিদ্যালয়ের বিল্ডিং-এ ঢুকেই উচ্চমানের উৎকৃষ্ট একখানা স্টুডিয়োর অপুর্ব পরিবেশ দেখে আমি স্তভিত ও হতচকিত হলাম। নানা জিনিসপত্র, অর্ধেক হওয়া কাজ এখানে ওখানে পড়ে আছে, প্রাণচাঞ্চল্য আর কোলাহল সবকিছুর মধ্যে ছড়িয়ে গিয়ে একটাই অখণ্ড বাতাবরণ তৈরি করেছে। বাড়িটির স্থানিক বিভাজনের কারণে এই মেজাজটা আরও তীব্র হয়েছে। নীচের তলায় কিছু ভাস্কর্য বসান হয়েছে আর গ্যালারির ওপর গ্রাফিক্স প্রিন্টমেকিং-এর ছাত্রছাত্রীরা ভিড় করে আছে খানিকটা উচ্চতায় অবস্থিত প্রশস্ত কক্ষটিকে ঘিরে। এখানেই বিশ্ববিদ্যালয় ভবনটি ভাগ হয়ে গেছে। গ্রাফিক্স এর বিভাগীয় প্রধান পরাগ রায় নিজেও একজন প্রিন্টমেকার। তিনি আমাকে চত্বরটির মাহাত্ম্য বোঝাচ্ছিলেন। কীভাবে সুগভীর চিন্তাভাবনা ও পরিকল্পনা এর সঙ্গে সম্পৃক্ত রয়েছে। ঘুরতে ঘুরতে টের পেলাম জায়গাটির সঙ্গে শিল্পনৈপুণ্যের অশেষ সাযুজ্য রয়েছে। বিভিন্ন মুদ্রণ প্রযুক্তি যেমন সিল্কস্ক্রিন প্রিন্টিং ● এক্সপোজ করা, ম্যানুয়াল লিথোগ্রাফিক ● প্রসেস, ইনট্যাগলিয়া ● প্রিন্টিং প্লেট ● এবং উডকাট ● এর চর্চা হয় নিয়মিত। কিন্তু কোনওরকম ডিজিটাল ইনফ্রাস্ট্রাকচারের কোনও চিহ্ন কোথাও দেখা গেল না, আমার উপস্থাপনায় আমি যা যা দেখাব, তার সঙ্গে এটা বড়ই বেমানান।

screen printing ●, manual lithography ● presses, intaglio printmaking ● machines, and woodcuts ●. However, something I do not come across is any evidence of working digitally: a striking contrast to the kind of printmaking I show in my presentation.

TREES AND LITHOGRAPHY ● STONES

When I visit Visva-Bharati University with friends of mine, I am surprised by the contrast to the institution where I received my art education: while the ZHdK is housed in a chicly converted former yoghurt factory and is surrounded by trams, expressways with heavy traffic, and large-scale real-estate projects, Visva-Bharati University is deliberately located in a rural area. It is a place where the educational concept encompasses wandering through the landscape and villages around the university campus. The origins of the institution lie in Debendranath Tagore's founding of an ashram here in the late nineteenth century. He was followed by his son Rabindranath Tagore, who, being convinced that education was the key to sustainable societal change, founded first a boys' school in 1901 and then, in 1918, Visva-Bharati University at the same location. This institution was officially inaugurated in 1921 (Bhattacharya 2014:4). For Tagore, India's rural culture provided the framework and suitable orientation for enabling an independent renewal of art beyond cultural colonization (Bittner and Rhomberg 2013:68). This was to be supplemented by knowledge from the West (Bhattacharya 2014:57). And even if today, unlike in the past, teaching usually takes place in one of the buildings which surround the trees at the center of the art

প্রথম যখন বন্ধুদের সঙ্গে বিশ্বভারতী বিশ্ববিদ্যালয়ে গেলাম, আমি অবাক হয়ে মনে মনে তুলনা করলাম আমার প্রাক্তন শিল্প শিক্ষা প্রতিষ্ঠানটির সঙ্গে। একটি সাবেক ইয়োগার্ট কারখানাকে চতুর কৌশলে পরিবর্তিত ও রূপান্তরিত করে বানানো হয়েছিল জেডএইচডিকে প্রতিষ্ঠানটি। যাকে ঘিরে চারদিকে যানবাহনপুর্ণ ব্যস্ত রাজপথ, বড় বড় রিয়েল এস্টেট প্রকল্প। তুলনায় বিশ্বভারতী খুবই পরিকল্পিত ও সচেতনভাবে গ্রামীণ এলাকায় গড়ে তোলা হয়েছে। খোলা প্রাকৃতিক পরিবেশে নিসর্গের মধ্যে পঠন পাঠনের ধারণাই এই বিশ্ববিদ্যালয়ের বৈশিষ্ট্য। ইউনিভার্সিটি ক্যাম্পাসটির প্রাকৃতিক দৃশ্য অতি মনোরম। উনিশ শতকের শেষ দিকে মহর্ষি দেবেন্দ্রনাথ ঠাকুর এখানে একটি আশ্রম নির্মাণ করেছিলেন। এটিই ছিল এই প্রতিষ্ঠানের উৎস। দেবেন্দ্রনাথের পুত্র রবীন্দ্রনাথ পিতাকে অনুসরণ করে এই ভাবনায় উপনীত হন, শিক্ষাই সমাজ পরিবর্তনের মুল চাবিকাঠি। শিক্ষার প্রসারে ব্রতী হয়ে প্রথমে ১৯০১ সালে একটি ছেলেদের স্কুল গড়ে তোলেন রবি ঠাকুর। তারপর ১৯১৮ সালে ওই একই জায়গায় প্রতিষ্ঠা করেন বিশ্বভারতী বিশ্ববিদ্যালয়। এই বিশ্ববিদ্যালয়ের আনুষ্ঠানিক উদ্বোধন হয় ১৯২১ সালে (Bhattacharya 2014:4)। রবীন্দ্রনাথ মনে করতেন, একটি উপযুক্ত ভিত্তি ও প্রবণতাসহ গ্রামীণ সংস্কৃতির কাঠামো গঠন করেই সাংস্কৃতিক ঔপনিবেশিকতা অতিক্রম করে শিল্পের স্বাধীন পুনর্নবীকরণ সম্ভব (Bittner and Rhomber 2013:68)। পাশ্চাত্য থেকে আনা জ্ঞানভাণ্ডার দ্বারা এটির সম্পুর্ণ করা হয়েছিল। অতীতের মতই এখনও একটি ভবনে গাছপালা ঘেরা শিল্পকলা বিভাগের কেন্দ্রে ছাত্র পড়ান শিক্ষকরা (Bhattacharya 2014:57)। দোসেন্তরা এখনও বাইরে সময় কাটাতে চান, যাতে ছাত্রছাত্রীরা তাদেরকে যোগাযোগ করতে পারে এবং অন্যরকম এক 'অফিস আওয়ারে' তাদের সঙ্গে আলোচনা বা কথোপকথন চালাতে পারে। এই বিশ্ববিদ্যালয়ে হপ্তা খানেক থাকার আমন্ত্রণ পেয়ে এসব বিষয়গুলো বেশ স্পষ্ট হয়ে উঠছিল আমার কাছে। যখন আমি জিজ্ঞাসা করতাম এই নিমন্ত্রণ আর আতিথেয়তার বদলে আমি কী দিই—"কোনও বক্তৃতা দেব? কোনও ওয়ার্কশপ করাবো?" শিল্পইতিহাস ও শিল্পতত্ত্বের অধ্যাপক সৌমিক নন্দী মজুমদার খুব সহজ করে উত্তর দিতেন—"শুধু চারপাশে ঘুরে বেড়ান, কাজ করুন, পড়ুন, লিখুন, যা খুশি করুন, ছাত্রছাত্রীদের কাছাকাছি থাকুন, যদি তাদের কোনও প্রশ্ন থাকে, তাহলে তা নিয়ে কথা বলুন, বুঝিয়ে দিন।" এভাবে

department, the docents like to spend time outdoors so that the students can seek contact with them to carry on discussions during a different kind of "office hours." What this means becomes clear to me when I am invited to spend a week at the university. When I ask what I should offer in return—"Give a lecture? Do a workshop?"—art history and art theory professor Soumik Nandy Majumdar's answer is simple: "Just be around. Do your work, study, write, whatever, and be there for the students if they have a question of any kind." This is how easily Tagore and today's Western clumsiness and Eastern generosity come together at this special place.

Before talking with Professor Majumder, I have seen the printing workshops of the Graphic Art (Printmaking) study program. These are located right next to the large concrete outdoor stage, which resembles an over-sized lithography ● stone. The atmosphere of the printing workshops is not unlike the aura of those at Rabindra Bharatin University, and the teaching techniques are also the same: analog lithography ●, screenprinting ●, and different letterpress ● or relief printing, ● and intaglio printmaking ● processes. However, the department has more space and better equipment: four large rooms—one of which is a beautiful semi-open-air studio where a student is grinding a lithography ● stone by hand—and several smaller ones. During my visit I meet a student in one of the large rooms who is standing at a lithography ● press, patiently busy making a uniform print from a stone completely colored with a single hue. He prints, cleans the stone, prints, aligns the machine, prints again, cleans the stone, prints, aligns the machine, prints again. This impression of the passionately celebrated print is what has

এত সহজেই রবীন্দ্রনাথ ঠাকুর এবং আজকের যুগের পশ্চিমি জবরজঙ্গতা ও প্রাচ্যের উদারতা যেন বা এই স্থান মাহাত্ম্যের গুণে একাত্ম হয়ে গেল।

অধ্যাপক মজুমদারের সঙ্গে কথা বলার আগেই আমি দেখেছিলাম, গ্রাফিক আর্ট-এর গবেষণা কার্যক্রমগুলিতে (প্রিন্টমেকিং) মুদ্রণ কর্মশালা চলছে। বাইরের বড় কংক্রিট মঞ্চ যাকে দেখে মনে হয় বিশালাকারের একটি লিথোগ্রাফি ● স্টোন, সেটির ঠিক পাশেই চলছে এই গ্রাফিক আর্ট বিষয়ক ওয়ার্কশপগুলো। মুদ্রণ কর্মশালাগুলির পরিবেশ ও বাতাবরণ অনেকটা রবীন্দ্রভারতীর মতই, প্রশিক্ষণ প্রদ্ধতিগুলিও প্রায় এক: অ্যানালগ লিথোগ্রাফি ●, সিল্কস্ক্রিন প্রিন্টিং ● এবং নানা ধরণের লেটারপ্রেস ● বা রিলিফ ● এবং ইন্টাগলিও ● প্রিন্টমেকিং প্রসেসেস। যাইহোক, এখানে কিন্তু বিভাগের পরিসরটি অনেকটা বিস্তৃত এবং সরঞ্জাম ও যন্ত্রপাতিগুলিও অধিকতর উন্নত। চারখানা প্রশস্ত ঘর, তার মধ্যে একটা প্রকৃতির মাঝে অর্ধ উন্মুক্ত স্টুডিও যেখানে এক ছাত্র হাত দিয়ে লিথোগ্রাফিক ● স্টোন গুঁড়ো করছিল, সঙ্গে আরও কিছু ছোট ছোট পাথরও। সেই বড় ঘর গুলির একটিতে এক ছাত্রের সঙ্গে আমার আলাপ হল যে দাঁড়িয়ে ছিল একটি লিথোগ্রাফিক ● প্রিন্টিং প্রেসের কাছে। খুব ধৈর্য নিয়ে একটি সম্পূর্ণ একরঙা পাথর থেকে একই রকমের প্রিন্ট তৈরি করতে ব্যস্ত ছিল সে। সে প্রিন্ট করছিল, স্টোন পরিস্কার করছিল, মেশিন অ্যালাইন করছিল, আবার প্রিন্ট করছিল, পাথর পরিস্কার করে মেশিন অ্যালাইন করছিল এবং আবার প্রিন্ট করছিল। আন্তরিক উৎসাহ নিয়ে করা এই প্রিন্ট আমি সঙ্গে করে নিয়ে এসেছিলাম, এই সফরের শরিক হয়ে আমার সঙ্গে ছিল তা। কীভাবে এরকম একটি বিশ্ববিদ্যালয়ে শিল্পচর্চা ও শিল্পশিক্ষার পাঠ চলে, তা নিয়ে বিভিন্ন মৌলিক আলোচনা ও আলাপচারিতা ছিল এই সফরের প্রাপ্তি। আমি যে আমার ভাবনাচিন্তাগুলোকে নিয়ে ভাঙাচোরা করব তা খুবই অবধারিত ছিল। ভাঙাচোরা ভাবনা চিন্তাগুলোকেও যেন ঠিক লিথোগ্রাফিক ● পাথরের মতই দেখতে।

remained with me from my visit, a visit that encompassed fundamentally diverse discussions about how art education is understood at a university such as this one. What is certain is that I will return to grind my thoughts further and finer to resemble a lithography ● stone.

After each plunge into the depths of print, I spread out my findings: postage-stamp-size bus tickets, newspaper-thin receipts, business cards in all the colors of the rainbow. In Zurich, these are objects that also carry me back to Kolkata ○, where printed paper is covered with dust and the heat feeds the odors. Sitting in front of my treasures, I study their design—the English letters ● and those in Bengali—check the quality of the dialer numbering rubber stamps ● on the receipts, and the precision of the four-color process printing ●. Now and then I come across special finds: receipts where the details of another business are already printed on the reverse side; hand-torn notes; photocopied information amended by hand; cards listing their offer endlessly: from "All sorts of Paper Bags" to "Thermal Laminations (Gloss / Met / Velvet)." My favorite find: a business card produced in letterpress ● with letters made of wood ● on thin paper in large-format type ● announcing "Suman Printing," which only fits into my pants pocket by being folded.

In order to glimpse the societal climate of Kolkata ○ in the 1960s and its aesthetic articulation in print, I pursue the traces of the Hungry Generation literary movement, a Bengali version of the American literary movement referred to as the Beat Generation or beatniks. The Hungry Generation was launched in 1961 by what is known today as the Hungryalist quarter. Spearheading the movement was Malay Roychodhury, with the support of his brother Samir Roychoudhury, as well as Binoy Mazumdar, and Debi Roy (alias Haradhon Dhara). Focusing mainly on

মুদ্রণ বিষয়ে চর্চা করতে করতে, যত এটির গভীরে ঢুকেছি, তত আবিস্কার করেছি এর নানা দিক। ছোট্ট পোস্টেজ স্ট্যাম্পের মত বাস টিকিট, পাতলা খবরের কাগজের মত রশিদ, রামধনুর সাত রঙে রঙিন বিজনেস কার্ড। এই নানাবিধ জিনিসগুলির প্রতি আগ্রহই হয়ত বা আবার আমাকে জুরিখ থেকে কলকাতায় ফিরিয়ে এনেছিল। এখানে ছাপার কাগজ ধুলোমাখা, সূর্যের তাপে সদ্য ছাপার গন্ধ দূর হয়। আমার সম্পদভাণ্ডারের সামনে বসে আমি বাংলা ইংরাজি দু'রকম *হরফের* ডিজাইন লক্ষ করছিলাম। রসিদগুলির ওপর যে নম্বর স্ট্যাম্পগুলো ● আছে সেগুলোর আর ফোর কালার প্রিন্টিং ●-এর প্রিসিশন ফিট-এর গুণমান পরীক্ষা করছিলাম। মাঝেমাঝেই বিশেষ কিছু জিনিস নজরে আসত। যেমন কিছু কিছু রসিদের উল্টো পিঠে অন্যান্য ব্যাবসার বিশদ বর্ণনা লেখা থাকে। হাত-ছেঁড়া চিরকুট, হাতে সংশোধন করা ফটোকপি, বিভিন্ন অফারের তালিকানির্মিত কার্ড সবরকম পেপার ব্যাক থেকে শুরু করে টারমাল ল্যামিনেশন (গ্লস/মেট/ভেলভেট) দিয়ে তৈরি করা আমার সবচেয়ে বেশি পছন্দ হয়েছিল উডেন লেটার ● দিয়ে লেটারপ্রেসে ● ছাপা একটি বিজনেস কার্ড: পাতলা কাগজের ওপর বড় ফরম্যাটে লেখা সুমন প্রিন্টিং। যেটা অনায়াসে আমার প্যান্টের পকেটে ভাঁজ করে রাখা যেত।

১৯৬০এর দশকে কলকাতার ○ সামাজিক পরিবেশ পরিস্থিতির আভাস দিতে আর মুদ্রণে এর নান্দনিক প্রকাশ খুঁজে পেতে হাংরি জেনারেশনের প্রসঙ্গ উত্থাপন না করলেই নয়। আমেরিকার বিটনিকদের বঙ্গ সংস্করণ হল এই হাংরি জেনারেশন। ১৯৬১ সালে একটি ইশতেহার প্রকাশের মাধ্যমে হাংরি আন্দোলনের সুত্রপাত করেছিলেন মলয় রায়চৌধুরি। সহযোগিতা করেছিলেন তাঁর ভাই সমীর রায়চৌধুরী এবং শক্তি চট্টোপাধ্যায়, দেবী রায় সহ আরও অন্যান্য সমসনস্ক ব্যক্তিবর্গ। পাশচাত্যের মতই এই সাংস্কৃতিক ও সামাজিক বৃত্তটি জনগণের স্পর্শকাতর জায়গাগুলি চিহ্নিত করে সেগুলি আঘাত করে উত্তেজনা ছড়াতে পারত। সরলরৈখিক জনপ্রিয় সংস্কৃতির বদলে হাংরি আন্দোলনে অংশগ্রহণকারী মুক্ত চিন্তাধারার বাহক এই সাহিত্যকর্মীরা স্বাধীনভাবে লেখালেখি করতে শুরু করলেন। হাংরিয়ালিস্টরা মুলত সবাই ছিলেন পুরুষ, নিজেদের মত করে কবিতা লিখতেন, প্রকাশ করতেন পত্রিকা।

poetry, the Hungryalists, apparently all male, were loosely organized and independently published their own poems and magazines, yet referred to the Hungry Generation alongside their personal names as authors. Like the American beatniks, the Hungryalists had a sense for the delicate spots of the public and how to probe them as provocation. But it's not so easy to snatch a glimpse of the pertinent publications; there are only a few of the rare exemplars in the Little Magazine Library and Research Center, and the two larger archives are located at Northwestern University in Evanston, Illinois and the Bangla Academy in Dhaka. Bear in mind that Evanston is located in the US and Dhaka in Bangladesh, while the Little Magazine Library and Research Center, a private institution run with much passion, is based in Kolkata ○. Here we end our historical digression in tracking the Hungryalists and their Hungry Generation movement and resume my story.

So my journey starts again with artist Saumik Chakraborty and his telephone. I had told him rather casually of my interest in the Hungry Generation movement. Within a very short time he gets Malay Roychodhury on the telephone. He refers me to his "editor" in Kolkata ○, Pranab Kumar Chattopadhyay because he himself lives far away across the country in Mumbai. So I make an appointment with Chattopadhyay and am accompanied to this meeting by artist and photographer Victor Hazra. We meet in Dum Dum at the home of a friend of Chattopadhyay. Also present are Chattopadhyay's so-called Mr. Guardian Angel, whose name I've forgotten, and Arup Bellel from a local video shop, who has been hired to do the filming. Since Chattopadhyay is well prepared, the conversation flows easily: now and then I ask an in-depth

স্বনামে ও স্ব-পরিচয়ে লেখালেখি করলেও এঁদের বলা হত 'হাংরি জেনারেশন'। কিন্তু হাংরি আন্দোলনের সঙ্গে সংযুক্ত প্রকাশনাগুলির ব্যাপারে ধারণা পাওয়া খুব একটা সহজসাধ্য নয়। লিটিল ম্যাগাজিন লাইব্রেরী ও গবেষণা কেন্দ্রে কিছু কিছু প্রকাশনার খোঁজ পাওয়া যেতে পারে। এছাড়া দু'টি বড়সড় আর্কাইভ রয়েছে নর্থ ওয়েস্টার্ন ইউনিভার্সিটি ইন ইভানস্টন, ইলিনইস-এ এবং ঢাকার বাংলা একাডেমীতে। মাথায় রাখা দরকার, ইভানস্টন মার্কিন যুক্তরাষ্ট্রে এবং ঢাকা বাংলাদেশে অবস্থিত, যেখানে লিটল ম্যাগাজিন লাইব্রেরী ও গবেষণা কেন্দ্র কলকাতার একটি বেসরকারি সংস্থা। একজন ব্যক্তিমানুষের উদ্যোগে এটি চলছে। তীব্র আবেগ ও আগ্রহ এর সবচেয়ে বড় মুলধন। হাংরিয়ালিস্টদের নিয়ে ইতিহাসের এই নীরস অবান্তর আলোচনার ইতি টেনে চলুন ফিরে আসি নিজের কথায়।

এবার সৌমিকের সঙ্গে এবং তাঁর টেলিফোনটিকে সঙ্গী করে শুরু হল নতুন খোঁজ। খুবই হালকা ভাবে একবার সৌমিককে 'হাংরি জেনারেশন'-এর ওপর আমার আগ্রহের কথা জানিয়েছিলাম। তার কিছুক্ষণের মধ্যেই সৌমিক ফোনে ধরল মলয় রায়চৌধুরিকে। তিনি আমাকে তাঁর সম্পাদক প্রণবকুমার চট্টোপাধ্যায়ের সঙ্গে যোগাযোগ করতে বললেন কেননা শ্রী রায়চৌধুরী বর্তমানে মুম্বইয়ে থাকেন। প্রণবকুমার চট্টোপাধ্যায়ের সঙ্গে সাক্ষাতের সময় স্থির হল। আমাকে সঙ্গ দিলেন শিল্পী ও চিত্রগ্রাহক ভিক্টর হাজরা। দমদমে প্রণববাবুর এক বন্ধুর বাড়িতে আমাদের সাক্ষাৎ হল। প্রণববাবুর সঙ্গে তাঁর একজন পরামর্শদাতা-বন্ধু ছিলেন, কিন্তু তাঁর নাম মনে নেই আমার। পাড়ার ভিডিওশপ থেকে অরূপ বেলেল নামে একজনকে ছবি তুলতে ডেকে আনা হয়েছিল। প্রণববাবু রীতিমত প্রস্তুত ছিলেন, তাই আলাপচারিতা খুব সহজে সাবলীলভাবে এগিয়ে গেল। আমি বেশ খুঁটিয়ে কিছু প্রশ্ন করলাম, যেসব বিষয়ে আর একটু গভীরভাবে জানা প্রয়োজন ছিল। প্রণববাবুর বেশ আগ্রহী হয়ে উত্তর করছিলেন। তাঁর উদ্দীপ্ত বক্তব্যের মাঝে সেই অভিভাবক পরামর্শদাতা বন্ধুটি কিছু কিছু বিষয়ে মন্তব্য করে সংশোধন করে দিচ্ছিলেন। হাংরি আন্দোলনের কবি লেখকরা কীভাবে নিজেদের লেখা প্রকাশ করতেন এবং কীভাবে তাঁরা সেইসব ছড়িয়ে দিতেন পাঠকের মাঝে, হাংরিয়ালিস্টদের সেই সক্রিয় সময়ের বিবরণ দিচ্ছিলেন প্রণববাবু। শেষে তাঁর কথায় উঠে এল সেই সময়টার সামাজিক পরিস্থিতির কথা। তাঁর কথা শুনতে শুনতে আমি বুঝতে পারছিলাম তিনি নিজেও কতটা গভীরভাবে জড়িয়ে ছিলেন এই আন্দোলনের সঙ্গে। লিটল ম্যাগাজিনের একজন সক্রিয় কর্মী

question and from time to time, in the spirit of his role, Mr. Guardian Angel amends the response by commenting. The active years of the Hungryalists are outlined with a description of how they published and distributed their writings and, in the end, the societal situation at that time. And, it is only slowly that I realize what Chattopadhyay's position is in the whole movement: he is the little magazine ○ activist who devoted an edition of his magazine *Chandro Groḥam* [Lunar Eclipse] to the Hungryalists. So this is why Malay Roychodhury refers to Chattopadhyay as his "editor," a reference that I was not able to pinpoint before.

An interesting loop in the history of the Hungry Generation literary movement emerges through the Beat Generation or beatnik poet Allen Ginsberg, who roamed around Kolkata ○ in 1962 and 1963. He met dozens of Bengali poets, which is not surprising, because if the inhabitants of Kolkata ○ have any hobbies, it is philosophizing, followed by writing. In addition, Ginsberg was looking for the poets who had gathered around the little magazine ○ entitled *Krittibas*, which appeared in 1953 and was eminently important in the literary revolution of Kolkata ○ after 1947. Through *Krittibas*, Ginsberg must have inevitably come across the Hungry Generation movement, because of its whiff of radicalism and revolution. Beginning in the early 1960s, the movement had gained momentum and diverse *Krittibas* poets had turned to it (Baker 2009:148; 160). Part of the upheaval in language sought by the followers of the Hungry Generation was to replace the genteel, romanticized idiom that had become the Bengali literary standard through the so-called Bengal Renaissance ○ with the colloquial cant of the street, filth, and noise. A language was sought that reflected life

ছিলেন তিনি। একনিষ্ঠভাবে সম্পাদনার সঙ্গে যুক্ত তিনি। তাঁর সম্পাদিত পত্রিকার নাম 'চন্দ্রগ্রহণ'। এই পত্রিকার সুচনা হাংরি লেখকদের দিয়েই। এই কারণেই মলয় রায়চৌধুরি মহাশয় তাঁর কথা বলতে গিয়ে বলেছিলেন 'আমার সম্পাদক'। এর আগে আমি এর অর্থ ধরতে পারছিলাম না, এতক্ষণে বুঝতে পারলাম কেন প্রণববাবু 'তার সম্পাদক'।

হাংরি জেনারেশনের ইতিহাসে একটি অভুতপুর্ব বাঁকবদল ঘটল যখন অ্যালেন গিনসবার্গ এলেন কলকাতায় ○। ১৯৬২ থেকে ১৯৬৩ সাল, এই এক বছর তিনি কলকাতায় ইতস্তত ঘুরে বেড়াতেন। এই সময়েই তাঁর সঙ্গে আলাপ হয় প্রায় দশ বারো জন বাঙালি কবির। এটা খুব যে আশ্চর্যের ঘটনা এমনটা নয় কেননা কলকাতাবাসীদের ○ মধ্যে যদি কোনও শখ থেকে থাকে, তবে তার মধ্যে লেখালেখির পথই একমাত্র দর্শনকে অনুসরণ করে। তারওপর গিনসবার্গ কৃত্তিবাস গোষ্ঠীর কবিদের খোঁজে আগে থেকেই ছিলেন। 'কৃত্তিবাস' পত্রিকা প্রথম প্রকাশিত হয় ১৯৫৩ সালে। ১৯৪৭ সালের পর সাহিত্যক্ষেত্রের বিপ্লবে কৃত্তিবাস পত্রিকা খুবই গুরুত্বপুর্ণ ভুমিকা পালন করে। 'কৃত্তিবাসের' সুত্রেই হয়ত গিনসবার্গ হাংরি জেনারেশনের কবি সাহিত্যিকদের সঙ্গে পরিচিত হয়ে থাকবেন। ১৯৬০ সালের শুরুতে যে বিপ্লব এবং সংস্কারবাদ এর সুত্রপাত হয়েছিল, সেই আন্দোলন 'কৃত্তিবাসী' কবিদের হাত ধরেই গতি এবং বৈচিত্র্য লাভ করেছিল (Baker 2009:148; 160)। কৃত্তিবাস পত্রিকা প্রথম প্রকাশিত হয়েছিল ১৯৫৩ সালে। দীর্ঘ পথ অতিক্রম করে আজও তা প্রকাশিত হয়ে চলেছে। 'কৃত্তিবাস' পত্রিকা শুরু হয়েছিল একদল তরুণ প্রতিভাবান কবিদের নিয়ে, যার মধ্যমণি ছিলেন সুনীল গঙ্গোপাধ্যায়। বুদ্ধদেব বসুর বিখ্যাত 'কবিতা' পত্রিকা তখন খুবই জনপ্রিয়। তবু নিজেদের মত করে নিজেদের একটা পত্রিকা প্রকাশের কথা ভাবলেন এই নতুন তরুণ কবিরা। সুনীল ছাড়াও এঁদের মধ্যে ছিলেন দীপক মজুমদার, আনন্দ বাগচী। এঁদের সম্পাদনাতেই প্রথম প্রকাশিত হয় কৃত্তিবাস। আজও তরুণ কবিদের মধ্যে এই পত্রিকাকে ঘিরে একটা আগ্রহ লক্ষ করার মত। হাংরি জেনারেশনের হাত ধরে ভাষার যে বিপ্লব, তার বিশেষ উদ্দেশ্য ছিল সুশীল ভদ্র সমাজের ভাষা বা রোম্যান্টিক বাগবৈশিষ্ট্যকে পালটে ফেলা। বাংলার নবজাগরণ যে সাহিত্যমান নির্ধারণ করে দিয়েছিল তাকে বাদ দিয়ে বরং উঠে এসেছিল রাস্তার পথ চলতি ভাষা, নোংরা আবর্জনা ও গোলমালের মধ্য থেকে উঠে আসা সাহিত্য-ভাষা। হাংরি আন্দোলনকে তাই মনে করা হয় কাউন্টার কালচারাল আন্দোলন, এক ধরণের কাউন্টার ডিসকোর্স এই আন্দোলনের পাথেয়। দেশভাগোত্তর বাঙালি

in this city after Partition. However, the ambitions of the members of the Hungry Generation movement went beyond a revolution in language: likewise their pursuits included developing other kinds of structures of publishing, production, and distribution, and a new aesthetics of design that could measure up to their aspirations for language.

With the Hungryalists, anyone was allowed to publish under the name of the Hungry Generation. The only condition was to feature the label somewhere on the printed version. Most of the publications were pamphlets, i.e., handbill-type bulletins, aesthetically designed in a consciously non-Western way. Between 1961 and 1965, more than 100 bulletins were released, of which, unfortunately, only a handful still exists today (Bhattacharjee 2003). The bulletins were distributed at the Indian Coffee House, universities, and newspaper offices. In order to provoke the intellectual elite of the city, cheap, usually colored paper, and the simplest production methods were employed, and readings were held in liquor stores, temples, brothels, and cemeteries, and on street corners (Mudgal 2003).

When Malay Roychodhury sent an invitation to a topless competition to Kolkata's ○ Establishment, a scandal broke out: newspapers cited from the Hungry Generation manifesto to show that the movement was intent upon destroying the state (Baker 2009:217). No wonder! At first glance the version I get my hands on—and keep in my possession, i.e., a single 8.5 inch × 11 inch sheet, folded folded once to make four printed pages, of which only two are printed in letterpress ●—seems to be a respectable proclamation, including a list of the names of the publishers and printed in letterpress with a watermark. Yet it contains propositions such as the following: "Poetry is no more

জীবনের কালখণ্ডটির যে নিজস্ব ভাষা, তাই হয়ে উঠল এই হাংরি সাহিত্যিকদের ভাষা। হাংরি আন্দোলনের উদ্দেশ্য কিন্তু ভাষা বিপ্লবকে অতিক্রম করে গিয়েছিল। প্রকাশনা, ছাপার প্রস্তুতি, পরিবেশন এবং এক নতুনতর নান্দনিক উপস্থাপনা ও বিন্যাস গড়ে তোলার প্রয়াস সাধিত হচ্ছিল যা সাহিত্যচর্চার আগ্রহ ও তাগিদকে নির্ধারণ করতে পারে।

হাংরিয়ালিস্টদের মধ্যে যে কোনও কেউই হাংরি জেনারেশনের নাম দিয়ে বই, পুস্তিকা বা পত্রিকা প্রকাশ করতে পারত। একটাই শর্ত ছিল যে ছাপা হয়ে বেরলে তার ওপর 'হাংরি' লেবেল সেঁটে দিতে হবে। বেশিরভাগ পুস্তিকাই বের হত প্রচারপত্র, হ্যান্ডবিলের মত বুলেটিন আকারে, নান্দনিকভাবে পরিকল্পিত যা সতর্কিতভাবে পাশ্চাত্য দ্বারা প্রভাবিত নয়। ১৯৬১ থেকে ১৯৬৫ সাল পর্যন্ত একশ'রও বেশি বুলেটিন প্রকাশিত হয়েছিল। তার মধ্যে খুব সামান্য সংখ্যকই এখনও টিকে রয়েছে (Bhattacharjee 2003)। ইস্তেহারগুলো ইন্ডিয়ান কফি হাউসে বিলি করা হত। এছাড়া বিশ্ববিদ্যালয় আর খবরের কাগজের অফিসেও। শহরের অভিজাত বুদ্ধিজীবীদের উত্যক্ত করতে এগুলি বড় বড় রঙিন কাগজে সবচেয়ে সহজ উপায়ে ছাপা হত। পানশালা, ভাটিখানা, মন্দির, বেশ্যালয়, শ্মশান, এবং রাস্তার ধারে ধারে এগুলি পড়া হত (Mudgal 2003)।

আন্দোলনের প্রধান মস্তিষ্ক মলয় রায়চৌধুরি যখন কলকাতার প্রতিষ্ঠানবিরোধী কার্যকলাপ করতে গিয়ে উর্ধ্বদেহ নিরাবরণ প্রতিযোগিতার আমন্ত্রণ জানালেন, কুৎসা ছড়িয়ে পড়ল চারিদিকে। সংবাদপত্রে হাংরি ইস্তাহারগুলি থেকে উদ্ধৃতি নিয়ে এমনভাবে লেখা হল যাতে সাধারণ মানুষের মনে হয় রাষ্ট্রকে ধ্বংস করার অভিপ্রায়েই এই আন্দোলন (Baker 2009:217)। আশ্চর্যের কিছু নেই, যে সংস্করণটি আমি হাতে পেয়েছিলাম, প্রথম নজরে দেখে মনে হয়েছিল একটি মর্যাদাপুর্ণ ইস্তাহার। এটি আমি কিনেও নিয়েছিলাম সঙ্গে রাখার জন্য। ৮.৫ ১১ ইঞ্চি আয়তনের একটি পুস্তিকা, একবার ভাঁজ খুললে চারটে প্রিন্ডেড পাতা দেখা যায়, যার মধ্যে দু'টি লেটারপ্রেসে ছাপা। প্রকাশকদের নামের একটি তালিকাসহ ওয়াটার মার্ক দিয়ে লেটারপ্রেস প্রিন্টিং-এ ছাপা একটি ইস্তেহার। এর মধ্যে যে প্রস্তাবনাগুলি ছিল, সেগুলো এরকম: "কবিতা শুধুমাত্র নাগরিক সভ্য মানুষের চর্চার বিষয় নয়, ফুল চাঁদ তারার চিত্রকল্প আর বাঁশবাগানের পুনঃরোপণ নয়, বরং মৃত্যু ও হত্যার পটে আঁকা পাঁচটি কবিতার হিংস্র স্বপ্নচারী জ্যাজিং, তৃপ্তিহীন ক্ষুধার বপন" (Roychoudhury 1961)। ১৯৬৪ সালের ২রা সেপ্টেম্বর এগারো জন গ্রেপ্তার হলেন। ইন্ডিয়ান পেনাল কোডের ১২০ ধারায় রাষ্ট্রীয় প্রতিষ্ঠানের বিরুদ্ধে

a civilizing manoeuver, a replanting of the bamboozled gardens; it is a holocaust, a violent and somnambulistic jazzing of the hymning five, a sowing of the tempestual Hunger." (Roychoudhury 1961) On September 2, 1964, eleven persons were arrested. The charges were "conspiracy against the Establishment (Section 120 of the Indian Penal Code)" and "obscenity in literature (Section 292 of the Indian Penal Code)" (Bhattacharjee 2003). In the Little Magazine Library and Research Center I came across the publication *Hungry Andolon O Drohopurush Kotha* (Dey 2013) in Bengali and English, which reflects various statements by the Hungryalists who were being charged.

As the publication shows, societal pressure upon the accused must have been immense. Not a few of the Hungryalists clearly distanced themselves from Malay Roychodhury. Nevertheless, there were still dismissals from professional positions and social loss of face. In contrast, the publication contains a text by Allen Ginsberg that reveals his clear assurance of support for the accused: "I asked them —the Indians—above all what they could do to help you, [they] suggested that they activate the Congress for Cultural Freedom as this sort of thing is the proper activity of the Congress and *Quest* magazine, and told them that the manifestos... were not obscene." (Dey 2013) There was also coverage of the prosecution by articles in *Time* magazine and various organs of the American alternative press ● (Mudgal 2003). Finally, with the exception of Malay Roychodhury, all those accused were acquitted. His conviction read: "The accused is found guilty of the punishable offence u/s 292 I.P.C. is convicted thereunder and sentenced to pay a fine of Rs. 200/- i.d.S.I. for one month. Copies of the impugned publications seized to be destroyed." (Dey 2013)

ষড়যন্ত্র ও ২৯২ ধারায় সাহিত্যে অশ্লীলতার অভিযোগে জারি হয় প্রেপ্তারি পরোয়ানা (Bhattacharjee 2003)। লিটল ম্যাগাজিন লাইব্রেরি ও গবেষণা কেন্দ্রে ○ আমি খুঁজে পেয়েছিলাম 'হাংরি আন্দোলন ও দ্রোহপুরুষ কথা' নামক একটি বই। বাংলা ও ইংরাজি দুটি ভাষাতেই অভিযুক্ত ও ধৃত হাংরিয়ালিস্টদের বিভিন্ন জবানবন্দী নিয়ে এই বই।

অভিযুক্তদের ওপর যে প্রবল সামাজিক চাপ ছিল, তা এই বইতে খুব স্পষ্টভাবে ধরা হয়েছে। অনেক সংখ্যক হাংরিয়ালিস্টই মলয় রায়চৌধুরির থেকে দূরত্ব তৈরি করেছিলেন। তারওপর সামাজিকভাবে ব্রাত্য হয়ে যাবার বা সম্মান নষ্ট হয়ে যাবার ভয় ছিল। অন্যদিকে অ্যালেন গিনসবার্গ একটি বইতে লিখেছেন, কীভাবে হাংরিয়ালিস্টদের পক্ষে তিনি তাঁর স্পষ্ট সমর্থন নিশ্চিত করেছিলেন: "আমি জ্যোতি দত্তকে চিঠি দিয়ে এবং কুলচারের লীলা হরনিক-কে ফোন করে তাঁদের অনুরোধ করেছিলাম আপনাদের সাহায্য করতে এবং এ-ও লিখেছিলাম যে হাংরি ইস্তাহারগুলি আদৌ অশ্লীল নয়। কংগ্রেস বা 'কোয়েস্ট ম্যাগাজিন'-এর প্রকৃত কাজ হওয়া উচিৎ মুক্ত সংস্কৃতির আবহ গড়ে তোলা" (Dey 2013)। 'টাইম' ম্যাগাজিনে বিভিন্ন লেখাপত্রের এবং আমেরিকান অলটারনেটিভ প্রেসের ● বিভিন্ন আঙ্গিকের কার্যপরিচালন ও সম্পাদনার কভারেজ হয়েছিল (Mudgal 2003)। অবশেষে মলয় রায়চৌধুরি ছাড়া অন্যান্য অভিযুক্তরা খালাস পান। মলয় রায়চৌধুরির প্রতি দণ্ডাদেশ ছিল, তিনি শাস্তিযোগ্য অপরাধে অপরাধী। আইপিসি ২৯২ ধারায় তিনি অভিযুক্ত এবং শাস্তি হিসেবে ২০০ টাকা জরিমানা ধার্য হয়। এছাড়া বইপত্র, ডায়েরি, পাণ্ডুলিপি, যা বাজেয়াপ্ত করা হয়েছিল, সব কিছুই নষ্ট করে ফেলা হয়েছিল (Dey 2013)।

WEST BENGAL: RED FLAGS ON A WHITE BACKGROUND

I receive the gift quite incidentally. During a visit to Srikanta and his family, he presses a bundle of paper bound in coarse leather into my hand. As it turns out, it's a stack of photocopies ●, some singed, wrapped in a red velvet ribbon, the whole thing held together by a leather strap. The handing over of the gift takes place with lapidary words that describe it as one of the most important books in India. In fact, this is his response to my inquiring as to whether it is one of his Artist's books ●. And truly, when I open it, something great is revealed: the *Mahabharata*, an epic of legendary historical sagas whose interweaving of the ethical and the philosophical is familiar to me from Western sagas. The countless verses—*śloka*—are aligned in the book in English and Hindi columns, so that I could learn at least one of the local languages, in case I don't manage to master Bengali. In addition, there are eighty-six illustrations of "Sacred Shrines and Cities." It's the most beautiful travel guide I've ever held in my hands, bound in leather, with crumbling corners, valuable, important, beautiful. A travel guide through the myths of India, from those historic times up to now, with a mysterious inner life poorly decipherable from the charred pages: an Artist's book ● after all?

In the 1960s, when a rumble went round the globe, it was also heard in West Bengal. In 1966, thousands of people took to the streets in the heart of Kolkata ○ to protest against economic crisis and constantly rising food prices. This was another dramatic consequence of Partition and

পশ্চিমবঙ্গ:
সাদা প্রেক্ষাপটে লাল পতাকা

ঘটনাচক্রে আমি একটি উপহার পাই। শ্রীকান্ত ও তাঁর পরিবারের সঙ্গে সাক্ষাতের সময় সে আমাকে চামড়ায় বাঁধানো এক তাড়া কাগজের বান্ডিল দেয়। এক গাদা ফোটোকপি ●। নাম লেখা ও ভেলভেট ফিতে দিয়ে বাঁধা। পুরো জিনিসটাই একটা লেদার স্ট্র্যাপ দিয়ে জড়ো করা। শ্রীকান্ত উপহারটি আমার হাতে তুলে দিতে দিতে বলে এটি ভারতের গুরুত্বপুর্ণ বইগুলির একটি। কোনও আর্টিস্ট'স বুক ● কিনা, খুব কৌতুহলের সঙ্গে জিজ্ঞাসা করতে যাব সেই মুহূর্তেই স্ট্র্যাপ খুলে আমি চমৎকৃত হলাম। আমার হাতে কিংবদন্তী ঐতিহাসিক মহাকাব্য 'মহাভারত'! এই সেই অমৃতসাহিত্য যেখানে মিলে গেছে দর্শন ও নীতিশাস্ত্র। এই অপূর্ব মেলবন্ধনের গল্পগুলি আমি পাশ্চাত্যের কিছু কাহিনী থেকে আগেই শুনেছিলাম। ইংরাজি ও হিন্দি ভাষায় লেখা অসংখ্য শ্লোক। শ্রীকান্তর ইচ্ছে ছিল যাতে বাংলায় পারদর্শী না হলেও অন্তত একটা আঞ্চলিক ভাষা আমি শিখে উঠতে পারি। বাংলা আমার ততটা ভালো রপ্ত হয় নি। উপরন্তু এই বইয়ে ভারতের বিভিন্ন পবিত্র তীর্থক্ষেত্র ও শহরের ওপর প্রায় ৮৬টি অলংকরণ ছিল। এত সুন্দর ট্রাভেল গাইড আমি খুবই কম পেয়েছি। চামড়ায় বাঁধানো মলিন কোণগুলি ঝুরঝুরে হয়ে গেছে অথচ কী গুরুত্বপুর্ণ বিপুল একটি ভাণ্ডার, কী সুন্দর এই উপহার! সেই ঐতিহাসিক যুগ থেকে বর্তমান সময় পর্যন্ত ভারতীয় পুরাণের এক উল্লেখযোগ্য ভ্রমণপঞ্জী, এক রহস্যময় অন্তর্জীবন যা এই ছেঁড়াখোঁড়া মলিন পাতাগুলো থেকে পাঠোদ্ধার করা বেশ কঠিন। আসলেই এক 'আর্টিস'স বুক ●' কি না!

১৯৬০ এর দশকে গোটা পৃথিবী জুড়েই এক আলোড়ন সৃষ্টি হয়েছিল। পশ্চিমবঙ্গেও তার কিছুটা আঁচ লেগেছিল বৈকি! ১৯৬৬ সালে শত শত মানুষ নেমেছিল কলকাতার ○ রাজপথে, অর্থ সংকট ও খাদ্যদ্রব্যের ক্রমবর্ধমান মুল্যবৃদ্ধির প্রতিবাদে। দেশভাগের করুণ পরিণতি ও লক্ষ লক্ষ উদ্বাস্তুই জন্ম দিয়েছিল এক যুক্তরাষ্ট্রীয় পরিকাঠামোর। এর বছর খানেক বাদে উত্তরবঙ্গে নকশাল বাড়ি থেকে শুরু হয় আর এক আন্দোলন। ভুমিহীন কৃষকরা গর্জে উঠেছিল এক সশস্ত্র প্রতিবাদে। উগ্রবামপন্থী কমিউনিস্ট পার্টি অব ইন্ডিয়া (মার্ক্সিস্ট সিপিআইএম) সমর্থিত এই আন্দোলন প্রধানত ছিল স্থানীয় ভুস্বামীদের

the millions of refugees it drove into the Dominion of India (today, the Republic of India) from the newly created Dominion of Pakistan (today the Islamic Republic of Pakistan and the People's Republic of Bangladesh). A year later, beginning in Naxalbari in the north of West Bengal, landless farmers started to voice their concerns in an armed struggle. It was this resistance against landowners which was supported by the extreme Left of the Communist Party of India (Marxist) (Chakravarti 2008:97). In addition, the Naxalites received support from students, mostly from the upper classes. Other allies ranged from artists and poets, including those of the older generation, to refugees from Bangladesh. Through the bundling of all these political forces, the Left Front came to power in 1967. Its initial political tenure lasted only a short time and was followed by another brief term in 1969.

However, as well as these left-wing governments, the CPI(M) and other Left parties were repeatedly dissolved by the central government of India, which was ruled by the iron hand of Indira Gandhi from 1966 to 1977. The elections of 1971, which Gandhi called a full year ahead of schedule and won by a landslide through a sophisticated political strategy, were followed by India's intervention in the civil war betwen East and West Pakistan in favor of the separatism of East Pakistan, now Bangladesh. Although the extent of repression had already reached an unimaginable scale, Gandhi imposed a state of emergency throughout India in 1975 to secure her power. Universities and factories were shut down while the police and army tried with full force to overthrow the Communists by imprisoning or killing all those suspected of possessing revolutionary, Maoist, or Naxalist tendencies (Chatterji 2007:313). Writer

বিরুদ্ধে। নকশালবাদীরা উচ্চবিত্ত শ্রেণীর ছাত্রসমাজের বিশেষ সাহায্য পেয়েছিল। অন্য সক্রিয় সহযোগীদের মধ্যে ছিলেন প্রবীণ প্রজন্মের কবি-শিল্পীরা এবং ওপার বাংলা থেকে আসা উদ্বাস্তুরা। এইসব রাজনৈতিক শক্তির সমন্বয়ে ১৯৬৭ সালে ক্ষমতায় আসে লেফট ফ্রন্ট। প্রাথমিকভাবে এদের রাজনৈতিক স্থায়িত্ব স্বল্প মেয়াদের হলেও ১৯৬৯ সালে আবার তারা ক্ষমতায় ফিরে আসে, জন্ম নেয় কমিউনিস্ট পার্টি অব ইন্ডিয়া (মার্ক্সবাদী-লেনিনবাদী)।

যাইহোক, সিপিআইএম ও অন্যান্য বামপন্থী দলগুলি ১৯৬৬ সাল থেকে ১৯৭৭ সাল পর্যন্ত ইন্দিরা গান্ধীর দৃঢ়হাতে শাসিত ভারতের কেন্দ্রীয় সরকার দ্বারা বারংবার ভেঙে পড়েছে। ১৯৭১সালে ইন্দিরা গান্ধী নির্ধারিত সময়সুচী থেকে এক বছর এগিয়ে এনে নির্বাচন করান এবং একটি অত্যাধুনিক রাজনৈতিক কৌশল অবলম্বন করে জয়লাভ করেন। দেশভাগ নিয়ে পূর্ব (বর্তমানে বাংলাদেশ) ও পশ্চিম পাকিস্তানের যে মুক্তিযুদ্ধ, তাতে ভারতের হস্তক্ষেপের বিষয়টিকে সুকৌশলে কাজে লাগিয়ে নির্বাচনে জয়কে সুনিশ্চিত করেছিলেন। যদিও দমনের মাত্রা ইতিমধ্যেই অকল্পনীয় স্তরে পৌঁছেছিল। এর মধ্যে তাঁর ক্ষমতা বজায় রাখতে তিনি ১৯৭৫ সালে দেশজুড়ে জরুরি অবস্থা জারি করেন। বিশ্ববিদ্যালয়, কারখানা বন্ধ হয়ে যায়। পুলিশ এবং সেনাবাহিনী কমিউনিস্টদের সমুলে বিনাশ করতে তৎপর হয়ে ওঠে। সন্দেহভাজন মনে হলেই ধরে হয় তাকে মেরে ফেলত বা জেলে ভরে দিত পুলিশ। মাওবাদী বা নকশালবাদী কমিউনিস্ট বিপ্লবীদের ধরতে পরিপুর্ণ শক্তি প্রয়োগ করেছিল রাষ্ট্র (Chatterji 2007:313)। লেখিকা সুমনা সিংহ তাঁর লেখায় এই সময়ের মর্মান্তিক চিত্র তুলে ধরেছেন "পশ্চিমবাংলায়, কলকাতায় এবং আশেপাশের শহরগুলোতে কমরেডদের গ্রেপ্তার করা হত, তারপর খুন করা হত। যারা বেঁচে থাকতেন, তাঁদের মেরুদণ্ড, পা বা একটা হাত ভেঙে দেওয়া হত, চোখ টেনে ছিঁড়ে খুঁচিয়ে বের করে আনা হত, তাঁদের সাহস আর ইচ্ছাশক্তির শেষ দেখে ছাড়ত পুলিশ। অকাতরে মানুষ খুন করে তাঁদের ঐক্যবদ্ধ শক্তি ও যৌথস্বপ্নকে নিশ্চিহ্ন করে দেওয়াই ছিল এদের লক্ষ্য" (Sinha 2016:69-70)। এই রকম সন্ত্রাস প্রায় দু'বছর ধরে চলেছিল। তারপর ১৯৭৭ সালে সিপিআইএম নিশ্চিতভাবে ক্ষমতায় এল কলকাতায় ○। যাইহোক, ইতিমধ্যে এই দল তাদের সমাজতান্ত্রিক বিপ্লবের ধারণা থেকে সরে যেতে শুরু করে।

Shumona Sinha describes the situation in the following words: "In West Bengal, Calcutta, and the neighboring cities ... comrades were arrested and murdered. Of the survivors, they broke their spines, a leg, or an arm, tore an eye out of them, and took the last of their courage and will. Men were murdered to wipe out the collective dream of a united people." (Sinha 2016:69–70) The terror continued for two long years. Then in 1977, the CPI(M) definitively succeeded in coming to power in Kolkata ○. However, in the meantime, the Party had begun to turn away from its idea of the Socialist Revolution.

ARCHIVES OF SOCIETAL CHANGE

Traces of this societal upheaval are also to be found in print in the form of ephemera ●, posters, and flyers. An artifact valuable for what it has to say is located in the archive of the International Institute of Social History in Amsterdam. It is a poster for a State Farmers Convention, presumably from the 1970s (see under "Poster for the State Farmers Convention" in the bibliography for a weblink to view an image of the item in the archive). This archive has a selection of political posters, which show that social upheaval was also taking place in West Bengal in the 1960s and 1970s in the field of print ephemera ●—namely, close to the concerns of the inhabitants of West Bengal. The Urban History Documentation Archives of the Centre for Studies in Social Sciences in Kolkata ○ is another such institution dealing with this kind of historiography. Although it is much more focused on Kolkata ○ than is the Amsterdam archive, I haven't managed to go

এই সামাজিক উত্থানের চিহ্ন খুঁজে পাওয়া যায় পোস্টার, ফ্লায়ারের মত ক্ষণস্থায়ী প্রিন্ট গুলিতে ●। অ্যামস্টারড্যামের ইন্টারন্যাশনাল ইন্সটিটিউট অব সোশ্যাল হিস্ট্রির আর্কাইভে এমন হাতে তৈরি জিনিসের মুল্যবান আর্কাইভ রয়েছে। ১৯৭০ সাল থেকে স্টেট ফার্মারস কনভেনশনের একটি নির্বাচিত রাজনৈতিক পোস্টার (কোনও আর্কাইভে এই বিষয়ের ছবি পেতে হলে 'পোস্টার ফর দ্য স্টেট ফার্মার'স কনভেনশন' ওয়েবলিঙ্কের গ্রন্থ বিবরণীতে খুঁজে দেখতে পারেন পাঠক)। অ্যামস্টারড্যামের মত একই রকম সামাজিক বিপ্লব পশ্চিমবঙ্গেও ঘটেছিল ১৯৬০ থেকে ১৯৭০ সাল নাগাদ ক্ষণস্থায়ী প্রিন্টের ● ক্ষেত্রে। পশ্চিমবাংলার অধিবাসীদের উদ্বেগ ও সংকটের সঙ্গে সামঞ্জস্য ছিল এই জাতীয় প্রিন্ট এফিমেরা বা ক্ষণস্থায়ী প্রিন্টের ●। কলকাতার ○ দ্য আরবান হিস্ট্রি ডকুমেন্টেশন আর্কাইভস অব দ্য সেন্টার ফর স্টাডিস ইন সোশ্যাল সায়েন্স হল আর একটি প্রতিষ্ঠান যারা এইরকম ঐতিহাসিক দলিল নিয়ে কাজকর্ম করে। এটি অ্যামস্টারডামের থেকে অনেক বেশি শহরকেন্দ্রিক। যদিও এখানে আমার যাওয়া হয়ে ওঠেনি। এর থেকেই বেশ বোঝা যায়, আমার গবেষণা, কলকাতা সিটি অব প্রিন্ট -এর সঙ্গে কতকিছুই না জড়িয়ে রয়েছে। কিছু কিছু দৃষ্টিতে হারিয়ে গেলেও অনুভুতিতে ফিরে ফিরে আসে। বিশেষ করে এই স্বল্প সীমাবদ্ধ সময়ের সাপেক্ষে।

জাতীয় কৃষি কনভেনশনের পোস্টারগুলির লেখা বিষয়বস্তু আমার জন্য অনুবাদ করে দিয়েছিলেন সৌমিক চক্রবর্তী। সবচেয়ে সস্তার কাগজে কালো-লালে ছাপা, একদল সাদাসিধে গ্রাম্য কৃষক কাস্তে আর শস্যমঁজরি নিয়ে লাল নিশান ওড়াচ্ছেন। সেই নিশানে মুল তথ্য লিখে দেওয়া মানুষের পড়বার জন্য। বড় বড় ছাপার হরফে লেখা 'জাতীয় কৃষক কনভেনশন'। অপেক্ষাকৃত ছোট হরফে ● লেখা 'ভুমি সংস্কার ও কৃষিনীতির অগ্রগতির দাবিতে' (মধ্য ৭০ এর পোস্টার)। আমার মনোযোগ আকর্ষণ করল লাল ছাপার অংশে যেখানে ইলা মিত্রর নাম লেখা। সৌমিক বললেন, ইনি কমিউনিস্ট পার্টি-র (সিপিআই) একজন সদস্যা। পশ্চিমবঙ্গের সামাজিক বদলের জন্য যিনি সক্রিয়ভাবে কাজ করেছেন। তেভাগা আন্দোলনের একজন নেত্রী হিসেবে তিনি ১৯৪০ এর দশকের মধ্যভাগ থেকে কাজ করে চলেছেন। ভুস্বামী ও প্রজাদের ফসলের ন্যায্য বণ্টনের দাবিতে হয়েছিল এই আন্দোলন কিন্তু সরকার নৃশংসভাবে দমন করে এই আন্দোলন। ১৯৬৭ সাল থেকে ১৯৭৮ সাল অবধি

there yet. This once again shows how many subject fields are encompassed by my research for Kolkata City of Print. It is easy to lose sight of some of them in this city and while reflecting about it, especially on account of the limited time resources available.

The text for the poster for a State Farmers Convention was translated for me by artist Saumik Chakraborty. Printed in black and red on the cheapest paper, it shows a group of simple farmers with sickles and grain stalk spikes, waving a large red flag, on which the key words "State Farmers Convention" appear in big letters, and positioned above, in type ● that's not much smaller: "With the Demands of the Progress of Land Reform and an Agricultural Policy." However, my attention is especially drawn to the second area printed red, where Ila Mitra's name is featured. Saumik tells me how, as a member of the Communist Party of India (CPI), Mitra worked actively for the societal transformation of West Bengal in the mid-1940s. She was one of the leaders of the (locally) so-called Tebhaga Movement, which called for fairer division of the harvests between landowners and tenants, but was violently crushed by the state. From 1967 to 1978, she served as an elected member of the West Bengal Assembly (Roy 2015). As I continue to ask Saumik about her, he speaks words that are equivalent to canonization in a West Bengal shaken by crises triggered by corruption: "A genuine human being." "So it goes," as Kurt Vonnegut says, is all there is to add.

The CPI(M) was able to survive in Kolkata ○ until 2011. That year the power struggle disguised as an election campaign was a bloodbath. Both sides—the CPI(M) and today's governing TMC party (the All India Trinamool

ইলা মিত্র পশ্চিমবঙ্গ সমাবেশের নির্বাচিত প্রতিনিধি ছিলেন (Roy 2015)। আমি কেবলই তাঁর কথা জানতে চাইছিলাম সৌমিকের কাছে। পশ্চিমবঙ্গে দুর্নীতির বাতাবরণে যে সমস্যাসংকুল পরিস্থিতি বিরাজমান, সেই অবস্থায় দাঁড়িয়ে তিনি একজন 'প্রকৃত মানবী'।

সিপিআই(এম) ক্ষমতায় টিকে ছিল ২০১১ সাল অবধি। সে বছর ক্ষমতার লড়াই ভোটের প্রচারের ছদ্মবেশে রক্তগঙ্গা বইয়ে দিয়েছিল। সিপিআই (এম) ও বর্তমানে ক্ষমতাসীন শাসকদল তৃণমুল কংগ্রেস দুই তরফই যথেচ্ছ হিংসায় লিপ্ত হয়েছিল ওই সময়ে। আমার চারপাশের মানুষজন এই বর্বরতা নিয়ে খুব একটা কথা বলতেন না যদিও। নানান আলাপচারিতা থেকে এটাই উঠে এসেছিল যে এই শহরের মানুষরা সরকারি রাজনীতির ওপর খুব একটা আস্থা রাখেন না। ২০১১ সালের ঘটনা ও রাজনৈতিক প্রেক্ষাপটের ওপর কিছু কাজ করেছেন লেখিকা সুমনা সিনহা। তাঁর বইয়ে রাজনৈতিক ঘটনাগুলি সরাসরিভাবে উঠে আসে। বাংলা বা ইংরাজিতে এই লেখাগুলি এখনও প্রকাশিত না হওয়ার কারণ বোধহয় এটাই। গ্রাফিক নভেলিস্ট সর্বজিৎ সেন একটি গল্পের শিরোনাম দিয়েছিলেন 'র‍্যাম্বলিং' বা 'ঘোরাঘুরি। এটির সুচনা হয় এইভাবে: "পরিস্থিতি বড়ই অদ্ভুত। অসম্ভব যা কিছু সমস্তই ঘটছে। এই পৃথিবীতে *পুরনো অভ্যেসে* টিকে থাকা বোধহয় টস-এর মতই অনিশ্চিত হয়ে পড়েছে। ৩৪ বছরের বাম রাজত্বের অবসান হল। এই ঘটনা কোনও নির্দিষ্ট ভোটগ্রহণ বা রাজনৈতিক দলের ব্যাপার নয়, বরং সামগ্রিক মধ্যবিত্ত মানসিকতার পতন।" (লেখকের কাছে ই-মেল মেসেজ মারফৎ, ১২-০৪-১৭) কিন্তু এসব প্রসঙ্গে এখনও নীরবতা বিরাজ করছে। যা ঘটে গেছে ধীরে ধীরে তা নিয়ে কথা হচ্ছে। এই ঘটনার ফলাফলও বেশ স্পষ্ট হয়ে উঠছে ইতিমধ্যেই।

Congress)—used violence. None of the people around me really want to talk about this brutality. It is hardly surprising since there is very little trust in official political institutions in this city, as was demonstrated through my different encounters. However, there are attempts to work through the events of 2011 and their background artistically. Shumona Sinha does this as a writer. In her books the political events are confronted directly, which may be the reason why they have not (yet) been published in Bengali or English. And, Sarbajit Sen works as a graphic novelist on a story with the provisional title *Ramblings*, which starts as follows: "The situation is a grotesque one. The unbelievable has happened. An age-old habit of *being* in this part of the world has suddenly gone for a toss. The monolithic thirty-four-year-old Left Front government in West Bengal has collapsed. // This story is not about any particular poll or political party. Rather it's about the huge collapse of an entire middle-class mindscape." (Email message to author, April 12, 2017) But the silence about these matters is still great. Only slowly does it seem possible to try to find words for what happened. And, for the consequences that are still evident today.

The small workshop is located at the outer edge of the Daftaripara ○ at A. K. Point. The low space, accessible via a rear courtyard and staircase, is extremely orderly, not big, but with a lot of free surfaces. The personal household items—pans and towels—are meticulously stored away in a corner, Abhijit Das and Dilip Biswas sit close to each other on the floor at low tables rubber stamping consecutive numbers in sync with their dialer numbering rubber stamps ●. The couple specializes in putting page numbers in cashbooks, the so-called "Subjectwise Students' Attendance Books," and lists to record personal data. This work is an amazing craft, highly monotonous, yet requiring great concentration and skillful hands. The two work with a cadence that is similar to that of machines. Before each rubber stamp, they turn the already rubber stamped corner around so that a new one becomes visible. Clack-clack, clack-clack, clack-clack is the sound she makes, while his is click-click-click-click-click. Do you see the small fold next to the pagination in the book that you are holding in your hands?

College Street is often referred to as the largest book market in the world, and it certainly is the most poetic, with its piles of books endlessly stacked on top of each other and with a layer of dust on top. It is a place where I like to let myself meander in order to find books that later make my travel bag exceed the weight limit, and in order to drink lemonade on the street corner, mixed on the spot with lime, burnt mango, and Epsom salts. Here the students of

আড্ডা, বন্দ্যোপাধ্যায়, চেতনা,
দাশগুপ্ত প্রমুখ

দফতরিপাড়ার ○ প্রান্তে খানিকটা বাইরের দিকে এ.কে পয়েন্ট-এ ছোট্ট এক দোকান রয়েছে। ছোট জায়গা, পেছনের দিকে এক চিলতে উঠোন আর সিঁড়ি দিয়ে উঠে ভেতরে ঢোকা যায়। খুবই গোছানো, কিন্তু বড় না হলেও অনেক খোলামেলা মুক্ত পরিসর রয়েছে। ব্যক্তিগত গেরস্থালীর জিনিসপত্র, তোয়ালে, এক কোণে গুছিয়ে রাখা। অভিজিৎ দাস ও দিলিপ বিশ্বাস নামে দু'জন কর্মী মেঝেতে পাশাপাশি বসে সামনে রাখা নিচু টেবিলে একের পর এক সিরিয়াল নম্বরের সাথে মিলিয়ে *রাবার* স্ট্যাম্পের ● ছাপ মেরে যাচ্ছেন। ক্যাশবুক-এর ওপরে পেজ নাম্বারিং করতে পারদর্শী দু'জন কর্মী। এছাড়াও বিষয়ভিত্তিক হাজিরা খাতায় এবং ব্যক্তিগত তথ্যের তালিকায় পত্রাঙ্কন করতে ব্যস্ত তারা। কাজটিতে আশ্চর্যজনক নৈপুণ্যের প্রয়োজন হয়, কিন্তু বেশ একঘেঁয়েমির কাজ। গভীর মনযোগ যেমন লাগে, তেমন লাগে দক্ষ পটু কৌশলী হাত। একই সঙ্গে এক নাগাড়ে দু'দুবার বিশ্রীভাবে প্রায় যন্ত্রের মত কাজ করে যেতে হয়। প্রত্যেকবার স্ট্যাম্পিং-এর আগে তারা স্ট্যাম্পড কোণটি উলটে দেয় যাতে নতুন আর একটি দৃষ্টিগোচর হয়। মহিলার স্ট্যাম্পিং প্রক্রিয়াটি 'ক্ল্যাক ক্ল্যাক' ধরণের শব্দ তৈরি করে আর 'ক্লিক ক্লিক' শব্দ উৎপন্ন হয় ভদ্রলোকের স্ট্যাম্পিং পদ্ধতিটি থেকে। পাঠক, যে বই হাতে ধরে থাকেন, তার প্যাজিনেশনের পাশে যে ভাঁজখানি থাকে, সেটি কি দৃষ্টিগোচর হয় আপনার?

কলেজস্ট্রিট পৃথিবীর সবচেয়ে বড় বইয়ের বাজার এবং অবশ্যই এটিতে সবচেয়ে বেশি কাব্যময়তাও রয়েছে স্বীকার না করে উপায় নেই। থাক থাক বইয়ের ওপর ধুলোবালি জমা। এই জায়গাটিতেই আমি বই দেখতে দেখতে পাগল হয়ে যাই, আমার ট্রাভেল ব্যাগের ওজন বেড়ে যায় বই কিনতে কিনতে। রাস্তার পাশে দাঁড়িয়ে লেবুর শরবৎ বা লেমোনেড বা আমপোড়া শরবৎ খেতেও যে কী ভালো লাগে আমার! এই শহরের ছাত্ররা পুরনো বই, কপি করা বই বা নতুন বই ঘুরে ঘুরে কেনে ও দেখে। সন্দীপ দত্তর তরফে লিটল ম্যাগাজিন লাইব্রেরির পক্ষ থেকেও নতুন ম্যাগাজিনগুলোর খোঁজ করা হয় যাতে তাদের লাইব্রেরীটিতে সেই নতুন বইগুলি সংযোজিত হতে পারে। যেন জনপ্রিয় সাহিত্যপিপাসুদের আত্মা ঘুরে বেড়ায় এলাকাটিতে। প্রথাগত শিক্ষার বাইরে

this city stock up on used, copied, or even new books. And Sandip Dutta from the Little Magazine Library and Research Center searches every day for little magazines ○ for his library collection. Hovering over the whole place are the ghosts of the lovers of popular literature. Lacking formal education, these readers achieved literacy solely through the pleasure provided by the newly emerging forms of literature—which dared to mix narrative with poetic oral traditions (Orsini 2009:276). The lively journalism of that time also played a part in this evolution. Through its newspaper editorials, reportage, and columns, a fertile field was created beyond the high culture of the urban elites and outside the politics of the powerful. This development led to literary forms that were connected with the collective, closely relating to the expectations and tradition of the public so that it was almost impossible to determine who was the actual author of a publication: author, printer, seller, buyer, or those spreading the word (Ghosh 2006:23, 25).

But the government of Kolkata ○ has long been trying to put an end to this declaration of love for the book. The Book Mall—also called *Varnaparichay*—is a construction project that aims to bundle the vast number of bookstalls on College Street under the single roof of a shopping center. The venture is a nightmare for local traders, who are committed to informal logic, not long-term business plans. Luckily, construction at the corner of College Street and Mahatma Gandhi Road is hardly progressing. The bare concrete structure is still visible during my various visits to Kolkata ○. At least until today. On the other hand, time seems to stand still at the Indian Coffee House, which is often mentioned in relation to the College Street

সাহিত্যের নতুন নতুন ধারাগুলি নিয়ে মিশ্র বর্ণনামুলক আখ্যান আর ঐতিহ্যগত ও মৌখিকভাবে প্রচারিত কাব্য একসঙ্গে মিলে গিয়ে তৈরি হয় রুচিশীল পাঠকসমাজ (Orsini 2009:276)। সেই সময়ের সক্রিয় সাংবাদমাধ্যমও এই বিবর্তনে বেশ গুরুত্বপুর্ণ ভুমিকা নিয়েছিল। খবরের কাগজের সম্পাদকীয়, প্রতিবেদন ও বিবিধ কলামের মাধ্যমে নাগরিক এলিট সমাজের তথাকথিত সংস্কৃতি ও ক্ষমতাবানদের রাজনীতির বাইরেও একটি উৎকৃষ্ট ক্ষেত্র গড়ে উঠেছিল। এই অগ্রগতি বৃহত্তর জনগণের সাহিত্য ধারার সঙ্গে সম্পৃক্ত ও সংযুক্ত ছিল। মানুষের চাহিদা ও ঐতিহ্যের সঙ্গে এর যোগ ছিল। যে কোনও প্রকাশনা সংস্থার আসল লেখক, প্রিন্টার, ক্রেতা, বিক্রেতা কারা বা বিজ্ঞাপনের দায়িত্বই বা কার ওপর থাকত তা নির্ধারণ করা প্রায় অসম্ভব ছিল (Ghosh 2006:23, 25)।

রাজ্য সরকার অবশ্য অনেক দিন ধরেই বইপ্রেমীদের চাহিদা খতিয়ে দেখে *বর্ণপরিচয়* নামক বুক-মল তৈরি করার প্রকল্প নিয়েছেন। কলেজস্ট্রিটের অনেক বইয়ের স্টল এক ছাদের তলায় আনার চেষ্টায় এই প্রকল্প। কিন্তু স্থানীয় ব্যবসায়ীদের জন্য এই উদ্যোগ একটি দুঃস্বপ্নের মত, বিশেষত যাদের কোনও দীর্ঘকালীন ব্যবসায়িক পরিকল্পনা নেই এবং অযৌক্তিকভাবে ব্যবসায়িক ক্ষেত্রে প্রতিশ্রুতিবদ্ধ যারা। যদিও সৌভাগ্যজনকভাবে কলেজস্ট্রিট আর মহাত্মাগান্ধি রোডের প্রান্তে এই মল নির্মাণটির কাজ খুব একটা এগোচ্ছে না। ফাঁকা কংক্রিট কাঠামোটি যেতে আসতে প্রায়ই চোখে পড়ে। অন্যদিকে ইন্ডিয়ান কফি হাউসে সময় যেন থমকে আছে। কলেজস্ট্রিটে নিত্য যাতায়াত করে এমন মানুষরাই বলেন, ফ্যানগুলি যা ধীর গতিতে ঘোরে যেন পৃথিবীর সমস্ত সময় তাদের হাতেই আছে, খাবারের মধ্যে এখনও সাদা টোস্ট বিশিষ্ট। আমি বেশ অনুমান করতে পারছিলাম, আশেপাশের বিশ্ববিদ্যালয়ের ছাত্রছাত্রীদের কাছে এই কফিহাউসের গুরুত্ব কতখানি। আড্ডা, প্রেম, নিজেকে আবিস্কার করা! যদিও রাজনৈতিক কর্মী ও খুব বিখ্যাত বুদ্ধিজীবীদের জন্য অতটাও গুরুত্বপুর্ণ নয় এই অঞ্চল।

ইন্ডিয়ান কফি হাউসের একটি অবিচ্ছেদ্য বিষয় হল *আড্ডা*। লেখক প্রতাপকুমার রায়ের বর্ণনা অনুযায়ী, সম্মিলিত লম্বা আসরগুলি বন্ধুদের আলাপচারিতা, আলোচনা, বিতর্ক, গল্পগাছা নিয়ে চলে, এই সব কিছু মিলিয়েই বিখ্যাত কফি হাউসের আড্ডা (Ray 1995:247)। লেখিকা এবং নকশাল আন্দোলনের সক্রিয় সদস্যা কৃষ্ণা বন্দ্যোপাধ্যায় *আড্ডার* আরও প্রাণোচ্ছল ধারণা দিয়ে বলেন, "*এই আড্ডা* থেকেই আমাদের অনেক নতুন উদ্যোগের

neighborhood: the fans turn as if they have all the time in the world, and the menu still features white toast. I can only conjecture how important this institution is for the students of the nearby universities—for their flirting and their self-discovery—not to mention for the intellectuals and political activists of this city.

An integral element of the Indian Coffee House is the *adda*. Writer PKR describes addas as long sessions that are hosted by friendly activists and are not simply comprised of conversation, discussion, debate, or gossip, but a mix of all these forms (Ray 1995:247). Even livelier is the idea of the *adda* conveyed through the words of author and Naxalite movement activist Krishna Bandhopadhyay: "We too have started many new ventures from this *adda*. Raghab Bandhopadhyay started the little magazine ◯ *Jogasutra* from here ... Then there was *Saash*, which was about theater and even though it was not born here, the people associated with it were part of our *adda*, such as Satya Bhaduri who was a regular ... Our friend Chandan used to publish a magazine called *Chetna* which did not have any particular political affiliation, but used to publish articles on mass movements." Bandhopadhyay herself has published the feminist little magazine ◯ *Khoj* with the aspiration to encourage women to raise their own voices and share their experiences (Bandhhopadhyay 2014:164,166).

PAPER ISN'T CHEAP

College Street is undeniably a cabinet of curiosities of its own making. Here I found a 1927 edition of George B. Bridgman's *Fifty Figure Drawings* with classical representa-

সুচনা হয়েছে।” রাঘব বন্দ্যোপাধ্যায় তাঁর ‘যোগসূত্র’ কাগজটি এখান থেকেই শুরু করেন। ‘শ্বাস’ নামক থিয়েটার গোষ্ঠীর জন্ম এখানে না হলেও এর সঙ্গে সংশ্লিষ্ট লোকজন এই *আড্ডারই* অংশ। যেমন সত্য ভাদুড়ি নিয়মিত আসতেন। আমাদের আর এক বন্ধু চন্দন ‘চেতনা’ নামে এক ম্যাগাজিন বের করলেন। এই কাগজের সঙ্গে কোনও বিশেষ রাজনৈতিক সম্বন্ধ না থাকলেও গণ আন্দোলন নিয়ে নানান লেখাপত্র ছাপা হত এতে। কৃষ্ণা বন্দ্যোপাধ্যায় নিজেই ‘খোঁজ’ নামক একটি নারীবাদী লিটল ম্যাগাজিন ○ বের করতেন। মেয়েদের অনুপ্রাণিত করা, তাঁদের কণ্ঠ তুলে ধরা, তাদের অভিজ্ঞতা ভাগ করে নেওয়াই এই পত্রিকার মুল উদ্দেশ্য (Bandhhopadhyay 2014: 164, 166)।

কাগজ সস্তা নয়

কলেজস্ট্রিট অনস্বীকার্যভাবে একটি কৌতুহলের আকর। এখানেই আমি খুঁজে পেয়েছিলাম জর্জ বি ব্রিজম্যান প্রণীত ‘ফিফটি ফিগার ড্রয়িং’-এর ১৯২৭ সালের একটি সংস্করণ যার ক্লাসিক্যাল উপস্থাপনার স্বকীয় বিন্যাসটি আমায় আজও বিস্মিত করে। স্কেচ এবং সুকষ্ম বিস্তারিত অঙ্কন, একইরকম সমশ্রেণীভুক্তভাবে নির্মিত মনুষ্যদেহের রুপায়ণ আলগাভাবে একটি পেজ লে আউটে কোনও রকম ইমেজ লেজেন্ড ছাড়াই আপাতভাবে বইটিতে সরাসরি চিত্রিত হয়েছে। তারওপর, উডওয়ার্মকৃত চিহ্ন ছড়ানো ছেটানো রয়েছে, যেগুলি মনে হয়, আঁকারই অংশ। এইরকম কীটসৃষ্ট উপস্থাপনাগুলি যেন শৈল্পিক সৃষ্টির মতই বিদ্যমান লে আউটের ওপর যেন চাপানো হয়েছে। এইরকম শিল্পসমাহার ‘ফিফটি ফিগার ড্রয়িং’-কে একটি আর্টওয়ার্ক বানিয়ে তুলেছে। খোলা দুটি পাতা বইটির বিন্যাসের গভীরে নিয়ে যাবে আপনাকে। কাঠকীটরাই যেন বইটিকে গবেষণার বিষয় করে তুলেছে।

সারা পৃথিবীতে কাগজের যে মাধ্যম এবং তার ইতিহাস নিয়ে পর্যালোচনা করা বেশ কৌতুহলোদ্দীপক ব্যাপার। আমি এই তথ্য সম্পর্কে অবগত হই যে, ভৌগোলিকভাবে পেপারমেকিং সম্পর্কিত জ্ঞানবিস্তারের সঙ্গে সঙ্গে শুধুমাত্র চীরাবাস নয়, টেক্সটাইল, করডেজ, ইত্যাদিও পেপার তৈরিতে কাজে লাগানো হয়। বর্জ্য জিনিসপত্র দিয়ে রি-সাইক্লিং পদ্ধতিতে নানা ধরণের উপাদান তৈরি করা যায় (Müller 2012:19–28)। এই ভাবমুর্তি কলকাতায়

tions whose idiosyncratic design still astonishes me. Reproduced in sketches and detailed drawings, the homogeneously executed depictions of the human body are loosely presented in a page layout without any captions, apparently drawn in part directly in the book. Moreover these representations, interspersed with traces of woodworm, which themselves appear to be traces of drawing, are overlaid in an artistic composition on top of the existing layout. The combination undoubtedly makes this copy of *Fifty Figure Drawings* an artwork in itself, an object whose open double pages can literally lead into the depths of book design. In addition, through its wood-loving worms, the book spurs me to the topic of paper.

When I was investigating the history of the medium of paper in Southeast Asia, I was struck by the following information about print production: with the geographic spread of the knowledge of papermaking, not only did rags, used textiles, and cordage/ropes become of major importance within paper manufacturing, but a new system of recycling began to become established in which a different kind of material was produced from collected refuse (Müller 2012:19–28). This image fits Kolkata ○ perfectly, even though in West Bengal around 1870, jute—the kind that stems from a less profitable way of production—was used for making paper in addition to rags and discarded paper (Ray 2018:152–157). However, for other reasons, paper was and is a challenging issue for printers and publishers. Reportedly, handmade Indian paper, called *Patna*, and imported so-called "Europe paper" were both available in Kolkata ○ in the eighteenth century. The quality of Patna was not good: it was dingy, porous, and rough. Europe paper was higher in quality

বেশ মানানসই। পশ্চিমবাংলায় ১৮৭০ সাল নাগাদ থেকে পাটজাত দ্রব্য দিয়ে জিনিসপত্র তৈরি বেশ সাশ্রয়ী বলে বিবেচিত হতে থাকে। এর সঙ্গে ছেঁড়া কাপড় ও ফেলে দেওয়া কাগজ মিলিয়ে তৈরি হয় নতুন কাগজ (Ray 2018: 152–157)। বিবিধ কারণে কাগজ একটি সমস্যার বিষয় হয়ে দাঁড়ায় প্রিন্টার ও প্রকাশকদের কাছে। হ্যান্ডমেড দেশীয় কাগজের নাম 'পাটনা কাগজ'। এই 'পাটনা' কাগজ আর আমদানি করা ইউরোপীয় কাগজ, দুই-ই আঠারো শতক থেকে কলকাতায় ○ সুলভ (Shaw 1981:35)। একটি মানে নিম্ন আর অন্যটির দাম মাত্রাতিরিক্ত। প্রায় ১৫০ বছর পরে ১৯৭৫ সালেও একই রকম মুল্যায়ন লক্ষ্যণীয়। যদিও এর মধ্যে কাগজের বিদেশী আমদানি সীমায়িত করা হয়েছে। একটি বইয়ের মোট উৎপাদন খরচের প্রায় ৫৫% ব্যয় করা যায় কাগজের পেছনে। সঠিক উপাদান অনেক সময় পাওয়াও যায় না (Altbach 1975:43)।

আজকের দিনে দাঁড়িয়েও একটা অভিযোগ নানা আলাপে ও আলোচনায় উঠে আসতে শোনা যায়, আর তা হল কাগজের খরচ। লিটল ম্যাগাজিন ○ কর্মী প্রণবকুমার চট্টোপাধ্যায় এবং আরও নানান প্রিন্টার ও প্রকাশকদের কাগজের মুল্য নিয়ে সমস্যার সম্মুখীন হতে হয় প্রায়শয়ই। দফতরিপাড়ার ○ কাগজের ডিলাররা চীন দেশীয় কাগজশিল্পের মাধ্যমে উৎপাদিত কাগজ ব্যবহার না করার পরামর্শ দেন। দাম খুব একটা পড়ে না বটে, তবে কাগজের মান খুব একটা ভালো নয়। এগুলো তৈরিও হয় বেশ অস্বচ্ছ পরিবেশ পরিস্থিতিতে। সেক্ষেত্রে পশ্চিমবাংলার বিভিন্ন আঞ্চলিক মিলগুলোতে প্রস্তুত ভালো মানের কাগজ ব্যবহার করা যেতে পারে। এই সীমিত সফরসময়ে আমি কেবল কলকাতার ○ নিরুপমা একাডেমি অব হ্যান্ডমেড পেপার-এর তৈরি কাগজের মান খতিয়ে দেখতে পেরেছি। অনুপম চক্রবর্তীর সঙ্গে এবং তাঁর আতিথেয়তায় আমার প্রথম শহর ঘুরে দেখার সময়ে।

but also in price. Often a work was printed on both types, with the European paper version costing an additional twenty-five to fifty percent (Shaw 1981:35). In 1975, i.e., 150 years later, the comparison is similar, even though, in the meantime, paper imports are officially limited. In the mid-1970s, up to 55 percent of the total cost of a book was attributable to the paper, under conditions in which a suitable material might not even have been available (Altbach 1975:43).

Even today, a common complaint expressed to me in diverse conversations is the cost of paper, e.g., as voiced by little magazine ○ activist Pranab Kumar Chattopadhyay or various printers. However, Daftaripara's ○ paper dealers advise us against using industrially produced paper from China for the production of this book: although it is inexpensive, the quality is poor and it is manufactured under dubious conditions. We are instead encouraged to use locally produced paper: West Bengal has a number of its own paper mills producing good-quality paper. However, to date, I have only been able to check production conditions at the Nirupama Academy of Handmade Paper in Kolkata ○, where Anupam Chakraborty, the owner, was my host on my first visit to the city.

It is a warm October morning. For once, I am not sitting in a printing workshop in Kolkata ○, but am lost in thought sitting on a pile of paper at Thomi Wolfensberger Lithographic Printers in Zurich. In the background the printing press rhythmically whirrs, clicks, and thumps. I've come here once again to speak with Thomi about what characterizes an experimental approach to print. What exactly are its features? Does it require the invention of new machines or is experimenting with printing colors on top of each other sufficient? Is it the interventions on the prepress ● template or the freehand drawing of unfamiliar subjects directly onto a printing plate ●? Does it always have to entail fine arts print ● or print as artistic medium, or can it also include circus posters released as an edition of endless copies? Do experiments in print also include the structure of the publishing industry or methods of book presentation? And unbound books and entire libraries? In other words, at what point does Kolkata ○ really become a *City of Print*?

My first flash of insight occurs when Dipanwita Sarkar, poet and translator of my text into Bengali, draws my attention to the quiddity or distinctive features of language with a simple remark: "There are many words and things whose inherent nature or essence can only be expressed in their own language, they can only be translated to a limited extent into another language." A claim that also applies to the language of print, as becomes clear to me: in Kolkata ○, where there are homemade machines; where working with color is always an experiment; where in between infrastructure and aspiration, some kind of

সেদিন ছিল অক্টোবরের এক উষ্ণ সকাল। কলকাতার ○ কোনও প্রিন্টিং কর্মশালায় নয়, বরং বসে আছি জুরিখে।থমি উলফেন্সব্যার্গার লিথোগ্রাফিক প্রিন্টারস-এ একগাদা কাগজপত্রের মধ্যে চিন্তামগ্ন হয়ে বসে, প্রিন্টিং প্রেসগুলির ঘর্ঘর, শোঁ শোঁ, টিক টিক, দুম দুম নানাবিধ আওয়াজের আবহে। প্রিন্টের ওপর পরীক্ষানিরীক্ষামূলক পদ্ধতিগুলির বৈশিষ্ট্য ও চরিত্রগুলি ঠিক কী কী হতে পারে তা নিয়ে থমির সঙ্গে আর একবার আলোচনা করতে এসেছি। ফিচারগুলি ঠিক কী কী এবং কেমন, এর জন্য কি নতুন মেশিনের উদ্ভাবন প্রয়োজন? নাকি, প্রতিটির ওপর প্রিন্টিং কালার দিয়ে পরীক্ষানিরীক্ষা করাই যথেষ্ট? এটা কি প্রিপ্রেস টেমপ্লেটের ওপর হস্তক্ষেপ? না কি সরাসরি প্রিন্টিং প্লেটের ওপর নিতান্তই হাতে আঁকা অচেনা বিষয়? ফলস্বরূপ একে কি হতেই হবে কোনও চারুকলা স্বাক্ষরিত মুদ্রণ? নাকি অগণিত ছাপা হয় এমন কোনও সার্কাসের পোস্টারও হতে পারে তা? প্রকাশনা শিল্পের গঠনপ্রক্রিয়া বা বই উপস্থাপনার উপায়সমূহগুলি কি প্রিন্ট-এর নানা পরীক্ষানিরীক্ষার মধ্যে পড়ে? বাঁধাইহীন বই বা গোটা গ্রন্থাগার এর অন্তর্ভুক্ত কি? ঠিক কোন নিরিখে কলকাতাকে বলা যায় 'সিটি অব প্রিন্ট'?

প্রথমবার আমার ভাবনায় দমক লাগে যখন আমার বইয়ের বাংলা অনুবাদক ও কবি দীপান্বিতা সরকার একটি সরল মন্তব্যের মাধ্যমে ভাষার এক স্বতন্ত্র বৈশিষ্ট্য ও সারমর্মের দিকে আমার মনযোগ আকর্ষণ করেন: "অনেক শব্দ, ধ্বনি ও বিষয়ই তাদের অন্তর্নিহিত প্রকৃতি ও মাধুর্যসহ মাতৃভাষার মত আর অন্য কোনও ভাষাতেই ঠিকঠাক অভিব্যক্ত হতে পারে না। অন্য ভাষায় অনুদিত হলেও তা একটি নির্দিষ্ট সীমার মধ্যেই আবদ্ধ থাকে। তার স্বরূপ বা প্রকৃত রসটি অধরাই থেকে যায়।" এই একই দাবি যে প্রিন্টিং-এর ক্ষেত্রেও প্রযোজ্য, তা ধীরে ধীরে আমার কাছে স্পষ্ট হয়েছে। কলকাতায় কিছু বাড়িতে তৈরি মেশিন রয়েছে, রং নিয়ে কাজ করাও তো এক ধরণের পরীক্ষানিরীক্ষার মধ্যেই পড়ে। পরিকাঠামো ও উদ্দেশ্য—এই দুইয়ের মধ্যে কিছু তাৎক্ষণিক উদ্ভাবন সবসময় ঘটতে দেখা যায় প্রিপ্রেসের ক্ষেত্রে। এবং, অনুরোধের খাতিরে প্রিন্টিং প্লেটের ওপর হাতে আঁকা বা উডব্লক কার্ভ পদ্ধতি অবলম্বন বিশেষ উল্লেখযোগ্য। কলকাতায় লিটল ম্যাগাজিনের ○ পাশাপাশি চলছে বটতলা প্রিন্ট এবং পাব্লিক ট্রান্সপোর্ট ডিফেন্স ডিভাইসেস। তেমনই মানচিত্রের ওপর সুকক্ষ্মরেখাগুলি আঁকার খাতায় ভাবনার সঙ্গে সঙ্গে ভাষাকেও দিচ্ছে সচলতা।

improvisation takes always place in prepress ●; and, where, upon request, freehand drawing is also done on printing plates ● or woodblocks ● carved to specification. In Kolkata ○, there are little magazines ○, Battala ○ prints, and "public transport defense devices," through which in addition "lines stroked on maps and in drawing books" keep maps and books, as well as language, in motion. All this, in addition to the poetry of printed forms, the poetry of handwritten book titles, and the poetry in brothels. All at once it becomes clear to me that it isn't that experiments do *not* happen, but rather that I have not been seeing them, because their connotation is so different from the one to which I have become accustomed.

So there is nothing else I can do but completely surrender the text to these experiments. As a chic Artist's book ●, as a facsimile ● of it, and as a pirated copy, in English, in German, in English Bengali, in Bengali German, Sanskrit, hand-drawn, bound, and industrially produced. With the contents of book markets, printing presses, entire libraries, and individual zines ●. As printed image, cast letter, rubber stamped paper, and rattling offset printing ● machine. Xerox ●, woodblocks ●, printed lines, and litho ● stones. Self-published, with ISBN number and typed. With one publishing firm here and another there. In hand-drawn Bengali and with the computer, as a political poster and as iconographic knowledge. In educational centers and *addas*, on bus tickets and with a dialer numbering rubber stamp ●. Wouldn't this be a *poetry of multiplicity*, even if this meant that the book itself would devour me?

Towards the end of the production process, when it turns out to be impossible to correctly render the Bengali translation using the desktop publishing and typesetting

এর পাশাপাশি রয়েছে ছাপার অক্ষরে কবিতা, হাতে লেখা কবিতাবইয়ের নাম, এই শহরের ব্রথেলেও ছড়িয়ে আছে কবিতা। হঠাত করেই আমার মনে হল, গবেষণা বা পরীক্ষানিরীক্ষা হয় নি এমনটা কিন্তু নয়, বরং আমিই হয়ত খেয়াল করিনি কেননা তাদের সংজ্ঞা আমার অভ্যস্ত পরিসরের থেকে অনেকটাই আলাদা।

অতঃপর, আমার এই বইটি এসব পরীক্ষানিরীক্ষার কাছে আত্মসমর্পণ না করে পারে না। একটি চটকদার আর্টিস্ট'স বুক, এর প্রতিলিপি, এর জাল কপি, ইংলিশে, জার্মানে, বাংলা-ইংলিশে, বাংলা-জার্মানে, সংস্কৃতে, হাতে আঁকা বা বাঁধাই করা এবং শিল্পদ্যোমে নির্মিত, এমন যে কোনও কিছুই হতে পারে এর নিয়তি। বই বাজারের মুল বিষয়সমুহের মধ্যে পড়ে প্রিন্টিং প্রেসগুলি, সম্পুর্ণ গ্রন্থাগার এবং ব্যক্তিগত পত্রিকা। প্রিন্টেড ইমেজের মধ্যে পড়ে কাস্ট লেটার, স্ট্যাম্পড পেপার এবং ঘর্ঘর শব্দযুক্ত অফসেট মেশিনগুলি। জেরক্স, উডব্লক, প্রিন্টেড লাইন এবং লিথো-স্টোন সবই প্রিন্টের নানা অনুষঙ্গ। আত্মপ্রকাশিত বই, তার আইএসবিএন নম্বর, এক প্রকাশনা সংস্থা থেকে অন্য আর একটি, হাতে লেখা বা কম্পিউটারে টাইপ করা, রাজনৈতিক পোস্টার থেকে মুর্ত জ্ঞানভাণ্ডার নির্মাণে 'ছাপা' অবিচ্ছেদ্য। শিক্ষা প্রতিষ্ঠানগুলিতে, আড্ডায় আসরে, বাস টিকিটে রাবার স্ট্যাম্পের ডায়ালার নাম্বার সহ সবেতেই ছাপার অক্ষর। এই কি তবে বহুতার কবিতা নয়?

বই প্রস্তুতি পর্বের শেষ দিকে যখন ডেস্কটপ পাবলিশিং ও টাইপসেটিং সফটওয়্যার ইন ডিসাইন ব্যবহার করে বাংলা অনুবাদটিকে রূপ দেওয়া সম্ভব হল না তখন যে সমস্ত প্রস্তাবিত সমাধান আমাকে দেওয়া হল, তাতে আমি বেশ অবাক হলাম। দুর্ভাগ্যবশতঃ বাংলা ফন্টগুলি ইউনিকোড অনুবর্তী বা ইউনিকোড দ্বারা সমর্থিত নয়, ইউনিকোড বিশ্বজনীন, এই ডিজিটাল যুগে এটি একটি বেশ গুরুত্বপুর্ণ প্রযুক্তি কিন্তু বাংলা হরফের পুনরুৎপাদন এবং গঠনের জন্য এটির ক্ষমতা সীমাবদ্ধ। যদিও বাংলা পৃথিবীতে সপ্তম সর্বাধিক কথিত স্থানীয় ভাষা এবং সেই হিসেবে বিচার করলে এটি বড়ই বিস্ময়কর মনে হয়। শুধু তাই নয়, এমনকী, কলকাতায় বসে লেখার ক্ষেত্রেও একজন ব্যক্তির নিজের ডিভাইসে বাংলা হরফ টাইপ করার জন্য অভ্র কী বোর্ডের মত সহায়ক সফটওয়্যার ছাড়া মাইক্রোসফটের বহুবিস্তৃত শব্দ প্রক্রিয়াকরণ সফটওয়্যার 'ওয়ার্ড' ব্যবহার করে বাংলা লেখা প্রায় অসম্ভব। অক্ষরগুলি টাইপ করা হলে তারা পরস্পর সংযুক্ত হয় এবং সেই সমাহার আরও সুন্দর অক্ষরবিন্যাস তৈরি করে ঠিক যেমন আইনস্টাইন আর নরসিংহ অবতার

software InDesign, I am amazed at all the different proposed solutions that I am given. Unfortunately, the fact is that Bengali fonts are not compliant with or supported by Unicode, a so-called "international" standard. While Unicode is a useful tool in our digital age, it is limited in its ability to reproduce the idiosyncrasies of Bengali, which is all the more astonishing considering that this language is the seventh most spoken native language in the world. But not only that, even when writing, in Kolkata ○, one is left to one's own devices: Without auxiliary software such as Avro Keyboard, typing Bengali characters—which like to merge together and whose combination creates further beautiful characters—using Microsoft's widespread word processing software Word is not possible. So, all things considered, it is like when Einstein and Narasingha merge in the same image: as summarized by a friend, "very confusing" and even beyond the power of imagination.

Kolkata City of Print

একই ছবিতে মিলে গিয়েছিল, এবং একজন বন্ধুর মন্তব্য অনুযায়ী তা 'বেশ গোলমেলে' ব্যাপার এমনকী মাঝেমাঝে কল্পনারও অতীত এই 'মুদ্রণের শহর কলকাতা'। তেমনই কম্পিউটার ডিভাইসে বাংলা লেখাও একইরকম জটিল। হয়ত, এইসব গোলক ধাঁধাঁ-য় পড়ে আমার লেখা বইটিই আমাকে গ্রাস করবে। যেমন নরসিংহ অবতার ও আইনস্টাইন মিলে গিয়েছেন একটা ছবিতে। আমার বন্ধুর মতে বিষয়টি 'বড়ই জটিল'। যেমন জটিল ছাপার শহর কলকাতাও।

GLOSSARY

All the names and terminology relevant to Kolkata City of Print are listed below under four broad categories.

- institutions and organizations
- persons
- ○ local expressions and names of historical movements
- ● nomenclature specific to print

The various sources for this glossary include personal conversations, business cards, personal research notes, WhatsApp conversations, colleagues, the Internet, and diverse publications, especially technical handbooks for print. The most important of these last include: *Typorama. Rund um das graphische Gewerbe* (Atenen and Jaggi 1964), a comprehensive description of the operations of a print company published by the former Kirschgarten Druckerei in Basel, which was founded in 1876 and ultimately—a clear sign of the transformation of the printing industry—liquidated in 2006; *The Printed Picture* (1st ed., 2010), a standard reference by Richard Benson published by the Museum of Modern Art; Ernst Rebel's *Druckgrafik. Geschichte und Fachbegriffe* (1st ed., 2003), a small but comprehensive booklet about the history and special terminology of print; *The Complete Printmaker. Techniques/Traditions/Innovations* by John Ross, Clare Romano, and Tim Ross (1972), which includes the chapter "School Printmaking"; and, *Printmaking: A Complete Guide to Materials & Processes* by Beth Grabowski and Bill Fick (1st ed., 2009).

কলকাতা সিটি অব প্রিন্ট -এর প্রাসঙ্গিক সমস্ত নাম ও পরিভাষা নীচে বিস্তৃতভাবে চারটি বিভাগে উল্লেখ করা হলো। সমগ্র পাঠটিকে সহজ রাখার জন্যে বাংলা টিপ্পনির গঠন ইংরাজীর মতই রাখা হলো।

প্রতিষ্ঠান ও সংস্থা

মানুষজন

○ স্থানীয় পরিভাষা ও প্রকাশভঙ্গী, ঐতিহাসিক আন্দোলন

● মুদ্রণের সঙ্গে সংশ্লিষ্ট পরিভাষা ও নাম

ব্যক্তিগত আলাপচারিতা, বিজনেস কার্ড, ব্যক্তিগত গবেষণার নোটস, হোয়াটস অ্যাপে কথাবারতা বন্ধু-সহকর্মী, ইন্টারনেট পরিষেবা, মুদ্রণের জন্য নির্ধারিত বিভিন্ন ব্যাবসায়িক প্রযুক্তিবিষয়ক হ্যান্ডবুক প্রভৃতি থেকে উঠে এসেছে এই শব্দকোষ নির্মাণের জন্য প্রয়োজনীয় তথ্যসমুহ। এগুলির মধ্যে সর্বাপেক্ষা উল্লেখযোগ্য হল *Typorama. Rund um das graphische Gewerbe* (Atenen and Jaggi 1964), এটি হল বাসেলের প্রাক্তন Kirschgarten Druckerei থেকে প্রকাশিত একটি প্রিন্ট কোম্পানির কার্যপ্রণালীর বিস্তৃত বিবরণ। এই প্রকাশনা সংস্থাটি স্থাপিত হয়েছিল ১৮৭৬ সালে এবং শেষ পর্যন্ত মুদ্রণশিল্পের পরিবর্তন ও রূপান্তরের ধারাটি বহন করে ২০০৬ সালে এসে বন্ধ হয়ে যায়। এছাড়াও *The Printed Picture* (প্রথম সংস্করণ, 2010), Richard Benson একটি উল্লেখযোগ্য বই যা প্রকাশিত হয়েছিল মিউজিয়াম অব মডার্ন আর্ট থেকে, Ernst Rebel *Druckgrafik. Geschichte und Fachbegriffe* (প্রথম সংস্করণ, 2003), এটি একটি ছোট্ট পুস্তিকা যাতে আলোচনা করা হয়েছে মুদ্রণ ইতিহাস ও মুদ্রণ সম্পর্কিত নানান পরিভাষা নিয়ে। John Ross, Clare Romano এবং Tim Ross প্রণীত *The Complete Printmaker. Techniques / Traditions / Innovations* (1972) যেখানে 'স্কুল প্রিন্টমেকিং' নিয়ে বিশেষ অধ্যায় রয়েছে। বেথ গ্র্যাবোস্কি এবং বিল ফিক রচিত *Printmaking: A Complete Guide to Materials & Processes* (প্রথম সংস্করণ, 2009)।

○ ADIVASI

Adivasi ○ is a collective term used for the many indigenous peoples of India. It was coined in the 1930s from the Hindu word *adi* which means "of earliest times" and *vasi* which means "inhabitant," mainly as a consequence of a political movement to create a common identity. According to the constitution of 1950, Adivasis ○ are classified as tribals or *Scheduled Tribes*, which vests certain groups and their members with a special legal and constitutional status that differs from state to state and area to area. (The Dalits ○, on the other hand, are classified as the Scheduled Caste.) There are more than 200 distinct peoples speaking more than 100 languages and varying greatly in culture and ethnicity. Despite the size of this population, which is officially eight percent of India's total population but estimated by some experts to be much higher, Adivasis ○ are generally perceived as being oppressed within Indian society (Adivasi 2018). Although there have been laws since the mid-nineteenth century in several parts of India to try to prevent encroachment upon their tribal land and natural resources, it was only after the Naxalite uprising and riots in the northeastern states that this protection was introduced. In practice, however, most of these laws are disregarded and there is actually little protection by the state.

(AKAR PRAKAR)

Gallery in Hindustan Park with a branch in Delhi. Founded in 2004 by Reena and Abhijit Lath, in Kolkata ○ the gallery has at least ten employees and in Delhi at least four. The two most important staff members are Pramita Chowdhury, manager of the gallery in Kolkata ○,

○ আদিবাসী

আদিবাসী ○ একটি জাতিগত পরিভাষা যা ভারতবর্ষের বহুবিধ দেশজ প্রান্তিক জনগোষ্ঠীকে চিহ্নিত করে। ১৯৩০ সাল থেকে এই শব্দটির ব্যবহার শুরু হয়। হিন্দু শব্দ 'আদি' যার অর্থ 'প্রাচীন সময়' এবং 'বাসী' অর্থে 'অধিবাসী' অর্থাৎ যারা বসবাস করে। ১৯৫০ সালে প্রবর্তিত ভারতীয় সংবিধান অনুযায়ী, আদিবাসীদের ○ *সিডিউলড ট্রাইব* হিসেবে বিভিন্ন উপজাতিতে শ্রেণীবদ্ধ করা হয়। বিশেষ আইনি ও সাংবিধানিক স্বীকৃতি দ্বারা মর্যাদা দেওয়া হয় এই প্রান্তিক উপজাতি ও জনগোষ্ঠীর মানুষজনদের। বিভিন্ন অঞ্চলে ও রাজ্যে এই আইনি ও সাংবিধানিক মর্যাদা ও সুযোগ সুবিধার বিভিন্নতা লক্ষণীয় (অন্যদিকে, দলিতরা ○ আবার সিডিউল্ড কাস্ট বা তফশিলী জাতির অন্তর্ভুক্ত)। প্রায় ২০০টি আদিবাসী ○ জাতি ১০০ টির ওপর ভাষায় কথা বলে, অঞ্চল ভেদে তাদের সংস্কৃতি ও জাতিগত রীতিনীতির মধ্যেও পার্থক্য দেখা যায়। ভারতবর্ষের মোট জনসংখ্যার ৮% মানুষজন আদিবাসী। ○ যদিও এটি সরকারি হিসেব। গবেষকদের মতে এদের সংখ্যা আরও অনেক বেশি (Adivasi 2018)। ভারতবর্ষের মত দেশের সমাজ পরিকাঠামোয় আদিবাসীরা ○ নানাভাবে অবহেলিত ও নিপীড়িত হয়। যদিও ঊনবিংশ শতকের মাঝামাঝি সময় থেকেই আদিবাসীদের ○ পক্ষে নানান আইন পাশ করা হয়েছে যাতে তাদের জমি ও অন্যান্য প্রাকৃতিক সম্পদ বলপুর্বক দখল না করা হয়, কিন্তু সেই অর্থে তাদের সুরক্ষা দেওয়ার শুরুয়াত হয়েছে উত্তর পুর্ব দিকের রাজ্যগুলিতে নকশাল উত্থান ও দাঙ্গার পরবর্তী সময় থেকে। এইসব আইনগুলি বাস্তব ক্ষেত্রে খাতায় কলমেই রয়ে যায় আর রাষ্ট্র খুব কমই আদিবাসীদের ○ সুরক্ষা দিতে সক্ষম হয়।

(আকার প্রকার)

কলকাতার ○ হিন্দুস্তান পার্কে অবস্থিত একটি আর্ট গ্যালারি। দিল্লিতেও এর অন্য একটি শাখা আছে। ২০০৪ সালে (রিনা ও অভিজিৎ লাঠ) এই গ্যালারিটি প্রতিষ্ঠা করেন। কলকাতার ○ গ্যালারিটিতে ১০জন কর্মী এবং দিল্লির শাখাটিতে অন্তত পক্ষে ৪ জন কর্মী কাজ করেন। দু'জন গুরুত্বপুর্ণ কর্মচারী হলেন প্রমিতা চৌধুরী এবং অঞ্জনা সিংহ। প্রমিতা গ্যালারির ম্যানেজার। দিল্লির গ্যালারিটির সর্বেসর্বা প্রশাসক হলেন অঞ্জনা। পুর্ববর্তী প্রদর্শনীগুলিতে শিল্পী (আদিত্য বসাক), (চিত্তপ্রসাদ এবং) (সোমনাথ হোরের) কাজ প্রদর্শিত হয়েছে।

and Anjana Singh, all-in-one administrator of the gallery in Delhi. Previous exhibitions have featured, e.g., artists Aditya Basak, Chittaprosad, and Somnath Hore.

● ALTERNATIVE PRESS
Used to describe printed publications that provide a point of view dissenting from that of conventional or official perspectives.

● ALTERNATIVE PUBLISHING (aka SELF-PUBLISHING)
These terms designate publications, books, journals, or zines ● that go beyond the traditional parameters of regular publishers. As suggested by the notion of self-publishing ●, these can be published personally by the author or editor or by a non-commercial-oriented publishing company. Often the resulting publications have no ISBN number.

ART & CO.
Dealer in various print products ranging from zinc, rubber, polymer, and woodblocks ● to plaques, rubber stamps, and banners, as well as operating a museum featuring noteworthy and historical printing blocks ●. Founded in 1972, the small business is located on Chitpur Road. The owner—and only employee—is Baidyanath Ash.

● ARTIST'S BOOK
A book made by an artist that inherently questions traditional book types, design conventions, publishing and distribution structures. This can be done on one or several levels such as the artist's choice of the kind of publishing organization or institution, the way the content is treated, through aspects of the design or form, or techniques of production. In contrast to the classic fine arts book, which

● অলটারনেটিভ প্রেস
প্রচলিত ও চিরাচরিত দৃষ্টিকোণ থেকে আলাদা এমন মুদ্রণ প্রকাশনাগুলিকে অভিহিত করে

● অলটারনেটিভ পাবলিশিং, সেলফ-পাবলিশিং / বিকল্প প্রকাশনা, আত্ম-প্রকাশনা
এই পরিভাষাগুলি চিহ্নিত করে এমন সব প্রকাশনা, বই, জার্নাল বা জাইন্স ও পত্রপত্রিকা গুলিকে যারা নিয়মিত প্রকাশকদের প্রচলিত মানদণ্ডকে ছাড়িয়ে স্বতন্ত্র ভাবে প্রকাশিত হয়। এই ধারণাটি আত্ম প্রকাশনার ● ক্ষেত্রেও প্রযোজ্য। অনেক লেখক সাহিত্যিক বা সম্পাদক অথবা অ-বাণিজ্যিক প্রকাশনা সংস্থা যখন নিজেদের অর্থে নিজেদের অথবা পছন্দমত বই প্রকাশ করেন, এসব ক্ষেত্রে কোনও আইএসবিএন নম্বর লাগে না।

(আর্ট এন্ড কো.)
বিভিন্ন মুদ্রণ পণ্য যেমন জিঙ্ক, রবার, পলিমার, উডব্লকস ● থেকে শুরু করে প্লেক্স, স্ট্যাম্প, ব্যানার ইত্যাদির ব্যাপারি ও পরিবেশক। যেসব প্রদর্শনশালায় উল্লেখযোগ্য ও ঐতিহাসিক ব্লকগুলি ● প্রদর্শিত হয়, সেগুলি পরিচালনার দায়িত্বও নেয় এই সংস্থা। ১৯৭২ সালে স্থাপিত হয় এই প্রতিষ্ঠান। এই ছোট্ট ব্যবসায়িক প্রতিষ্ঠানটি কলকাতার ○ চিৎপুর রোডে অবস্থিত। প্রতিষ্ঠানের মালিক ও কর্মী একজনই। তিনি হলেন শ্রী (বৈদ্যনাথ আশ)।

● আর্টিস্ট'স বুক
একজন শিল্পীর নির্মিত পুস্তক যা গতানুগতিক বইয়ের ধরণের চাইতে অনেকটাই আলাদা। বইয়ের ডিসাইন, প্রকাশনা এবং পরিবেশনা সবটাই প্রচলিত প্রথাকে প্রশ্নচিহ্নের সামনে দাঁড় করিয়ে নিজের স্বাতন্ত্র্য প্রকাশ করে। শিল্পীর খেয়াল-খুশি মতই হয় বইয়ের বিন্যাস ও আয়োজন। কোন প্রকাশনা সংস্থা থেকে বইটি প্রকাশিত হবে এবং বইয়ের বিষয়বস্তু, প্রকাশনা, প্রযুক্তি সবটাই শিল্পী তাঁর ইচ্ছে মতই নির্বাচন করেন। সাবেকি ঘরানার আর্ট বুক থেকে কিছু আলাদা হয়ে এই বইগুলি বর্তমান সময়ের শিল্পধারাটিকে উপস্থাপিত ও প্রতিফলিত করে। আর্টিস্ট'স বুক ● -এর বিন্যাস, সজ্জা এবং প্রকরণ একটি স্বতন্ত্র স্বাধীন শৈল্পিক কাজ হিসেবে পরিগণিত হয়। শৈল্পিক কাজটির মাধ্যম ও তার গঠন সবটাই শিল্পীর হাতে।

(আশ, বৈদ্যনাথ)
জন্ম, ১৯৫০
(আর্ট এন্ড কো.)-এর মালিক। হুগলী জেলার কোন্নগরে বসবাস। কলকাতার ○ চিৎপুর অঞ্চলে ব্যবসা চালান।

presents and reflects on existing artistic works, the format of the artist's book ● aims to be perceived as an independent artistic work. The form of the medium is largely in the hands of the artist.

ASH, BAIDYANATH
b. 1950
Owner of (Art & Co.) Lives in Konnagar, Hoogly district, and works in Chitpur, Kolkata ○.

BASAK, ADITYA
Painter and collector of woodblocks ● and *almanacs*. Studied Fine Arts at the Government College of Art & Craft, Kolkata ○. Lives and works in Chitpur, Kolkata ○.

BASAK, ATIN
b. 1966
Artist whose recent body of work features etchings (intaglio ●) and lithographs ● on paper. Studied painting at the Government College of Art & Craft, Kolkata ○, and received his MA in printmaking at Maharaja Sayajirao University of Baroda, Vadodara, Gujarat. Lives and works in Garia, Kolkata ○.

BASU, DEBNATH
b. 1961
Printmaker. Work includes artist's books ● and mixed media collages with ink on paper. In the sense of a re-contextualization, uses graphite dust procured from local iron foundries. Received a BA in printmaking from Rabindra Bharati University, Kolkata ○. Lives and works in Howrah, West Bengal.

○ BATTALA
(aka BAT-TALA OR BAT-TAL)
The term was originally used for (military) receipts, but the category now includes many other forms such as song lyrics, propaganda pamphlets, posters, Muslim Bengali legends, mythological works, novels,

বসাক, আদিত্য

জন্ম, ১৯৫৩

একজন চিত্রশিল্পী, উডব্লক ● ও পঞ্জিকা সংগ্রাহক। কলকাতার ○ গভর্নমেন্ট কলেজ অব আর্ট এন্ড ক্র্যাফট থেকে ফাইন আর্টস নিয়ে পড়াশোনা করেছেন। চিৎপুর অঞ্চলের বাসিন্দা, কর্মস্থলও এই এলাকাতেই।

বসাক, অতীন

জন্ম, ১৯৬৬

একজন শিল্পী যার সাম্প্রতিক কাজকর্মের বৈশিষ্ট্য কাগজের ওপর এচিং (ইনট্যাগলিও ●) ও লিথোগ্রাফস ●। গভর্নমেন্ট কলেজ অব আর্ট এন্ড ক্র্যাফট, কলকাতা ○ থেকে চিত্রকলা বিষয়ে পড়াশোনা। বরোদা মহারাজা সায়াজিরাও বিশ্ববিদ্যালয়, ভদোদরা, গুজরাট থেকে প্রিন্টমেকিং-এ স্নাতকোত্তর। কলকাতার ○ গড়িয়া অঞ্চলে বসবাস ও কাজকর্ম।

বসু, দেবনাথ

জন্ম ১৯৬১

প্রিন্টমেকার, আর্টিস্ট'স বুক ● আর মিক্সড মিডিয়া কোলাজ নিয়ে কাজ করেন। প্রসঙ্গত, স্থানীয় লোহার কারখানা থেকে গ্র্যাফাইট গুঁড়ো সংগ্রহ করে তিনি কাজ করেন। রবীন্দ্রভারতী বিশ্ববিদ্যালয় থেকে প্রিন্টমেকিং-এর ভিস্যুয়াল আর্টস বিষয়ে স্নাতক। বসবাস ও কাজকর্ম হাওড়াতে।

○ বটতলা (বট-তলা বা বট-তল)

এই বিশেষ শব্দটি আদিতে মুলত রসিদের (সেনাবাহিনীর) ক্ষেত্রে ব্যবহার করা হত। কিন্তু এই বিভাগে অন্তর্ভুক্ত ছাপার নানান বিষয় ও বৈচিত্র্য যেমন গানের পদ, প্রজ্ঞাপন পুস্তিকা, বাঙালি মুসলিমের কাহিনি, পঞ্জিকা, পোস্টার, উপন্যাস, পৌরাণিক উপকথা, পবিত্র দিনের দিনপঞ্জিকা ইত্যাদি (Ghosh 2004: 178)। প্রধান প্রযুক্তি ছিল উডকাট ●। উনিশ শতকে বটতলা মুদ্রণ ও প্রকাশনা ছিল চিৎপুর এলাকা ও এর দক্ষিণে শোভাবাজারসহ লাগোয়া অঞ্চলকে কেন্দ্র করে। এই এলাকার একটি পাড়ার নাম থেকে থেকে উঠে এসেছে এই শব্দ। সম্ভবত সেই পাড়ায় ছিল বিশাল এক বটগাছ, সেখান থেকেই এই নামের উৎপত্তি (Shaw 1981:1; Paul 1983:10)।

○ বাংলার রেনেসাঁ

এই শব্দবন্ধটি ভদ্রলোক ○ সমাজের উত্থানকে ঘিরে এক বিপুল উদ্দীপনাকে চিহ্নিত করে। আঞ্চলিক 'এলিট' বা 'বাবু' সম্প্রদায় ও তথাকথিত স্থানীয় সংস্কৃতির উন্মেষ হয় উনবিংশ শতক ও বিংশ শতকের প্রারম্ভের সময়কালে। প্রচলিত মতের বিরুদ্ধতায় এই শ্রেণী ব্রিটিশ মানুষজনদের সংস্পর্শে এসে এবং ইংরাজি শিক্ষায় শিক্ষিত হয়ে নিজেদের ভাগ্য নিজেরাই নির্ধারণ

almanacs, and holy or religious days calendars (Ghosh 2004:178). The main technique was woodcut ●. The word derives from and was also used to refer to the name of a neighborhood which was the center of the printing industry in the nineteenth century and was located mainly in the Chitpur district and in Shovabazar (Shaw 1981:1; Paul 1983:10).

○ BENGAL RENAISSANCE

The term refers to the quest of the emerging bhadralok ○ or local elite for its own, so-called native culture between the early nineteenth and the early twentieth centuries. The paradox is that this very societal stratum built its fortunes through the association and exchange with Europeans (mainly the British) and was mostly educated in British schools. While this elite increasingly turned away from the notion of the British as a partner in terms of social progress and toward nationalist ideals, its aversion to the British was accomplished without really questioning the underlying societal structure of power, even if such was claimed. The Bengal Renaissance ○ remained an endeavor of the elite, but the ensuing nationalism continues to this day to cut across all social strata.

○ BENGAL SCHOOL (aka BENGAL SCHOOL OF ART)

Deconstructing tendencies within art history—which are usually difficult to understand without extensive comprehension of their respective societal contexts —is always a daring act. In the case of the Bengal School ○ this is to be considered in relation to the growing resistance to the British Raj marked by such key events as the Great Rebellion of 1857 (also

করেছিল। কিন্তু ধীরে ধীরে এই এলিট বা অভিজাত সম্প্রদায় সামাজিক অগ্রগতির স্বার্থে তার অংশীদার হিসেবে বৃটিশ ধ্যান ধারণা থেকে সরে এসে জাতীয়তাবাদী আদর্শে উদ্বুদ্ধ হল। কিন্তু বিপরীতে ক্ষমতার অন্তর্নিহিত সামাজিক কাঠামোকে সত্যিকারের প্রশ্ন করতে তারা সক্ষম হয়নি, কার্যক্ষেত্রে ব্রিটিশ শক্তি অটুট ছিল। বাংলার নবজাগরণ ○ মুলত একটি অভিজাত প্রচেষ্টা হিসেবেই রূপ পেয়েছিল। কিন্তু পরবর্তীতে জাতিয়তাবাদ সর্ব রকম সামাজিক স্তর জুড়েই বিস্তার লাভ করেছিল।

○ বেঙ্গল স্কুল
(বেঙ্গল স্কুল অব আর্ট)

শিল্প ইতিহাসের অন্তর্নির্হিত বিনির্মাণ প্রবণতা যা কি না নিজ নিজ সামাজিক প্রসঙ্গ বিষয়ে বিষদ উপলব্ধি ছাড়া বোঝা বেশ শক্ত আর এটি বেশ দুঃসাহসিক পদক্ষেপও বটে। বেঙ্গল স্কুলের ○ ক্ষেত্রে বৃটিশ রাজশক্তির বিরোধিতা জোরদার হয় ১৮৫৭ সালের সিপাহী বিদ্রোহের পর থেকে। এই বিরোধিতা চূড়ান্ত পরিণতি লাভ করে ১৯০৫ সালে বঙ্গভঙ্গের ঘটনায়। ভারতবর্ষ থেকে ইংরেজ শক্তিকে বিতারণ করার জন্য শুরু হয় স্বাধীনতা আন্দোলন (→ Marshall 2017)। ভারতের স্বাধীনতা আন্দোলনের অন্যতম গুরুত্বপুর্ণ অধ্যায় হল স্বদেশী আন্দোলন। এই আন্দোলনের লক্ষ্য ছিল অর্থনৈতিক দিক থেকে ব্যবস্থা অবলম্বনের মাধ্যমে বৃটিশদের ক্ষমতা খর্ব করা। বৃটিশ পণ্য 'বয়কট' করে দেশীয় শিল্পকে শক্তিশালী করা ছিল এই আন্দোলনের একটি কার্যকরী পদক্ষেপ। শিল্পকলার নিরিখেও পরিবর্তন লক্ষ করা গিয়েছিল। 'ভারতীয়' বিষয় ও ভাবনা, 'ভারতীয়' রঙের ব্যবহার ক'রে বেঙ্গল স্কুল অব আর্ট ○ আধুনিকতাবাদী ধারণা ও জাতীয়তাবাদী প্রচেষ্টা দুটিকেই শিল্পকলায় সাধিত ও বাস্তবায়িত করার চেষ্টা করে। কীভাবে একটি শিল্পকে আধুনিক ও ভারতীয় দু'টি একসঙ্গে করে তোলা যায়, তা-ই ছিল এই প্রতিষ্ঠানের স্বপ্ন। এই প্রতিষ্ঠানের কুটাভাষগুলিও এই ভাবনা থেকেই নির্ধারিত হয়েছিল। ভারতবর্ষ যে এর আগে প্রায় কয়েক শতক ধরে বৃটিশ রাজশক্তির উপনিবেশ হয়ে ছিল এ' কথা মাথায় রেখেই এবং ঐতিহাসিক অগ্রগমনের বাইরে একটি পৃথক পরিচয় অনুমান করা সম্ভব কিনা অথবা পাশ্চাত্য ধারণার স্বীকৃতি সাপেক্ষে কীভাবে ভারতীয় শিল্প হয়ে উঠতে পারে একইরকম আধুনিক, এসব বিষয়ভাবনাকে গুরুত্ব দিয়েই এই প্রতিষ্ঠান তাদের নতুন উদ্যোগে প্রবৃত্ত হয়েছিল।

called the Sepoy Mutiny) and culminating in the withdrawal of the British from India and the Partition of West Bengal in 1905 (→Marshall 2017). An important part of the Indian independence movement is the Swadeshi movement, aimed at disempowering the British in India through economic measures. This included boycotting British goods and strengthening India's own indigenous industry. Within the arts, this led to a shift toward "Indian" subjects and "Indian" colors, indicating that the Bengal School of Art ○ was both a project of Modernist ideas and a nationalist endeavor. Paradoxes of this movement include: how to be modern and Indian, considering that India had been colonized for centuries and questioning if it is even possible to reconceive an identity outside of this historical development; and how to be Indian and modern if the Modern is acknowledged as a Western concept.

○ BHADRALOK
Describes a local elite, i.e., a societal stratum (in Bengali, literally "gentleman" or "well-mannered person") that became prosperous by doing business with the East India Company and later —after the Sepoy Mutiny— with the British Raj. Although the bhadraloks ○ were mostly from upper castes, they advanced socially through Western education and culture. Today, the term refers to a very specific culture of "gentlefolk" which is not generally appreciated everywhere and even sometimes disparaged.

BHATTACHARYA, PARITOSH
Independent hawker ○ of used books and avid reader; stylite pillar saint of this book.

○ ভদ্রলোক
স্থানীয় 'অভিজাত'দের বোঝায়। একটি নির্দিষ্ট সামাজিক শ্রেণী (বাংলায় এর আক্ষরিক অর্থ সভ্য ও ভদ্র এমন মানুষ, সভ্য আচারনিষ্ঠ মানুষ)। এই শ্রেণীর মানুষেরা সমৃদ্ধ ও প্রতিপত্তিশালী হয়ে ওঠে প্রথমে ইস্ট ইন্ডিয়া কোম্পানি ও পরবর্তীতে বৃটিশ রাজদের সঙ্গে ব্যবসা বাণিজ্য করে। যদিও ভদ্রলোক ○ রা উচ্চ বর্ণের ছিল, কিন্তু তারা তাদের সামাজিক উন্নতি সাধন করেছিল পাশ্চাত্য শিক্ষা ও সংস্কৃতির সান্নিধ্যে এসে। আজকের সময়ে এসে এই শব্দটি যে ভদ্রব্যক্তিদের চিহ্নিত করে তা সাধারণত সর্বস্তরে প্রশংসনীয় নয় মোটেই, বরং কিছুক্ষত্রে ব্যঙ্গাত্মকভাবে মর্যাদাহানিকর ও অপমানজনক অর্থে ব্যবহৃত হতে দেখা যায়।

ভট্টাচার্য, পরিতোষ
স্বাধীন বইবিক্রেতা ○, পুরনো বই ফেরিওয়ালা এবং একজন পিপাসু পাঠক। এই বইয়ের এক অনুপ্রেরণা-স্তম্ভ।

বিকাশ, ভিকি (**জইসওয়াল**)
জন্ম ১৯৮১
একজন স্ক্রিনপ্রিন্টার। ব্যারাকপুর রাষ্ট্রগুরু সুরেন্দ্রনাথ কলেজে এবং ভোলানন্দ জাতীয় বিদ্যালয়ে পড়াশোনা করেছেন। ২০ বছর ধরে স্ক্রিনপ্রিন্টিং ● নিয়ে কাজ করছেন। বিগত সাত বছর ধরে নিজস্ব ব্যক্তিগত প্রতিষ্ঠান (গ্যালাক্সি প্রিন্টারস) চালাচ্ছেন। কলকাতার ○ বাগুইহাটিতে বসবাস।

(**বিশ্বনাথ স্টুডিও**)
একটি অফসেট ● প্রিন্টের দোকান। কিন্তু আসলে লেটারপ্রেস ● এবং স্ক্রিনপ্রিন্টিং ●-এর কাজও হয় এই দোকানে। চিৎপুরের গরানহাটায় এই দোকান। ২০১৮ সালের শুরুর দিকেই এই দোকান তার ব্যবসাপত্র গুটিয়ে ফেলে। অফিসের মধ্যে শুধু বৃহদাকার ওক টেবিলটি তখনও ছিল। HMT SOM 125 ● সিঙ্গল কালার শিটফেড অফসেট প্রিন্টিং ● মেশিনটি এসওএম ১২৫ তখনও কাজ করছিল। কিন্তু শীতের শুরুতে সৌমিক যখন তাদের অফিসে ফোন করল, নম্বর ইতিমধ্যে সংযোগহীন হয়ে গেছে।

বিশ্বাস, দিলীপ জন্ম ১৯৭৮ এবং
অভিজিৎ দাস
জন্ম ১৯৯২
দফতরিপাড়ার বির বাইন্ডিং এন্ড প্যাকেজিং এন্ড সাপ্লায়ার নামক দোকানে ডায়ালার নাম্বারিং রাবার স্ট্যাম্পিং ●-এর কাজ করেন। এই ব্যবসায় বিশ্বাস বাবু ২০ বছর ধরে আছেন এবং দাস নামক ছেলেটি ১০ বছর ধরে কাজ করছেন। তারা কলকাতার ○ উত্তরে সোদপুর ও আগরপাড়া অঞ্চলে থাকেন।

BIKASH, VICKY (JAISWAL) b. 1981
Screenprinter. Studied at Barrackpore Rastraguru Surendranath College and Bholananda National Vidyalaya, both in Kolkata ○. Has worked in screenprinting ● for about 20 years, for the last seven years within his own company (Galaxy Printers). Lives in Baguiati, Kolkata ○.

BISWAS, DILIP b. 1978 & **ABHIJIT DAS** b. 1992
Work for Bir Binding & Packaging and Supplier at Daftaripara ○ doing dialer numbering rubber stamping ●. Biswas has been in business for 20 years, Das around 10 years. They both live north of the city, in Sodpu and in Agarpara.

(BISWANATH STUDIO)
Offset ● print shop, originally also engaged in letterpress ● and screenprinting ●. Based in Garanhatta Street in Chitpur. In early 2018, the print shop was already in liquidation, but the large oak table in the office was still being used, and the HMT ● SOM 125 ● Machine Tools Single Color Sheetfed Offset Printing Machine was still in operation. When Saumik tried to call again in winter 2018, all the telephone numbers had already been disconnected.

○ BOIPARA (aka BOI PARA or COLLEGE STREET)
The term literally refers to the bookstalls around and especially to the south of the intersection of College Street and Mahatma Ghandi Road. But this term also refers to the sprawling street of the same name where countless colleges are located. In this sense, the term is synonymous with the Boipara ○. The place is easily accessible by public transport, but during rush hour it's impossible to leave.

○ বইপাড়া

(বই পাড়া বা কলেজস্ট্রিট)

কলেজস্ট্রিট ও মহাত্মাগান্ধী রোড যেখানে এসে মিলছে তার দক্ষিণে যে বইয়ের দোকানগুলি রয়েছে সেগুলিকেই মুলত বোঝায়। তবে কলেজস্ট্রিট হল সেই আঁকাবাঁকা রাস্তারা যেখানে অবস্থান করছে অগণন কলেজ। এই অর্থে এই শব্দটি বইপাড়ার সঙ্গেও সমার্থক, দুটি আসলে একই জায়গা। সাধারণ গণ পরিবহণের মাধ্যমেই এই অঞ্চলে যাতায়াত করা যায়। কিন্তু ভিড়ভাট্টার সময়ে খুব সহজে ফেরা যায় না।

চক্রবর্তী, অনুপম

জন্ম ১৯৬৬

একজন চিত্রশিল্পী ও বাণিজ্য উদ্যোক্তা। শান্তিনিকেতনে বিশ্বভারতী বিশ্ববিদ্যালয়ের কলাভবনে চিত্রাঙ্কন বিষয়ে পড়াশোনা। এছাড়াও মহারাজা সায়াজিরাও বিশ্ববিদ্যালয়, বরোদা থেকে গ্রাফিক আর্টস নিয়ে পড়াশোনা করেছেন নিরুপমা একাডেমি অব হ্যান্ডমেড পেপার প্রতিষ্ঠানটির স্থপতি ও মালিক। পিকনিক গার্ডেনে থাকেন, কাজকর্ম করেন পিকনিক গার্ডেন ও পার্ক স্ট্রিট অঞ্চলে।

চক্রবর্তী, মৌটুসি

জন্ম ১৯৭৫

একজন অঙ্কন শিল্পী, ফাইন আর্টস প্রিন্টমেকিং ●, চিত্রশিল্প ও ফটোগ্রাফি ইত্যাদি নানান শিল্প নিয়ে কাজকর্ম করেন। তাঁর শিক্ষাগত যোগ্যতা: উইম্বলডন স্কুল অফ আর্ট, লন্ডন থেকে প্রিন্টমেকিং-এ স্নাতকোত্তর। মহারাজা সায়াজিরাও ইউনিভার্সিটি অব বরোদা, ভদোদরা, গুজরাট থেকে প্রিন্টমেকিং-এ স্নাতকোত্তর। বিশ্বভারতীর কলাভবনে গ্রাফিক আর্টস-এ বিএফএ। বর্তমানে অ্যামিটি স্কুল অব ফাইন আর্টস-এর ফলিত কলা বিভাগের সহকারী অধ্যাপিকা। বসবাস কলকাতার ○ দক্ষিণ দমদম অঞ্চলে।

চট্টোপাধ্যায়, প্রণবকুমার

ছোট গল্পকার, অবসরপ্রাপ্ত ব্যাঙ্ক কর্মী, লিটল ম্যাগাজিনের ○ সক্রিয় কর্মী এবং 'চন্দ্রগ্রহণ' নামক পত্রিকার মুখ্য সম্পাদক। নকল সোনার হরিণ মারিচের বিষয়টি তাঁর ছেলের মানসিক ভারসাম্যহীনতাজনিত চিকিৎসার দিক ও বিভিন্ন সমস্যাকে ইঙ্গিত করে।

চিত্তপ্রসাদ

(ভট্টাচার্য, চিত্তপ্রসাদ)

১৯১৫-১৯৭৮

স্ব-শিক্ষিত শিল্পী, কবি এবং কথাকার, ভারতের কমিউনিস্ট পার্টির একজন সক্রিয় সদস্য। বিশেষত উড ● এবং লিনোকাটস ●-এর জন্য আন্তর্জাতিকস্তরে বিখ্যাত। তাঁর অনেক সংখ্যক বই প্রকাশিত

CHAKRABORTY, ANUPAM b. 1966
Painter and entrepreneur. Studied painting at Kala Bhavan, Vishwa-Bharati University, Santiniketan, and Graphic Arts at Maharaja Sayajirao University of Baroda, Vadodara. Founder and owner of the Nirupama Academy of Handmade Paper. Lives at Picnic Garden and works at Picnic Garden and Park Street.

CHAKRABORTY, MOUTUSHI b. 1975
Artist working through drawings, fine arts printmaking ●, paintings, and photography. Her education includes: MA, Printmaking, Wimbledon School of Art, London; MA, Printmaking, Maharaja Sayajirao University of Baroda, Vadodara, Gujarat; and BFA, Graphic Art, Kala Bhavan, Visva-Bharati University, Santiniketan. Assistant Professor in Applied Arts at Amity School of Fine Arts (ASFA). Lives and works in South.

CHATTOPADHYAY, PRANAB KUMAR
Writer and little magazine ○ activist. Co-Editor-in-Chief of *Chandro Groham* [in English, Lunar Eclipse]. Lives and works in Dum Dum, Kolkata ○.

CHITTAPROSAD (aka BHATTACHARYA, CHITTAPROSAD) 1915–1978
Self-taught artist, poet, and storyteller, and active member of the Communist Party of India. Renowned internationally, especially for his wood- ● and linocuts ●. Publication of various books, including *Hungry Bengal. A Tour Through Midnapur District by Chittaprosad in November 1943*, which was not only banned, but seized and destroyed by the British.

● CHROMOLITHOGRAPHY, COLOR LITHOGRAPHY
Refers to a multicolor process whereby the colors

হয়েছিল। এর মধ্যে উল্লেখযোগ্য হলঃ 'হাংরি বেঙ্গল। আ ট্যুর থ্রু মিদনাপুর ডিসট্রিক্ট বাই চিত্তপ্রসাদ ইন নভেম্বর ১৯৪৩) এই বইটি বৃটিশদের দ্বারা শুধুমাত্র নিষিদ্ধই হয় নি, বাজেয়াপ্ত করে ধ্বংস করে ফেলাও হয়েছে।

● ক্রোমোলিথোগ্রাফি,
কালার লিথোগ্রাফি

একটি মাল্টিকালার পদ্ধতি যার দ্বারা বিভিন্নরকম প্রিন্টিংপ্লেট ● থেকে কালার প্রিন্ট করা হয়। পরীক্ষামুলক পদ্ধতির মাধ্যমে প্রিন্টিং-এর ক্রম অবাধে নির্ধারিত হতে পারে। যান্ত্রিক পদ্ধতি বা মনুষ্য হাতে রঙ বিচ্ছিন্নকরনের ● (ম্যানুয়াল কালার সেপারেশন ●) মাধ্যমে তা করা সম্ভব।

● CMYK

→ ফোর-কালার-প্রসেস-প্রিন্টিং ●

● রং বিচ্ছিন্নকরণ

একটি মাল্টিকালার (বহু রঙা) প্রিন্ট বের করার জন্য ছাপার বিষয়টিকে কালার সেপারেশন ● করিয়ে নিতে হয়। এটি মুদ্রণ প্রক্রিয়ারই একটি অংশ। এর ফলে একেকটি রঙকে অন্য আর একটি থেকে স্বতন্ত্রভাবে চিহ্নিত করে পৃথকীকরণ করতে হয়। এটি মনুষ্য হাতেই করা সম্ভব। প্রখর দৃষ্টি ও দক্ষ হাত এই কৌশলটিকে নিয়ন্ত্রণ করতে সক্ষম। যদিও একটি যান্ত্রিক পদ্ধতির সাহায্যও নিতে হয়, তা হল হয় ফোটোগ্রাফিক প্রতিলিপি তৈরির কালার ফিল্টার ব্যবহার করে অথবা, ডিজিটাল পদ্ধতিতে ভালো মানের ফোর-কালার-প্রসেস অনুসারে।

● কপারপ্লেট প্রিন্টিং

→ ইনট্যাগলিও ● প্রিন্টিং

● কপি মেশিন, ফোটোকপিয়ার,
ফটোকপি (জেরক্স, জেরগ্রাফি)

আসলে, আগে এই শব্দটি ব্যবহৃত হত ডিফিউশন ট্রান্সফার রিভার্সাল পদ্ধতির ভিত্তিতে প্রতিলিপি তৈরি করা বোঝাতে (Agfa Copyrapid, ১৯৪৯ সালে যার উদ্ভব)। মুল বিষয় বা নথির থেকে একটি বিশেষ নেগেটিভ ট্রান্সপারেন্সিকে আলোর প্রতিফলনে এক্সপোজ করে একটি পজিটিভ দৃশ্যমান কপি তৈরি করা হত। নেগেটিভের ওপর যে ছবি তা একটি বিশেষ কপি পেপারের পাতায় স্থানান্তরিত করে দেওয়া হয় দুটিকে একসঙ্গে চেপে ধরে (Giffin 2016)। অন্যদিকে, থার্মোগ্রাফিক কপিং-এর ক্ষেত্রে (যেমন, থার্মো-ফ্যাক্স, ১৯৫০) কপি করার পদ্ধতিটি তাপ প্রয়োগের মাধ্যমে করা হয় (ইনফ্রারেড রশ্মির মাধ্যমে করা যেতে পারে)। যেহেতু অন্য কোনও প্রকার রাসায়নিক এ

are printed from different printing plates ●. The order of printing can be freely determined, as in experimental processes, by means of a mechanical method or through manual color separation ●.

● CLICHÉ
→ printing block ●

● CMYK
→ four-color process printing ●

● COLOR SEPARATION
Producing a multicolor print requires that the subject to be printed undergoes color separation ●. As part of the respective printing process, the different colors are thereby to be distinguished and segregated from each other. This can be done manually, i.e., controlled by a good eye and a skilled hand; using a mechanical method, i.e., through the use of color filters in photographic reproduction; or digitally, usually according to the standard four-color process.

● COPPERPLATE PRINTING
→ intaglio ● printing

● COPY MACHINE, PHOTOCOPIER, PHOTOCOPY (aka XEROX, XEROGRAPHY)
Originally such techniques referred to replication on the basis of a diffusion transfer reversal process (Agfa Copyrapid, introduced in 1949), whereby a positive copy was produced by exposing a special negative transparency to light reflected off the original document. The image on the negative was then physically transferred to a special sheet of copy paper by pressing them together (Giffin 2016). On the other hand, with thermographic copying (e.g., Thermo-Fax, 1950) the copying process is triggered

ক্ষেত্রে ব্যবহার করা হয় না, তাই এটি একটি তথাকথিত শুষ্ক প্রক্রিয়া। মুল নথি বা কপি করার বিষয়টির কালো কালি ইনফ্রারেড আলোকে শোষণ করে নেয়। তারপর তাপ প্রয়োগ করে ওই কালি তাপ-সুবেদী কাগজে স্থানান্তরিত করা হয়। আদি জেরগ্রাফি বা জেরক্স ● পদ্ধতি ফটোকন্ডাক্টিভ পদার্থের ওপর ভিত্তি করে হত যার বৈদ্যুতিক প্রতিরোধের ক্ষমতা আলো পড়ার সঙ্গে সঙ্গে কমে যেত। এর সঙ্গে থাকত একটি ইলেক্ট্রোস্ট্যাটিক পদ্ধতিতে শক্তি সঞ্চারক অর্ধপরিবাহী-লিপ্ত ড্রাম (→ Ladner 1973)।

● কার্সিভ

ইটালিক ধরণের হস্তাক্ষর অথবা টাইপ ● করা যা দেখে মনে হয় একটানা 'চলছে' এমন। কার্সিভ ● কথাটি এসেছে মধ্যযুগীয় ল্যাটিন শব্দ *cursivus* থেকে, যার অর্থ 'ধাবমান'। ল্যাটিন শব্দ *cursum*-এর অর্থ হল 'প্রবাহের সঙ্গে যাত্রা'। এই ধরণের লেখা ডিজিটাল টাইপফেস ● ও লেটারস এর টাইপফেসেস ● দু'টি ক্ষেত্রেই প্রযোজ্য।

● সাইক্লোস্টাইল, সাইক্লোস্টাইলড

একটি সহজ ট্রান্সফার ডুপ্লিকেটিং পদ্ধতি, ১৮৮১ সাল থেকে স্বীকৃত হয়, যার সাহায্যে সাইক্লোস্টাইল ●, অর্থাৎ একটি কলমের ডগায় ছোট্ট দাঁতাল চাকা লাগানো থাকে যাতে মোম লেপা স্টেনসিলের ছিদ্রগুলিকে কাটতে সক্ষম হয়, এই মোম-আবৃত স্টেনসিলটিকে বলা হয় সাইক্লোস্টাইলড ●। এটি ব্যবহার করেই ডিসাইন করা কপিগুলি ছাপা হয়ে বেরয়।

○ দফতরিপাড়া

কলকাতার ○ প্রকাশনা শিল্পের পশ্চাৎ-প্রাঙ্গণ। কলেজস্ট্রিট বইপাড়ার দক্ষিণ পুর্ব দিকে অবস্থিত একটি বর্গক্ষেত্রাকৃতি অঞ্চল যাকে চারদিক থেকে সুর্যসেন স্ট্রিট, কেশবচন্দ্র সেন, আর্মহার্স্ট স্ট্রিট, এবং প্রফুল্লচন্দ্র রোড ঘিরে রয়েছে (Roy 2014a: 125–126)। পুর্বে চিৎপুর রোড অঞ্চলটি যেমন ছিল, মুদ্রণপ্রেমীদের স্বর্গরাজ্য কিন্তু গভীর দারিদ্র্য ঘিরে রাখা- তেমনই এই দফতরিপাড়াও। এই স্থানের সকল কিছুই মুদ্রণকে কেন্দ্র করে, কিন্তু শুধুমাত্র মুদ্রণ উৎপাদন নয়, ছাপার সংস্কৃতিকে ভালোবেসে ছাপাখানার নানাবিধ অভিজ্ঞতাও জড়িয়ে রয়েছে এই অঞ্চলের আনাচেকানাচে।

○ দলিত

হিন্দু সমাজ শুধুমাত্র বর্ণ বা জাতিভেদে বিভক্ত নয়, এছাড়াও একটি ভিন্ন সামাজিক স্তর রয়েছে, তা হল দলিত ○। এই দলিত ○ শ্রেণী আবার নানান জাতিতে, উপজাতিতে

by the action of heat (infrared rays) without any other chemicals, i.e., it is a so-called dry process. The infrared light is absorbed by the black ink of the original document, heating it up, and thereby the ink is transferred to heat-sensitive paper. Classic xerography ● or the Xerox ● process is based on a photoconductive substance, whose electrical resistance decreases when light falls on it, in combination with an electrostatically charged semi-conductor-coated drum (→Ladner 1973).

● CURSIVE
Italic type ●, either still written by hand or composed and set in a way resembling handwriting: cursive ●, from Medieval Latin *cursivus*, "running," Latin *cursum*, "journey, going with the flow." The designation applies to both digital typefaces ● as well as typefaces ● of letters.

● CYCLOSTYLE, CYCLOSTYLED
A simple transfer duplicating process patented in 1881 whereby a cyclostyle ●, a pen with a small toothed wheel at its tip, is used for cutting holes in a wax-coated stencil, i.e., cyclostyled ●. Copies of the design can then be printed using the stencil.

○ DAFTARIPARA
Referred to as the "backyard of Calcutta's publishing industry," Daftaripara ○ [in English, bookbinder] roughly refers to a square defined by Surya Street, Kasheb Chandra Sen, Amherst Street, and Prafulla Chandra Road and located southeast of Boipara ○ (Roy 2014a:125–126). It is what the Chitpur Road area once was: a print-lover's heaven combined with deep poverty, where everything revolves around not only what is produced by print, but also how print is experienced and loved.

পুনর্বিভাজিত। এর মধ্যে আদিবাসীরা পড়ে, অ-হিন্দুরাও পড়ে। দলিত ○ কথাটির আক্ষরিক অর্থ হল: 'নিপীড়িত' (Agarwal 2010:13)। বহুকাল ধরে সমাজের দ্বারা হেয় ও বঞ্চিত হয়ে এসেছে দলিতরা ○। তারা সমাজের কাছে 'অস্পৃশ্য'। যদিও, আইনের দ্বারা বর্ণ ভিত্তিক বৈষম্যকে নিষিদ্ধ করা হয়েছে, কিন্তু বাস্তবে দলিতরা প্রায়শই নানান হিংসাত্মক আক্রমণের শিকার হন এমনকী তদন্ত হলেও দলিত অত্যাচারে অপরাধীদের কোনও রকম শাস্তি বিধান হয় না (→ Roy 2014b)। মোটামুটি একটি স্থূল হিসেব অনুযায়ী, ভারতীয় জনসংখ্যার ১৬% দলিত ○ শ্রেণীর অন্তরভুক্ত (International Dalit Solidarity Network IDSN 2013)।

দাস, স্বপন

একজন লেটারার, যিনি শুধুমাত্র পাণ্ডুলিপির ● ডিসাইন করতেই পারদর্শী নন, লিথোগ্রাফির ● জন্য নিজ হাতে প্রিন্টিং প্লেট ● রং করতেও সমান দক্ষ। (রবীন্দ্র লিথোতে) ফ্রিলান্সার হিসেবে কাজ করেন। কোম্পানির মালিক জলদেব গুছাইতকে অনুরোধ করলে তাঁর থেকে আরও কিছু তথ্য পাওয়া যেতে পারে।

দে, নেপাল চন্দ্র

জন্ম ১৯৪৮

বইবাঁধাইকার, দফতরিপাড়া ○ ইনিশিয়েটিভ-এর একজন অংশীদার। ৭ই ফেব্রুয়ারি, ২০১৩ সালে তাঁর ৬৫ বছর বয়সে নেওয়া ভিডিও-ইন্টারভিউ থেকে জানা যাচ্ছে, তিনি শান্তি বাইন্ডিং ওয়ার্কস-এ দৈনিক বেতনের বিনিময়ে কাজ করেন। রানাঘাটের চাকদহ অঞ্চলে তাঁর বাড়ি।

ধারাভি আর্ট রুম

১৯৯৮ সালে **হিমাংশু এস** এই সংস্থাটি প্রতিষ্ঠা করেন। মুম্বইয়ের ধারাভি অঞ্চলে প্রান্তিক সম্প্রদায়ের শিশু ও মহিলাদের ক্ষমতায়নের উদ্দেশ্যে তিনি স্থাপন করেন এই প্রতিষ্ঠান। বর্তমানে এই সংস্থাটি চালাচ্ছেন **হিমাংশু এস** ও অ্যাকুই থামি। এঁরা নিয়মিত পত্রপত্রিকা প্রকাশ করেন এবং প্রায় এক চলমান লাইব্রেরি পরিচালনা করেন। স্থায়ী সংরক্ষণের পরিকাঠামো গড়ে তোলারও পরিকল্পনা আছে তাঁদের আর আছে তাঁদের সংস্থার অধীনে 'বোম্বে আন্ডারগ্রাউন্ড' নামে একটি বিকল্প প্রকাশনার ● সেলস অফিস।

● ডায়ালার নাম্বারিং রাবার স্ট্যাম্প হাতে ব্যবহার্য রাবার স্ট্যাম্প যার সরল ডায়ালার প্রক্রিয়া-মানুষের দ্বারা বা স্বয়ংক্রিয়ভাবে পরিচালিত যা নথিতে স্ট্যাম্প মারার সময়ে

○ DALIT
In Hinduism, society is not only divided into castes, but there is also a stratum beyond these ascribed to the Dalits ○—which itself consists of further subdivisions called *jatis*—along with the Adivasis ○ and non-Hindus. Dalit ○ literally means "downtrodden" (Agarwal 2010:13), and Dalits ○ were long denigrated by society as "untouchables." Although by law, caste-based discrimination has been banned, in reality it is often perpetuated through violent attacks. Many of these crimes remain unpunished if they are ever even investigated (→ Roy 2014b). According to rough estimates, about sixteen percent of the Indian population belongs to the Dalit ○ stratum (International Dalit Solidarity Network IDSN 2013).

DAS, SWAPAN
Letterer who can not only design manuscripts ● but also paint printing plates ● for lithography ● by hand directly with mirror-image script. Works as a freelancer and at (Rabindra Litho). Further information on request direct from Jaladeb Guchait, owner of the company.

DEY, NEPAL CHANDRA
b. ca. 1948
Bookbinder, videointerviewed as part of the Daftaripara ○ Initiative on February 7, 2013, when he was 65 years old. Works for a daily wage at Shanti Binding Works in the Daftaripara ○. Lives in Chakda near Ranaghat.

(DHARAVI ART ROOM)
In 1998, Himanshu S founded an organization to empower children and women from marginalized communities in Dharavi, Mumbai. Today the (Dharavi Art Room) is run by Himanshu S and Aqui Thami, who also issue zines ● and operate a

ক্রমাগত সংখ্যায়নকে সংঘটিত করে। মুখ্য ইউরোপীয় প্রস্তুতকারক হল Ernst Reiner GmbH & Co।

● DITTO MACHINE, DITTO (স্পিরিট ডুপ্লিকেটর)
→ ট্রান্সফার ডুপ্লিকেটর

দত্ত, সন্দীপ

জন্ম ১৯৫১

কবি, প্রাক্তন স্কুল শিক্ষক, কলিকাতা লিটল ম্যাগাজিন লাইব্রেরি ও গবেষণা কেন্দ্র-র প্রতিষ্ঠাতা ও গ্রন্থাগারিক। লিটল ম্যাগাজিন ○ ও অন্যান্য নানা বিষয়ের ওপর অনেক বই লিখেছেন। 'পত্রপুট' নামক একটি পত্রিকা সম্পাদনা করেন। এই পত্রিকার উদ্দেশ্য হল নতুন প্রকাশিত পত্রপত্রিকা এবং চলতি পত্রিকাগুলির হালচালকে নথিভুক্ত করে সংকলিত করা। তাঁর কাজকর্ম ও বসবাস বইপাড়া ○ অঞ্চলেই।

● এফেমেরা

ক্ষণস্থায়ী ছাপা বস্তু, যার অংশ বিশেষ হাতে লেখাও হতে পারে। খুব অল্প সময়ের জন্য ব্যবহৃত হয় (অন্যভাবে বলতে গেলে, এই ছাপা কাগজগুলি রেখে দেওয়া বা সংগ্রহযোগ্য নয়)। এগুলির উদাহরণ হল বাস টিকিট, সার্কাসের পোস্টার, জাইনস ●, বিভিন্ন ধরণের রসিদ। এফেমেরা ● এই বইয়ের গুরুত্বপুর্ণ আলোচ্য অংশ।

● এক্সপোসড ট্রান্সপারেন্ট পলিয়েস্টার ফিল্ম

একটি প্রিন্টিং ফর্ম ●, যা একটি ফটোকেমিক্যাল পদ্ধতির মাধ্যমে তৈরি করা হয় যাতে বিষয়বস্তুটির পুনরুৎপাদন করা সম্ভব একটি এক্সপোসড পলিয়েস্টার ফিল্ম হিসেবে। এটি হল অ্যাসিটেট বা পলিয়েস্টার এবং গেলাটিনের একটি ফিল্ম আস্তরণ অথবা একটি সিন্থেটিক পলিমার দিয়ে তৈরি একটি স্বচ্ছ বাহক বস্তু। অথবা, আজকের দিনের মানদণ্ড অনুযায়ী, লেসার প্রযুক্তির কারণে গ্রাফিক আর্ট ইন্ডাস্ট্রিতে এটি নিজের স্থান করে নিয়েছে, ছবির এবং ১৯৭০ সাল থেকে লাইট সেটের উন্নতির সঙ্গে সঙ্গে। যাইহোক, এই পদ্ধতিতে বিষয়বস্তুটি অন্যভাবে ফিল্মেও প্রয়োগ করা যেতে পারে। উদাহরণস্বরূপ, ছাপার মাধ্যমে বা যান্ত্রিকভাবে এটির ওপর রোল করে। প্রিন্ট বা মুদ্রণের প্রেক্ষাপটে, ফিল্ম মোটেই নির্দেশ করে না ক্যামেরা-রেডি কপি বা আর্টওয়ার্ক মাস্টার রাস্টারাইজড ● কিনা যা (→ হাফটোন ●)। প্রাক-ডিজিটাল যুগে ফটো-সংবেদী ফিল্ম ছিল প্রিপ্রেস ● মন্টেজ পদ্ধতিতে প্রকৃত তথ্য বাহক।

● ফ্যাকসিমিলি

এই জাতীয় প্রতিলিপির সঙ্গে মুল বিষয়বস্তুটির যথাসম্ভব মিল থাকে, যার মাধ্যমে 'আসলের সঙ্গে

moveable library—with plans for setting up a permanent version—and a sales office as alternative publishers ● under their organization Bombay Underground.

● DIALER NUMBERING RUBBER STAMP

Handheld rubber stamp whose simple dialer mechanism—advanced either manually or automatically—enables consecutive numbering while rubber stamping documents. The leading European manufacturer is Ernst Reiner GmbH & Co. KG.

● DITTO MACHINE, DITTO (aka SPIRIT DUPLICATOR)

→ transfer duplicating ●

DUTTA, SANDIP

b. 1951

Poet, former schoolteacher, and founder and librarian of the Little Magazine Library and Research Center. Author of several books on little magazines ○ and other subjects and editor of the little magazine ○ *Patraput*, whose aim is to compile an ongoing overview of the little magazines ○ scene by listing new releases. Lives and works in Boipara ○, Kolkata ○.

● EPHEMERA

Simple products of print which may also be partly handwritten and which have a short lifespan (in other words, they are not meant to be kept and certainly not collected), including such things as bus tickets, circus posters, zines, or receipts. Ephemera ● are an important part of Kolkata City of Print.

● EXPOSED TRANSPARENT POLYESTER FILM

A photomechanical process for making a printing forme ● using a transparent carrier material made of acetate or polyester and a film layer of gelatin or a

সত্যিকারের মিল' বিস্তৃতভাবে ব্যাখ্যা করা হয়। হয়ত মুল বইয়ের ডিসাইনটি অবিকল বজায় রাখা যায়। এর অর্থ পুনরুৎপাদনের প্রক্রিয়াটি প্রযুক্তিগতভাবে আসল বিষয়বস্তুটির সঙ্গে মিলে যায়। আসল বইটিতে যে মুদ্রণ প্রযুক্তি বা প্রিন্টিং সাবস্ট্রেট ● ব্যবহার করা হয়েছিল, এ ক্ষেত্রে তার প্রতিলিপি তৈরিতেও একই রকম মুদ্রণ প্রযুক্তি ব্যবহার করা হয়।

● ফাইন আর্টস প্রিন্ট, ফাইন আর্টস প্রিন্টমেকিং / চারুকলা মুদ্রণ

ফটোমেকানিকাল উপায়ে অত্যন্ত বিশেষ রকম পদ্ধতিকে বিস্তৃতভাবে ব্যবহার করা বোঝায়। ফটোগ্রাফিতে বা প্রিন্টমেকিং-এ প্রতিলিপি পুনরুৎপাদনের এই ফটোমেকানিকাল পদ্ধতি শিল্পীদের দ্বারা সম্পাদিত হয়, এই ধারাটিকেই বলা হয় ফাইন আর্ট প্রিন্ট।

● ফ্ল্যাটবেড প্রিন্টিং (প্ল্যানোগ্রাফিক প্রিন্টিং)

কোনও রকম গভীরতার বৈচিত্র্য নেই এমন একটি সমতল থেকে প্রিন্টিং-এর যে কোনও পদ্ধতি। ফ্ল্যাটবেড প্রিন্টিং ● ভিত্তি করে থাকে যে প্রাকৃতিক নীতির ওপর তা হল জল ও গ্রিস (বা তেল) পরস্পর প্রতিরোধী। তাই, প্রিন্টিং ব্লকগুলিকে ● সেই অনুযায়ী রাসায়নিকভাবে আগে থেকেই বন্দোবস্ত করা যেতে পারে এই উদ্দেশ্যে। এর ফলে, তৈলাক্ত কালি তৈলাক্ত (লাইপোফিলিক) তল বরাবর চলে, এবং অন্যদিকে অন্য (হাইড্রোফিলিক) অঞ্চলে এটি কাজ করে না বরং সেখানে তৈলাক্ত কালি প্রতিরোধ করে নিজেকে। প্ল্যানোগ্রা-ফিক প্রিন্টিং ● মুলত এই প্রক্রিয়াকে রিলিফ ও ইনট্যাগলিওর ● সঙ্গে তৃতীয় পদ্ধতি হিসেবে আলাদা করতে পরিকল্পিত হয়েছিল (Griffiths 1996:148)। একই ধরণের প্রযুক্তির মধ্যে অন্তর্ভুক্ত হল লিথোগ্রাফি ●, ক্রোমোলিথোগ্রাফি ●, অফসেট ● প্রিন্টিং এবং অন্যান্য। স্ক্রিনপ্রিন্টিং ● প্ল্যানোগ্রাফিক পদ্ধতির শ্রেণীভুক্ত। কিন্তু এটি সাধারণত চতুর্থ মুখ্য পদ্ধতি হিসেবে বিবেচিত হয়।

● ফ্লেক্সো প্রিন্টিং (ফ্লেক্সোগ্রাফি)

একটি প্রিন্টিং প্রণালী যা একটি নমনীয় রিলিফ প্রিন্টিং প্লেট ● ব্যবহার করে সংঘটিত হয়, মুলত লেটারপ্রেসের ● একটি আধুনিক সংস্করণ যেখানে ঘুর্ণায়মান রোলার প্রায় যে কোনও প্রকার প্রিন্টিং সাবস্ট্রেট ● ব্যবহার করতে সমর্থ করে।

● ফোর-কালার-প্রসেস-প্রিন্টিং (CMYK)

বর্তমান সময়ে দ্রুত অফসেট ● প্রিন্টিং মেশিনের জন্য ফোর-কালার-প্রসেস-প্রিন্টিং ● বিশ্বব্যাপী মানের, বিশেষ করে যদি ছাপার পরিমাণ

synthetic polymer. Today's standards incorporate laser techniques developed for the graphic arts industry since the 1970s. With such processes the subject can be applied to film or foil in another way, e.g., through imprinting or even manually rolling it on. In the context of print, the use of the term film or foil does not indicate whether the camera-ready copy or artwork master has been rasterized ● or not (→halftone ●). Before digital technology, photosensitive film was the actual printing forme ● in the prepress ● montage processes.

● FACSIMILE

A copy that resembles the original as closely as possible, whereby "true to the original" is broadly interpreted: it can indicate, e.g., that the original design of a book has been maintained, but also that the method of reproduction itself is technically true to the original, i.e., uses the same printing substrate ● and the same printing technique.

● FINE ARTS PRINT, FINE ARTS PRINTMAKING

Refers to a wide range of highly specialized methods using photomechanical means of reproduction in photography, and also used to describe printmaking as a fine arts medium.

● FLATBED PRINTING

Also known as planography or planographic printing, any method of printing from a flat surface that has no variation in depth. Based on the physical principle that water and grease repel each other, the printing block ● is pretreated chemically so that the fatty ink adheres to the fatty (lipophilic) surfaces and is repelled from the other (hydrophilic) areas. When it was originally invented, planographic printing was

অনেক হয়। এই পদ্ধতিতে ইমেজ পুনরুৎপাদনের জন্য রংগুলি একই পদ্ধতি অনুযায়ী ভাবা হয় ও নিয়ন্ত্রণ করা হয়। ফোর কালার অর্থাৎ সায়ান বা সবজে নীল, ম্যাজেন্টা, হলুদ এবং কালো, CMYK, ঠিক যেমনটা ডিজিটাল পদ্ধতিতে কালার সেপারেশনের সময় নির্ধারিত হয়। আকর্ষণীয় অগ্রগতি সম্ভবপর হয়েছে যখন ক্লাসিক ফোর-কালার-প্রসেস-প্রিন্টিং ● এর বিস্তার বা প্রসার ঘটেছে আবারও ভালো মানের রং যুক্ত করে, যেমন প্যান্টোন সিক্স কালার হেক্সাক্রোম (CMYKOG) পদ্ধতিতে কমলা বা সবুজ রং ব্যবহার করে। আবার অন্যদিকে কারও কারও উদ্দেশ্য হল এদেরকে CMYK পদ্ধতি থেকে মুক্ত করে নিজেদের মত ব্যক্তিগত পরীক্ষানিরীক্ষা চালানো। আবার কেউ কেউ অন্যদের গবেষণা ও কর্মপন্থা ভাগ করে কাজ করেন। পরেরটির একটি উৎকৃষ্ট উদাহরণ হল শিল্পীদের জন্য পেশাগত রং ব্যবস্থাপনা সমাধানের ক্ষেত্রে বিভিন্ন কালার প্রোফাইলগুলোর চলমান ডেটাবেস এবং স্বয়ংক্রিয় রং বিচ্ছিন্নকরণে সক্ষম যন্ত্রপাতি ব্যবহার করা। সুইজারল্যান্ডের ইউনিভার্সিটি অব আর্ট এন্ড ডিসাইন লউসানের 'ওয়ার্কফ্লো' প্রকল্পে শিল্পী, চিত্রগ্রাহক, চিত্রকর ও ডিসাইনারদের জন্য এই ধরণের পদ্ধতি অবলম্বন করা হয়েছে (www.colorlibrary.ch)।

● FURNIVAL & CO. LITHO MACHINE

১৮৭২ সালে রিচার্ড ফার্নিভালের পদবী একটি মুদ্রণ যন্ত্রপাতি প্রস্তুতকারক সংস্থার নাম হিসেবে তাদের বিজ্ঞাপনে দেখা যায়। অতঃপর, ১৮৯১ সালে অন্য একটি বিজ্ঞাপনে রবীন্দ্র লিথোর মত ওরকম একটি যন্ত্র দেখা যায়। কেমন সেই যন্ত্র? "দ্য পেটেন্ট 'এক্সপ্রেস' লিথো মেশিন: নিবন্ধন সঠিকতা ও পরিচয় অভ্রান্ততার দিক থেকে অদ্বিতীয়। সিলিন্ডার গ্রাউন্ড ডেড ট্রু, কাজ করার জন্য প্রস্তুতি প্রদান করে"। ১৯৬৬ সাল পর্যন্ত Furnival & Co. Litho Machine ● যন্ত্রপাতি প্রস্তুত করেছে রেডিশ-এ (স্টকপোর্টের কাছাকাছি), লন্ডন এবং গ্লাসগোয় কিন্তু ভারতবর্ষে কখনোই নয়, পশ্চিমবঙ্গেও নয়, এদেশের কোথাওই নয়। (Grace's Guide 2018)

● সম্পূর্ণ স্বয়ংক্রিয় মুদ্রণ যন্ত্র/ ফুললি অটোনমাস প্রিন্টিং মেশিন

মুদ্রণ প্রযুক্তির উদ্ভাবনের প্রাথমিক শর্ত ছিল মুদ্রণযন্ত্রীদের হাতে করে আর ছাপার জন্য কাগজ মেশিনে ভরতে হবে না। এই উদ্ভাবনের আধুনিকতম সংস্করণ হল, মেশিনের এক্সপোসার নিজেই মেশিনের দ্বারা স্বয়ংক্রিয়ভাবে চালিত হবে। সম্পূর্ণ স্বয়ংক্রিয় মুদ্রণ যন্ত্রগুলি বর্তমান সময়ে বেশ উন্নত যার

considered as the third main method of printing along with relief ● and intaglio printing ● (Griffiths 1996:148). Similar techniques include lithography ●, chromolithography ●, offset printing ●, and more. Screenprinting ● could be classified as a planographic process, but is generally considered as the fourth main method.

● FLEXO PRINTING (aka FLEXOGRAPHY)
A printing process utilizing a flexible relief printing ● plate, essentially a modern version of letterpress ● whereby rotating rollers enable almost any type of printing substrate ● to be used.

● FOUR-COLOR PROCESS PRINTING (aka CMYK)
Today four-color process printing on fast offset printing ● machines is the standard worldwide, especially for large runs or lots. This has led to images being reproduced in a manner whereby color is conceived and managed according to the same system, i.e., the four colors—cyan, magenta, yellow, and black, or CMYK ●—as determined by digitally-controlled color separation ●. Interesting developments have entailed, e.g., the extension of classic CMYK ● by adding further standard colors, such as orange and green in the Pantone six-color Hexachrome process (CMYKOG). On the other hand, some aim to free themselves from the CMYK ● system through personal experimentation, while others engage in shared research and platforms. An outstanding example of the latter is the ongoing database of color profiles and automated color separation ● tools for professional color management solutions for artists, designers, photographers, and printers,

আধুনিকতম প্রেসেসগুলি প্রায় স্পোর্ট হলের মত বড় এবং প্রতি সেকেন্ডে বিভিন্নরকম ফোর-কালার প্রিন্ট স্প্রেডস ● বের করে দিতে সক্ষম। ফুললি অটোনমাস Heidelberg ● Speedmaster XL 106-এর মত মডেলের ক্ষেত্রে যন্ত্রচালকের হস্তক্ষেপ শুধুমাত্র ডিজিটালভাবেই সম্ভব।

গ্যালাক্সি প্রিন্টারস

এই স্ক্রিনপ্রিন্টিং ● কর্মশালা স্থাপিত হয় ২০১১ সালে। স্থপতি **ভিকি (জয়েসওয়াল) বিকাশ**। প্রতিষ্ঠানটি চিৎপুর রোডে অবস্থিত। বাবু, শঙ্করদা এবং প্রিয়াঙ্কা নামে তিনজন কর্মী কাজ করেন।

গুপ্ত, অভিজিৎ

জন্ম ১৯৬৭

পুস্তক ইতিহাসবিদ ও নানা বিষয়ে প্রাজ্ঞ একজন মানুষ। যাদবপুর বিশ্ববিদ্যালয় থেকে ইংরাজি সাহিত্যে স্নাতক, কেমব্রিজ বিশ্ববিদ্যালয় থেকে পিএইচডি অর্জন করেছেন। যাদবপুর বিশ্ববিদ্যালয়ের ইংরাজি বিভাগের একজন সহকারী অধ্যাপক এবং যাদবপুর ইউনিভার্সিটি প্রেসের অধিকর্তা। কলকাতা সিটি অব প্রিন্ট -এর গবেষণার জন্য তিনি বিশেষভাবে প্রাসঙ্গিক কেননা, শ্রী গুপ্ত এবং স্বপন চক্রবর্তী সম্পাদিত বুক হিস্ট্রি ইন ইন্ডিয়া সিরিজের তিনটি খণ্ড—*Print Areas* (Vol. 1, 2004), *Moveable Type* ● (Vol. 2, 2008), এবং *Founts of Knowledge* (Vol. 3, 2016) আমাকে আমার গবেষণার কাজে বিশেষভাবে সহায়তা করেছে। অধ্যাপক গুপ্ত বাস করেন দক্ষিণ কলকাতার ○ যাদবপুর অঞ্চলে।

● হাফটোন

মুদ্রণে ছাপার জন্য বা প্রতিলিপি তৈরির জন্য প্রযুক্তির উদ্ভাবনই আজকের দিনের ফটোগ্রাফির পথনির্দেশ করেছিল। সংক্ষেপে, একটি অবিচ্ছিন্ন টোন, গ্রেস্কেল ইমেজ রূপান্তরিত বা রাস্টারাইজড ● হয় বিভিন্ন আকারের ডট অথবা বর্গক্ষেত্রে, একটি ক্রস লাইনড স্ক্রিন অথবা আয়নার মাধ্যমে ফটোগ্রাফি প্রক্রিয়া দ্বারা (Griffiths 1996:142)। সুইজারল্যান্ড ও জার্মানিতে, এই উদ্ভাবনটির কৃতিত্বের দাবীদার হন জেওর্গ মাইসেনবাক ১৮৮০ সাল নাগাদ, তাঁর নিজস্ব স্বতন্ত্র কৌশল উদ্ভাবনের সঙ্গে সঙ্গে। ১৮৯০ সালে ভারতবর্ষে উপেন্দ্রকিশোর রায় দক্ষিণ পুর্ব এশিয়াতে প্রথম এই রকম প্লেট তৈরি করে এই কৃতিত্ব অর্জন করেন। ২০১৪ সালে যাদবপুর বিশ্ববিদ্যালয় প্রেস এই বিষয়ের ওপর লেখা উপেন্দ্রকিশোর রায়ের রচনাগুলি একটি ফ্যাক্সিমিলি ● কপি হিসেবে পুনঃপ্রকাশ করে যা আসলে প্রথম প্রকাশিত হয়েছিল ইংল্যান্ডে ১৮৯৭ এবং ১৯১২ সালে।

created through the research project Workflow at the University of Art and Design Lausanne in Switzerland (www.colorlibrary.ch), or direct experiments.

● FURNIVAL & CO. LITHO MACHINE

In 1872 Richard Furnival's surname appears in an ad as the name of the company and manufacturer—and name—of printing machinery. Subsequently, in 1891, another ad shows a machine that resembles the one at (Rabindra Litho): "The Patent 'Express' Litho Machine: Unequalled for Accuracy of Register, and Solidity of impression. Cylinder ground *dead true*, imparting finish to work." Until 1966, Furnival & Co. ● manufactured printing machines in Reddish (near Stockport), London, and Glasgow, but never in India, neither in West Bengal nor anywhere else in the country. (Grace's Guide 2018)

● FULLY AUTONOMOUS PRINTING MACHINE

Innovation in press technology that initially meant operators no longer had to manually insert the paper to be printed into the machine. With the most modernized version of this invention, exposure of the plate itself is done autonomously by the machine. The standard today, with the latest presses being as big as sports halls and capable of spitting out several print spreads ● per second produced by four-color process printing, with such models as the Heidelberg ● Speedmaster XL 106, means that operator intervention is only possible digitally.

(GALAXY PRINTERS)

Screenprinting ● workshop founded in 2011 by Vicky (Jaiswal) Bikash. Located on Chitpur Road, the company employs three people, Babu, Sankarda, and Priyanka.

● হ্যান্ড-হেল্ড মোল্ড
জোহানেস গুটেনবার্গ আবিস্কৃত প্রয়োজনীয় হার্ডওয়্যার যা একটি বই নির্মাণের জন্য সব ধরণের সহজে ব্যবহৃত যন্ত্রাদি প্রদান করে। পরবর্তী ৫০০ বছর ধরে এটিই মুদ্রণ কারিগরদের জন্য যোগ্য সরঞ্জাম রূপে পরিগণিত হয়েছিল যতদিন পর্যন্ত না ঊনবিংশ শতকের শেষ দিকে যান্ত্রিক টাইপ ● কাস্টিং এসে এটিকে প্রতিস্থাপিত করল (Man 2002:127)।

○ ফেরিওয়ালা
স্বাধীন বিক্রেতা, যারা ঠেলা গাড়িতে নানা ধরণের পণ্য নিয়ে পাড়ায় পাড়ায় ফেরি করে। প্লাস্টিকের পাত্র, খাদ্যদ্রব্য (নানা পর্যায়ে প্রস্তুত), বইপত্র, খেলনা, নিত্য প্রয়োজনীয় কী না থাকে তাদের ভাঁড়ারে! তারা বিচিত্র আওয়াজে হাঁক দিয়ে বা কখনও ঘণ্টা বাজিয়ে তাদের উপস্থিতি জানান দেয়। দিনে দিনে তাদের সংখ্যা কমছে বটে কিন্তু কেষ্টপুরের মত অঞ্চলে এইভাবে জিনিসপত্র বিক্রি এখনও বেশ রমরমিয়ে চলছে।

● Heidelberg,
Heidelberg Kord
দ্য Heidelberg ● Druckmaschinen AG কোম্পানি প্রতিষ্ঠিত হয়েছিল জার্মানিতে ১৮৫০ সালে। এটি ছিল একটি ঘণ্টা ও মেশিন তৈরির কারখানা। ১৯৫০ দশকের শেষ ভাগ থেকে অফসেট ● প্রিন্টিং থেকে লেটারপ্রেসে ● ছাপার বদলটি স্পষ্ট হয়ে উঠতে দেখা যায়। ব্যাপক হারে ফটোটাইপসেটিং প্রযুক্তির মাধ্যমে এই বদল সম্ভবপর হয়। এই সংস্থাটি একটি অভিনব পদ্ধতিতে লেটারপ্রেস ● এবং অফসেটপ্রিন্টিং ●—দুটিকেই একটি মেশিনে সংযুক্ত করার চেষ্টা করে। এর ফল স্বরূপ আসে কেওআর লাইন (ছোট্ট অফসেট ● আবর্তন যন্ত্র, একে কে-অফসেট ● বা সংক্ষেপে 'KOR' বলা হয়)। ১৯৬২ থেকে ১৯৮৫ সাল নাগাদ এটি উৎপাদিত হয়। ১৯৬৪ সালে, এই কোম্পানি বাজারে আনে KYD64 (এটিকেই বলা হয় হাইডেলবার্গ কর্ড) যা এই সিরিজেরই অন্তর্ভুক্ত। ৪৬ সেমি × ৬৫ সেমি ফরম্যাটে প্রায় ২৬,৩০০টি এরকম যন্ত্র উৎপাদিত হয়। ১৯৮২ সালে বন্ধ হয় এই প্রিন্টার উৎপাদন। Heidelberg Kord ● একটি কিংবদন্তি। ২০০৬ সাল থেকে এই সংস্থা মুদ্রণ যন্ত্র উৎপাদনের সুযোগ সুবিধা দিয়েছে চিনকে (Krauss 2000:126–127, 146)।

● HMT SOM 125
→ অফসটে, অফসটে প্রনি্টিং ●

GUPTA, ABHIJIT

b. 1967

Book historian and scholar in various fields. Graduated in English from Jadavpur University and received a PhD from Cambridge University. He is Associate Professor of English at Jadavpur University and Director of the Jadavpur University Press. Especially relevant for the research for Kolkata City of Print are these three volumes of the *Book History in India* series, which he co-edited with Swapan Chakravorty: *Print Areas* (Vol. 1, 2004), *Moveable Type* (Vol. 2, 2008), and *Founts of Knowledge* (Vol. 3, 2016). Lives and works in the Jadavpur area.

● HALFTONE

The invention of a replication method in print paved the way for the process of reproducing photographs used today. In short, a continuous tone grayscale image is resolved or rasterized ● into dots or squares of various sizes by photographing it through a cross-lined screen or glass (Griffiths 1996:142). In Switzerland and Germany, the invention is attributed to Georg Meisenbach in approximately 1880, with the patenting of his autotype process in 1882. In India, Upendrakisor Ray is credited with having made the first such plates in Southeast Asia around 1890. In 2014, Jadavpur University Press republished —as facsimile ● copies— Ray's articles about the subject, which had been originally published between 1897 and 1912 in England.

● HAND-HELD MOLD

Essential hardware created by Johannes Gutenberg, providing an easily used device to produce all the type ● needed for a book. It became a standard piece of equipment for type-founders for the next 500 years

হোর, সোমনাথ

(১৯২১-২০০৬)

প্রিন্টমেকার মুদ্রণ-প্রণেতা, ভাস্কর, যুবককালে কমিউনিস্ট দলের জন্য রাজনৈতিক পোস্টার ডিসাইন করতেন। ফাইন আর্টস (প্রিন্টমেকিং) নিয়ে পড়াশোনা করেছেন গভর্নমেন্ট কলেজ অব আর্ট এন্ড ক্রাফট, কলকাতা থেকে। প্রিন্টমেকিং-এ ডিপ্লোমা অর্জন করেছেন। কলকাতার ○ ইন্ডিয়ান আর্ট এন্ড ড্রাফটসম্যানশিপ-এ তাঁর অধ্যাপনার অভিজ্ঞতা রয়েছে। দিল্লি আর্ট কলেজের গ্রাফিক বিভাগের ভারপ্রাপ্ত প্রধানের পদেও কাজ করেছেন তিনি। বরোদার মহারাজা সায়াজিরাও বিশ্ববিদ্যালয়েও বহিরাগত অধ্যাপক হিসেবে শিক্ষাদান করেছেন। শান্তিনিকেতনের বিশ্বভারতী বিশ্ববিদ্যালয়ের কলাভবনে গ্রাফিক আর্ট বিভাগে ছিলেন বিভাগীয় প্রধান। (সোসাইটি অব কনটেম্পোরারি আর্টিস্টস) নামক সংগঠনের সদস্য। (ললিতকলা একাডেমির) জাতীয় পুরস্কারসহ নানান সময়ে নানাবিধ সম্মাননা ও স্বীকৃতি পেয়েছেন।

হারলে, মাওরা

জন্ম ১৯৬৬

শিক্ষিকা, পরিবেশ কর্মী, ব্যক্তিগত উদ্যোগে প্রতিষ্ঠা করেছেন (মাস্টার্ড সিডস কমিউনিটি লাইব্রেরি)। আমেরিকায় জন্ম হলেও তিনি কলকাতা সল্টলেক অঞ্চলের স্থায়ী বাসিন্দা। ২০ বছর ধরে তিনি তাঁর স্বামী গৌতম বসুর সঙ্গে কলকাতা শহরে বসবাস করেন। তাঁর স্বামী একজন জৈবপদার্থবিদ।

● ইঙ্কজেট প্রিন্টার

ডিজিটাল ডেটা থেকে ছাপা বের করার জন্য একটি প্রযুক্তি, উপকরণ ও যন্ত্র। এই সময়ের ইঙ্কজেট প্রিন্টারগুলি প্রধানত প্রাথমিক রঙে রঞ্জিত প্রিন্টিং ইঙ্ক ● প্রিন্টিং সাবস্ট্রেটের ● ওপর ছেটানোর পদ্ধিতিটি সংঘটিত করে।

● ইনট্যাগলিও, ইনট্যাগলিও প্রিন্টমেকিং (কপারপ্লেট প্রিন্টিং)

মুখ্য চার শ্রেণীর মুদ্রণ পদ্ধতির মধ্যে এটি একটি। বাকি তিনটি পদ্ধতি হল রিলিফ প্রিন্টিং ●, ফ্ল্যাটবেড প্রিন্টিং ● এবং স্ক্রিনপ্রিন্টিং ●। এই ধরণটির মধ্যে যাবতীয় প্রযুক্তি ও কলাকৌশল পড়ে যার মধ্যে ছাপার কালি ● প্রিন্টিং ফর্মের ● গর্ত বা ছিদ্রযুক্ত অঞ্চলগুলি থেকে টেনে তোলা হয় এবং তা মুদ্রণ স্তর বা সাবস্ট্রেটে স্থানান্তর করা হয়। এটি কপারপ্লেট প্রিন্টিং ●-এর সমার্থক। এটি তামা ● থেকে উদ্ভুত হয় যা প্রিন্টিং প্লেট ● তৈরিতে মুল উপাদান হিসেবে ব্যবহৃত হয়। যদিও এই তামার তৈরি প্লেটগুলোই কিন্তু যথাযোগ্য উপযোগী নয়। শৈল্পিক মাধ্যম হিসেবে মুদ্রণে শুধুমাত্র ইনট্যাগলিও ●

until it was replaced by mechanical typecasting in the late nineteenth century (Man 2002:127).

○ HAWKERS
Independent vendors, who pull their wares on carts through neighborhoods and offer all kinds of goods for sale ranging, e.g., from plastic containers to food in all stages of preparation, or books. They mostly announce their presence by calling out or ringing a bell. Generally, their numbers are declining, but in Kestopur this way of selling goods still thrives.

● HEIDELBERG, HEIDELBERG KORD
The Heidelberg ● Druckmaschinen AG company was founded in Germany in 1850 as a bell foundry and machine factory. By the end of the 1950s, as it became apparent that there would be a change from letterpress ● to offset printing ● through the widespread adoption of phototypesetting technology, the firm tried to innovatively combine letterpress ● and offset printing ● in one machine. The result was the KOR line (small offset ● rotation machines, called K-Offset or KOR for short), which was produced from 1962 to 1985. In 1964, the firm launched the KYD64 (popularly called the Heidelberg Kord ●) as part of this series. With its 46 cm × 65 cm format and a total production of 26,300 machines—manufacturing of the printer was discontinued in 1982—, the Heidelberg Kord ● is legendary. Since 2006, the firm also has facilities manufacturing printing machines in China (Krauss 2000:126–127, 146).

● HMT SOM 125
Machine Tools Single Color Sheetfed Offset Printing Machine
→ offset printing ●

ব্যবহার করা হয় আজকের দিনে। এনগ্রেভিং ● বা কাঠখোদাই ● এই ধরণের পদ্ধতির প্রধান ও প্রাচীনতম সদস্য। এর মাধ্যমে ধাতুর প্লেট বুরিন বা বাটালি দিয়ে কাটা হয়ে থাকে (গ্রেভার বা ক্ষোদনযন্ত্র)। আর একটি হল তক্ষণ ● বা এচিং ●। একটি অ্যাসিড প্রতিরোধী পদার্থ লিপ্ত মেটাল প্লেটের ওপর ছিদ্র বা গর্ত তৈরি করে করে আঁকা এবং তারপরে সেই প্লেটটিকে অ্যাসিডের মধ্যে চুবিয়ে রাখা হয় যাতে লাইনগুলি প্রতিভাত হয়। এরও পরে আর একটি শৈল্পিক পদ্ধতি হল ড্রাইপয়েন্ট, যাতে প্লেটটিকে সরাসরিভাবে খাঁজ কেটে দেওয়া হয় একটি নকশা করার সুচ বা হীরক সুচিমুখ দিয়ে। এই ধরণের শৈল্পিক কৌশল দ্বারা, এবং আরও নানাবিধ উপ-ঘরানা যেমন আকোয়াটিন্ট—এটিও এক ধরণের নকশাকাটা তক্ষণ—ডিসাইন করা শেষ হয়ে গেলে, পুরো প্লেটের ওপরের তল জুড়ে ছাপার কালি ঢেলে দেওয়া হয়, তারপরে অকর্তিত অংশগুলি থেকে খুব সাবধানে কালি মুছে নেওয়া হয় যাতে কাটা বা ছেদন করা অংশগুলিতে এই কালি লেগে থাকে ছাপার জন্য। রিলিফ প্রিন্টিং ● অপেক্ষা ইনট্যাগলিও ● পদ্ধতিতে বৃহত্তর বৈচিত্র্য দেওয়া সম্ভব। ইনট্যাগলিও ●-র একটি সমসাময়িক বৈচিত্র্য যা একসময় বাণিজ্যিকভাবে খুবই সফল হয়েছিল তা হল 'রোটোগ্রেভিওর'। এটি হল একটি ফটোগ্রাফিক পদ্ধতি যেখানে একটি চোঙ প্রিন্টিং ফর্ম ● হিসেবে কাজ করে। ১৯২০ সালে খুব উচ্চমানের অলংকৃত পত্রপত্রিকাগুলি প্রথম এই পদ্ধতি অবলম্বন করে প্রকাশিত হয়।

জুসাওয়াল্লা, আদিল

জন্ম ১৯৪০

কবি, প্রাবন্ধিক, পত্রিকার সম্পাদক এবং অনুবাদক। তাঁর রচিত বিভিন্ন কবিতা সংকলন ও প্রবন্ধের সংকলন প্রকাশিত হয়েছে। তাঁর প্রবন্ধের বইয়ের মধ্যে *Maps for a Mortal Moon. Essays and Entertainments* (Jussawalla 2014) বিখ্যাত। কর্মসুত্রে ও বসবাস মুম্বইয়ে।

○ কলকাতা

২০০১ সালে 'ক্যালকাটা' শহরটির নাম পরিবর্তিত হয়ে হয় 'কলকাতা' যা একটি ছোট্ট প্রাক-ঔপনিবেশিক গ্রামের বাংলা নাম। প্রায় ১৬৯০ সাল থেকে ১৯৪৭ সাল পর্যন্ত বৃটিশ শাসকের দ্বারা অধিকৃত ও শাসিত হত কলকাতা সহ এই অঞ্চলে অবস্থিত তিনটি গ্রাম। ১৭৭২ সাল থেকে ১৯১১ সাল অবধি কলকাতাই ছিল ইংরেজ শাসিত ভারতের রাজধানী (Hutchison 2009:420)।

কলকাতা পুস্তক মেলা

১৯৭৬ সালে প্রথম পাবলিশারস এন্ড

HORE, SOMNATH

1921–2006

Printmaker, sculptor, and—in his early years—designer of political posters for the Communist Party. Received a Diploma in Fine Arts (Printmaking) from the Government College of Art & Craft, Kolkata ○. His teaching experience included: lecturer at the Indian College of Art and Draftsmanship in Kolkata ○; being in charge of the Graphic section at the Delhi College of Art; visiting faculty at Maharaja Sayajirao University of Baroda, Vadodara, Gujarat; and Head of the Graphic Art Department, Kala Bhavan, Visva-Bharati University, Santiniketan. He was a member of the (Society of Contemporary Artists) and recieved numerous awards.

HURLEY, MAURA

b. 1966

Teacher, green activist, and founder of the (Mustard Seeds Community Library). She is an American-born resident of Salt Lake, where she has lived for twenty years with her husband Gautam Basu, a biophysicist.

● **INKJET PRINTER**

Technology, equipment, and materials especially created for printing from digital data. Today's versions mainly entail a process of spraying printing ● ink tinted with primary colors on the printing substrate ●.

● **INTAGLIO, INTAGLIO PRINTMAKING ● (aka COPPERPLATE PRINTING ●)**

One of the four main classes of printing processes—along with relief printing ●, flatbed printing ●, and screen-printing ●. The category includes all techniques in which printing ink ● is pulled out of recessed or sunk areas of the printing forme ● and transferred

বুকসেলারস গিল্ড আয়োজিত কলকাতা ◯ পুস্তকমেলা অনুষ্ঠিত হয়। বহু বছর ধরে ময়দানে এই মেলা চলেছে। বর্তমানে সল্টলেক অঞ্চলে প্রতি বছর এই মেলার আয়োজন করেন গিল্ড কর্তৃপক্ষ। এই মেলা পাইকারী পরিবেশকদের জন্য নয়, বরং সাধারণ বইপ্রেমী মানুষদের কথা ভেবেই। পৃথিবীতে সবচেয়ে বেশি জনসমাগম হয় এই বইমেলায়। ২০১৮ সালের বইমেলায় প্রায় ৩৫০টি সংস্থা অংশগ্রহণ করেছিল। ২০১১ সাল থেকে (কলকাতা পুস্তক মেলা) লিটল ম্যাগাজিনের ◯ জন্য আলাদা বিভাগ। শহরের বুদ্ধিজীবী এবং স্থানীয় তরুণদের সাক্ষাতের জন্য এই মেলা প্রাঙ্গণ খুবই গুরুত্বপুর্ণ।

লাল, পুরুষোত্তম
(**ওরফে পি.লাল**)
১৯২৯-২০১০

কবি, প্রাবন্ধিক, অনুবাদক, প্রকাশক ও অধ্যাপক। ১৯৫৮ সালে তিনি (রাইটার্স ওয়ার্কশপ) নামক একটি সংগঠন তৈরি করেন। কলকাতার ◯ লেখক ও বুদ্ধিজীবীদের দলবদ্ধভাবে একটি সক্রিয় বৃত্ত গড়ে ওঠে এই সংগঠনকে কেন্দ্র করে। একটি প্রকাশনা সংস্থাও প্রতিষ্ঠিত হয়। শ্রী লাল মহাশয়য়ের উদ্যোগে স্থাপিত এই প্রকাশনা থেকে নানা কবির কাব্য সংকলন, শিশু সাহিত্যের বই, এবং ১৮ খণ্ডে 'মহাভারত অব ভ্যাসা'-র (*Mahabharata of Vyasa*, 2004 সালে) একটি সম্পুর্ণ ও গুরুত্বপুর্ণ সংস্করণ প্রকাশিত হয়। সংস্কৃত থেকে সংক্ষিপ্তাকারে নিয়ে ইংরাজিতে পুনঃরচিত হয়।

(ললিতকলা একাডেমি)
((ন্যাশনাল একাডেমি অব আর্ট))

ভারত সরকারের অধীনস্থ একটি স্বশাসিত সংস্থা। ভারতীয় সংস্কৃতি মন্ত্রণালয়ের প্রশাসনিক নিয়ন্ত্রণে দেশীয় ও আন্তর্জাতিক স্তরে চারুকলা ও ললিতকলাকে প্রচার ও উৎসাহদান করতে এই সংস্থার প্রতিষ্ঠা। ১৯৫৪ সালে স্থাপিত হয়, নিউ দিল্লিতে প্রতিষ্ঠানটির কেন্দ্রীয় দফতর। ভুবনেশ্বর, কলকাতা ◯, চেন্নাই ও লখনৌতে এর শাখা রয়েছে। কলকাতার ◯ অফিসটি গড়িয়াহাট অঞ্চলে। সমস্ত আঞ্চলিক কেন্দ্রগুলি-তেই রয়েছে শিল্পীগোষ্ঠী কর্মশালা—সবরকম বৃত্তের শিল্পীদের জন্য পরিকাঠামোগত সুযোগসুবিধা নিয়ে কাজ হয় এই কর্মশালাগুলিতে। এর সামগ্রিক উদ্দেশ্য হল প্রকরণগ্রন্থ ও সাময়িক পত্র পত্রিকা সহ শিল্প বিষয়ক সাহিত্যের নানা প্রকাশনার অগ্রসর ও বিকাশ। এছাড়াও শিল্পীদের জন্য বৃত্তি ও পুরস্কার বরাদ্দ করা, শিল্পকলা প্রদর্শনী, ব্যক্তিগত আলাপ ও শিল্পদ্রব্য গুলির আদানপ্রদানের মাধ্যমে দেশের মধ্যে

from there to the printing substrate ●. Synonymously referred to as copperplate printing ●, this derives from copper being the usual material for the printing plate ●, although it is not the only kind of plate that is suitable. Intaglio ● is actually only used today in print as an artistic medium ●. Engraving is the principal and oldest member of this class, whereby the metal plate is cut away with a burin (aka graver). Another is etching, which entails creating the recessed areas by drawing on a metal plate coated with a substance resistant to acid, and afterwards immersing the plate into an acid bath so that the lines are revealed. A further artistic method is drypoint, in which the plate is directly scored with an etching needle or diamond point. With such artistic techniques, as well as further sub-genres such as the aquatint—a kind of tone etching—, once the design has been completed, the printing ink ● is first applied to the surface of the entire plate, but afterwards the uncut parts are carefully wiped off so that only the ink in the recessed areas remains for printing. Working with intaglio ● processes, it is possible to produce a greater variety of tone than with relief printing ●. A more contemporary variety of intaglio ●, which at one time was very important commercially, is rotogravure, a photographic process in which a cylinder serves as the printing forme ●, and, as of the 1920s, made the production of high-quality illustrated magazines possible for the first time.

JUSSAWALLA, ADIL

b. 1940

Poet, essayist, magazine editor, and translator. Published several books of poetry as well as a compilation of his essays: *Maps for a Mortal Moon. Essays and*

এবং বিদেশের সঙ্গেও সাংস্কৃতিক যোগাযোগগুলিকে উৎসাহ দেওয়া এই একাডেমির অন্যতম কাজ। (ললিতকলা একাডেমির) কলকাতা ○ শাখার প্রিন্টমেকিং বিভাগের প্রবেশদ্বারে রাখা একটি অচল লিথোগ্রাফি মেশিনের ভবিষ্যৎ এখনও অনির্দিষ্ট। এটি কেনার জন্য সরাসরি প্রতিষ্ঠানটিতে আবেদন জানানো যেতে পারে।

লাঠ, অভিজিৎ জন্ম ১৯৬৭
এবং **রিনা লাঠ**
জন্ম ১৯৬৯
(আকার প্রকার গ্যালারির) সহ-প্রতিষ্ঠাতা ও সহ-পরিচালক। কলকাতার ○ হিন্দুস্তান পার্কে বসবাস ও কাজকর্ম করেন।

● লেটারপ্রেস
রিলিফ প্রিন্টিং ● প্রেস দ্বারা করা যাবতীয় হরফ, সংখ্যা বা লিখনের মুদ্রণের জন্য ব্যবহৃত হয় এই শব্দটি। এই শব্দটির উৎস সেই জোহানেস গুটেনবার্গের সময়কালে। গুটেনবার্গই সর্ব প্রথম আধুনিক লেটারপ্রেসের ● উদ্ভাবক। পঞ্চদশ শতকের মাঝামাঝি সময়ে গুটেনবার্গ লেটারপ্রেস ● ও টাইপোগ্রাফের প্রচলন শুরু করেন। এই অসামান্য অবদান আরও কিছু যন্ত্রপাতি ও এই সম্পর্কিত নানা উদ্ভাবনী প্রক্রিয়া আবিষ্কারের কারণ সুনিশ্চিত করেছিল। সংক্ষেপে, হ্যান্ডহেল্ড মোল্ড ● পৃথক হরফ তৈরির জন্য, চলমান লেড ● টাইপ ●, লেটারপ্রেস ● এবং তৈলাক্ত ছাপার কালিকে আরও বেশি উন্নত করার অভিপ্রায়ে গুটেনবার্গ প্রচলিত উপকরণ ও সুত্রগুলিকে নতুনভাবে উপযোগী করে তুলছিলেন।

১৮১৪ সালে, দ্য টাইমস সংবাদপত্রটি একটি বাষ্পচালিত চোঙাকৃতি প্রিন্টিং প্রেস দ্বারা ছাপা হতে শুরু করে। একটি সিলিন্ডার গড়িয়ে দিয়ে প্রিন্টিং ফর্মের ● ওপর একটা বিপরীত চাপ সৃষ্টি করা হত যাতে সমতলে মুদ্রণের জন্য প্রয়োজনীয় চাপের জন্য কম শক্তি লাগে। দ্রুত প্রেসেসগুলির প্রযুক্তির অগ্রসরের হার ছিল অবিশ্বাস্য। ১৮৫০ সালে সংবাদপত্র মুদ্রণের জন্য প্রথম সংবাদপত্র প্রেসগুলি চালু হল। প্রতি ঘণ্টায় প্রায় ১২,০০০ পাতা ছাপা হত। কার্ডবোর্ড ব্যবহার করে একটি খোদাই পদ্ধতি যথেষ্ট ধন্যবাদার্হ, সমতল প্রিন্টিং প্লেট ● থেকে চোঙাকৃতি প্রিন্টিং প্লেটগুলিকে ● নিক্ষেপ করা সম্ভব। এর জন্য পুর্বশর্ত হল প্রিন্টিং প্লেটগুলি আর বিপরীত চাপ দুটিকেই হতে হবে সিলিনড্রিকাল বা চোঙাকৃতি, একটি অবিরত বিপরীতমুখী চলনে এবং যা শুধুমাত্র প্রিন্টিং সাবস্ট্রেট ● দ্বারা পৃথক করা যায়। শিল্পায়নের ও স্বয়ংক্রিয়তার ব্যানারের অধীনে লেটারপ্রেসের ● এই অবিরাম আশাবাদের পর্যায়

Entertainments (Jussawalla 2014). Lives and works in Mumbai.

○ KOLKATA

In 2001, Calcutta renamed itself Kolkata ○, the pre-colonial Bengali name of one of the three tiny villages located in the area occupied and ruled by the British from approximately 1690 until 1947. Calcutta served from 1772 until 1911 as the capital of British India (Hutchison 2009:420).

(KOLKATA BOOK FAIR)

First held in 1976 and organized by the Publishers & Booksellers Guild. For many years it was housed at Maidan and it takes place today in Salt Lake. Primarily intended for the general public rather than for wholesale distributors, the (Kolkata Book Fair) is the most attended book fair in the world. In 2018, there were 350 participating institutions. Since 2011, the fair has its own section for little magazines ○. The book fair serves as an important meeting place for local intelligentsia and local youth.

LAL, PURUSHOTTAMA
(aka **P. LAL**)
1929–2010

Poet, essayist, translator, publisher, and professor, 1958 he founded the (Writers Workshop), which as a group of writers represented an important active circle of intellectuals in Kolkata ○ and established a publishing company. Released various volumes of poetry, children's books, and a version of the entire *Mahabharata of Vyasa* (2004) as a series of eighteen volumes, condensed from Sanskrit and transcreated into English.

(LALIT KALA AKADEMI)

The National Academy of Art is an autonomous body set up by the government of India under the administrative control of the

হিসেবে, ছবি ও ইমেজ পুনরুৎপাদনের সাফল্য, ক্লিশে উৎপাদনের ফটোকেমিক্যাল পদ্ধতিটি অথবা রঙ বিচ্ছিন্নকরণ পদ্ধতির মাধ্যমে কালার প্রিন্টিং ছিল বিশেষভাবে উল্লেখযোগ্য।

● লেড, প্লাস্টিক বা কাঠ,
কাঠের ব্লক লেটারে নির্মিত
হরফ বা লেটার

লেটার ●—মুদ্রিত লেখা এবং একে একসময় বলা হত 'ফাউন্ট (ফান্ড) অব লেটারস অব অল বডিস' অর্থাৎ কি না সবরকম অবয়বের হরফের পাঁচ মিশেলি ভাঁড়ার (Moxon [1683] 1956:13)। এরা হল আয়না-উল্লম্ব বর্ণমালাঅনুযায়ী লিপিরূপ, অক্ষর, সংখ্যা অথবা প্রতীকী লিখন, যেগুলি লেটারপ্রেসে ● যে কোনও ক্রমে পুনর্গঠিত হতে পারে। তারা লেডে ছাঁচে-ঢালাই হতে পারে অথবা কাঠে উৎকীর্ণ হতে পারে অথবা কলকাতায় ○ যা বহুল ব্যবহৃত তা হল প্লাস্টিকে কলে বা ঘানিতে চূর্ণ হয়ে।

গুটেনবার্গের হরফ সংস্থাপনের যে উদ্ভাবন, পুরো বইয়ের একটি একটি করে অক্ষর হাতে ধরে সাজানো, তা করতে ৪০০ বছরেরও বেশি সময় লেগেছিল, ১৮৮০সালের মধ্যভাগে কার্যকরী টাইপসেটিং যন্ত্র লাইনের বর্ণ সংস্থাপনের গতি অনেক গুণ বাড়িয়ে দিয়েছিল। Linotype ● ছিল বিরাট এক সাফল্য। উদ্ভাবনশক্তিবিশিষ্ট কি বোর্ডের সমাহার ও সংযুক্তি। ম্যাট্রিসেসগুলি ● ছড়িয়ে দিয়ে এবং এমন এক যান্ত্রিক প্রক্রিয়ার প্রক্ষেপণ যা থেকে লেডে এক লাইনের বর্ণ সংস্থাপন পদ্ধতি উঠে এসেছিল। সময়ের সীমারেখা চাপিয়ে দেওয়া সংবাদপত্র কোম্পানিগুলি এই ধরণের লাইন-কাস্টিং মেশিনের আকুল অপেক্ষা করছিল তাদের ঘর ভরিয়ে তোলার জন্য। ডেস্কটপ আসার পর থেকে টাইপোগ্রাফিক হরফগুলি রূপান্তরিত হল মুল সফটওয়্যারে। টাইপোগ্রাফিক বিন্যাস কিছু প্রিসেট-এর বিষয় হয়ে দাঁড়িয়েছে।

● লাইন ব্লক

কপার বা জিঙ্ক দ্বারা প্রস্তুত প্রিন্টিং ব্লক ● যারা লেটারপ্রেসে ● বিম্ব ও চিহ্ন পুনরুৎপাদনের জন্য ব্যবহৃত হত। হাফটোন ব্লকের ● বিপরীতে, লাইন ব্লক ● শুধুমাত্র লাইনগুলির এবং নিরেট বস্তুর আকারের আকৃতি দান করে।

● লিনোলিয়াম কাট (লিনোকাট)

উডকাটের ● মত একই রকম পদ্ধতি, পার্থক্য হল লিনোলিয়াম যা তিসি তেল এবং বাইন্ডার হিসেবে পাটের সঙ্গে কর্ক গুঁড়ো দিয়ে প্রস্তুত করা হয়, প্রিন্টিং ফর্ম ● হিসেবে উডব্লক ● ব্যবহার না করে এই লিনোলিয়াম ব্যবহার করা হয়। কাঠের তুলনায় লিনোলিয়াম অনেক বেশি নমনীয়।

Ministry of Culture to promote the fine arts nationally and internationally. Founded in 1954 and with its headquarters in New Delhi, the organization also has branches in Bhubaneswar, Chennai, Kolkata ○, and Lucknow. In Kolkata ○, the office is located in Gariahat. All regional centers have community workshops—including infrastructure facilities—for artists in all disciplines. Overall objectives also entail publishing and promoting the publication of literature on art including monographs and journals; awarding scholarships and prizes to artists; and fostering cultural contacts within the country and also with other countries through art exhibitions, the exchange of personal and art objects, etc.

NOTE: The future of a defunct lithography ● machine at the entrance to the printmaking section of the (Lalit Kala Akademi) in Kolkata ○ is undetermined. Offers to buy it can be sent directly to the institution.

LATH, ABHIJIT b. 1967 & **REENA LATH** b. 1969

Co-founders and co-directors of (Akar Prakar Gallery). Live and work in Hindustan Park, Kolkata ○.

● LETTERPRESS

A term used for all printing of ciphers with a relief printing ● press. The term goes back to Johannes Gutenberg, who has been recorded in the annals of history as the inventor of modern letterpress ● —and typography—in the middle of the fifteenth century. This outstanding achievement consists of the creation of equipment (and respective innovative processes): in short, a hand-held mold ● for creating individual letters made of lead ● as movable lead type ●, the letterpress ●, and the development of

(এবং তাই পরিচালনা করা সহজ) কম খরচসাপেক্ষ, যান্ত্রিকভাবে উৎপাদিত হওয়ার ফলে কাঠের স্বাভাবিক দানাগুলির অভাব থাকে, কিছু পার্থক্য সমেত যেমন, রঙের সমতল অংশগুলিকে ছাপা সহজ হয়ে যায়।

● LINOTYPE

লেটারপ্রেসে ● একটি বৈপ্লবিক আবিষ্কার হয়েছিল ১৮৮৬ সালে ডিসাইনার ওটমার মার্জেনথ্যালার দ্বারা, যিনি এনেছিলেন এমন এক বিশেষভাবে উদ্ভাবিত যন্ত্র যা শুধুমাত্র প্রাক বিদ্যমান ধাতুর ম্যাট্রিসেস থেকে পৃথক করে অক্ষর একত্রিত করত তাই নয়, এটিকে লেডের ওপর একত্রিত একক উপাদান হিসেবে কাস্ট করত, পদ্ধতিটি সমাপ্ত হলে নিজে থেকেই বেরিয়ে আসত। এই নতুন উদ্ভাবনটি হাতে ধরে প্রতিটি অক্ষরভিত্তিক টাইপকাস্টিং ও টাইপসেটিং-এর প্রয়োজনীয়তা কমিয়ে দিয়েছিল। প্রধান অবশিষ্ট হস্তচালিত কাজ ছিল কি বোর্ড ব্যবহার করে এবং প্রিন্টিং ফর্মের ● ওপরে সদ্য লাইন কাস্ট করার উপাদানগুলিকে একত্রিত করে গ্লিফ বা লেখা ইনপুট করা। যার দ্বারা, লেখাটিকে ইমেজের পরেই স্থাপিত করে মুদ্রণের জন্য প্রস্তুত একটি পেজ লে-আউট বের করে নেওয়া যায়। থমাস এডিসন Linotype ● বিশ্বের অষ্টম আশ্চর্য বলে চিহ্নিত করেছেন। একই সময়ে অন্য একটি কোম্পানি, মনোটাইপ কর্পোরেশন, একটি একক লেটার কাস্টিং পদ্ধতি আবিষ্কার করল যা-ও খুব একটা কম আধুনিক নয়। এই পদ্ধতির নীতি হল পাঞ্চ টেপগুলি লেখাগুলিকে যন্ত্রভুক্ত করবে, এরা ম্যাট্রিসেসগুলিকে ● নিয়ন্ত্রণ করত। হরফ তৈরির পদ্ধতিটি লাইন নির্মাণের একটি নান্দনিক উৎকর্ষকে তুলে ধরে। কিন্তু এই দুটি পদ্ধতিই ১৯৭০ সালে ফটো ও ফটোএচিং প্রযুক্তি আসার পর কিছুটা অপ্রচলিত হয়ে পড়ে। ডিজিটাল বিপ্লবের ফলশ্রুতি এটি। কিন্তু এই স্মৃতিকে সংরক্ষণ করে এবং লাইনোটাইপের চূড়ান্ত পরিণতিকে বর্ণনা করে দু'টি তথ্যচিত্র নির্মিত হয়েছে *Linotype: The Film* (2012)। মার্কিন পরিচালক ডগলাস উইলসন এর পরিচালক। অন্য তথ্যচিত্রটি হল সুইস নির্মাতা হ্যানস-উলরিচ স্ক্লুমফ পরিচালিত *Umbruch* (1978)।

● লিথোগ্রাফি, লিথোগ্রাফস, লিথো

জল এবং গ্রিজ বা তেল পরস্পর-বিরোধী, এই রাসায়নিক ঘটনার ওপর ভিত্তি করে এটি একটি ফ্ল্যাটবেড প্রিন্টমেকিং ● পদ্ধতি। একটি উপযুক্ত প্রিন্টিং প্লেট ● সোলোনহফেন লাইমস্টোন ● দ্বারা তৈরি হয়, এছাড়াও জিঙ্ক, অ্যালুমিনিয়াম, পলিমার স্থিতিস্থাপক প্লাস্টিক

oil-based printing ink ●, for which Gutenberg newly adapted existing materials and formulas.

In 1814, *The Times* newspaper in London began to be printed on a steam-powered cylinder printing press. Counterpressure to the plane printing form ● was created by a rotating cylinder, so the pressure required for the printing of flat surfaces required less force. Rapid press technology advanced at a breathtaking pace. By the 1850s, the first newspaper presses were put into operation. Their production speed was 12,000 sheets per hour. Thanks to an embossing process using cardboard, it was possible to cast cylindrical printing plates ● from flat printing plates ●; a prerequisite for this was that the printing plate ● and counterpressure were both cylindrical, operating in constant counter-motion and only separated by the printing substrate ●. Other highlights of the ongoing optimization of the letterpress ● achieved under the banner of industrialization and automation include: image and photo reproduction, the photomechanical process of cliché ● production, and color printing by standardized color separation ●.

● LETTERS MADE OF LEAD, PLASTIC, OR WOOD

Also called printing type ● and once called "a *fount* (properly a *fund*) of letters of all bodies" (Moxon (1683) 1956:13)—, in letterpress, ● these are mirror-reversed alphabetical glyphs, characters, or symbolic ciphers which can be recomposed in any order. They can be cast in lead, carved in wood, or—as is widespread in Kolkata ○—milled in plastic.

From Gutenberg's invention of moveable lead type ●, it took more than 400 years until, in the mid-

প্লেট বা জিপসাম প্লেট দ্বারাও তৈরি হতে পারে। ১৯৭০ সালে অ্যালোইস সেনেফেল্ডার এই ধরণের মুদ্রণ আবিষ্কার করেন। এই মুদ্রণ পদ্ধতিটি খুবই বৈপ্লবিক ছিল কেননা, এই পদ্ধতি সরাসরি (বিপরীত হলেও) ছবি বা ইমেজ নকলের সম্ভাবনা প্রদান করত। সাংগীতিক মুর্ছনায় নানা ধরণের টাইপফেস ● ব্যবহার করতে সক্ষম ছিল। জুরিখে, লিথোগ্রাফির ● আবার প্রচলন শুরু হল স্বতন্ত্র ফাইনআর্ট মুদ্রণ ● তৈরির জন্য, যেখানে কলকাতায় এই পদ্ধতি ব্যবহৃত হয় সস্তা পোস্টার ছাপার জন্য। লিথোগ্রাফির ● অন্য একটি বৈচিত্র্য হল ক্রোমোলিথোগ্রাফি। এর উন্নততর অগ্রসর হিসেবে আসে অফসেট প্রিন্টিং ●।

(লিটল ম্যাগাজিন লাইব্রেরি এন্ড রিসার্চ সেন্টার) ((লিটল ম্যাগাজিন লাইব্রেরি ও গবেষণা কেন্দ্র))

১৯৭২ সালে সন্দীপ দত্ত দ্বারা স্থাপিত একটি ব্যক্তিগত প্রতিষ্ঠান। অনেক মানুষ আসেন। মহাত্মাগান্ধি রোড এবং কলেজস্ট্রিট যেখানে এসে মিশছে, তার কাছাকাছি টেমার লেনে এই লাইব্রেরিটি অবস্থিত। ৬০,০০০ এরও বেশি লিটল ম্যাগাজিন ○ আছে এই লাইব্রেরিতে। এই লাইব্রেরির সদস্য হওয়া খুবই দরকার এবং তার জন্য সুপারিশ করাও প্রয়োজন, ব্যক্তিগত লাভের থেকেও বেশি এই প্রতিষ্ঠানটিকে সহায়তা ও পৃষ্ঠপোষকতা দিতে তা জরুরি। কারণ শুধুমাত্র সন্দীপ দত্তর ব্যক্তিগত আগ্রহ ও আবেগে এটি চলে আসছে। কখন খোলা থাকে তা জানতে হলে আগে থেকে যোগাযোগ করে নেওয়া ভালো।

○ লিটল ম্যাগাজিন আন্দোলন

কলকাতা সিটি অব প্রিন্ট প্রিন্ট-এ গবেষনার বিষয় ও আলোচনার সঙ্গে প্রাসঙ্গিক এই আন্দোলন। ১৯৫৩ সালে কৃত্তিবাস পত্রিকা প্রকাশের সঙ্গে সঙ্গে এই আন্দোলনের সুত্রপাত ধরা যেতে পারে। স্ব-আত্মপ্রকাশিত ● এই ছোট পত্রিকাগুলিকে ○ রাজনীতি অথবা সাহিত্যের (অথবা উভয়েরই) একটি স্বাধীন অঙ্গ হিসেবে ধরা হয়। এগুলি মুলত লেখা-নির্ভর, ভাষা নিয়েই এই ম্যাগাজিনগুলি মুলত পরিক্ষা নিরীক্ষা করেছে। লে-আউট, ছবির ব্যবহার, অলংকরণ বা প্রস্তুতির পন্থা পদ্ধতি নিয়ে তেমন পরীক্ষা নিরীক্ষা করে নি বললেই চলে। অন্যদিকে, বিষয়বস্তু বা সাহিত্য উপাদানের দিক থেকে বিচার করলে, এই ছোট পত্রপত্রিকাগুলির অবদান অনস্বীকার্য যেহেতু তারা ভারতীয় সাহিত্যের বিপ্লবকে প্রজ্জ্বলিত করেছিল যা আদপেই ১৯৪৭ এর পর অর্থাৎ স্বাধীনতা পরবর্তী সময় থেকে শুরু হয়েছিল। প্রথমে কৃত্তিবাস

1880s, the first functional typesetting machine greatly accelerated the production of sets of lines: the breakthrough was the Linotype ●, an ingenious combination of keyboard input, circulating matrices ●, and a casting mechanism that spouted out single lines cast in lead in seconds. Saving immeasurable amounts of time for the staff, who had to produce under extreme deadlines, Linotype ● machines soon filled newspaper production facilities by the thousands. Today, with desktop publishing, the typographic letter has been morphed into basic software and typographic formatting has become a matter of a few presets.

● LINE BLOCK

Printing blocks ● made of copper or zinc that are used in letterpress ● for the reproduction of images and symbols. In contrast to halftone ● block, it features only lines and solid shapes.

● LINOLEUM CUT (aka LINOCUT)

The process is basically the same as woodcut ● except that instead of using woodblock ●, linoleum—which is made from linseed oil and cork powder with jute as the binder—is used as the print forme ●. Compared to wood, linoleum is more pliant (and therefore easier to handle), less expensive, and, being mechanically produced, lacks wood's natural grain, with the difference, e.g., that it is possible to print flat areas of color.

● LINOTYPE

A revolutionary invention in letterpress ● launched in 1886 by the designer Ottmar Mergenthaler and featuring a specially invented machine that not only assembles individual characters from pre-existing metal matrices into a single full line, but also casts this assemblage as one element in lead, spitting it out when

পত্রিকা এবং তারপর হাংরি জেনারেশনের মধ্যে এই বিপ্লব উল্লেখযোগ্য রূপে ধরা দিয়েছিল। বর্তমানে পশ্চিমবঙ্গে কয়েক শ' লিটল ম্যাগাজিন ○ আছে যা নিয়মিতভাবে প্রকাশিত হয়। ব্যক্তিগত খরচেই এগুলি বের হয় কিন্তু, বিজ্ঞাপন বা সরকারি ভর্তুকি থেকেও কিছু খরচ উঠে আসে। নানা জেলা থেকে প্রকাশিত এই লিটল ম্যাগাজিন ○ গুলি কিছু নির্দিষ্ট জায়গায় রাখা হয় বিক্রির জন্য। বইমেলার লিটল ম্যাগাজিন ○ প্যাভিলিয়নে, পশ্চিমবঙ্গ সরকার আয়োজিত লিটল ম্যাগাজিন ○ মেলায়, কলেজস্ট্রিট বইপাড়ার নানা স্টল থেকে বিক্রয় হয় এবং অবশ্যই পাওয়া যায় লিটল ○ ম্যাগাজিন লাইব্রেরি ও গবেষণা কেন্দ্রে। কৃত্তিবাস পত্রিকার প্রতিষ্ঠাতা কবিরা, হাংরি জেনারেশনের কবিদের উত্তরসুরি হিসেবে ২০০০ পরবর্তীতে যারা লিখতে এসেছেন তাঁদের বলা হয় 'শূন্য' দশকের কবি-সাহিত্যিক। এঁদের মধ্যে রাকা দাসগুপ্ত, রাজদীপ রায়, অভিমন্যু মাহাতো, হিমালয় জানা, সুকল্প চট্টোপাধ্যায়, স্বাগতা দাশগুপ্ত, সম্রাজ্ঞী বন্দ্যোপাধ্যায়, রাজীব ঘোষাল, অরিত্র সান্যাল এবং এই বইয়ের অনুবাদক দীপান্বিতা সরকার উল্লেখযোগ্য। বোধশব্দ পত্রিকার সম্পাদক সুস্নাত চৌধুরী একটি মুদ্রণ কর্মশালার আয়োজন করেন প্রতি বছর। এই ডিজিটাল যুগেও লিটল ম্যাগাজিন ○-সংস্কৃতিকে যোগ্য গুরুত্ব ও মুল্য দেওয়ার অভিপ্রায়ে তাঁর এই প্রয়াস। মুলত লিটল ম্যাগাজিন ○ সম্পাদকদের জন্য মুদ্রণের আধুনিক প্রযুক্তি ও প্রকাশনা পদ্ধতিগুলি নিয়ে আলোচনা ও কাজকর্ম প্রদর্শন এই কর্মশালাটির উদ্দেশ্য। যুগান্তকারী ও পরীক্ষামুলক সাহিত্যপ্রকাশের একজন প্রতিজ্ঞাবদ্ধ বিশ্বাসী তিনি।

○ লুঙ্গি (সারঙ)
পুরুষদের জন্য কোমরে গোঁজা পা অবধি বা হাঁটু অবধি ঝোলানো এক ধরণের পোশাক। শ্রমিক শ্রেণীর মানুষেরা (রিক্সা চালক বা সবজিবিক্রেতা) ঘরের বাইরেও পরেন। সৌমিক চক্রবর্তী বা হাবিব আহমেদ আফসরের মত শিল্পীদেরও প্রিয় এই পোশাক।

● ম্যানুস্ক্রিপ্ট, ম্যানুস/পাণ্ডুলিপি
আসল মানে একটাই—হাতে লেখা রচনার খসড়া বা পাণ্ডুলিপি ●। ১৫৯৭ সালে প্রথম ল্যাটিন শব্দ *scriptus* (অর্থাৎ 'লিখিত') এবং *manu* (হাত দ্বারা) থেকে এই শব্দটি উদ্ভুত হয়েছে। বর্তমান সময়ে ম্যানুস্ক্রিপ্ট ● শব্দটি সংক্ষিপ্ত হয়ে হয়েছে 'ম্যানুস'। যে কোনও বইয়ের প্রকাশের একেবারে প্রাথমিক

finished. The innovation eliminated the necessity of character-by-character typecasting and -setting by hand. The main remaining manual operations were inputting the glyphs using a keyboard and composing the freshly cast line elements together on a print forme ●, whereby it was also possible to set text next to images to create a page layout ready to print. Thomas Edison called the Linotype ● the Eighth Wonder of the World.

At the same time, another company—Monotype Corporation—patented a no less sophisticated single letter casting system. The precept: punched tapes were used for entering the text. These controlled matrices ● and a casting unit produced an aesthetically superior set of lines. Both systems were superseded during the 1970s by the use of photographic and photo-etching technologies, and these, in turn, by the digital revolution. Preserving these memories—and describing the Linotype's ● ultimate decline—are two wonderful documentaries: *Linotype: The Film* (2012) by American director Douglas Wilson, and *Umbruch* (1978) by Swiss director Hans-Ulrich Schlumpf.

● LITHOGRAPHY, LITHOGRAPHS, LITHO

Based on the chemical fact that grease and water repel each other, this is a kind of flatbed printmaking ● process. Printing plates ● are typically made of Solnhofen limestone ● as well as zinc, aluminum, polymer flexible plastic, or gypsum. Invented in 1798 by Alois Senefelder, this kind of printmaking was revolutionary because of the possibilities it provided for direct—albeit reversed—duplication of images and musical notes, and the ease in using different typefaces ●. In Zurich, this technique is being used

ও আদি পর্যায়ে যখন লেখক বা সাহিত্যিক প্রথম খসড়া প্রস্তুত করেন —সাধারণত ডিজিটাল আকারে, (কাগজে কলমে হাতে লিখেও কলকাতায় বেশ প্রচলিত এখনো) এবং সেটি প্রকাশকের হাতে তুলে দেন, তাকেই বলা হয় ম্যানুস্ক্রিপ্ট ●। প্রকাশক তারপর প্রকাশের জন্য পরবর্তী পর্যায়গুলি যেমন, সম্পাদনা, লে-আউট, প্রুফরিডিং ইত্যাদি সম্পাদন করেন।

● মেজোটিন্ট

একটি স্বতন্ত্র রকমের ইনট্যাগলিও ● মুদ্রণ পদ্ধতি। এই পদ্ধতিতে প্রিন্টমেকার বা মুদ্রণযন্ত্রী আলো থেকে অন্ধকারে কাজ না করে অন্ধকার থেকে আলোর দিকে কাজ করে। এই পদ্ধতিটিতে প্রভুত দৈহিক শ্রম ও নিবিড় দক্ষতা প্রয়োজন হয়। প্রথমে একটি ধাতুর প্লেটকে (সাধারণত কপার দিয়ে প্রস্তুত) অসমতল ও এবড়োখেবড়ো করে নেওয়া হয়। দাঁতের মত কাটা কাটা একটি বৃত্তাকার ব্লেডের মত যন্ত্র বা গজাল যাকে 'রকার' বলা হয় তা ব্যবহার করে ধাতুর প্লেটটিকে অসমতল করা হয়। একটি চাঁছনি বা বার্নিশার দিয়ে উঁচু নিচু জায়গাগুলিকে মসৃণ করা হয়। স্ক্র্যাচবোর্ডকে ● প্রিন্টিং প্লেট ● হিসেবে ব্যবহার করে এই প্রক্রিয়াটিকে আরও পরিণতি দেওয়া সম্ভব।

● মিমিওগ্রাফ, মিমিওগ্রাফিং, মিমিওগ্রাফি

→ ট্রান্সফার ডুপ্লিকেটিং ●

● MITSUBISHI DAIYA-1-1

→ অফসেট প্রিন্টিং ●

● মনোটাইপ

কাচ, ধাতু অথবা অন্যান্য উপাদান দিয়ে তৈরি অ-ব্যবহৃত বা পালিশ করা প্রিন্টিং প্লেটকে প্রিন্টিং ইঙ্ক ● দিয়ে হাতে রঙ করার পদ্ধতিকে বোঝায়। এবং তারপর এটিকে ব্যবহার করে কাগজের ওপর ছাপা হয়। ফলাফলস্বরূপ অনন্য একটি নিদর্শন পাওয়া যেতে পারে, কিন্তু একই বিষয়বস্তু ও প্রযুক্তি ধারাবাহিকভাবে ব্যবহার করা যেতে পারে, প্রিন্টিং প্লেটটিকে ● ও পুনরায় ব্যবহার করা অসম্ভব নয়।

● মুভেবল লেড টাইপ / চলমান লেড টাইপ

গুটেনবার্গের উদ্ভাবনের মুখ্য উপাদানের একটি ছিল মুভেবল লেড টাইপ ●। এটি মুলত হাতেই তৈরি করতেন কোনও টাইপ-স্থাপক: প্রত্যেক আলাদা ধাতুর হরফের ● (প্রধানত কপার) জন্য একটি হ্যান্ড হেল্ড মোল্ড ● ব্যবহার করে একখানা প্রিন্ট ম্যাট্রিক্স ● তৈরি করার জন্য একটি পাঞ্চ ● (অথবা প্যাট্রিক্স ●) নিযুক্ত করা হত।

once again to produce exclusive fine arts prints ●, whereas in Kolkata ○, circus posters are still printed using this method. One variation of this process is chromolithography ●, while a further development is offset printing ●.

LITTLE MAGAZINE LIBRARY AND RESEARCH CENTER

Also known as the Kolikata Little Magazine Library O Gabeshana Kendra, this private and well-frequented library was founded in 1972 by Sandip Dutta. Located on Tamer Lane near the intersection of College Street and Mahatma Gandhi Road, to date, the library houses over 60,000 little magazines ●. Membership is highly recommendable, not only because of the benefits, but also to support the institution, which is mainly driven by Sandip Dutta's passion. Contact in advance to confirm opening hours.

○ LITTLE MAGAZINE, LITTLE MAGAZINE MOVEMENT

Within the scope of Kolkata City of Print, the first publication of the little magazine movement ○ was *Krittibas*, which was launched in 1953. Being self-published ●, little magazines ○ are conceived as an independent organ of politics or literature (or both). They are generally text-laden, and experimental attempts are conducted mostly in terms of language rather than layout, treatment of images, or manner of production. On the other hand, in terms of their literal content, they have made a tremendous contribution insofar as they ignited the Indian literary revolution which began after 1947 —first *Krittibas*, followed by the Hungry Generation literary movement. Today, in West Bengal, there are hundreds of such publications. They are primarily financed privately, an

তারপর একটি ধাতু সংকর (লেড) ম্যাট্রিক্স ●-এর মধ্যে ঢালা হত (Atenen and Jaggi 1964:39)। ফলস্বরূপ স্বতন্ত্র টাইপগুলি ● (লেটার বা ঐ জাতীয় কিছু) একটি র‍্যাক বা মাচা ব্যবহার করে সঠিকভাবে একত্রিত করে জড়ো করা হত। অক্ষরগঠন সন্তুষ্টিজনকভাবে সুসম্পন্ন হলে গ্রথিত অক্ষর উপস্থাপনটি একটি প্রিন্টিং ফর্মের ● মধ্যে মিলিয়ে লাগিয়ে দেওয়া হত (Man 2002:132–134)। উনবিংশ শতকের শেষভাগে Linotype ● প্রচলন বৃদ্ধি পাওয়ার সঙ্গে সঙ্গে আলাদাভাবে অক্ষরগুলিকে তৈরি করার পর পুরো লাইনগুলি সাজিয়ে ছাঁচ প্রস্তুত হত। ১৯৬০ সালে ফটোসেটিং-এর প্রচলন শুরু হলে এই পদ্ধতিটি অবলুপ্ত হয়। আজকের সময়ে আধুনিক মুদ্রণ প্রযুক্তিতে টাইপসেটিং বা বর্ণ সংস্থাপন শুধুমাত্র ডিজিটাল পদ্ধতিতে প্রিপ্রেসে ● সম্পাদিত হয়। কলকাতার ○ ছোট মুদ্রণের দোকানগুলিতে প্রিন্টিং প্লেটের ● ওপর এক্সপোসড ফিল্ম ● ব্যবহার করে টাইপসেটিং করা হয়।

মাস্টার্ড সিডস কমিউনিটি লাইব্রেরি

১৯৯৯ সালে **মাওরা হারলে** দ্বারা প্রতিষ্ঠিত একটি ব্যক্তিগত গ্রন্থাগার ও সমাজকল্যাণমূলক সৃজনশীল প্রকল্প। সল্টলেক অঞ্চলে অবস্থিত এই পাঠাগার। প্রতি রবিবার অঞ্চলের শিশু ও কিশোরদের জন্য খোলা থাকে। বিদ্যালয়ের বিকল্প হিসেবে এই প্রতিষ্ঠানটি শিশু-কিশোরদের জন্য খেলাধুলা, বাগান করা, পড়াশোনা বা একসঙ্গে ঐক্যবদ্ধ হয়ে থাকার প্রেরণা ও ব্যবস্থাপনা প্রদান করে। **মাওরার** পুত্র বাপু সহ অনেক স্বেচ্ছাসেবক মাস্টার্ড সিডসকে সহায়তা করে।

নিরুপমা একাডেমি অব হ্যান্ডমেড পেপার

সৃজনশীল শিক্ষা প্রতিষ্ঠান ও উদ্যোক্তা। হাতে তৈরি কাগজ দিয়ে কাজকর্ম করায় বিশেষজ্ঞ এই প্রতিষ্ঠান বইবাঁধাই, মুদ্রণ, পণ্য-নকশার মত বিবিধ শিল্প নিয়ে নিয়মিত অনুশীলন করে। ২০০৪ সালে **অনুপম চক্রবর্তী** পিকনিক গার্ডেন অঞ্চলে এটির প্রতিষ্ঠা করেন। এর পাশাপাশি নানা ধরণের কর্মশালার ব্যবস্থাও করে এই প্রতিষ্ঠান যাতে হাতে হাতে প্রশিক্ষণ দেওয়া হয়ে থাকে। এই প্রতিষ্ঠান নানা সহযোগী প্রকল্প পরিচালনার দায়িত্ব গ্রহণ করে, কাজের বরাত দেয় ও কর্মসুচী এবং এদের একটি শিল্পী-বাসস্থান-কর্মসুচীও ('আর্টিস্ট ইন রেসিডেন্স প্রোগ্রাম') আছে। প্রতিষ্ঠানের কর্মীদের মধ্যে মানিক প্রামাণিক একজন। তিনি কাগজ তৈয়ারি বা পেপারমেকিং ইউনিটের একজন ভারপ্রাপ্ত কর্মকর্তা ও ম্যানেজার, বইবাঁধাই ও মুদ্রণ

expenditure that is partly offset by income from advertisements and government subsidies. They can be found at various locations: in the Boipara ○, at the (Kolkata Book Fair), or in the (Little Magazine Library and Research Center). Descendants of the poets and writers of *Krittibas* and the Hungry Generation literary movement comprise *sunyo doshok* [translated in English as the zero decade poets]. The *sunyo doshok* include names such as Sukolpo Chattapadhyay, Raka Dasgupta, Swagata Dasgupta, Rajib Ghoshal, Sanghamitra Halder, Himalayan Jana, Abhimanyu Mahato, Rajdip Roy, Bandopadhyay Samra, Aritra Sanyal, and Dipanwita Sarkar (translator of Kolkata City of Print). And Susnata Choudhury, the editor of *Bodhshabdo* [translated in English as intelligent word] regularly organizes printing workshops for little magazine ○ editors on the subject of the latest printing and publishing techniques as he believes in the groundbreaking qualities of little magazines ○ for promoting experimental literature even in today's digital world.

○ LUNGI
Also known as a sarong, this hip garment for men is worn in public only by members of the working class, e.g., riksha drivers and greengrocers. Also popular with artists such as Habib Ahmed Afsar and Saumik Chakraborty.

● MANUSCRIPT, MANUS
Originally only meaning a handwritten text, the word first appeared around 1597 and stems from the Latin terms *scriptus* (written) and *manu* (by hand). Today, however, the term —abbreviated as manus ●— refers to the early or so-called "original" state in the process of being published

বিভাগের ভারপ্রাপ্ত প্রধান তাপস দাস, বয়ন বা উইভিং ইউনিটের প্রধান প্রভাত বসু। সহযোগী কর্মী সদস্য মালা দাস ও তরুণ নস্কর।

● অফসেট, অফসেট প্রিন্টিং লিথোগ্রাফির ● মত একই রীতির আরও উন্নয়ন ও অগ্রগমন সম্ভব হল ফ্ল্যাটবেড প্রিন্টিং-এর ● সুবাদে, বিংশ শতকের শুরুতেই যা ব্যাপকভাবে ছড়িয়ে পড়েছিল। এই পদ্ধতির জন্য একটি প্রিন্টিং প্লেট ● (ধাতুর) ব্যবহৃত হত প্রাথমিক প্রিন্টিং ফর্ম ● হিসেবে এবং প্রিন্টিং ইঙ্ক ●—যা অফসেট ● একটি ছাপ, প্রিন্টিং সাবস্ট্রেটে ● একটি রবারের পুরু আস্তরণ দ্বারা স্থানান্তরিত হত এবং একটি মধ্যবর্তী মাধ্যম হিসেবে কাজ করত। প্রতিটি স্থানান্তর প্রাথমিক প্রিন্টিং ফর্ম ● রাখা অবশিষ্ট প্রিন্টিং ইঙ্কের ● পরিমাণ হ্রাস করতে। আজকের দিনে অফসেট প্রিন্টিং ● বিশ্বব্যাপী মুদ্রণের প্রধান অবলম্বন। নির্ভুলতা, যথাযথতা এবং গতির নিরিখে সম্পূর্ণ স্বয়ংক্রিয় মুদ্রণ যন্ত্রগুলি অনতিক্রম্য। অন্যদিকে, পরীক্ষা নিরীক্ষার উদ্দেশ্যে অধিকতর উপযুক্ত হল পুরনো অফসেট ● মুদ্রণ যন্ত্রগুলি। যেমন, Heidelberg Kord ●, HMT SOM 125 ●, Mitsubishi DAIYA-1-1 ● এবং Toko Offset 770 ●।

● পেপার পাল্প / কাগজের মণ্ড পশ্চিমবঙ্গে প্রথম পাট থেকে তৈরি হয়, ইউরোপে পুরনো ছেঁড়া কাপড় দিয়ে, শণ, তিসি এবং পুরনো দড়ি, ছেঁড়া পাল বা ক্যানভাসের মত বর্জ্য পদার্থ দিয়ে। ইউরোপে, নতুন উদ্ভিদ তন্তু সাধারণত ব্যবহৃত হত না, শুধুমাত্র মোটা, খড়খড়ে, খারাপ মানের কাগজ নির্মাণের জন্য নতুন উদ্ভিজ্জ তন্তু ব্যবহৃত হত যেহেতু অত্যধিক প্রক্রিয়াকরণ এটিকে উপযুক্ত করে তুলতে প্রয়োজনীয় ছিল। তুলা বা সুতি বস্ত্র ১৮০০ সালের পর থেকে প্রচুর পরিমাণে সুলভ হল (Barrett 2018)। ১৭৯৮ সালে কাগজ তৈরির যন্ত্র উদ্ভাবিত হওয়ার পর থেকে ছেঁড়া কাপড় চোপড়ের ঘাটতি হয়। ফলে, কাগজশিল্পের কাঁচামাল হিসেবে কাঠের ব্যবহার শুরু হয়। কাগজতৈরির উদ্ভাবক হিসেবে কৃতিত্বের দাবীদার হলেন কাই লুন। তিনি ছিলেন একজন চীনা রাজসভার কর্মচারী। ১০৫ খ্রিস্টপুর্বে দং (পুর্ব) হ্যান রাজবংশের প্রধান পণ্ডিত। দং হ্যান রাজবংশ (২৫-২২০খ্রিস্টপুর্ব)। তাঁর তৈরি কাগজের মণ্ডটি প্রস্তুত হয়েছিল যা যা উপাদান দিয়ে তা হল... ভিজিয়ে নরম করা মালবেরি গাছের বাকল, শণ বর্জ্য, ছেঁড়া কাপড়, পুরনো মাছ ধরার জাল, এবং দ্বিতীয় খ্রিস্টাব্দের শুরু থেকে পেপার মালবেরি নামক এক ধরণের গুল্ম ব্যবহার করা হত কাগজ প্রস্তুত

when a document is passed on by the author—usually in digital form—to an editor for the next stage, i.e., editing, layout, proofreading, etc.

● MEZZOTINT
A distinctive intaglio printing ● process requiring intensive manual labor and skill, it is the only one in which the printmaker works from dark to light rather than from light to dark. First a metal plate (usually of copper) is roughened (grounded) using a special spiked, rounded blade tool with cutting teeth called a rocker. Highlights are then smoothed out by working with a scraper or burnisher. A further development of this technique was to use scratchboard ● as the printing plate ●.

● MIMEOGRAPH, MIMEOGRAPHING, MIMEOGRAPHY
→ transfer duplicating ●

● MITSUBISHI DAIYA-1-1
→ offset printing ●

● MONOTYPE
This technique involves manually painting an unworked or polished printing plate ● made of glass, metal, or other material with printing ink ● and then using it to print onto paper. While the result is a unicum, the technique can be used serially by working with the same subject and reusing the printing plate ●.

● MOVEABLE LEAD TYPE
One of the key components of Gutenberg's innovation and originally hand-made by a type-founder as follows: A punch ● (or patrix ●) was first employed to produce a print matrix ● for each individual letter made of metal ● (usually copper) using a hand-held mold ●; then a metal alloy (lead) was poured into the matrix ● (Atenen and Jaggi 1964:39); the

করতে (Tsien, Tsuen-Hsuin 1973:510)।

পাল, অসিত

জন্ম ১৯৪৫

শিল্পী, গবেষক ও লেখক। তাঁর লেখা অনেক বই প্রকাশিত হয়েছে। *Woodcut Prints of Nineteenth Century Calcutta* (1983) তার মধ্যে উল্লেখযোগ্য। এছাড়াও সম্পাদনা করেন 'প্রমিতি' নামক একটি রাজনৈতিক লিটল ম্যাগাজিন ○। দক্ষিণ কলকাতার ○ ঠাকুরপুকুর অঞ্চলে কাজকর্ম ও বসবাস।

পাল, শ্রীকান্ত

জন্ম ১৯৭১

প্রিন্টমেকিংসহ গণ মাধ্যমের নানা কাজের সঙ্গে যুক্ত। রবীন্দ্রভারতী বিশ্ববিদ্যালয় থেকে অঙ্কনে (চারুকলা / ললিতকলা বিভাগে) স্নাতক। বরোদার মহারাজা সায়াজিরাও বিশ্ববিদ্যালয়, ভদোদরা, গুজরাট থেকে প্রিন্টমেকিং-এ স্নাতকোত্তর। তাঁর কন্যা তিতলি আমার ছেলের বন্ধু। কলকাতায় ○ দমদমের কালিন্দী অঞ্চলে বসবাস ও কাজকর্ম।

● ফোটোকপিয়ার, ফোটোকপি,
→ কপি মেশিন ●

● প্রিপ্রেস

মুদ্রণ ও প্রকাশনার সঙ্গে যুক্ত একটি শব্দ। ছাপার লে-আউট বের করা এবং চূড়ান্ত মুদ্রণের মধ্যবর্তী যে পদ্ধতি ও প্রক্রিয়া গুলি চলে, তাকেই বলা হয় প্রিপ্রেস ●। প্রিপ্রেস ● পদ্ধতির মধ্যে পড়ে প্রিন্টিং ফর্মের ● উৎপাদন ও তৈয়ারি, একটি মুদ্রণ প্রেস স্থাপন করার প্রস্তুতি, এছাড়াও লেখা ও ছবিগুলির ঠিকঠাক সমন্বয়সাধন অথবা একটি উচ্চ মানের মুদ্রণ ফাইল নির্মাণ করা। এটি হাতেও করা যেতে পারে যদিও এখনকার দিনে সবটাই ডিজিটাল পদ্ধতিতেই হচ্ছে।

● প্রেসপ্রুফ

একটি একক পাতা বা কয়েকটি পাতা স্বল্প পরিমাণে সাজিয়ে মুদ্রণ পরীক্ষা করে নেওয়া হয়। যা ছাপা হবে তা এবং মুদ্রণ যন্ত্রটি যান্ত্রিকভাবে ঠিকঠাক করে নেওয়ার জন্য একবার পরীক্ষা করে নেওয়ার রীতিকেই বলা হয় প্রেসপ্রুফ।

● শিল্প মাধ্যম হিসেবে মুদ্রণ

যদিও সর্বাপেক্ষা বিখ্যাত আন্তর্জাতিক শিল্পীরা প্রত্যেকেই শিল্প মাধ্যম হিসেবে মুদ্রণ নিয়ে পরীক্ষা নিরীক্ষা করে দক্ষতা অর্জন করেছেন, এমনকী পেশাদার শিল্প ইতিহাসবিদরাও এ ব্যাপারে কিঞ্চিৎ অবগত। সত্যিই এটি বেশ জটিল এক ক্ষেত্র যা আশ্চর্য কিছু উপকরণ, পদ্ধতি, প্রযুক্তি

resulting individual pieces of type ● (or "sorts") were assembled very precisely using a rack; and, after the typesetting was completed to satisfaction, the composed subset was fitted into a print forme ● (Man 2002: 132–134). With the increasing spread of the Linotype ● beginning at the end of the nineteenth century, casting of individual letters was succeeded by the casting of entire lines of text, a procedure, which, in turn, was displaced in the course of the 1960s by phototypesetting. Today, in modern printing works, typesetting is only done digitally in prepress ● and in the small printing works of Kolkata ○ using exposed transparent polyester film ● on the printing plate ●.

MUSTARD SEEDS COMMUNITY LIBRARY
Library and community art project founded in 1999 by Maura Hurley. Located in Salt Lake, the library is open every Sunday for neighborhood children and teens as an alternative to school, offering such activities as playing, gardening, reading, and just being together. Mustard Seeds is supported by a wide range of volunteers including Maura's son Bapu.

NIRUPAMA ACADEMY OF HANDMADE PAPER
Located at Picnic Garden, this creative educational and entrepreneurial organization specializes in handmade paper, bookbinding, printmaking, and product design. Founded in 2004 by Anupam Chakraborty, in addition to offering a variety of workshop courses and a hands-on training program, the company undertakes collaborative projects, does commission work, and has an artist-in-residence program. Employees include Manik Pramanik, Manager &

ও কৌশলের বিস্তারকে ধারণ করে আছে। উডকাট ●, লিনোকাট ●, কাঠ-খোদাই, মেটালকাট, খোদাই, তক্ষণ, ড্রাই পয়েন্ট, ডট প্রসেস, মেজোটিন্ট ●, অ্যাকোয়াটিন্ট প্রভৃতি এই পদ্ধতির উদাহরণ। জার্মান ভাষায় এই মাধ্যমের জন্য একটি বিশেষ নাম রয়েছে 'ড্রুকগ্রাফিক' (Druckgraphik)। কিন্তু ইংরাজি ভাষায় তেমন কোনও নাম নেই। আর তাই, মুদ্রণ প্রস্তুতির পদ্ধতি এবং ফলাফল ভুল ভাবে বাণিজ্যিক মুদ্রণের সঙ্গে যুক্ত হয় যা শিল্পকর্মের সঙ্গে যুক্ত অসাধারণত্বের ধারণার বিপরীতমুখী হয়। উপরন্তু, যেহেতু মুদ্রণের একটি অপরিহার্য চরিত্রগত দিক হল এর পুনরায় উৎপাদনশীলতা, সেই কারণেই আরও সমস্যার সৃষ্টি হয়। অনেক শিল্পীই যে কোনও ছবি ছাপার পরিমাণকে সীমায়িত করে দিতেন। অনেক সংস্করণই ফাইন আর্ট মুদ্রণের ওপর চিহ্নিত হত ক্রমিক পাতার নম্বর ও লেখকের সইসহ। মুদ্রণ পণ্ডিতদের জন্য এই গুণটি বিশেষভাবে প্রশংসিত হত কারণ এটা জানা যেত যে এই ধরণের অন্যান্য আর্টওয়ার্কের প্রচলনও আছে, যেগুলিকে সুক্ষ্মভাবে আলাদা করা যায়। শিল্প মাধ্যম হিসেবে মুদ্রণ ● আর এর জন্য প্রয়োজনীয় প্রযুক্তি, তা মনুষ্য হস্তদ্বারা বা শিল্প মুদ্রণ প্রক্রিয়া যাই হোক না কেন, প্রশ্নের মুখে পড়বেই।

● প্রিন্ট ম্যাট্রিসিস, প্রিন্ট ম্যাট্রিক্স জোহানেস গুটেনবার্গ দ্বারা উদ্ভাবিত চলমান লেড টাইপ থেকে উদ্ভূত হয়ে এই শব্দটি প্রিন্ট পাঞ্চ ● বা প্যাট্রিক্স ● ব্যবহারের পদ্ধতিকে বোঝায়। এই প্রিন্ট পাঞ্চ ● বা প্যাট্রিক্স ● একটি অভিনব হ্যান্ডহেল্ড মোল্ড ● দ্বারা ব্যবহৃত হয় যাতে এটি এক টুকরো ধাতুকে পিটিয়ে পাঞ্চ ফর্মের একখানা ইনট্যাগলিও ● সংস্করণে রূপান্তরিত করতে পারে। রূপান্তরিত খণ্ডটিই ম্যাট্রিক্স ● (শব্দটি ল্যাটিন শব্দ *ম্যাটার* থেকে নেওয়া, যার অর্থ 'মা', এর সঙ্গে যোগ করে এটিকে সক্রিয় অর্থে ব্যবহার করা হয় অর্থাৎ 'মাতৃসুলভ প্রতিনিধি', এই একই ল্যাটিন শব্দ 'গর্ভ' বোঝাতে বা গাছের বর্ধনশীল অংশ বোঝাতে ব্যবহার করা হয় (Man 2002:126)। এই শব্দটি একটি উন্নত প্রিন্টিং ব্লক ● বা প্লেট ●-এরও সমার্থক। ট্রান্সফার ডুপ্লিকেটিং ● পদ্ধতিতেও বিশেষ কালি দিয়ে টেমপ্লেট প্রস্তুতির জন্য এই শব্দটি ব্যবহৃত হয়, একটি দ্রাবকের মধ্যে কাগজটি চোবানো হয় এবং কোনও কপি এর ওপর রাখলে এটি তুলে নিয়ে স্থানান্তর করে দেয়।

● প্রিন্ট পাঞ্চ, পাঞ্চ (প্যাট্রিক্স) প্রিন্ট প্যাট্রিক্স ● বা পাঞ্চের ● ধারণা উঠে আসে ল্যাটিন শব্দ 'ফাদার' বা 'বাবা' থেকে। সমস্ত

responsible for the Papermaking Unit; Tapas Das, responsible for the Bookbinding & Printmaking Unit; and Prabhat Basu, responsible for the Weaving Unit. Associate staff members are Mala Das and Tarun Naskar.

● OFFSET, OFFSET PRINTING

A further development of the same principle as lithography ●, i.e., flatbed printing ●, this technique became widespread as of the beginning of the twentieth century. A (metal) printing plate ● is used as the primary printing forme ● and the printing ink ● transferred—i.e., offset as an impression—onto the printing substrate ● via a rubber blanket which functions as an intermediate or secondary printing forme ●. Each transfer diminishes the amount of printing ink ● remaining on the primary printing forme ●. The mainstay of printing worldwide today, its fully autonomous printing machines ● are unsurpassable in terms of precision and speed. On the other hand, older offset printing ● machines, such as the Heidelberg Kord ●, HMT SOM 125 ●, Mitsubishi DAIYA-1-1 ●, or Toko Offset 770 ●, are better suited for experimental purposes in print.

● PAPER PULP

While in West Bengal the raw material for this basis of paper was mainly made from jute, in Europe, new plant fiber was generally not used, except for thicker, poorer, rougher-quality papers, as too much processing was required to make it suitable. Rather, in Europe, it was first made from old clothing rags—out of flax or hemp, or waste material—, old ropes, sails, canvas, etc. Cotton textiles were only abundantly available after 1800 (Barrett 2018). After the

জার্মান মুদ্রণ-কারিগরদের দ্বারা উনবিংশ শতকে এই শব্দটি প্রচলিত হয়। পাঞ্চ ●-এর জন্য একটি উপযুক্ত পুরুষালি শব্দ এটি। একটি ধাতুর তৈরি ছবি, হরফ বা যে কোনও আকৃতি বা নকশাকে যে যন্ত্র দিয়ে পেটানো হত, তাকেই বলা হয় পাঞ্চ ● (Man 2002:126)।

● প্রিন্ট স্প্রেড

এই শব্দটি একটি কাগজের পৃষ্ঠা হিসেবে মুদ্রণ ● তল ● বা সাবস্ট্রেটকে ● বোঝায়। এই পাতাটি মুদ্রণ যন্ত্রের মধ্যে স্বয়ংক্রিয় ভাবে প্রবিষ্ট হতে সক্ষম। কলকাতায় ○, একটি প্রিন্ট স্প্রেড-এর ● আদর্শ পদ্ধতি বা প্রকরণ থাকেতেই হবে, এমনটা নয়। কিন্তু আন্তর্জাতিক মান অনুযায়ী আইএসও ২১৬ হল আদর্শ প্রিন্ট স্প্রেড। এটাই সবচেয়ে প্রচলিত ফর্ম—'এ' সিরিজ, শুরু হয় এ-০ দিয়ে, যা হল ৮৪১ মিমি. × ১১৮৯ মিমি. আয়তনের পাতা সহ এক বর্গ মিটার যার পুনরায় ক্ষুদ্রতর সংস্করণ করা হয় পাতাটিকে বড়টির মাপের অনুপাতে দ্বিখণ্ডিত করে। আইএসও ২১৬ 'এ' ফরম্যাটের সবচেয়ে ছোট ফরম্যাট হল এ-১০ (২৬ মিমি × ৩৭ মিমি)।

● প্রিন্টিং ব্লক (ক্লিশে)

সমতল, সাধারণত পুরু, কঠিন উপাদান ও তার ওপরে রাখা একটি বিষয়বস্তু (বিপরীত প্রতিবিম্ব) যার বারবার ছাপ নেওয়া হবে এমন বস্তুকে বোঝায়। একটি প্রচলিত রিলিফ ● (উঁচু করা), ইনট্যাগলিও ● (ডুবনো) এবং ফ্ল্যাটবেড প্রিন্টিং ●, এদের অন্তর্নিহিত উপাদানসমুহ কালিতে ● মাখানো ছাপার বিষয়বস্তুটিকে প্রিন্টিং সাবস্ট্রেটে ● স্থানান্তর করতে সক্ষম। সাধারণত উপাদানগুলি হল পাথর (বিশেষত সোলনহফেন লাইমস্টোন ●), কপার, জিঙ্ক, কাঠ, অথবা লেটারপ্রেসের ● মত একটি একত্রিত অবলম্বন (উদাহরণ একটি ধাতু নির্মিত ফ্রেম অথবা একটি প্রতিলিপি বা ছবি উৎপাদক উপাদান অথবা অন্য কোনও উপাদান (যেমন চলমান লেড লেটারস ●) ছাপার বস্তুটি পুরোটাই ব্লক থেকে খোদাই করা হতে পারে, কিছু যান্ত্রিক বা রাসায়নিক প্রক্রিয়া ব্যবহার করে অথবা মুল অবলম্বন হিসেবে ব্লকের সঙ্গে কিছু খণ্ড যুক্ত করে তৈরি হতে পারে। অন্যান্য সাধারণ উপকরণ ও পদ্ধতিগুলির মধ্যে পড়ে কর্তিত বা উৎকীর্ণ লিনোলিয়াম, রাবার বা প্লাস্টিক। বিঃদ্রঃ এটিকে বলা হয় তক্ষণে বা খোদাই কাজের প্রিন্টিং প্লেট ● (ইনট্যাগলিও ●), এবং সামগ্রিকভাবে এর নাম প্রিন্টিং ফর্ম ●।

● প্রিন্টিং ফর্ম

যে পদ্ধতিতে চিত্রিত উপাদান বা লেখা প্রিন্টিং ইঙ্ক ● বা ছাপার কালি ●

invention of the papermaking machine in 1798, which led to a rag shortage, the use of wood as a raw material in papermaking was developed. The invention of papermaking is traditionally attributed to Cai Lun, a Chinese court official, i.e., chief eunuch, in 105 BCE under the Dong (Eastern) Han dynasty (25–220 BCE). At this time the raw material for paper was made from macerated mulberry tree bark, hemp waste, old rags, old fishnets, and, after the early second century CE, from a shrub called paper mulberry (Tsien, Tsuen-Hsuin 1973:510).

PAUL, ASHIT

b. 1945

Artist, researcher, and author. Publication of various books including *Woodcut Prints of Nineteenth Century Calcutta* (1983) and the political little magazine ○ *Pramiti*. Lives and works in Thakur Pukur, south of Kolkata ○.

PAUL, SRIKANTA

b. 1971

Artist working in a variety of media including printmaking. BFA in Painting from Rabindra Bharati University, Kolkata ○, and MFA in Printmaking from Maharaja Sayajirao University of Baroda, Vadodara, Gujarat. His daughter Titli is a friend of my son Luis. Lives and works in Kalindi, Dum Dum, Kolkata ○.

● PHOTOCOPIER, PHOTOCOPY

→ copy machine ●

● PREPRESS

Term used in the printing and publishing industries for the processes and procedures that occur between the creation of a print layout and the final printing. The prepress ● procedure includes preparing a printing forme ● for mounting on a printing press, as well as the adjustment of images and texts or the creation of a high-quality print file.

র মাধ্যমে প্রিন্টিং সাবস্ট্রেটে ● স্থানান্তরিত হয়, তার সাধারণ নাম হল প্রিন্টিং ফর্ম ●। প্রিন্টিং সাবস্ট্রেটের ● উদাহরণ হল প্রিন্ট ব্লক(পাথর, কাঠ বা ধাতুর), প্রিন্টিং স্ক্রিন, প্রিন্টিং প্লেট ● অথবা ফয়েল। লেটারপ্রেস ● মুদ্রণে প্রিন্টিং ফর্ম ● তৈরি হয় লেটার ও ক্লিশের সমাহারে, ইনট্যাগ-লিওতে ● ব্যবহৃত হয় খোদাইকৃত ও তক্ষিত ধাতুর প্লেট, অফসেট ● মুদ্রণে রাসায়নিক প্রক্রিয়াজাতকরণ ধাতুর প্লেট এবং স্ক্রিন প্রিন্টিং-এ ● লেপা স্ক্রিন ব্যবহৃত হয়।

● ছাপার কালি / প্রিন্টিং ইঙ্ক

প্রিন্টিং ইঙ্ক ● বা ছাপার কালি মুলত দুটি উপাদান দিয়ে তৈরি—একটি ফ্লুইড বাইন্ডার—যাকে বলা হয় মুদ্রণ মাধ্যম বা বাহক যা এক প্রকার রঙ দ্বারা ছোপানো। কাগজের ওপর রিলিফ প্রিন্টিং ● এবং ইনট্যাগলিও ● মুদ্রণের ক্ষেত্রে এই বন্ধনী বা বাইন্ডারটি সাধারণত প্রক্রিয়াজাত হয়েছে এমন তিসি তেলকে ব্যবহার করে। এরকম শর্ত সাপেক্ষে এই ধরণের তেলের জন্য 'ড্রায়ার' নামক শোষক পদার্থ তেলের সঙ্গে উত্তাপনের সময় যোগ করা দরকার (Rhodes 1914:132)। মুদ্রণ যন্ত্রে বা পদ্ধতিতে রঙ নির্ধারণ করা নিজেই একটি শিল্প এবং বিজ্ঞান। মুল কথা হল, ছাপার কালি ● বা প্রিন্টিং ইঙ্ক ● প্রস্তুত করার জন্য রঙ নিয়ে কাজ করার বিষয়টি একটি হ্রাসমুলক রঙের মডেল বা কালার সেপারেশন ● পদ্ধতির মাধ্যমে সহজ হয়। উদাহরণস্বরূপ, ফোর কালার প্রসেসিং পদ্ধতিতে ● (CMYK ●) রঙ মানকরণ পদ্ধতি যেমন প্যানটোন ম্যাচিং সিস্টেম অথবা চোখ দ্বারা সম্পন্ন হয়। একজন প্রিন্টার নিজেই তাঁর রঙ চুর্ণ করছেন, এটি খুবই বিরল ঘটনা, রঙ গুলিকে একেবারে ব্যবহারের জন্য প্রস্তুত অবস্থাতেই দোকান থেকে আনা হয়, প্রস্তুতকারক এই রঙগুলিকে তৈরি করেন, যতটা সম্ভব কলেবরপুর্ণ এবং প্রয়োজনের চাইতে খানিক কঠিনতর অবস্থায়। এরপর মুদ্রণের জন্য তাদেরকে হ্রাস করা পা পাতলা করা অনেকটাই সহজ হয়ে যায় (Rhodes 1914:144)।

রিলিফ প্রিন্টিং ● ও ইনট্যাগলিও ● মুদ্রণের জন্য, প্রিন্টিং ইঙ্ক ● প্রস্তুত করার অভিপ্রায়ে রঙের সঙ্গে বার্নিশ মেশানো হয় এবং এই মিশ্রণকে বলা হয় 'রঞ্জক' বা 'পিগমেন্ট'। এই পদার্থটি জলে অদ্রবণীয়। এই রঞ্জক পদার্থ বা পিগমেন্ট জৈব (উদ্ভিজ্জ) ও অজৈব —এই দু' ভাগে বিভক্ত। জৈব রঞ্জকগুলি বেশি উজ্জ্বল, কিন্তু অজৈব রঞ্জকগুলি অধিকতর টেঁকসই (Hoskins 2004:118)।
লিথোগ্রাফির ● জন্যও এই বার্নিশ মেশানো রঙ উপযোগী। এখানে, প্রিন্টিং ইঙ্ককে মোম বা অন্য উপাদান

This can be done by hand or—what is standard nowadays—digitally.

● PRESS PROOF

A test print made as a single sheet or short run of several sheets according to the parameters of final production, i.e., machine and method, to check everything technically and make adjustments.

● PRINT AS AN ARTISTIC MEDIUM

Although a wide range of the most renowned international artists have experimented and been masters in print as an artistic medium ●, even professional art historians know little about it. Indeed, it is a complex field of art encompassing an amazing expanse of materials, processes, and techniques, e.g., woodcut ●, linocut ●, wood engraving, metalcut, engraving, etching, drypoint, dot process, mezzotint ●, aquatint, etc. While in German there is a particular term for this medium—*Druckgraphik*—, there is no such term in English. And so, the processes and results of printmaking are often wrongly associated with commercial mass production, which is generally contrary to the notion of singularity associated with artwork. Further, since an essential characteristic of print is its reproducibility, this further confounds the issue. Many artists also limit the run of any image. The edition is often marked directly on the fine arts print ● together with the serial page number and the signature of the artist. For connoisseurs of the print, knowing that there are other artworks of the series in circulation that are related, but finely distinguishable from one another, only adds to the qualities to be appreciated. All possible manual and industrial printing processes can be considered as options for this medium.

দিয়ে আরও মজবুত করা হয়। অফসেট প্রিন্টিং ●-এর কালি তৈরির জন্যও এই একই যৌগ ব্যবহার করা হয়ে থাকে। এ ক্ষেত্রে কিছু পরিবর্তক যোগ করা হয় রংগুলিকে স্থায়ী করার জন্য। যখন রঞ্জকগুলি সাহায্য করে, কিন্তু শুষ্ককরণ পদ্ধিতিটিকে অন্তত বিলম্বিত করে না, কিন্তু অন্যরা এটির গতি হ্রাস করে। পিগমেন্ট এর বদলে অন্য কিছু ব্যবহার করলে 'ড্রায়ার' যোগ করতে হয় (Rhodes 1914:141)। অব্য পদ্ধতিতে, স্ক্রিন প্রিন্টিং-এ ● বাইন্ডার বা মাধ্যম জালের মধ্য দিয়ে অতিক্রম করতে পারে প্রায় এমন কিছু হতে হবে এবং যা সাবস্ট্রেটকে ● মেনে চলবে (Griffiths 1996:142)। যদিও সাধারণ ভাবে এটি জল ভিত্তিক বা জলীয় হয় এবং রঙটিও জলে দ্রবণীয় হয়, সাধারণ ভাবে আক্রিলিক এবং একে বলা হয় 'ডাই'। সংক্ষেপে, বাইন্ডার বা মাধ্যমের উপাদানগুলির বিশেষ বৈশিষ্ট্য, রঙের এবং তাদের মিশ্রণের গুনাগুণের, বিশেষত এদের সামঞ্জস্য নির্ভর করে মুদ্রণ প্রযুক্তি ও কৌশলের ওপর। পরীক্ষামুলক পদ্ধতিগুলি অবশ্যই ব্যতিক্রমী। নানা ধরণের বৈশিষ্ট্য, ধর্ম এবং গুণ এই ব্যতিক্রমী পদ্ধতিগুলিতে লক্ষণীয়।

● প্রিন্টিং প্লেট

এক ধরণের মুদ্রণ ফর্ম ● যা কর্তন, খোদাই বা তক্ষণের মত কিছু পদ্ধতির জন্য ব্যবহার করা হয়। এছাড়াও ফটোগ্রাফিক, রাসায়নিক, যান্ত্রিক, ডিজিটাল পদ্ধতি, গ্যালভানিক বা লেসার প্রযুক্তিতেও ব্যবহৃত হয় এই রকম মুদ্রণ ফর্ম ●। প্রচলিত লিথোগ্রাফিতে প্রিন্টিং প্লেট ● হল সোলনহফার লাইম স্টোন ●। রিলিফ প্রিন্টিং-এর ● ক্ষেত্রে প্লেটের উপাদান তৈরি হয় কাঠ, ধাতু বা প্লাস্টিক দিয়ে। অফসেট প্রিন্টিং ● এর ক্ষেত্রে অ্যালুমিনিয়াম প্লেট আদর্শ। আজকের দিনের অফসেট ● প্লেটগুলি স্বচ্ছ পলিয়েস্টার ফিল্ম ● দিয়ে এক্সপোজ করা হয়। এই পলিয়েস্টার ফিল্মগুলি ● প্রথমে ডিজিটাল এবং তারপর পদ্ধতিটি ডিজিটাল থেকে অ্যানালগ-এ সম্পাদিত হয়, অথবা ডিজিটাল সিটিপি (কম্পিউটার টু প্লেট) পদ্ধতিতে। প্রিন্টিং প্লেট ● গুলি একেবারে মনুষ্য হস্তেও নির্মিত হতে পারে।

● প্রিন্টিং সাবস্ট্রেট

যা মুদ্রিত হবে সেই বস্তু যে ভিত বা ভিত্তি উপাদানের ওপর রাখা হয় এবং যা কিছু এই উদ্দেশ্যে ব্যবহৃত হয়, সেই সব কিছুকেই বলা হয় প্রিন্টিং সাবস্ট্রেট ●। প্রিন্টিং এর প্রকারের সঙ্গে তাই এই সাবস্ট্রেট ও বদলে যায় (এবং যখন তা ব্যবহার করা হচ্ছে—এই বইয়ে যা বোধ্য—নিজেই একটি শব্দার্থগত পদ্ধতি

● PRINT MATRICES, PRINT MATRIX

Stemming from Johannes Gutenberg's original invention of movable lead type ●, the term refers to the process of using a print punch ● or patrix ● with an innovative hand-held mold ● to strike a little piece of metal into an intaglio ● (sunk) version of the punch ● form. The resulting piece is called a matrix ● (a word taken from the Latin word *mater* for "mother" with an ending to make it active, i.e., "mothering agent." The same word in Latin was also used for the womb or the formative part of a plant (Man 2002:126). The term is also used synonymously for the master printing block ● or plate ●. Additionally, the same term is employed in transfer duplicating ● methods for the master or template prepared with special ink that stains, so that paper coated or dipped in a solvent picks up and thereby transfers a copy when laid on top.

● PRINT PUNCH, PUNCH (aka PATRIX)

The corollary of the print matrix ● derived from the Latin word for "father" and coined in the nineteenth century by (all male) German type-founders as a suitably masculine word for the punch ●: the tool used to strike an image/letter/shape in metal (Man 2002:126).

● PRINT SPREAD

The term designates the printing substrate ● of paper as a single sheet that is placed in the printing press or fed into the machine automatically. Especially in Kolkata ○, a print spread ● does not necessarily have to have a standardized format, but the international standard is ISO 216. Its most common form—the A series—begins with the A0 format, i.e., one square

যা প্রযুক্তিগত, শৈল্পিক বা দার্শনিক দিককে তুলে ধরে)। সাধারণ পিন্টিং সাবস্ট্রেটগুলি হল: কাগজ, কাপড়, কাচ, কাঠ, ধাতু কিংবা পাথর। মুদ্রণে ব্যবহৃত আসল পদার্থটি হতে পারে কালি বা অন্য কিছু।

রবীন্দ্র লিথো

শ্রী জলদেব গুছাইত প্রতিষ্ঠিত একটি লিথোগ্রাফি ● ছাপার দোকান। ৪০ বছরের পুরনো। আজও জলদেব বাবুই দোকানটি সামলে চলেছেন। চিৎপুর রোডে অবস্থিত। অশোক দাস, মহম্মদ ইসমাইল এবং প্রবীর নামে তিনজন কর্মী কাজ করেন। Furnival & Co. Litho Machine ● থেকে আনা একটি অর্ধ স্বয়ংক্রিয় ঐতিহাসিক লিথোপ্রেস রয়েছে। জলদেবের পুত্র সৌমেন গুছাইত রবীন্দ্র প্রিন্টিং হাউসের মালিক। সেই প্রতিষ্ঠানে আটটি ডিজিটাল প্রিন্টিং মেশিন এবং ৩০ জন কর্মী কাজ করেন।

● রাস্টার ডটস, রাস্টারাইজ করা
→ হাফটোন ●

রায়, দীপ্তনীল

জন্ম ১৯৮০

কমিক শিল্পী, গণমাধ্যমে তাত্ত্বিক এবং একজন পণ্ডিত। যাদবপুর বিশ্ববিদ্যালয় থেকে পিএইচডি অর্জন করেছেন। হাবরার শ্রী চৈতন্য কলেজের অধ্যাপক। ডোজো যাদবপুর বিশ্ববিদ্যালয় আইকিডো ক্লাবের সঙ্গে সংযুক্ত। কলকাতার ○ নাকতলা অঞ্চলে থাকেন।

রায়, পরাগ

জন্ম ১৯৬৫

মুদ্রণ নিয়ে কাজ করেন এমন একজন শিল্পী। পড়াশোনা করেছেন শান্তিনিকেতনের কলাভবন (বিশ্বভারতী বিশ্ববিদ্যালয়ে চারুকলা ও ললিতকলার একটি প্রতিষ্ঠান) থেকে। রবীন্দ্রভারতী বিশ্ববিদ্যালয়ে গ্রাফিকস-এর (প্রিন্ট মেকিং) বিভাগীয় প্রধান। বাস করেন কলকাতার ○ কসবা অঞ্চলে।

রায়, প্রণবরঞ্জন

(ওরফে প্রণবরঞ্জন রায়, প্রণব রঞ্জন রায়) জন্ম ১৯৩৪

শিল্প ইতিহাসবিদ, অধ্যক্ষ ও শিল্পকলা সমালোচক। শান্তিনিকেতনের বিশ্বভারতী বিশ্ববিদ্যালয় থেকে স্নাতক এবং কলকাতা ○ বিশ্ববিদ্যালয় থেকে সমাজ বিজ্ঞানে স্নাতকোত্তর ডিগ্রি লাভ করেছেন। নীহাররঞ্জন রায়ের সুযোগ্য পুত্র। নীহাররঞ্জন রায়ের গুরুত্বপুর্ণ কাজ হল, বাঙালির ইতিহাস: আদি পর্ব (প্রথম প্রকাশিত হয় ১৯৪৯ সালে বাংলা ভাষায়)। ইংরেজদের বিরুদ্ধে ভারত ছাড়ো আন্দোলনের সঙ্গে যুক্ত থাকার কারণে গ্রেপ্তার হয়েছিলেন তিনি এবং

meter with a sheet size of 841 mm × 1,189 mm, from which further smaller formats are determined by proportionally halving the sheet across the larger dimension in single steps. The smallest A-format of the ISO 216 is A10, 26 mm × 37 mm.

● PRINTING BLOCK (aka CLICHÉ)

Term for the flat, usually thick, solid material with the subject (as a reverse image) on its surface that is used to print repeated impressions of that design. In traditional relief ● (raised), intaglio ● (sunk), and flatbed printing ●, its inherent materiality serves to transfer the subject coated with printing ink ● to the printing substrate ●. Usually the material is stone (especially Solnhofen limestone ●), copper, zinc, wood, or, as in letterpress ●, can be an assemblage of a support (e.g., a metal frame) and an image-generating element or elements (e.g., moveable lead letters ●). The subject to be printed can be manually carved from the block as a whole, created using chemical or mechanical processes, or constructed by attaching pieces to the block as a main support. Other common materials and processes include cut or carved linoleum, rubber, or plastic. NOTE: This is called a printing plate ● in etching and engraving (intaglio ●), and the generic term is the printing forme ●.

● PRINTING FORME

General name for the means by which pictorial elements or type ● are transferred by means of printing ink ● to a printing substrate ●, e.g., print block (stone, wood, metal, etc.), printing screen, printing plate ●, or foil. In letterpress ● printing, the printing forme ● consists of a montage of letters and clichés ●; in intaglio ● engraved or etched metal

তাঁর কারাবাসকালীন সময়ে তিনি রচনা করেন এই বই। এটির ইংরাজি অনুবাদ করেন ডাব্লিউ হুড এবং 'হিস্ট্রি অব বেঙ্গলি পিপল' নামে ১৯৯৪ সালে প্রকাশিত হয়। প্রণবরঞ্জনের প্রধান উৎসাহ ছিল শিল্পী সোমনাথ হোর, রবীন্দ্রনাথ এবং বস্ত্রবয়ন শিল্পে কলমকারি ঐতিহ্যের প্রতি। তাঁর আগ্রহের কথা তিনি লিপিবদ্ধ করেছেন সহলেখক হিসেবে 'কনটিনিউইং ট্র্যাডিশন' (ঐতিহ্য চলছে) নামক বইতে (Ray and Sarkar 2015)। দুর্ভাগ্যবশতঃ তাঁর বেশিরভাগ বইয়েরই ইংরাজি অনুবাদ হয় নি কিন্তু যেগুলির হয়েছে সেগুলি পাঠ করলেই বোঝা যায় শিল্পকলা সমালোচক হিসেবে তাঁর খ্যাতি, গভীরতা ও উৎকর্ষ কতখানি! তাঁর কাছে রবীন্দ্রনাথ ঠাকুরের মুল 'লেখন'-এর (Tagore 1926) বিরল একখানি কপি আছে। বাংলা ও ইংরাজি দু'টি ভাষাতেই এই বই আছে তাঁর কাছে। সেখান থেকে তিনি পাঠ করে কবিতাও শুনিয়েছিলেন আমায়।

● রিলিফ প্রিন্টিং

প্রিন্টমেকিং-এর চারটি মুল প্রক্রিয়া বা বিভাগের মধ্যে এটি একটি। বাকি তিনটি হল ইনট্যাগলিও ●, ফ্ল্যাটবেড ● এবং স্ক্রিনপ্রিন্টিং ●। এই শব্দগুলিই মুদ্রণ প্রস্তুতির সবরকম প্রযুক্তিকে নির্দেশ করে, যার মাধ্যমে ছাপার কালি ● প্রিন্টিং ফর্মাটির ● (যেটি উঁচু হয়ে থাকে) বিভিন্ন অংশে লাগানো হয় এবং যেখান থেকে তা প্রিন্টিং সাবস্ট্রেট ● স্থানান্তরিত হয়ে। প্রচলিত রিলিফ প্রিন্টিং ● পদ্ধতি হল লেটারপ্রেস। একখানি আলুকে যদি দু'টি ভাগে বিভক্ত করে তার সমান তলটির ওপরে খোদাই করে একটি স্ট্যাম্প তৈরি করা যায়, সেটি এই বিভাগেই পড়বে।

● রিপ্রোগ্রাফিক, রিপ্রোগ্রাফি

ফ্যাকসিমিলি ● প্রতিলিপিকে বোঝায়। যান্ত্রিক উপায়ে বিশেষত ফটোমেকানিকাল পুনরুৎপাদন যেমন ফটোকপিং, স্ক্যান করা ইত্যাদি।

● RISOGRAPH, RISOGRAPHY (RISO)

রিসো কাগাকু কর্পোরেশন প্রথম ১৯৮৪ সালে প্রথম ডিজিটাল ডুপ্লিকেটর বাজারে আনেন। এর ফলে বিভিন্ন রঙ-এ ছাপা সম্ভব হয়। ২০টি রঙের প্যালেট থেকে একটি রঙ বেছে নেওয়া হয় এবং স্বতন্ত্র প্রবাহে মুদ্রণ সম্পাদিত হয়, যেমন হয় স্ক্রিনপ্রিন্টিং ●-এ। প্রতিটি রঙ এক একটি চোঙাকৃতি ড্রামে ঢালা হয় এবং সেগুলি থেকেই যন্ত্রে রংগুলি প্রবিষ্ট হয়। প্রক্রিয়াটির শুরুতে যন্ত্রটি স্টেনসিল নামক নিয়ন্ত্রণকারীকে স্ক্যান করে, ঠিক

plates or cylinders are used, in offset printing ● chemically processed metal plates, and in screenprinting ● coated screens.

● PRINTING INK

Printing ink ● is basically composed of two ingredients: a fluid binder—called a printing medium or carrier—mixed with a colorant. In relief printing ● and intaglio printmaking ● on paper, the binder usually includes linseed oil that has been processed. For certain inks and under certain conditions, substances called driers have to be added to the oil during heating (Rhodes 1914:132). Determining color in printmaking is an art and science in itself. In general, working with colorants for creating printing ink ● is approached through a subtractive color model, i.e., color separation ●, e.g., the four-color processing system ● aka CMYB ●; with color standardization systems such as the Pantone Matching System; or by eye. It is very rare that a printer grinds his or her own inks: the colors are bought ready-to-use from the manufacturer, who produces them with as full a body of color as possible and stiffer than is generally needed. It is then a simple matter to reduce or thin them for all kinds and conditions of printmaking (Rhodes 1914:144).

The colorant mixed with varnish to create printing ink ● for relief printing ● and intaglio printmaking ● is called a pigment, which is non-water-soluble. Pigments are distinguished as organic (vegetable) or inorganic (mineral). Organic pigments are generally brighter, while inorganic ones are more stable (Hoskins 2004:118). Varnish combined with pigment is suitable as well for lithography ●. However, here the printing ink ● is often strengthened with wax and other ingredients. The

যেমন স্ক্রিনপ্রিন্টিং ●-ও এই একইরকম কর্ম সম্পাদন করে। যেহেতু ছাপার কালি ● ধীরে ধীরে শোকায়, সেহেতু রং প্রলিপ্ত নয়, শুধুমাত্র এমন কাগজগুলোই ব্যবহৃত হতে পারে। যাতে কম খরচে অনেক বেশি পরিমাণ ছাপা যায় এই উদ্দেশ্যেই রিসোগ্রাফ পদ্ধতিটি ব্যবহৃত হয়। রিসোগ্রাফের দৃষ্টিনান্দনিক দিকটি যথাযথ মানের রঙের ছটা, স্পন্দন ও তার ব্যাপ্তিকে সুনির্ধারিত করে। এছাড়াও স্টেনসিলের বিশেষ গুণাবলী, আলাদা আলাদাভাবে প্রতিটি রং মুদ্রণের প্রয়োজনীয়তা, অপ্রলিপ্ত কাগজের চরিত্র এই সবকিছুই ইউরোপ ও যুক্তরাষ্ট্রে বিগত দশ বছরে এর ব্যবহারের প্রবণতা বেড়ে যাওয়ার কারণ হিসেবে দায়ী।

● ROTAPRINT

একটি ছোট আকারের অফসেট প্রিন্টিং ● প্রেস, ১৯২২ সালে প্রথম হস্তচালিত ডুপ্লিকেটর হিসেবে তৈরি হয়। একটি ইলেকট্রিক মোটরের সঙ্গে এটি লভ্য হয়। ১৯২৬ সালের মধ্যে এটির জার্মান প্রস্তুতকারক বাজারে সবচেয়ে জনপ্রিয় প্রেসটির সঙ্গে এর নাম মিলিয়ে দিতে চেয়ে আগের নামটি বদল করে। যন্ত্রটি যেভাবে প্রস্তুত করা হয়েছে, অনেকটা সেভাবেই এর নামকরণ হয়েছে, পরবর্তী মডেলগুলির ক্ষেত্রে প্রিন্টিং ফর্মটি ● প্লাস্টিকে তৈরি হয় এবং একটি সিলিন্ডারের ওপর প্রসারিত হয়ে থাকে। অফিসে, ব্যবসায়িক প্রতিষ্ঠানে এইরকম মেশিন ছিল অপরিহার্য। অন্তর্জাতিক বাজারে বিক্রিও হত খুব ভালো। এইরকম ছাপার প্রেসগুলিই ১৯৬০ সালের বামপন্থী প্রতীবাদী আন্দোলনে গুরুত্বপুর্ণ যন্ত্র হিসেবে বিশেষ ভুমিকা পালন করেছে। বর্তমান সময়ের একজন আর্টিস্ট'স বুক ● প্রকাশক, পরিবেশক এবং বই বিপণী আমস্টারডামের 'বুকি উকি'র নিজস্ব একখানা Rotaprint ● আছে, যেটি বই বা পোস্টকার্ড ও অন্যান্য ছাপার জন্য ব্যবহৃত হয়। ১৯৮৯ সাল থেকে Rotaprint-এর ● অবলুপ্তির সঙ্গে সঙ্গে এর বিভিন্ন প্রতিস্থাপন যন্ত্রাংশ পাওয়া এবং যন্ত্রটির যোগানও দুর্লভ হয়ে পড়ল।

রায়, অভিজিৎ

জন্ম ১৯৭২

চলচ্চিত্র নির্মাতা, গণমাধ্যম তাত্ত্বিক ও বিশেষজ্ঞ। যাদবপুর বিশ্ববিদ্যালয়ের ফিল্ম স্টাডিজ বিভাগের একজন অধ্যাপক। 'দফতরিপাড়া' উদ্যোগের সহ-উদ্যোক্তা (যাদবপুর বিশ্ববিদ্যালয়ের ইংরেজি সাহিত্যের অধ্যাপিকা নীলাঞ্জনা গুপ্ত সঙ্গে)। ছাত্রছাত্রীদের সঙ্গে মিলে করা এটি একটি গবেষণামুলক প্রকল্প। 'জার্নাল অব দ্য মুভিং ইমেজ'-এর সম্পাদকীয় পরিষদের একজন সদস্য। বাস করেন যাদবপুর অঞ্চলে।

same compound is also used to create inks for offset printing ●, whereby modifiers are added to the ink to stabilize it.

While some pigments assist or at least do not slow down the drying process, others retard it considerably. For the latter, it is necessary to add substances called driers (Rhodes 1914:141). In still another technique, screenprinting ●, the binder or medium can be almost anything that will pass through the mesh and adhere to the printing substrate ● (Griffiths 1996:142), although generally it is water-based and the colorant is water-soluble, usually acrylic, and is called a dye. In short, the specific properties of the constituents of the binder or medium and colorant and the qualities of their mixture, especially the consistency, depend on the printing technique. Of course, experimental processes are exceptions to this general rule, in which the key aim is to test materials and develop new applications for new effects.

● PRINTING PLATE
The kind of printing forme ● used for conventional techniques ranging from cutting, engraving, and etching to more modern photographic, chemical, galvanic, mechanical, digital, and laser technologies. It is made of a variety of materials: e.g., In traditional lithography ●, most commonly it is of Solnhofer limestone ●; in flatbed ● and relief printing ●, it is of wood, metal, or plastic; and in offset ● printing, the standard is aluminum. Generally today, there are two processing methods in offset printing ●: either via exposed transparent polyester film ●, whereby the original master is usually digital and the process is then conducted from digital to analog; or through a CTP (computer-to-plate) method, which

রায়চৌধুরি, মলয়

জন্ম ১৯৩৯

কবি এবং ঔপন্যাসিক। পড়াশোনা পাটনার সেন্ট জোসেফ কনভেন্ট ও রাম মোহন রায় সেমিনারিতে। পাটনা বিশ্ববিদ্যালয় থেকে রুরাল স্টাডিজে (গ্রামীণ ব্যবস্থাপনা ও উন্নয়ন) স্নাতকোত্তর। কাজ করেছেন দ্য লিনেট উইংস-এ। ১৯৬০ সালে কলকাতায় ○ চলে আসেন এবং হাংরি জেনারেশনের নেতৃত্ব দেন। অন্য তিন কবির সঙ্গে তিনিও ছিলেন হাংরি সাহিত্য আন্দোলনের একজন সহ-প্রতিষ্ঠাতা। অন্য তিন কবির মধ্যে ছিলেন তাঁর বড় ভাই **সমীর রায়চৌধুরি**, কবি শক্তি চট্টোপাধ্যায় এবং দেবী রায় (ওরফে হারাধন ধারা)। 'প্রচণ্ড বৈদ্যুতিক ছুতার' কবিতাটির জন্য ১৯৬৫ সালে তিনি রাষ্ট্রবিরোধী মামলায় গ্রেফতার হন ও কারাবরণ করেন। (তাঁর টাইপরাইটারটি পুলিশ বাজেয়াপ্ত করে)। এছাড়াও তিনি চাকরি হারান ও প্রায় সমাজচ্যুত হন। আত্মীয়-পরিজন-বন্ধুবান্ধব তাঁকে একঘরে করে দেয় এবং গণমাধ্যমে সাংঘাতিক কুৎসার শিকার হন। ১৯৬৭ সাল নাগাদ তিনি সাময়িকভাবে লেখালেখি থেকে বিরতি নেন এবং ১৯৮৩ সালে আবার গুরুত্বপুর্ণ বাঙালি কবি এবং একজন কিংবদন্তি রূপে সাহিত্য জগতে তাঁর উত্থান ঘটে। ইংরেজি ও বাংলা ভাষায় উপন্যাস, নাটক, সামাজিক বিতর্ক নিয়ে লেখা তাঁর প্রকাশিত বইয়ের সংখ্যা ৪০ এরও বেশি। ইংরেজি ভাষা থেকে বাংলা ভাষায় অনুবাদ করেছেন বহু বই। বর্তমানে তাঁর কাজকর্ম ও বসবাস মুম্বাই শহরে।

রায়চৌধুরি, সমীর

১৯৩৩-২০১৬

কবি ও উপন্যাসিক। হাংরি জেনারেশনের একজন মুখ্য সদস্য ও সহ-প্রতিষ্ঠাতা। অন্য তিন কবি শক্তি চট্টোপাধ্যায়, দেবী রায় (ওরফে হারাধন ধারা) এবং তাঁর ছোট ভাই **মলয় রায়চৌধুরির** সঙ্গে তিনি হাংরি সাহিত্য আন্দোলনের সুচনা করেন। তার আগে তিনি কৃত্তিবাসী কবিগোষ্ঠীর একজন সদস্য ছিলেন। প্রায় তিন দশক ধরে তিনি পশ্চিমবাংলার ও ভারতের গ্রামে-গঞ্জে এবং নদীতীরস্থ আদবাসী অঞ্চলে বিস্তৃতভাবে ঘুরে বেড়িয়েছেন, যেমন চাইবাসা, দুমকা, ডালটনগঞ্জ, ভাগলপুর, মুজফফরপুর এবং দ্বারভাঙ্গা অঞ্চলে। এইসব অঞ্চলে হাংরি কবি সাহিত্যিকদের জমায়েত হত এবং নানা সৃজনশীল অনুষ্ঠান হত, যা বাংলা সাহিত্যের প্রায় লোকগাথা হয়ে গেছে।

রূপসা ব্লক হাউস

হাতে উৎকীর্ণ কাঠের ব্লক ● তৈরির দোকান। দফতরিপাড়ার বৈঠকখানা

is digital. On the other hand, processing can also be completely manual.

● PRINTING SUBSTRATE

The term stands for *everything* that can be used as the base material onto which something is or has been printed and is therefore often used interchangeably with the term print. (Also in the case when used—as understood in this book—as a semantic system in itself, encompassing technical, artistic, and philosophical aspects.) Typical materials include paper, textiles, cardboard, glass, wood, metal, and stone. The substance used for printing can be ink or something else.

RABINDRA LITHO

Lithography ● printing works founded forty years ago by Jaladeb Guchait and still managed by him today. Located on Chitpur Road, the company employs three persons—Ashok Das, Md ismile, and Prabir—plus an antique semi-automatic Furnival & Co. litho machine ●. Soumen Guchait, Jaladeb's son, happens to be the owner of Rabindra Printing House, which has eight digital printing machines and thirty employees.

● RASTER DOTS, TO RASTERIZE

→ halftone ●

RAY, DEEPTANIL

b. 1980

Comics artist, media theorist, and scholar. Received his PhD from Jadavpur University. Assistant Professor at Sree Chaitanya College, Habra, and affiliated at the Dojo Jadavpur University Aikido Club. Lives in Naktala, Kolkata ○.

RAY, PARAG

b. 1965

Artist working in print. Studied at Kala Bhavan (Institute of Fine Arts), Vishwa-Bharati University,

রোডে অবস্থিত। খুব উচ্চ মানের কাঠখোদাই প্রস্তুত করে এই ছোট্ট ব্যবসায়িক প্রতিষ্ঠানটি। রূপসা ব্লক হাউসের কর্মীরা মুখের কথায় বিজ্ঞাপনে বিশ্বাসী। আর তেমন তথ্য এখানে দেওয়ার নেই।

এস, হিমাংশু

জন্ম ১৯৮০

শিল্পী ও সমাজকর্মী। মুম্বাইয়ের স্যার জামসেটজি জিজিভয় স্কুল অব আর্ট থেকে চিত্রকলা নিয়ে পড়াশোনা করেছেন। অ্যাকুই থামির সঙ্গে তিনি যৌথ উদ্যোগে চালান (ধারাভি আর্ট রুম) এবং বোম্বে আন্ডারগ্রাউন্ড। মুম্বইয়ের বান্দ্রায় থাকেন, কাজকর্ম মুম্বই ও তার আশেপাশের অঞ্চলে।

● স্ক্র্যাচবোর্ড

মেজোটিন্ট ● (ইনট্যাগ্লিও ●) মুদ্রণ প্রক্রিয়ার পরবর্তী ক্রমবিকাশ। এই নামটি প্রিন্টিং প্লেটের ● জন্যও ব্যবহৃত হয়–যে প্লেটটি একটি শক্ত বোর্ডের ঠেকনাসহ পাতার (বা কার্ডবোর্ড) ওপর সাদা কাদার আস্ত-রণসহ উৎপাদনের পুর্বেই প্রস্তুত হয়।

● স্ক্রিন প্রিন্টিং (সিল্কস্ক্রিন প্রিন্টিং, সিরিগ্রাফি)

স্টেনসিল মুদ্রণের একটি বৈচিত্র্য যা প্রিন্টমেকিং-এর প্রধান প্রক্রিয়াগুলির মধ্যে চতুর্থ প্রক্রিয়া বা বিভাগ হিসেবে বিবেচিত হয়। অন্য তিনটি প্রক্রিয়া হল রিলিফ প্রিন্টিং ●, ফ্ল্যাটবেড ● এবং ইনট্যাগলিও প্রিন্টিং ●। ঝাড়ুর মত দেখতে একটি বস্তুর সাহায্যে ছাপার কালি ● স্টেনসিলের মধ্য দিয়ে চালিত হয়। স্টেনসিলটি একটি সুকষ্ম জাল বা গজের ওপর নির্মিত হয় বা তার সঙ্গে সংযুক্ত থাকে। আর জাল বা গজটি সিল্কের হতে পারে, কিন্তু সাধারণত এটি তৈরি হয় সুতি, নাইলন বা ধাতু দিয়ে, একখানা কাঠের ফ্রেমের ওপর টানটান করে বিছিয়ে। এই তালিকায় দেখা যায়, সিল্কস্ক্রিন প্রিন্টিং ● এই প্রযুক্তির জন্য ব্যবহৃত একটি আমেরিকান-ইংরেজি শব্দ। কিন্তু প্রযুক্তিগত ভাবেই শব্দটি ভ্রান্ত কারণ যে জাল বা গজটি এই প্রক্রিয়ার অনিবার্যভাবে ব্যবহার করা হয় তা কিন্তু আসলেই সিল্ক দিয়ে তৈরি হয় না বেশিরভাগ ক্ষেত্রে। প্রান্তভাগে রাবারের পটি দিয়ে বাঁধা এই চাঁছনিটি দিয়ে মুদ্রণযন্ত্রী সরাসরিভাবে ওই গজের মাধ্যমে নিম্নাবস্থিতি কাগজের টুকরোর ওপর কালির রেখা টানে। যাতে কালিগুলি দরকার মত অভিপ্রেত জায়গায় পৌঁছতে পারে সেই অনুযায়ী স্টেনসিলকে নির্মাণ করার একাধিক উপায় রয়েছে। তার মধ্যে একটি উপায় হল ফটোগ্রাফিক পদ্ধতিতে এটি সম্পাদন করা- একটি আলোক-সংবেদনশীল উপাদান দ্বারা স্ক্রিনটিকে লেপে দিয়ে এটিকে

Santiniketan. Head of the Department of Graphics (Print Making) at Rabindra Bharatin University in Kolkata ○. Lives and works in Kasba, Kolkata ○.

RAY, PRANABRANJAN (aka **PRANABRANJAN ROY**) b. 1934
Art historian, curator, and art critic. Graduated from Visva-Bharati University, Santiniketan and has a Master's degree in social sciences from Calcutta University. Son of Niharranjan Ray (aka Niharranjan Roy), whose major work—most of which he wrote while in prison for his political engagement in the Quit India Movement—is *Bangalir Itihas. Adi Parva*, which was first published in Bengali in 1949, and then translated by John W. Hood and first released in 1994 as *History of the Bengali People*. His key research interests include artists **Somnath Hore** and Rabindranath Tagore and the Kalamkari tradition of textiles, which he wrote about as co-author in *Continuing Traditions. Les Traditions Perpétuelles* (Ray and Sarkar 2015). Unfortunately, most of his texts have not been published in English, but those that have been translated are wonderful to read and exemplify his outstanding reputation as an art critic. He owns a rare original copy of Rabindranath Tagore's *Lekhan* (Tagore 1926) in Bengali and English, from which he read poems to me during a visit.

● RELIEF PRINTING
Considered as one of the four main categories of printmaking, along with intaglio ●, flatbed ●, and screenprinting ●. The term covers all printmaking techniques in which printing ink ● is applied to the parts of the printing forme ● that stand in relief (are raised) and from there is transferred onto the printing substrate ●. One such traditional process

একটি নেগেটিভ বা ডায়াপজিটিভের সংস্পর্শে স্থাপন করা। যেখানে প্রতিবিম্বটি অন্ধকারাচ্ছন্ন সেখানে আলো উপাদানটিকে শক্ত করে দেয় যাতে এইসব অঞ্চলে কোনও ভাবেই কালি এসে না পৌঁছতে পারে। আরও সহজ উপায় হল স্ক্রিনের ওপর কিছু সাদামাটা কাটা অংশের আচ্ছাদন রেখে সেটিকে সূর্যালোকে ফেলে রাখা। একদিকে, এই এই কৌশল খুব কম যন্ত্রপাতি দিয়েই করা সম্ভব। তবু অন্যদিকে, এটিকে অস্বচ্ছ তৈরি করার জন্য অনিয়ন্ত্রিত রঙের ভারি আস্তরণ দেওয়া সুবিধাজনক এবং উপযুক্ত। কাজেই, সব ধরণের মুদ্রণ সাবস্ট্রেটের ● জন্য এই পদ্ধতি কার্যকরী। যাইহোক, সুকষ্মভাবে রাস্টার্ড ● টেমপ্লেটগুলির প্রতিলিপি তৈরি করার জন্য অভিজ্ঞতা ও দক্ষতা প্রয়োজন। অন্যান্য পদ্ধতিগুলির তুলনায় এটি হয়ত খানিকটা স্থুল ও অশোধিত, তাই অনেকটাই অভিজ্ঞ হাতের দক্ষতা জরুরি সুক্ষ ও উন্নতমানের টোন পুনরুৎপাদন করতে।

● স্ব-প্রকাশনা
→ বিকল্প প্রকাশনা ●

সেন, সর্বজিৎ

জন্ম ১৯৫৮

কার্টুনিস্ট, গ্রাফিক ঔপন্যাসিক, অঙ্কন ও অলংকরণ শিল্পী এবং একজন চলচ্চিত্র নির্মাতা। সেন্ট জেভিয়ার্স কলেজে এবং কলকাতা ○ বিশ্ববিদ্যালয়ে ইংরাজি সাহিত্য নিয়ে পড়াশোনা করেছেন। ফ্রিলান্সার হিসেবে একাধিক দৈনিক সংবাদপত্রে এবং বড় প্রকাশনা সংস্থাগুলিতে নিয়মিত কমিক চিত্রমালা ও কার্টুন আঁকার কাজ করেন। বিকল্প প্রকাশনার ● জগতে একটি সুপরিচিত নাম। আহমেদাবাদ ন্যাশনাল ইন্সটিটিউট অব ডিসাইন এবং সত্যজিৎ রায় ফিল্ম এন্ড টেলিভিশন ইন্সটিটিউট-এ অতিথি অনুষদ সদস্য। বহু পুরস্কার ও অনুদান দ্বারা তাঁর কাজ স্বীকৃত হয়েছে। ইন্ডিয়ান ফাউন্ডেশন অব দ্য আর্টস থেকে তিনি সুক্ষভাবে পেয়েছেন আর্টস প্র্যাকটিস গ্রান্ট। তাঁর ছোট গ্রাফিক উপন্যাস 'ফেলো ডায়ারিস্টস' বেঙ্গল লাইটস-এ প্রকাশিত হয় ২০১৩ সালে। ঢাকাতেও ওই বছরেই প্রকাশ পায়।

সোসাইটি অব কনটেম্পোরারি আর্টিস্টস

শিল্পী ও মুদ্রণকর্মীদের সংঘ। ১৯৫০ সালে স্থাপিত হয়। এই সমিতি নিয়মিত প্রদর্শনীর আয়োজন করে। এদের নিজেদের একটি ইনট্যাগলিও ● প্রেস আছে। যদিও বর্তমানে তেমন কোনও শিল্পী নেই, কিন্তু অতীন বসাক, আদিত্য বসাক, শ্রীকান্ত পাল এই সমিতির অন্যান্য সদস্য।

is letterpress ●; however, a stamp made by carving a shape in relief using a potato cut in half as the printing block ● also fits under this category.

● REPROGRAPHIC, REPROGRAPHY
Refers to facsimile ● replication ● through mechanical or photomechanical reproduction such as photocopying, scanning, etc.

● RISOGRAPH, RISOGRAPHY (aka RISO)
A digital duplicator brought onto the market in 1984 by the Riso Kagaku Corporation. Multi-color printing is possible: one color at a time is selected from a palette of twenty colors and printing is conducted through individual runs as in screenprinting ●. Each color is housed in an ink cylinder—called a drum—that is inserted into the machine. At the beginning of the process, the machine makes, i.e., scans, a master called a stencil, which serves in much the same way as a screen or stencil in screenprinting ●. Since the printing ink ● dries slowly, only uncoated papers can be used. Originally intended for low-cost, high-volume runs, the very special aesthetic of this technology resulting from the vibrancy and range of the standard colors, particular qualities of the stencil, necessity of printing each color separately, and nature of the uncoated paper, has led to its becoming a trend in Europe and the US within the last ten years.

● ROTAPRINT
A small-format offset printing ● press first produced as a hand-operated duplicator in 1922. In 1923, it became available with an electric motor, and by 1926, its German manufacturer changed the name of the company to the name of its most popular press on the market. The term can be attributed to the way

● সোলনহফেন
একই রকম সুক্ষাতিসুক্ষ, ঘন সন্নিবিষ্ট, ঠাস, সমপ্রকৃতির, শক্ত অথচ সহজে ভঙ্গুর এমন উপাদান এখনও লিথোগ্রাফিতে ● প্রিন্টিং ব্লক তৈরি করতে ব্যবহার করা হয়। অ্যালোইস সেনেফেল্ডার এই রকম মুদ্রণ প্রযুক্তির উদ্ভাবক। অষ্টাদশ শতকের শেষ দিকে তিনি এই ধরণের প্রিন্টিং ব্লক ব্যবহার করে এই প্রযুক্তির উদ্ভাবন করেছিলেন। এই ঐতিহ্য আজও অব্যাহত। যদিও এখন ধাতু নির্মিত প্লেট, পলিমার স্থিতিস্থাপক প্লাস্টিকের মুদ্রণ প্লেট বা জিপসাম বোর্ড ব্যবহার করা হয়। বেভারিয়া নামক ছোট্ট একটি জেলায় এই সোলনহফেনকে কেন্দ্র করে অনেক খনি অবস্থান করছে। এখান থেকেই চুনাপাথরের স্ল্যাব সারা পৃথিবীতে এমনকী কলকাতা ○ শহরেও রপ্তানী করা হয়।

● স্পিরিট ডুপ্লিকেটর (DITTO)
→ ট্রান্সফার ডুপ্লিকেটিং ●

(সুমন প্রিন্টিং ওয়ার্কস)
একটি লেটারপ্রেসে ● ছাপার দোকান। ৫০ বছরেরও পুরনো এই দোকানটি প্রতিষ্ঠা করেছিলেন শঙ্কর চক্রবর্তীর কাকা। ২০১০ সাল থেকে শঙ্কর চক্রবর্তী এই ব্যবসা দেখছেন। দফতরিপাড়ার ○ জে জে এম রো তে দোকানটি অবস্থিত। সচীন দাস এই দোকানের এক কর্মচারী।

● Toko Offset 770
→ অফসটে প্র্নিটিং ●

● ট্রান্সফার ডুপ্লিকেটিং
যে কোনও লেখার প্রতিলিপি তৈরির সহজ উপায়ের নাম এটি। খুব সীমিত এর ব্যাপ্তি। অলংকরণ—সেই শিল্প বিপ্লবের সময় থেকে বিকশিত হয়ে আসছে যা চূড়ান্ত পরিণতি লাভ করে আজকের ফটোকপিয়ারে ●। সবচেয়ে প্রাচীন পদ্ধতি যখন কোনও যন্ত্রই প্রায় ব্যবহৃত হত না, কিন্তু ডুপ্লিকেটিং মনুষ্য হস্তে সম্পাদিত হত। এই ধরণের পদ্ধতিতে একটি নিয়ন্ত্রক বা টেমপ্লেট যাকে ম্যাট্রিক্স ● বলা হয়, তা বিশেষ ধরণের কালি ব্যবহার করে প্রস্তুত করা হত। স্থানান্তর করার জন্য, কাগজের পাতাগুলি এক ধরণের রংহীন দ্রাবক যেমন ভিনিগার, অ্যালকোহল দিয়ে লেপে দেওয়া হত অথবা হেক্টোগ্রাফে (১৮৮০ সাল নাগাদ আবিস্কৃত) যেমন গ্লিসারিন এবং জেলাটিন দ্বারা তৈরি এক রকমের জেলি ওপরে দিয়ে দেওয়া হত, এবং কিছুক্ষেত্রে ডুপ্লিকেটর মনুষ্য দ্বারা একখানি রোলার বা অন্য কোনও যন্ত্র নিযুক্ত করত হালকা চাপ সৃষ্টি করার জন্য (Griffiths 1996:142)। শুধুমাত্র এমন কাগজ যেগুলির নির্দিষ্ট জল শোষণ হার

the machine is built: the printing forme ●—in later models, made of plastic—is stretched over a cylinder. Originally sold internationally as indispensable machines for running offices and businesses, these presses were an important tool of leftist protest movements of the 1960s. Today the artist's book ● publisher, distributor, and bookstore Boeckie Woeckie in Amsterdam also possesses such a machine, which is used for producing books, postcards, and other prints. However, since the bankruptcy of Rotaprint ● in 1989, finding replacement parts and supplies is becoming increasingly difficult.

ROY, ABHIJIT b. 1972

Filmmaker and media theorist. Professor of Film Studies at Jadavpur University. In 2012, co-initiator (along with Nilanjana Gupta, Professor of English, Jadavpur University) of the Daftaripara ○ Initiative, a research project conducted with students. Member of the editorial board of *Journal of the Moving Image*. Lives and works in Jadavpur.

ROY, PRANABRANJAN
→ **Ray, Pranabranjan**

ROYCHOUDHURY, MALAY b. 1939

Poet and novelist. Studied at St. Joseph's Convent in Patna, Ram Mohan Ray Seminary in Patna, and completed the MA program in Rural Studies (Rural Management & Development) at Patna University. Worked at the publisher *The Linnet's Wings*. Moved to Kolkata ○ in 1960 and assumed leadership of the so-called Hungry Generation literary movement, being one of the Hungryalist quartet of the movement's founders along with three other poets: his older brother **Samir Roychoudhury**, Shakti Chattopadhyay, and Debi Roy (aka Haradhon

রয়েছে সেগুলোই এই পদ্ধতির জন্য উপযুক্ত এবং এবং রঙের নির্বাচন খুবই সীমিত হলেও এইপদ্ধতিটি ছিল বেশ অপরিহার্য (Bandel 2017:89)। এই স্থানান্তর মুদ্রণ অনেক পরিমাণ ছাপার জন্য সুবিধাজনক নয় কারণ, ম্যাট্রিক্স ●-এর রঞ্জক-ক্ষমতা সীমাবদ্ধ। হেক্টোগ্রাফের পাশাপাশি অন্যান্য স্থানান্তর ডুপ্লিকেটিং প্রযুক্তির মধ্যে পড়ে সাইক্লোস্টাইল ●, ইলেক্ট্রিক পেন, মিমিওগ্রাফ ●, রেপিড ডুপ্লিকেটর এবং স্পিরিট ডুপ্লিকেটর ● যেমন ব্র্যান্ডা, Ditto, রনিও ইত্যাদি। ঊনবিংশ শতকের শেষ দিকে অথবা বিংশ শতকের শুরুর দিকেই এটি পুর্ণবিকাশ লাভ করে অবলুপ্ত হতে শুরু করে। যদিও কদাচিৎ কিছু বিশেষ পরীক্ষা নিরীক্ষা চালানো হয় এই বিস্মৃতপ্রায় প্রযুক্তিটির দ্বারা।

● ট্রেডল পরিচালিত প্রেস

কম অথবা বেশি পরিমাণ ছাপার জন্য উপযুক্ত সহজ পা দিয়ে চালিত যান্ত্রিক প্রেসগুলির অনেকগুলির মধ্যে একটি। গ্রেট ব্রিটেনে এরকম প্রাচীনতম কিছু যন্ত্র ১৮৩৫ সালে আবিষ্কৃত হলেও আসলে জন কিচেন-এর মত আর কখনই তৈরি হতে পারে নি (Saxe n.d.)। ১৯২২ সালে আদানা এজেন্সি নামক একটি কোম্পানি এই ধরণের মেশিনের নানা মডেল প্রস্তুত করে আন্তর্জাতিকভাবে সেগুলির বিপণন করেছিল। এটি কথিত আছে যে পুরুষোত্তম **লাল মহাশয়ের** এরকম একখানি ট্রেডল চালিত প্রেস ছিল যার দ্বারা তিনি (রাইটার্স ওয়ার্কশপ)-এর বিভিন্ন বই ও পত্রপত্রিকা ছাপতেন। দুর্ভাগ্যবশতঃ সেই মেশিনটি সম্পর্কে আর তেমন কোনও তথ্য পাওয়া যায় না।

● টাইপ, টাইপফেস

একটি টাইপোগ্রাফিক শব্দ বা নাম যা মুদ্রণে ব্যবহৃত হয় প্রাথমিক হরফ বা সংখ্যাকে বর্ণনা করতে—এবং এর গুণমান ও চেহারা যা আসলে 'মুখ' কিংবা অবয়বকে বোঝায়—আসলে মুদ্রণের কোন 'টাইপ'-এর সাধারণ পরিবারের অন্তর্ভুক্ত, যেমন এর বেধ, প্রস্থ বা তির্যক্তা কেমন তা তার 'কাঠামো' দ্বারা নির্ধারিত হয়। প্রাচীন সময় থেকেই এগুলি নানা আয়তনে ও বৈচিত্র্যে একটি সংগ্রহ আকারে পাওয়া যেত। ম্যাট্রিসেস ● বা চলমান লেড টাইপের ● মত এক ধরণের কিন্তু নানা বৈচিত্র্যে এগুলি মিলত (দলবদ্ধভাবে তাদের বলা হত *ফাউন্ট* বা *ফান্ড*, একটি সংগ্রহঃ যেমন পার্ল, নোমপারেইল, ব্রেভিয়ার, লং প্রাইমার, পিকা, ডাবল পিকা ইত্যাদি। (Moxon [1683] 1956:13), যেগুলি অনেকটাই আজকের দিনের *ফন্ট*-এর মত দেখতে (জার্মান ভাষায় এদের বলা হয় Schriftsatz অথবা Schriftart)। যে শ্রমিক

Dhara. He was prosecuted for publishing the poem "Stark Electric Jesus" in 1965 (his typewriter was seized by the police), lost his job, was ostracized by friends and family, and endured being scandalized by the media. In 1967, he stopped writing and only resumed again in 1983 to emerge as a major Bengali poet and legend. He has published more than forty books including novels, drama, and social polemics in English and Bengali, and also translated many works from English into Bengali. He lives and works in Mumbai.

ROYCHOUDHURY, SAMIR 1933–2016
Poet and novelist. Key member of the so-called Hungry Generation literary movement and one of its Hungryalist quartet of founders, along with three other poets: his younger brother **Malay Roychodhury**, Shakti Chattopadhyay, and Debi Roy (aka Haradhon Dhara). Earlier he had been a member of a literary circle that founded an exclusive poetry magazine called *Krittibas* (1953). For three decades he travelled extensively in rural and riverine tribal areas of India such as Chaibasa, Dumka, Daltonganj, Bhagalpur, Muzaffarpur, and Darbhanga, where the Hungry Generation followers gathered and engaged in creative happenings, which have become part of Bengali literary folklore.

RUPSHA BLOCK HOUSE
Located on Baithakkhana Road in Daftaripara ○, the small venture produces high-quality hand-carved woodblocks ●. As the staff believe in word-of-mouth advertising, no further information will be given here.

S, HIMANSHU
b. 1980
Artist and activist. Studied Painting at Sir Jamsetjee Jeejebhoy School of Art,

ম্যাট্রিসেস ● গুলি তৈরি করেন অথবা হরফ তৈরির ছাঁচ বা কাঠামো প্রস্তুত করেন, তাদেরকে বলা হয় 'হরফ কর্তক'। এই ইতিহাসের ভাব কিন্তু 'টাইপফেস'-এর ওই জার্মান শব্দে এখনও বিদ্যমান। 'Schrift-schnitt': 'Schrift', মানে 'স্ক্রিপ্ট' অথবা 'লেখা' এবং 'Schnitt' অর্থ 'কাটা'। যখন চিরাচরিতভাবে প্রচলিত পুরনো লেটারপ্রেসের ● ক্ষেত্রে প্রত্যাশিত টাইপফেসের চলমান লেড টাইপ ● হাতে সরাসরিভাবে আসতে হত বা সদ্য ছাঁচ গড়ে নিতে হত, সেখানে আজকের দিনে লেখা বা পাণ্ডুলিপি ● গুলিকে ডিজিটাল পদ্ধতিতে সম্পাদন করা হয়। যাইহোক, কলকাতায় ○ লেটারার **স্বপন দাসের** লেডের লেটার বা কম্পিউটার, কোনোটারই দরকার পড়ে না। তিনি খুব সহজে হাতেই তার মিরর-ইমেজ স্ক্রিপ্ট মুদ্রণ-ফর্মের ● ওপর রেখে রঙ করে নেন।

● উডব্লক, কাঠের তৈরি ব্লক মুদ্রণ ফর্ম ●, কাঠ দিয়ে তৈরি।

● উডব্লক টাইপ

রিলিফ প্রিন্টিং ●-এ অর্থাৎ লেটারপ্রেসেও ●, এর সঙ্গে চলমান লেড টাইপ ● নিযুক্ত করলে, কাঠ দিয়ে প্রস্তুত হরফ, অক্ষর ও অন্যান্য উপাদান যেগুলি বিশেষজ্ঞ উডকাট ● কর্তকদের অথবা মুদ্রণ কর্মীদের দ্বারা কাঠের ব্লকে খোদাই করে প্রস্তুত করা হয়েছে, সেগুলি ব্যবহার করা হয়। অন্য কৌশলটি হল, একটি কাগজে বা কোনও হরফ বা অন্য যে কোনও কিছু লিখে তা কাঠের সঙ্গে এঁটে দিতে হয়, তারপরে ওই হরফ বা বস্তুটি বরাবর ছুঁড়ি দিয়ে কাটতে হয় অথবা কোনও খোদাই যন্ত্র দিয়ে খোদাই করতে হয়। যে অংশগুলি ফাঁকা রয়ে গেছে সেগুলি উপড়িয়ে চেঁছে ফেলতে হয়। ঊনবিংশ শতকে একটি নতুন যন্ত্রাদি (যেমন ল্যাটেরাল রাউটার অথবা প্যান্টোগ্রাফি) ও নতুন পদ্ধতির উদ্ভাবন হল যা এই দ্রুত ও অর্থনৈতিকভাবে পরিবর্তনশীল উড টাইপ ● মুদ্রণকে অনেক উন্নত করতে সক্ষম হল। উদাহরণস্বরূপ, ১৮৩৪ সালে, উইলিয়াম লিভেনওয়ার্থ প্যান্টোগ্রাফকে ওয়েলস রাউটারের সঙ্গে মিলিয়ে একটি মৌলিক যন্ত্রের উদ্ভাবন করলেন যা দিয়ে উড টাইপ ●-এই গণহারে মুদ্রণ অবধি হয়েছিল (Shields 2018)। কলকাতার দফতরিপাড়ায় উডব্লক ● টাইপ ● ছাপা প্রধাণত কোম্পানির লোগো ও নাম ছাপাতে ব্যবহার করা হয়। প্লাস্টিক ব্যাগের থলিতে বা প্রচুর পরিমাণে উৎপাদিত অন্যান্য পণ্য সামগ্রীর ওপর নাম ধাম ছাপাতে এই মুদ্রণ পদ্ধতি গ্রহণ করা হয়।

Mumbai. Together with Aqui Thami, he runs the Dharavi Art Room and Bombay Underground. Lives in Bandra, Mumbai, and works in Dharavi and other places in and near Mumbai.

● SCRATCHBOARD
A later development of the printing process of mezzotint (intaglio) ●; the term is also used for a kind of printing plate ● that is pre-fabricated with a layer of white clay on a paper (cardboard) backing or hardboard support.

● SCREENPRINTING (aka SILKSCREEN PRINTING, SERIGRAPHY)
A variety of stencil printing and considered by some as the fourth main category of printmaking, along with relief printing ●, flatbed ●, and intaglio printing ●. The printing ink ● is applied with a squeegee through a stencil, which has been attached to or created on a fine mesh or gauze, which may be of silk but is usually made of cotton, nylon, or metal, stretched onto a (wooden) frame. (The term silkscreen printing ●—the American-English term for the technique—is actually technically erroneous, because the mesh is not necessarily of silk.) Using this scraper fitted with a rubber strip, the printmaker strokes the ink through the gauze directly onto the underlying piece of paper. There are innumerable ways to create the stencil so that the ink only comes through selectively. One way is to do this photographically by coating the screen with a light-sensitive material and placing it in contact with a negative or diapositive. The light causes the material to harden where the image is dark, so in these areas no ink comes through. A more direct way is to lay simple cutouts on such a screen and leave it in sunlight. On the one hand, this technique can

● উডকাট (জাইলোগ্রাফি)
রিলিফ প্রিন্টিং ●-এর একটা উপদল যার সাহায্যে প্রিন্ট ফর্ম হিসেবে উডব্লক ● ব্যবহার করা হয় এবং যা ছাপা হবে তা খোদাই করে বা কেটে নিতে হবে এমনভাবে যাতে ব্লকের বাকি অংশটা উঁচু হয়ে জেগে থাকে। অ্যালব্রেক্ট ডিউরার (১৪৭১-১৫২৮) থেকে শুরু করে জাপানি কিংবদন্তি *নিশিকি-ই* (মধ্য ১৭৬০ এর উদ্ভাবক) পর্যন্ত এমনকী বটতলার নামহীন অগণিত খোদাইকারদের কাছেও এটি ছিল ঊনবিংশ শতকের ছবি পুনরুৎপাদনের একটি কেন্দ্রীয় মাধ্যম। ঊনবিংশ শতকের শেষ দিকে লিথোগ্রাফির ● প্রচলন শুরু হওয়ার পর এই চিত্র বদলে গেল। কলকাতার মুদ্রণ শিল্পে এখনও যে ক'জন কাঠ-খোদাইকার কাজ করে যাচ্ছেন তারা শুধুমাত্র একই ধরণের গ্রাফিক চিহ্ন বা লোগো খোদাই করেন।

রাইটার্স ওয়ার্কশপ

একটি প্রকাশনা সংস্থা যা ইংরাজি ভাষায় লেখা ও অনুবাদের ওপর বিশেষ গুরুত্ব আরোপ করেছিল। ১৯৫৮ সালে একদল সাহিত্যিক মিলে প্রতিষ্ঠা করেছিলেন এই প্রকাশনা সংস্থাটি। **পুরুষোত্তম লাল** ছিলেন তাঁদের মধ্যে মুল কাণ্ডারি। তাঁর উদ্যোগে ও পৃষ্ঠপোষকতায় রাইটার্স ওয়ার্কশপ থেকে প্রায় ২৫০০ টিরও বেশি বই প্রকাশিত হয়। উপন্যাস, কবিতা, নাটক, শিশুদের জন্য বই এবং কমিক সব রকম বই প্রকাশিত হত এই প্রকাশনী থেকে। কিন্তু প্রকাশিত কপির সংখ্যা এত বেশি হত যে এই কারণেই এই সংস্থা কলকাতার ইতিহাসে স্থায়ী জায়গা করে নিয়েছে। ২০১০ সালে **পুরুষোত্তম লালের** মৃত্যুর পর থেকে তাঁর পরিবারের সদস্য আনন্দ ও শুকতারা লালের নির্দেশনা ও ব্যবস্থাপনায় রাইটার্স ওয়ার্কশপের কাজকর্ম চলছে।

এখানে জেরক্স করা হয় এসটিডি আইএসডি পিসিও

কলেজস্ট্রিট ও মহাত্মাগান্ধি রোডের কাছে অবস্থিত, এই কপিশপটিই ধরা যাক কলকাতার সমস্ত প্রতিলিপি করার দোকানের প্রতিনিধিত্ব করছে, যারা পরস্পর এক সুত্রে গ্রথিত হয়ে 'কলকাতা'—এই মুদ্রণের শহরের প্রাণভ্রমর হয়ে রয়েছে। তাদের নিছক সংখ্যাটাই এত বেশি যে তারা যেন নামহীনতায় এমনভাবে ডুবে আছে যে কেউ যদি শুধু এই দোকানগুলো নিয়ে সচেতন হন, তাকে রোজদিনই নিয়ম করে ভেবে যেতে হবে, আমার ক্ষেত্রে এরকম একজন মানুষ হলেন সুমন।

● জেরক্স
→ কপি মেশিন ●,
ফটোকপিয়ার ●

be carried out easily with little equipment; yet, on the other hand, it is suitable for building up opaque, heavy layers of unmodulated color, so it is a suitable method for all kinds of printing substrates ●. However, the reproduction of finely rasterized ● templates requires a lot of experience and skill. In comparison to other processes, it is rather crude, so much experience and finesse is needed to reproduce fine gradations of tone.

● SELF-PUBLISHING
→ alternative publishing ●

SEN, SARBAJIT
b. 1958
Cartoonist, graphic novelist, illustrator/painter, and filmmaker. Studied English Literature at St. Xavier's College and Calcutta University, Kolkata ○. Works as a freelancer, as a regular contributor of comic strips/cartoons to leading daily newspapers, and for large publishing companies, in addition to being well-known in the field of alternative publishing ●. Guest faculty member at the National Institute of Design, Ahmedabad, and at Satyajit Ray Film and Television Institute. His work has been acknowledged by numerous awards and grants. Most recently he received an Arts Practice grant from the Indian Foundation of the Arts. His short graphic novel entitled *Fellow Diarists* was published in *Bengal Lights*, Dhaka, in 2013.

● SILKSCREEN PRINTING (aka SERIGRAPHY)
→ screenprinting ●

SOCIETY OF CONTEMPORARY ARTISTS
Association of artists and printmakers. Founded in 1950, the group regularly hosts exhibitions and also owns an intaglio ● press. Although currently there are no artists who are

● জাইনস
ক্ষণস্থায়ী তবু সাংঘাতিকভাবে বিকল্প প্রকাশনার ● একটি স্বাধীন উপবিভাগ। একটি ডিওয়াইএ পদ্ধতিতে যাই-ই সুলভ ও সুগম তা দিয়েই এটি প্রস্তুত হতে পারে। জাইনস ● প্রকাশিত ও মুদ্রিত হতে কিছু অধ্যবসায় ও অনুশীলন প্রয়োজন। এগুলিতে অনেক গভীর লেখাপত্র থাকতে পারে আবার কোনও লেখা নাও থাকতে পারে। ব্যক্তিগত ভাবনাচিন্তা, বিমূর্ত দৃষ্টিভঙ্গি, মৌলবাদী মতামত, রান্নার রেসিপি, শিল্প, সঙ্গীত অথবা এমন যে কোনও বিষয় যাতে তার নির্মাতাদের কল্পনা ও সৃজনশীলতা কাজ করে এমন নানা কিছুই হতে পারে এইসব জাইনস ● এর আধেয় ও বিষয়বস্তু। বাণিজ্যিকভাবে লাভ এর মুল লক্ষ্য নয়, তাই আকারে, আয়তনে, আয়োজনে, বিন্যাসে তাদের মুক্ত প্রকৃতি প্রতিফলিত হয়। নানা প্রকার বৈচিত্র্য লক্ষ করা যায়—ছোট, বড়, সাদা-কালো বা পুরোটাই রঙিন, সুতো দিয়ে বাঁধানো হতে পারে বা শুধু ভাঁজ করা- নানা রকম হতে পারে এগুলি। ছাপার ক্ষেত্রেও বৈচিত্র্য লক্ষ্ণীয়, হাতে ছাপা হতে পারে অথবা ফটোকপি ● বা জেরক্স ● করেও এগুলি বের করা যেতে পারে। কলকাতা সিটি অব প্রিন্ট -এ প্রাসঙ্গিকভাবেই জাইনস ● গুলিকে বিংশ শতকের শুরুর দিকের ইউরোপীয় আঁভে-গার্ডের সময়ে ফিরিয়ে নিয়ে ভাবা যেতে পারে। বিশেষত 'ডাডা' এখানে খুবই প্রাসঙ্গিক, ১৯১৭ সালে একটি শিল্প আন্দোলনের নাম এটি, যার নাম 'ডাডা' নামক একটি জাইনের ● নাম থেকে উঠে এসেছিল (Steinkamp 2016:231)।

members of the group, other members include Atin Basak, Aditya Basak, and Srikanta Paul.

● SOLNHOFEN LIMESTONE
The same fine-grained, compact, homogeneous, and hard but easily fractured material is still being used today for the printing block in lithography ● as at the end of the eighteenth century when Alois Senefelder first used it in inventing this printmaking technique. This tradition continues, although other materials such as metal, polymer flexible Plasticor gypsum board could be used instead. The quarries are located in a small district in Bavaria around Solnhofen. From here, the limestone slabs are shipped all over the world including to Kolkata ○.

● SPIRIT DUPLICATOR (aka DITTO)
→ transfer duplicating ●

SUMAN PRINTING WORKS
Letterpress ● printing works. Founded more than fifty years ago by Sankar Chakraborty's uncle, since 2010, the business has been managed by Sankar Chakraborty. Located on J.J.M Row in Daftaripara ○, the printing works employs Sachin Das.

● TOKO OFFSET 770
→ offset printing ●

● TRANSFER DUPLICATING
General designation for simple means to reproduce texts and—to a very limited extent—illustrations, developed since the Industrial Revolution and culminating in today's photocopier ●. In most early methods, however, no machine is used, but rather duplicating is done manually. In such processes, a master or template—called a matrix ●—is prepared using special ink. To make

the transfer, sheets of paper coated with a colorless solvent such as vinegar, alcohol, or, as with the hectograph (invented around 1880), a jelly made of glycerin and gelatin, are put on top. In some methods, the duplicator manually employs a roller or other tool for slight pressure (Griffiths 1996:142). Only papers with a certain water absorbency rate are suitable for this type of replication and the color choice for the ink is very limited (Bandel 2017:89). This kind of printing is not suitable for large runs or lots as the staining capacity of the matrix ● is quite limited. Besides the hectograph, other such techniques include: the cyclostyle ●, electric pen, mimeograph ●, papyrograph, rapid duplicator, and spirit duplicators ●, such as the Branda, Ditto ●, Roneo, etc. The heyday of most was already over by the late nineteenth or early twentieth century, although artists occasionally experiment with some of these nearly forgotten technologies.

● TREADLE-OPERATED PRESS

Any one of a number of simple mechanical foot-operated presses suitable for short runs or lots. The earliest such machine in Great Britain was patented in 1835 by John Kitchen (Saxe n.d.) but never actually built. A company originally called Adana Agency manufactured various models, the first in 1922, and distributed them internationally. Purushottama Lal is said to have used such a machine to produce the publications of the Writers Workshop, although unfortunately, no information seems to exist about the particular machine that was employed there.

● TYPE, TYPEFACE

Used in print to describe the primary cipher—

the letter—and its qualities or appearance, i.e., the "face", of a general family, e.g., thickness, width, slant (→cursive ●), etc., which was originally called a "body" in English. From early times these existed in the form of collections of all the sizes and variations of one kind as matrices ● and moveable lead type ●. (As a group they were called a *fount* or a *fund*, e.g., Pearl, Nompareil, Brevier, Long-Primmer, Pica, Double-Pica, etc. (Moxon [1683] 1956:13), which corresponds to today's *font* (in German, *Schriftsatz* or *Schriftart*.) The worker creating the matrices ● or molds for casting letters was called a letter-cutter. The sense of this history is still evident in the German word for typeface, *Schriftschnitt*: *Schrift*, meaning "script" or "writing" and *Schnitt*, "cut". Whereas in traditional letterpress ●, the moveable lead type ● of the desired typeface ● had to be available on hand or freshly cast, today script or writing is mainly worked with digitally. However, in Kolkata ○, letterer **Swapan Das** needs neither letters made of lead ● nor a computer: he simply paints his mirror-image script directly on the printing forme ● by hand.

● WOODBLOCK, WOODEN BLOCKS

Print forme ● made of wood.

● WOODBLOCK TYPE

In relief printing ●, i.e., letterpress ●, not only moveable lead type ●, but also letters, characters, and other elements that had been carved from woodblock ● by specialized carvers or printing house workers were used. Another technique was to draw the letter or element on paper, paste it to the wood, and then cut around the element with a knife or carve with a graver, gouging out the parts to be left blank. In the

nineteenth century, there were new tools (e.g., the lateral router or pantograph) and processes developed for rapid and economical moveable woodblock type ●. For instance, in 1834, William Leavenworth adapted the pantograph to the Wells router creating the basic machinery, leading up to mass production of woodblock type ● (Shields 2018). In the Daftaripara ○, woodblock type ● is mainly employed in printing logos and the names of firms on plastic sacks and other mass-produced wares.

● WOODCUT
(aka XYLOGRAPHY)
A subgroup of relief printing ● whereby a woodblock ● is used as the print forme ● and the subject to be printed is carved or cut to stand out in relief to the rest of the block. The practitioners who have used this important technique for the reproduction of images range from Albrecht Dürer (1471–1528) to the legendary Japanese *Nishiki-e* (invented in the mid-1760s) and beyond to the nameless carvers of the Battala ○ in the nineteenth century. The technique lost its rank as one of the most important printmaking methods with the advent of lithography ● in the late nineteenth century. The practitioners of this technique who still work in the print industry in Kolkata ○ today mostly carve only type ● and graphic symbols or logos.

● WOODEN BLOCK LETTERS
→ letters made of lead, plastic, or wood ●

(WRITERS WORKSHOP)
Publishing company focusing on original writing and translation in English. Founded in 1958 by a group of writers headed by Purushottama Lal. Under his aegis, not only did this company publish

more than 2,500 books ranging from fiction, poems, and plays to children's books and comics, but also the number of copies printed has been so immense that the company occupies a permanent place in the history of Kolkata ○. Since Purushottama Lal's death in 2010, the (Writers Workshop) has continued under the direction and management of members of his family, Ananda and Shuktara Lal.

(XEROX DONE HERE STD. ISD. PCO)
Located near College Street and Mahatma Gandhi Road, this copy shop is representative of all the copy shops in the city that are strung together as the lifeline of Kolkata ○, this City of Print. But their sheer numbers also mean that all the copy shops sink into a kind of anonymity so that the only copy shop any person is conscious of is the one that she or he regularly—by chance—frequents. In my case, this is Suman.

● XEROX, XEROGRAPHY
Based on a photoconductive substance, whose electrical resistance decreases when light falls on it, in combination with an electrostatically charged semiconductor-coated drum (→Ladner 1973 and copy machine ●.)

● XYLOGRAPHY
→ woodcut ●

● ZINES
An ephemeral, yet fiercely independent sub-category of alternative publishing ●, produced with whatever is accessible in a DIY manner, these are made and printed at the fringes of dominant practice. They can be text-heavy or with no text at all, the content ranging from personal thoughts to abstract visions, radical opinions, recipes, art, music, or any other topic that captures the fancy of their creators. Profit is

not a main goal and their free nature is also reflected through their design: shapes and sizes—large to small—are diverse; they can be black-and-white or full-color; the binding can be done with thread or by just folding; and, the means of production can range from hand-printed to photo-copied ●. As relevant to Kolkata City of Print, the format can be traced back to the European avant-garde of the early twentieth century, specifically to Dada, an art movement whose own name was established in 1917 through the title of the zine ● *Dada 1* (Steinkamp 2016:231).

ABOUT THE PRINCIPLES OF MONEY

Epilogue by Linus Zug

Since money is also a kind of printed paper, this book also has to deal with it a little. I don't have much experience with money because I'm still a kid. I get five Swiss francs a week as allowance. In exchange rate terms, five Swiss francs is about five euros. On the other hand, [illegible] the prices [illegible] a little more than 100 [illegible] but in [illegible] the Swiss [illegible] much [illegible] Prime Minister [illegible] notes [illegible] the 500 and 1000 [illegible] notes [illegible] At first, there were only 1000, 500, 100, 50, 20 and 10 [illegible] and even coins smaller than the bills. [illegible] Modi cancelled the biggest notes. When Modi did this, naturally all the people went to the banks and wanted to exchange their money. So the employees of the bank had to work extremely hard. At some point it was probably too much for the bank employees, because after a while they started to strike. As well, the ATMs didn't give out any more money. Of course, my mother still had to test every machine to find out if they really wouldn't give out money anymore. Just imagine how annoying it was to have to wait in the car while my mother tried out a new machine every five minutes. As you can see, so far my experience with money hasn't been very good. But when I'm grown up, I'll probably have better experiences (I hope).

ABOUT THE PRINTING OF MONEY
Epilog by Luis Züst

Since money is also a kind of printed paper, this book also has to deal with it a little. I don't have much experience with money because I'm still a kid. I get five Swiss francs a week as allowance. Exchanged in euros, five Swiss francs is about five euros. On the other hand, converting euros into rupees, five euros equals a little more than 300 rupees. But in Kolkata ○, five Swiss francs are worth much more than in Switzerland. In Kolkata ○, Prime Minister Modi cancelled all the 1,000 rupee notes from one day to the next, introducing new 2,000 and 500 rupee notes. At first, there were only 1,000, 500, 100, 50, 20, and 10 notes and even coins smaller than the bills, that means PM Modi cancelled the biggest notes. When Modi did that, naturally all the people went to the banks and wanted to exchange their money. So the employees of the bank had to work extremely hard. At some point it was probably too much for the bank employees, because after a while they started to strike. As well, the ATMs didn't give out any more money. Of course, my mother still had to test every machine, to find out if they really wouldn't spit out money anymore. You can imagine how annoying it was to have to wait in the car while my mother tried out a new machine every five minutes. As you can see, so far my experience with money hasn't been very good. But when I'm grown up, I will probably have better experiences (I hope).

টাকা ছাপানো বিষয়ে
লুইস জিউইস্তের উপসংহার

যেহেতু টাকাও এক রকমের মুদ্রিত কাগজ, তাই এই বইতে সে বিষয়েও আলোকপাত করা দরকার। টাকার ব্যাপারে আমার বিশেষ অভিজ্ঞতা ও ধারণা নেই কারণ এখনও আমি ততটা বড় হই নি। এসব বিষয়ের জন্য নিতান্ত ছেলেমানুষ। প্রতি সপ্তাহে খরচের জন্য মাত্র পাঁচ সুইস ফ্রান্সেস করে পাই আমি। ইউরোতে ভাঙালে যা দাঁড়ায় পাঁচ ইউরো। আবার অন্যদিকে পাঁচ ইউরো টাকায় পরিবর্তিত হলে হয় ৩০০ টাকা। কিন্তু কলকাতায় ○ পাঁচ সুইস ফ্রাঙ্কের মুল্য সুইজারল্যান্ড-এর তুলনায় অনেক বেশি। কলকাতায় ○ প্রধানমন্ত্রী নরেন্দ্র মোদী সমস্ত ১০০০ টাকার নোট প্রায় একদিনের মধ্যে বাতিল করে নতুন ২০০০ এবং ৫০০ টাকার নোট চালু করলেন। প্রথমে শুধুমাত্র ১০০০, ৫০০, ১০০, ৫০, ২০, ১০ টাকার নোট এবং ছোট ছোট কয়েন চলত। অতএব প্রধানমন্ত্রী মোদী সবচেয়ে বড় নোটটিই বাতিল করেছেন। তিনি এই নোট বাতিলের ঘোষণা করা মাত্রই লোকজন ব্যাঙ্কে ছুটল নোট বদলে আনতে। ব্যাঙ্ককর্মীদের ওপর প্রবল কাজের চাপ পড়ল। তাদের অবস্থা এমনই শোচনীয় হল যে তারা বাধ্য হলেন ধর্মঘট ডাকতে। এটিএম থেকেও টাকা পাওয়া যাচ্ছিল না। আমার মা হন্যে হয়ে প্রতিটি এটিএম কাউন্টারে গিয়ে গিয়ে চেষ্টা চালালেন, এবং শেষে দেখা গেল সত্যিই টাকা পাওয়া যাচ্ছে না। ভেবে দেখুন, কী বিরক্তিকর ব্যাপার! আমি গাড়িতে বসে আছি আর মা পাঁচ মিনিট অন্তর গাড়ি দাঁড় করিয়ে এটিএম মেশিনগুলোয় চেষ্টা করে যাচ্ছে। সেজন্যই টাকার ব্যাপারে এ পর্যন্ত আমার অভিজ্ঞতা খুব একটা ভাল নয়। যখন বড় হব তখন নিশ্চয়ই ভাল অভিজ্ঞতা হবে।

This book was created with the support of

Kanton Zürich
Fachstelle Kultur

Z
hdk
Zurich University of the Arts
Institute for Contemporary Art I

Pro Helvetia—Swiss Arts Council
Institute for Contemporary Art Research at the Zurich University of the Arts

Further, this book would have been unimaginable without the indefatigable support of the following persons, firms, and institutions:

Saumik Chakraborty and Piyali Sadhukhan, who have stood by my side, being endlessly patient and good-humored, even in the face of all my mundane questions, not to mention the sharing of all their contacts;

Luis and Lux Züst, who were ready to take part in the Kolkata ○ adventure with their critical spirits;

Habib Ahmed Afsar, Victor Hazra, and Somnath Shoum Saha, who as translators and chai connoisseurs, and through their love of the local people, were irreplaceable in the on-location research;

Anupam Chakraborty, Ma Sadhana Chakraborty, and Anuradha Pathak, who can only be praised as hosts and cultural mediators;

Baidyanath Ash, Aditya Basak, Atin Basak, Debnath Basu, Vicky Bikash, Ishita Chakraborty, Moutishu Chakraborty, Sankar Chakraborty, Subir Chowdhury, Pranab Kumar Chattopadhyay, Swapan Das, Angshuman Dasgupta,

যাদের সাহায্যে এই বইটি তৈরি হল

Kanton Zürich
Fachstelle Kultur

Z hdk
Zurich University of the Arts
Institute for Contemporary Art I

Pro Helvetia—Swiss Arts Council
Institute for Contemporary Art Research at the Zurich University of the Arts

কিছু মানুষ, কিছু সংস্থা ও প্রতিষ্ঠান যাদের অকুণ্ঠ সমর্থন ছাড়া এই বই হওয়া সম্ভব ছিল না তাঁরা হলেন

সৌমিক চক্রবর্তী এবং পিয়ালি সাধুখাঁ, যারা আমার পাশে সবসময় থেকেছেন অক্লান্ত ধৈর্যসহকারে। কৌতুকরঙ্গরসবোধের অভাব নেই তাঁদের। এমনকী আমার সমস্ত দরকারি প্রশ্নের উত্তর ও গুরুত্বপুর্ণ যোগাযোগ করিয়ে দেওয়া, সবই এই দুই বন্ধু করেছেন আমার জন্য।

লুক্স ও লুইস জিউইস্ত, সবসময় প্রস্তুত থাকত আমার সঙ্গে কলকাতা-অ্যাডভেঞ্চারের সঙ্গী হতে, উৎসুক চিত্তে ও প্রফুল্ল মনে তারা আমার সঙ্গে ঘুরে বেড়িয়েছেন কলকাতার ○ পথে ঘাটে।

হাবিব আহিমেদ আফসর, ভিক্টর হাজরা এবং সোমনাথ সোম সাহা যারা তর্জমাকারী হিসেবে, চা-পানের সঙ্গী হিসেবে, রসজ্ঞপণ্ডিত হিসেবে এবং আঞ্চলিক মানুষদের সঙ্গে তাদের ভালো সম্পর্কের সুত্রে আমার অঞ্চলভিত্তিক গবেষণায় অশেষ সাহায্য করেছেন।

সাধনা চক্রবর্তী, অনুরাধা পাঠক এবং অনুপম চক্রবর্তী অতিথিসেবক ও সাংস্কৃতিক মধ্যস্থতাকারী হিসেবে প্রশংসার দাবীদার থাকবেন।

বৈদ্যনাথ আশ, আদিত্য বসাক, অতীন বসাক, দেবনাথ বসু, ভিকি বিকাশ, ঈশিতা চক্রবর্তী, মৌটুসি চক্রবর্তী, শংকর চক্রবর্তী, প্রণবকুমার চট্টোপাধ্যায়, সুবীর চৌধুরী, স্বপন দাস, অংশুমান দাশগুপ্ত, সন্দীপ দত্ত, সঞ্চয়ন ঘোষ, সৌমেন গুছাইত, অভিজিৎ গুপ্ত, মাওরা হারলে, আকার প্রকার আর্ট গ্যালারির অভিজিৎ লাঠ ও

Sandip Dutta, Sanchayan Ghosh, Soumen Guchait, Abhijit Gupta, Maura Hurley, Abhijit and Reena Lath of the Akar Prakar art gallery, Soumik Nandy Majumdas, Malay Mukherjee, Deeptanil Ray, Parag Ray, Pranabranjan Ray, Malay Roychodhury, Himanshu S, Sarbajit Sen Paula Sengupta, and TAXI (Sourav Roy Chowdhury and Suman Samajpati), who all generously and patiently opened their doors to me and shared their knowledge;

Krispin Heé and Tim Wetter, without whom neither a suitable form nor an appropriate means of production for the book would have been found;

Dipanwita Sarkar and Linda Cassens Stoian, the translators, for their dedicated thinking and perseverance;

Anandarup Ghosh for his spontaneous commitment on all fronts.

Spector Books for their involvement in the different formats and editorships entailed by the book concept;

Marilin Brun, Michael Günzburger, Stefanie Knobel, Neville Pfenninger, and Thomi Wolfensberger for maintaining the front in Switzerland.

A special thank you also to the printers and bookbinders of Chitpur and Daftaripara ○. The book is dedicated to you and the Paritosh Bhattacharyas of this world.

রীনা, সৌমিক নন্দী মজুমদার, মলয়মুখার্জি, দীপ্তনীল রায়, পরাগ রায়, প্রণবরঞ্জন রায়, মলয় রায় চৌধুরি, হিমাংশু এস, সর্বজিৎ সেন, পলা সেনগুপ্ত এবং TAXI (সুমন সমাজপতি ও সৌরভ রায়চৌধুরি), এঁরা সকলেই উদারমনে ধৈর্য ধরে আমার কথা শুনেছেন, সবসময় আমার জন্য তাঁদের দ্বার উন্মুক্ত ছিল, যাবতীয় প্রয়োজনীয় তথ্যে ও জ্ঞানে সমৃদ্ধ করেছেন আমায়।

ক্রিসপিন হে, যাকে ছাড়া কোনও মতেই বইটির এত সুন্দর নির্মাণ হওয়া সম্ভব ছিল না। বইয়ের গঠন,ডিসাইন ও প্রোডাকশন সবটাই আমার মনের মত করে সাজিয়ে তুলেছেন তিনি।

লিন্ডা ক্যাসেন্স স্টোইয়ান এবং দীপান্বিতা সরকার, দুই ভাষার দুই অনুবাদক, তাঁদের মুল্যবান চিন্তা ভাবনা ও অধ্যবসায় দিয়ে বইটির যথাযথ ভাষান্তর করেছেন।

আনন্দরুপ ঘোষ সবক্ষেত্রে তাঁর স্বতঃপ্রণোদিত উদ্দীপনা ও দায়বদ্ধতা নিয়ে পাশে থেকেছেন।

স্পেকটর বুকস সংশ্লিষ্ট থেকেছেন বইয়ের বিভিন্ন সজ্জা, প্রকরণ ও বিন্যাসে এবং সম্পাদনাসহ বইটির সার্থক রূপদানে।

মারিলিন ব্রুন, মিখাইল গুইনজবোর্গর, সিরানা সাবাসি, কিদো বাসিলজার, স্টেফানি নোব্যাল, নেভিল ফেনিনগার এবং থমি উলফেন্সব্যার্গার সুইজারল্যান্ডে বইটির প্রিন্ট মেকিং ও নির্মাণের সামগ্রিক দায়িত্বে ছিলেন।

চিতপুর, বইপাড়া, দফতরিপাড়ার ○ সমস্ত প্রিন্টার ও বুকবাইন্ডাররা বিশেষ ধন্যবাদার্হ। এই বই উৎসর্গ করলাম আপনাদের, প্রিয় পাঠক এবং পরিতোষ ভট্টাচার্যর মত মানুষদের বইপ্রেমী দুনিয়াকে।

BIBLIOGRAPHY

"Adivasi". *World Directory of Minorities and Indigenous Peoples.* minorityrights.org/minorities/adivasis-2 (accessed November 24, 2018).

Agarwal, Purushottam. "Jeder Kaste ihre Schublade." In *Indien. Die barfüssige Grossmacht,* edited by Sven Hansen, Barbara Bauer, Dorothee D'Aprile, and Niels Kadritzke. Image editing and design by Adolf Buitenhuis. Berlin/Paris: Edition Le Monde diplomatique, No. 7, 2010, pp. 11–13.

Altbach, Philip G. *Publishing in India. An Analysis.* Delhi/New York: Oxford University Press, 1975.

Amnesty Intenational. "India 2017/2018." amnesty.org/en/countries/asia-and-the-pacific/india/report-india (accessed September 9, 2018).

Atenen, Fritz and Fritz Jaggi, editors. *Typorama. Rund um das graphische Gewerbe.* Basel: Kirschgarten-Druckerei AG, 1964.

Bag, Shamik. "Kolkata Chromosome: Bibliophilia from a Lost Age." *Livemint,* March 14, 2015. livemint.com/Leisure/tJAPxjqIEP68GmhTT2WDiJ/Kolkata-chromosome-Bibliophilia-from-a-lost-age.html (accessed September 9, 2018).

Baker, Deborah. *A Blue Hand. The Beats in India: The Tragicomic, Mind-Altering Odyssey of Allen Ginsberg, a Holy Fool, a Lost Muse, a Dharma Bum, and His Prickly Bride in India.* New York: Penguin Books, 2009.

Bandel, Jan-Frederik. "Untergestaltung". *Unter dem Radar. Underground- und Selbstpublikationen 1965-1975,* edited by Jan-Frederik Bandel, Annette Gilbert, and Tania Prill. Leipzig: Spector Books, 2017, p. 89. In English: *Under the Radar. Underground Zines and Self-Publications 1965–1975,* edited by Jan-Frederik Bandel, Annette Gilbert, Tania Prill. Translated by Bradley Schmidt. Leipzig: Spector Books, 2017.

Bandhopadhyay, Krishna. "Coffee House and Adda." *Strangely Beloved: Writings on Calcutta,* edited by Nilanjana Gupta. New Delhi: Rainlight/Rupa Publications India Pvt. Ltd., 2014, pp. 163–169.

Banerjee, Nilanjan. "Lekhan: The Poet's Copy." *Towards Tagore,* edited by Sanjukta Dasgupta, Ramkumar Mukhopadhyay, and Swati Ganguly. Kolkata: Visva-Bharati Publishing Department, 2014, pp. 287–308.

Banerjee, Sumanta. *The Parlour and the Streets: Elite and Popular Culture in Nineteenth Century Calcutta.* Calcutta: Seagull Books 1989.

Barrett, Timothy. "European Papermaking Techniques 1300–1800." In *Paper through Time: Nondestructive Analysis of 14th- through 19th-Century Papers.* University of Iowa. Last modified July 31, 2018. paper.lib.uiowa.edu /european.php (accessed November 16, 2018).

Basak, Aditya. *Myth-Making. Recent Work by Aditya Basak.* Exhibition catalog. Curated and edited by Abhijit and Reena Lath. Kolkata: Akar Prakar, 2014.

Basu, Debnath. *Public Transport Defense Devices.* Kolkata: [Self-published], 2000.

——. *Scribbles from the Underground and Satire from Above: The Pictorial Work of Debnath Basu. Exhibition Catalog.* New York: Aicon Gallery, 2007.

Baudrillard, Jean. *Why Hasn't Everything Already Disappeared?* Translated by Chris Turner. Calcutta: Seagull Books, 2009.

Bean, Susan S. *Midnight to the Boom. Painting in India after Independence.* New York: Thames & Hudson Ltd, 2013.

Benson, Richard. *The Printed Picture.* New York: The Museum of Modern Art, 2008.

Bhabha, Homi K. *Die Verortung der Kultur.* Translated from English by Michael Schiffmann and Jürgen Freudl. Tübingen: Stauffenberg Verlag / Brigitte Narr GmbH, 2000, reprinted 2011. Original in English. *The Location of Culture.* London / New York: Routledge, 1994. Reprinted London / New York: Routledge Classics, 2004.

Bhattacharjee, Indrajit. "Anti-Establishment Pioneers." Under: *Hungry Generation.* Collected and arranged by Tridib Mitra. June 30, 2003. hungryalistgeneration.blogspot.ch (accessed September 6, 2018).

Bhattacharya, Kumkum. *Rabindranath Tagore. Adventure of Ideas and Innovative Practices in Education.* Series: Springer Briefs in Education, No. 10. Cham / Heidelberg / New York / Dordrecht / London: Springer International Publishing, 2014.

Bittner, Regina and Kathrin Rhomberg, editors. *Das Bauhaus in Kalkutta. Eine Begegnung kosmopolitischer Avantgarde.* Ostfildern: Hatje Cantz, 2013. In English: *The Bauhaus in Calcutta: An Encounter of Cosmopolitan Avant-Gardes.* Exhibition catalog: Bauhaus Dessau. Ostfildern: Hatje Cantz, 2013.

Bridgman, George B. *Fifty Figure Drawings.* Pelham, New York: Bridgman Publishers, 1927.

Brown, Rebecca M. *Art for a Modern India, 1947–1980.* Durham: Duke University Press, 2009.

"Buchdruck". Under *Paläographie*, web resource of Philosophische Fakultät Universität Passau, phil.uni-passau.de/fileadmin/dokumente/lehrstuehle/frenz/online-tutorien/TutHiWi/palaeographie/palaeographie11.html (accessed December 2, 2018).

Cella, Bernhard, Leo Findeisen, and Agnes Blaha, editors. *NO-ISBN: On Self-publishing.* Berlin: Verlag der Buchhandlung Walther König, 2015. In English (2nd edn). Vienna: Salon für Kunstbuch, 2017.

Chakravarti, Sudeep. *Red Sun. Travels in Naxalite Country.* New Delhi: Penguin, Viking, 2008.

Chatterjee, Amitabha. "West Bengal." In *Library and Information Services in India. States and Union Territories: On the Eve of New Millennium,* edited by Neela Japannathan, M. K. Jain, D. R. Kalia, and P. B. Mangla. New Delhi: Shipra, 2001.

Chatterjee, Rimi B. "Pirates and Philanthropists: British Publishers and Copyright in India, 1880–1935." In *Moveable Type: Book History in India,* Vol. 2, edited by Abhijit Gupta and Swapan Chakravorty. Delhi / Ranikhet Uttaranchal: Permanent Black, 2008, pp. 26–77.

Chatterji, Joya. "Right or Charity? The Debate over Relief and Rehabilitation in West Bengal, 1947–50." In *The Partitions of Memory. The Afterlife of the Division of India,* edited by Suvir Kaul. Delhi / Ranikhet, Uttaranchal: Permanent Black, 2001, pp. 74–110. Republished 2002, Bloomington: Indiana University Press.

——. *The Spoils of Partition: Bengal and India, 1947–1967.* Cambridge Studies in Indian History and Society, No. 15. New York: Cambridge University Press, 2007.

Chaudhuri, Sukanta. "The Writer's Hand: Authorial Presence in Print." In *Moveable Type: Book History in India,* Vol. 2, edited by Abhijit Gupta and Swapan Chakravorty.

Delhi/Ranikhet, Uttaranchal: Permanent Black, 2008, pp. 224–246.

Chittaprosad. *Hungry Bengal. A Tour Through Midnapur District by Chittaprosad in November 1943.* Bombay: New Age, 1943. Reprint, New Delhi: Delhi Art Gallery, 2011.

Color Library. Lausanne: Workflow Print Technologies Research Project. color-library.ch (accessed November 20, 2018).

Critical Collective. "Bichitra Club." n.d. criticalcollective.in/ArtistGInner.aspx?Aid=278#Essay_Title278 (accessed September 4, 2018).

"Daftaripara Initiative." *New Media for Change: Multimedia Stories on Under-Reported Issues Project. UPE Projects. School of Media, Communication and Culture.* Calcutta: Jadavpur University, since 2012, daftaripara.org (accessed July 18, 2018).

Dey, Bishnu Chandra. *Hungry Andolon O Drohopurush Kotha.* Kolkata: Sahayatri, 2013.

The Economist. Obituary: "P. Lal. Purushottama Lal, poet and publisher of Calcutta, died on November 3rd, aged 81". November 11, 2010, economist.com/obituary/2010/11/11/p-lal (accessed September 4, 2018).

Eichhorn, Kate. *Adjusted Margin. Xerography, Art, and Activism in the Late Twentieth Century.* Cambridge/London: MIT Press, 2016.

Finsler, Konrad and Lotta Suter. *Alternativpresse in der deutschsprachigen Schweiz.* [Alternative Publishing in German-Speaking Switzerland]. Unpublished licentiate thesis, Publizistisches Seminar der Universität Zürich, 1977.

Fraser, Bashabi, editor. *Bengal Partition Stories. An Unclosed Chapter.* London/New York/Delhi: Anthem Press, 2008.

Ghosh, Anindita. "Cheap Books, 'Bad' Books: Contesting Print Cultures in Colonial Bengal." Originally published in *South Asia Research,* Vol. 18(2), 1998, pp. 173–194; reprinted in *Print Areas. Book History in India,* Vol. 1, edited by Abhijit Gupta and Swapan Chakravorty. Delhi/Ranikhet, Uttaranchal: Permanent Black, 2004, pp. 169–196.

—. *Power in Print. Popular Publishing and the Politics of Language and Culture in a Colonial Society, 1778–1905.* New York: Oxford University Press, 2006.

Ghosh, Siddhartha. "Abol Tabol. The Making of a Book." In *Print Areas. Book History in India,* Vol. 1, edited by Abhijit Gupta and Swapan Chakravorty. Delhi/Ranikhet, Uttaranchal: Permanent Black, 2004, pp. 242–251.

Giffin, Lawrence. "Old Office Document Formats from the HIAS Archive." March 4, 2016. *ontherescuefront.* ontherescuefront.wordpress.com/tag/copyrapid (accessed November 20, 2018).

Gilbert, Annette. "System Test: (Self-) Critical Surveys of Publishing Practice." *Publishing as Artistic Practice,* edited by Annette Gilbert, Berlin: Sternberg Press, 2016, pp. 210–225.

Glissant, Édouard. *Poetics of Relation.* Translated by Betsy Wing. Ann Arbor: University of Michigan Press, 1997. Originally published in French. *Poétique de la Relation.* Paris: Gallimard, 1990. In German: *Kultur und Identität. Ansätze zu einer Poetik der Vielheit.* Translated by Beate Thill. Heidelberg: Verlag Das Wunderhorn, 2005.

Grabowski, Beth and Bill Fick. *Printmaking. A Complete Guide to Materials & Processes.* London: Laurence King Publishing, 2015. Original (by Grabowski and Fick) published in 2009 by London: Laurence King Publishing.

Grace's Guide to British Industrial History. *Furnival and Co.* February 12, 2018. gracesguide.co.uk/Furnival_and_Co. (accessed November 11, 2018).

Griffiths, Antony. *Prints and Printmaking. An Introduction to the History and the Technique.* Berkeley: University of California Press, 1996.

Gupta, Abhijit. "The History of the Book in the Indian Subcontinent." In *The Book. A Global History,* edited by Michael F. Suarez and H. R. Woudhuysen. Oxford: Oxford University Press, 2013, pp. 553–572.

——. "Machine, not mean." *The Telegraph,* under "India", February 3, 2009a, telegraphindia.com/1090203/jsp/entertainment/story_10476154.jsp (accessed September 10, 2018).

——. "Where Time Must Stand Still." *Kolkata Book City. Readings, Fragments, Images,* edited by Sria Chatterjee and Jennie Renton. Edinburgh: Textualities, 2009b, pp. 13–22.

Gupta. *Founts of Knowledge. Book History in India,* Vol. 3 of the *Book History in India* series. Delhi: Orient BlackSwan, 2016. Originally printed in 2010 and reprinted also in 2015 by Orient BlackSwan.

——. Abhijit and Swapan Chakravorty, editors. *Moveable Type.* Vol. 2 of the *Book History in India* series. Delhi / Ranikhet, Uttaranchal: Permanent Black, 2008.

——. *Print Areas.* Vol. 1 of the *Book History in India* series. Delhi/Ranikhet, Uttaranchal: Permanent Black, 2004.

Halhed, Nathaniel Brassey. *A Grammar of the Bengal Language.* Bengal: Hoogly, 1778. Available online at Internet Archive: archive.org/details/AGrammarOfTheBengal-Language (accessed September 10, 2018).

Hansen, Sven. "Die East India Company." In *Indien. Die barfüssige Grossmacht,* edited by Sven Hansen, Barbara Bauer, Dorothee D'Aprile, and Niels Kadritzke. Berlin / Paris: Edition Le Monde diplomatique, No. 7, 2010, p. 76.

Holmberg, Ryan. "Bengal's Drihangchoo: An Interview with Deeptanil Ray" (December 13, 2013). Under: "Columns: What Was Alternative Manga?" *The Comics Journal.* Seattle, Wash.: Fantagraphics Books. tcj.com/bengals-drighangchoo-an-interview-with-deeptanil-ray (accessed August 28, 2018).

Hoskins, Steve, *Inks,* London: A & C Black, 2004.

Hutchison, Ray (editor). *Encyclopedia of Urban Studies.* Green Bay: University of Wisconsin, 2009, p. 420.

International Dalit Solidarity Network IDSN. "India: Official Dalit Population Exceeds 200 Million" (May 29, 2013). Under "News". *IDSN.* https://idsn.org/india-official-dalit-population-exceeds-200-million (accessed October 30, 2018).

Jefcoate, Graham. *Deutsche Drucker und Buchhändler in London 1680–1811: Strukturen und Bedeutung des deutschen Anteils am englischen Buchhandel.* Historische Kommission des Börsenvereins des Deutschen Buchhandels e.V., eds. Vol. 12, *Archiv für Geschichte des Buchwesens* series. Berlin / Munich / Boston: De Gruyter, 2015.

Joshi, Priya. "Trading Places: The Novel, the Colonial Library, and India." In *Print Areas. Book History in India,* Vol. 1, edited by Abhijit Gupta and Swapan Chakravorty. Delhi / Ranikhet, Uttaranchal: Permanent Black, 2004, pp. 17–64.

Jussawalla, Adil. "The Joys of Xerox." *Maps for the Mortal Moon. Essays and Entertainments,* edited and introduced by Jerry Pinto. New Delhi: Aleph Book Company, 2014, pp. 229–240.

Kaviraj, Sudipta. *The Invention of Private Life.* Delhi/Ranikhet, Uttaranchal: Permanent Black, 2014. New York: Columbia University Press, 2015.

Khanna, Rani. Film: *Kolkata Books.* Part of the *Artscape* series produced by Maysara Films for Al Jazeera. Artscape S2011·F7. (URL youtu.be/ZXCVJQeLQ8A (retrieved July 14, 2018).

Krauss, Martin. *Vom Glockenguss zum Offsetdruck.* Ubstadt-Weiher: Verlag Regionalkultur, 2000.

Ladner, Otto. *Kopieren und Vervielfältigen.* Freiburg im Breisgau: Rudolf Haufe Verlag, 2nd edn, 1973.

Ludovico, Alessandro. *Post-Digital Print. The Mutation of Publishing since 1894.* Eindhoven: Onomatopee 77: Cabinet Project, 2012.

——. "The Social Sense of Print." In *Publishing as Artistic Practice,* edited by Annette Gilbert and Hannes Bajohr. Berlin: Sternberg Press, 2016, pp. 226–235.

Mahabharata of Vyasa. Condensed from Sanskrit and recreated into English by P. Lal. Eight of the eighteen volumes have introductions by Dr Pradip Bhattacharya, two by Prema Nandakumar, and one by A. Harindranath. Calcutta: Writers Workshop, 2004. Also published by New Delhi: Vikas Publishing House Pvt Ltd, 1980 and 1986.

Man, John. *The Gutenberg Revolution.* London: Headline, 2002.

Marshall, Peter, "British India and the 'Great Rebellion'". BBC History, 2017, bbc.co.uk/history/british/victorians/indian_rebellion_01.shtml (accessed November 24, 2018).

Mishra, Pankaj. *Aus den Ruinen des Empires. Die Revolte gegen den Westen und der Wiederaufstieg Asiens.* Frankfurt am Main: S. Fischer Verlag, 2014.

Mitter, Partha. "Modernity, Art, and National Identity in India: Background to the Bauhaus Exhibition in Calcutta, 1922." In *The Bauhaus in Calcutta. An Encounter of the Cosmopolitan Avant-Garde,* edited by Regina Bittner and Kathrin Rhomberg. Berlin: Hatje Cantz Bauhaus Edition, 2013, pp. 85–92.

Moxon, Joseph. *Moxon's Mechanick Exercises: Or, the Doctrine of Handy-works Applied to the Art of Printing.* 1st edn. London, 1683; reprinted with preface and notes by Theo. L. de Vinne. New York: The Typothetae of the City of New York, 1956.

Mudgal, S. "The Hungryalist Controversy." Originally printed in *Language News,* edited by U. S. Bahri. Delhi: Shahadra, 1988. Under: *Hungry Generation.* Collected and arranged by Tridib Mitra. June 30, 2003. hungryalistgeneration.blogspot.ch (accessed September 6, 2018).

Mukherjee, Abhijit. "The Little Little Magazines of Calcutta." In *Strangely Beloved. Writings on Calcutta,* edited by Nilanjana Gupta. New Delhi: Rupa Publications India Pvt. Ltd., 2014, pp. 315–319.

Mukherjee, Janam. *Hungry Bengal. War, Famine and the End of Empire.* London: Hurst & Company and New York: Oxford University Press, 2015.

Mukherjee, Meenakshi. *Realism and Reality. The Novel and Society in India.* Delhi/New York: Oxford University Press, 1985.

Müller, Lothar. *Papier. Die Weisse Magie.* Munich: Carl Hanser Verlag, 2012.

Nair, N. K., A. K. Barman, and Utpal Chattopadhyay. *Study on Copyright Piracy in India.* Sponsored by Ministry of Human Resource Development, Government of India. New Delhi: National Productivity Council (NPC), 1999. copyright.gov.in/Documents/STUDY%20ON%20COPY-

RIGHT%20PIRACY%20IN%20INDIA.pdf (accessed September 10, 2018).

Nair, P. Thankappan. *First Circulating and College Libraries of Calcutta*. Kolkata: Punthi Pustak, 2012.

Office Museum. "Antique Copying Machines". *Early Office Museum*. n.d. officemuseum.com/copy_machines.htm (accessed November 11, 2018).

Office of the Registrar General & Census Commissioner, India, Ministry of Home Affairs, Government of India. "Provisional Population Totals: Paper 1 of 2011: West Bengal. S.N. 8. Table No. Statement-4. Ranking of Districts by Literacy Rate in 2001 and 2011." xls: censusindia.gov.in/2011-prov-results/prov_data_products_wb.html (accessed September 10, 2018).

Ohdedar, A. K. *The Growth of the Library in Modern India: 1498–1836*. Calcutta: World Press Private, 1966.

Olocco, Richardo. *Linotype Bengali and Digital Bengali Typefaces. With an Enquiry into the Current State of Bengali Typesetting*. Dissertation, MA Typeface Design, University of Reading, 2014. riccardolocco.com/img/R.Olocco_bengali_MATD14_hires.pdf (accessed July 18, 2018).

Orsini, Francesca. *Print and Pleasure. Popular Literature and Entertaining Fictions in Colonial North India*. Delhi/Ranikhet, Uttaranchal: Permanent Black, 2009.

Paul, Ashit. *Woodcut Prints of Nineteenth Century Calcutta*. Calcutta: Seagull Books, 1983.

Poster for the State Farmers Convention [mid-1970s]. *The Bengal Collections. International Institute of Social History Poster Collection, Amsterdam*. https://search.socialhistory.org/Record/1112738 (accessed September 6, 2018).

Radice, William. "Introduction." In *The Jewel That is Best: Collected Brief Poems* by Rabindranath Tagore, translated by William Radice. New Delhi/New York: Penguin Books, 2011, pp. 1–32.

Rai, Amit, Arvind Krishna Mehrotra and Alek Rai. *damn you: a magazine of the arts*. Six issues, self-published poetry magazine run by Arvind Krishna Mehrotra. Allahabad, 1967.

Ray, Deeptanil. "Speculating 'National': Ownership and Transformation of the English-Language Press in India During the Collapse of the British Raj." *Media History Monographs,* Vol. 16, Issue 2, 2013, pp. 1–18.

Ray, Indrajit. *The Development of Modern Industries in Bengal: Re-Industrialisation, 1858–1914*. London/New York: Routledge, 2018.

Ray, Niharranjan (aka Niharranjan Roy). *Bangalir Itihas: Adi Parva*. Kolkata: Sudhangshu Sekhar Dey, Dey's Publishing, 1949 (first printing). Translated from Bengali into English and with a foreword by John W. Hood: *History of the Bengali People. From Earliest Times to the Fall of the Sena Dynasty*. New Delhi: Orient BlackSwan, 1994; 2nd edn 2014 .

Ray, Pranabranjan, and Surajit Sarkar. *Continuing Traditions. Les Traditions Perpétuelles*. Ahmedabad: Mapin Publishing, 2015.

Ray, Pratap Kumar. "The Calcutta Adda." In *Calcutta. The Living City*. Vol. II. *The Present and Future,* edited by Sukanta Chaudhuri. Calcutta: Oxford University Press, 1995, pp. 247–250.

Rebel, Ernst. *Druckgrafik. Geschichte und Fachbegriffe*. Stuttgart: Reclam Verlag, Universal-Bibliothek Reihe, 2003.

Rhodes, Henry James. *The Art of Lithography. A Complete Practical Manual of Planographic Printing*. London: Scott Greenwood and Sons, 1914.

Ross, Fiona G. E. *The Printed Bengali Character and Its Evolution.* Richmond, Surrey, UK: Curzon Press, 1999; Kolkata: Shishu Sahitya Samsad, 2009.

Ross, John, Clare Romano, and Tim Ross. *The Complete Printmaker. Techniques. Traditions. Innovations.* New York: The Free Press, 1972.

Roth, Dieter. *Gedrucktes Gepresstes Gebundenes 1949–1979.* Edited by Graphische Sammlung Albertina. Exhibition catalog. Vienna/Cologne: Oktagon, 1998.

Roy, Abhijit. "Reading Spaces: Calcutta's Daftaripara." In *Strangely Beloved. Writings on Calcutta,* edited by Nilanjana Gupta. New Delhi: Rupa Publications India Pvt. Ltd., 2014a, pp. 125–131.

Roy, Ajoy. "90th Birth Anniversary. Ila Mitra —Revolutionary, Trailblazer." *The Daily Star,* October 17, 2015. the dailystar.net/in-focus/ila-mitra-revolutionary-trailblazer-158164 (accessed September 7, 2018).

Roy, Arundhati. "The Doctor and the Saint." *Annihilation of Caste. The Annotated Critical Edition.* London: Verso, 2014b, pp. 15–141. Book edition: *The Doctor and the Saint: Caste, Race, and Annihilation of Caste, The Debate between B. R. Ambedkar and M. K. Gandhi.* Chicago: Haymarket Books, 2017.

——. *The Ministry of Utmost Happiness.* London: Hamish Hamilton, 2017. (Pirated copy from a crossroads street hawker in Kolkata, autumn 2017.)

Sarkar, Nikhil. *A Matter of Conscience: Artists Bear Witness to the Great Bengal Famine of 1943.* Calcutta: Punascha, 1998.

Saxe, Stephen. "History of the Platen Press." *Letterpress Commons.* Syracuse, New York: Boxcar Press, n.d., letterpresscommons.com/platen-press-history (accessed November 20, 2018).

Schlump, Hans-Ulrich. Film: *Umbruch.* Part of the photo archive of the Schweizerische Gesellschaft für Volkskunde, 1987. URL archiv.sgv-sstp.ch/resource/2574500 (retrieved November 25, 2018).

Sen, Sarbajit. *Fellow Diarists.* Dhaka: Bengal Lights, 2013.

Sengupta, Paula, "Amber Alleys." In Basak, Aditya. *Myth-Making. Recent Work by Aditya Basak.* Exhibition catalog. Curated and edited by Abhijit and Reena Lath. Kolkata: Akar Prakar, 2014, pp. 2–3.

——. *Foreign & Indigenous Influences in Indian Printmaking.* Saarbrücken: LAP LAMBERT Academic Publishing, 2013.

——. *The Printed Picture. Four Centuries of Indian Printmaking.* Two volumes. New Delhi: Delhi Art Gallery, 2012a.

——. "Under the Banyan Tree—The Woodcut Prints of 19th Century Calcutta." Kolkata: *art etc. news and views.* Vol. 0, No. 29, June 2012b. artnewsnviews.com/view-article.php?article=under-the-banyan-tree-the-woodcut-prints-of-19th-century-calcutta&iid=34&articleid=1014 (retrieved July 15, 2018).

Shaw, Graham. "Calcutta: Birthplace of the Indian Lithography Book." In *The History of the Book in South Asia,* edited by Francesca Orsini. Abingdon/London: Routledge 2016, pp. 89–111. First published by Farnham, UK/Burlington, Vt.: Ashgate Publishing, 2013.

——. *Printing in Calcutta to 1800.* A Description and Checklist of Printing in Late 18th Century Calcutta. London: The Bibliographical Society, 1981.

Shields, David. "What is Wood Type?" Hamilton Wood Type & Printing Museum. woodtype.org/pages/what-is-wood-type (accessed November 20, 2018).

Sinha, Shumona. *Erschlagt die Armen!* Translated by Lena Müller. Hamburg: Edition Nautilus, 2015. Original in French: *Assommons les pauvres*! Paris: Éditions de l'Olivier, 2011.

——. *Kalkutta.* Hamburg: Edition Nautilus, 2016.

Stark, Ulrike. "The Coming of the Book in Hindi and Urdu." Originally published in *An Empire of Books.* Delhi/Ranikhet, Uttaranchal: Permanent Black, 2007, pp. 29–83; pp. 536–539. Here from: *The History of the Book in South Asia,* edited by Francesca Orsini. New York: Routledge 2016, pp. 183–240. First published by Farnham, UK: Ashgate Publishing, 2013.

Steiner, George. *Warum Denken traurig macht.* Translated by Nicolaus Bornhorn. Berlin: Suhrkamp Verlag, 2008. Originally published in English: "Ten (Possible) Reasons for the Sadness of Thought" in *Salmagundi*, No. 146/147 (Spring–Summer 2005), pp. 3–32.

Steinkamp, Maike, "'Die Welt mit Dada infizieren'. Die Zürcher-Dada-Zeitschrift als Sprachrohr der Bewegung", in *Genese Dada,* Zürich: Scheidegger & Spiess, 2016, pp. 230–237.

Stencil. "An Atlas of Modern Risography." stencil.wiki/atlas (accessed September 9, 2018).

Steyerl, Hito. "Can the Subaltern Speak German? Postcolonial Critique." Translated by Aileen Derieg. In: *Jenseits der Repräsentation/Beyond Representation,* edited by Marius Babias, in German and English. Exhibition catalog, Neuer Berliner Kunstverein n.b.k. Diskurs: Bank 4; Berlin: Verlag der Buchhandlung Walther König, 2016, pp. 204–207.

Stodolka, Frank. *A Beginner's Guide to Amatuer* [sic] *Publishing.* Reprinted with anonym as author by Bremen: Fresh Prints, University of the Arts Bremen, 2016, and Zurich: everyedition, 2018. Original edition mid-1960s.

Tagore, Rabindranath, *Lekhan.* Scanned version from the Birchandra State Central Library, Tripura. Dated November 1926. Presumably originally printed as single pages (facsimiles) in Berlin (printer unknown) and bound one year later in Bengal. No publisher indicated. Scanned version downloaded at Internet Archive. archive.org/details/Lekhan (accessed September 10, 2018).

Timmerberg, Helge. *Shiva Moon. Eine Reise durch Indien.* Berlin: Rowohlt Taschenbuch, 2006, and Reinbek bei Hamburg: Rowohlt-Taschenbuch-Verlag, 2007.

Tsien, Tsuen-Hsuin. "Raw Materials for Old Papermaking in China." *Journal of the American Oriental Society* Vol. 93, No. 4 (Oct.–Dec. 1973), pp. 510–519. DOI: 10.2307/600169 (accessed November 15, 2018).

Waligora, Melitta with Tilo Thangarajah (photography), Rita Orschiedt (photography). *Kalkutta. Eine moderne Stadt am Ganges.* Berlin: Neofelis Verlag, 2015.

Wilson, Douglas, *Linotype: The Film.* DVD. Independently released and distributed. 2012.

Zecchini, Laetitia. *Historicizing Modernism. Arun Kolatkar and Literary Modernism in India. Moving Lines.* London/Oxford/New York/New Delhi/Sydney: Bloomsbury Academic, 2014.

FURTHER SOURCES

Albus, Hergen Dietmar. *Postkoloniale Diskurse in Francisco Sionil Josés Rosales Saga.* Dissertation. Published Online. Berlin: Freie Universität Berlin, 2008. d-nb.info/1023581884/34 (accessed September 9, 2018).

Bathhurst, Bella. "The Nightfishing." In *The Weekenders. Adventures in Calcutta,* edited by Andrew O'Hagan. London: Ebury Press/Random House, 2004, pp. 1–26.

Bhadra, Gautam. "Four Rebels of Eighteen-Fifty-Seven." In *Selected Subaltern Studies,* edited by Ranajit Guha and Gayatri Chakravorty Spivak. New York: Oxford University Press, 1988, pp. 129–176.

Bortlik, Wolfgang. "Von 'Hotcha' bis 'Sinnkrise'. Die Alternativpresse in der Schweiz." *Verzeichnis der Alternativmedien,* edited by ID-Archiv International Institute of Social History, Amsterdam. Amsterdam: Edition ID-Archiv in the IISG Amsterdam, 1991/1992, pp. 55–60.

Butalia, Urvashi. *The Other Side of Silence: Voices from the Partition of India.* Durham, N.C.: Duke University Press, 2000. First published by Viking, Penguin Books India, 1998.

——. "Die Unfähigkeit zur Teilung." In *Indien. Die barfüssige Grossmacht,* edited by Sven Hansen and Barbara Bauer. Berlin/Paris: Edition Le Monde diplomatique, No. 7, 2010, pp. 94–97.

Chakraborty, Subhasish. "College Street. Reminiscences at Kolkata's Boi Para." *Wall Street International.* June 19, 2015, wsimag.com/travel/16069-college-street (accessed September 10, 2018).

Chatterjee, Partha. *The Present History of West Bengal: Essays in Political Criticism.* Delhi/New York: Oxford University Press, 1997.

Chatterjee, Suvro. "Growing in Popularity, Little by Little." *Little Magazine and All About It,* edited by Manasreej Dutta, translated by Saumik Chakraborty. Kolkata: Little Magazine Library and Research Center, 2009, pp. 214–222. First published in *The Telegraph,* 21 October 1984.

Chatterji, Joya. "'Dispersal' and the Failure of Rehabilitation: Refugee Camp-dwellers and Squatters in West Bengal." *Modern Asian Studies,* Vol. 41, No. 5, September 2007, pp. 995–1032.

Chaudhuri, Sukanta. "Banyan Shade to Open Road: The Kolkata Chapbook." In *Kolkata Book City. Readings, Fragments, Images,* edited by Sia Chatterjee and Jennie Renton. Edinburgh: Textualities, 2009, pp. 34–43.

——, editor. *Calcutta, The Living City.* Vol. I: *The Past*; Vol. II: *The Present and Future.* Oxford: Oxford University Press, 1990.

Clemente, Francesco. *Undae Clemente Flamina Pulsae.* Amsterdam: Art & Project, 1978.

Crandall Hollick, Julian. "Calcutta's Kaleidoscope of Cultures." Independent Broadcasting Associates. 1991, iba.radio.org/india/calcutta/kol.pdf (accessed September 10, 2018). Originally appeared in a shorter version in *Smithsonian Magazine,* July 1991.

Dalrymple, William. "Delhi 1857. Die erste grosse Revolte im britischen Kolonialreich." *Auf den Ruinen der Imperien. Geschichte und Gegenwart des Kolonialismus,* edited by Dorothee d'Aprile, Barbara Bauer and Niels Kadritzke. Berlin: Edition Le Monde diplomatique No. 18, 2016, pp. 34–38.

Dalrymple, William and Steve McCurry. *Indien. Steve McCurry.* Munich: Prestel Verlag/Random House GmbH, 2015.

Originally published as *India. Steve McCurry.* London: Phaidon, 2015.

Davis, Mike. *Die Geburt der Dritten Welt. Hungerkatastrophen und Massenvernichtung im imperialistischen Zeitalter*. Translated from English by Ingrid Scherf, Britta Grell, and Jürgen Pelzer. Berlin: Assoziation A Verlag, 2004. English original: *Late Victorian Holocausts: El Niño Famines and the Making of the Third World*. London/New York: Verso, 2000.

Davis, Richard H. *Gods in Print. Masterpieces of India's Mythological Art. A Century of Sacred Art (1870–1970).* San Rafael, Ca.: Mandala Publishing, 2012.

de Donno, Emanuele and Amedeo Martegani. *Yes Yes Yes Alternative Press. '66–'77 from Provo to Punk.* Milan/Foligno: A+M Bookstore, Viaindustriae Editions, 2015.

de Jonge, Jakob. "Freedom of Expression, Dialogue and Conflict Resolution in Bangladesh." *The Hague Peace Project.* 2017. thehaguepeace.org/2017/03/28/freeom-of-expression-dialogue-and-conflict-resolution-in-bangladesh [1.1.11].

Dutta, Krishna. *Calcutta. A Cultural and Literary History. [Cities of the Imagination Series.]* First published by Oxford: Signal Books/Northampton, Mass.: Interlink Publishing Group, 2003; new edition by Signal Books, 2008.

Dutta, Sandip. *Little Magazine and All About It.* Translated by Saumik Chakraborty. Kolkata: Little Magazine Library and Research Center, 2012.

Eaton, Natasha. "'Swadeshi' Color: Artistic Production and Indian Nationalism, ca. 1905–ca. 1947." *The Art Bulletin,* Vol. 95, No. 4, December 2013, pp. 623–641.

Erickson, Matthew and Suzanne Schmidt. "Cumulus from India. Hanuman = Hanuman Books." *Parkett: The Parkett Series with Contemporary Artists,* No. 90, 2012, pp. 242–247. doi.org/10.5169/seals-680404 (accessed September 10, 2018).

Febvre, Lucien and Henri-Jean Martin. *The Coming of the Book: The Impact of Printing 1450–1800.* Edited by Geoffrey Nowell-Smith and David Wootton. Translated by David Gerard. First published in English by London/New York: Verso, 1976. Other editions 1997, 2000. First published as *L'Apparition du livre* by Paris: Editions Albin Michel, 1958.

Felsch, Philipp. *Der lange Sommer der Theorie. Geschichte einer Revolte. 1960–1990.* Munich: Verlag C.H. Beck, 2015.

Foye, Raymond. *Home Alone in the Gutenberg Galaxy. A Brief Account of the Life of C.T. Nachiappan.* raymondfoye.info/Foye%20Nachiappan%20essay.pdf (accessed September 10, 2018).

Ganguly, Nanak. *Somnath Hore. Readings.* New Delhi: Lalit Kala Akademi, 2010.

Ghosh, Biswajit. "Organising Unorganised Workers: The Case of Bindery Workers in Calcutta." *Sociological Bulletin,* Vol. 37, No. 1/2, March–September 1988, pp. 97–112.

Ghosh, Vishwajyoti, editor. *This Side, That Side: Restorying Partition. An Anthology of Graphic Narratives from Pakistan, India, Bangladesh.* New Delhi: Yoda Press, 2014.

Ginsberg, Allen. *Indisches Tagebuch März 1962–Mai 1963.* Translated from English by Carl Weissner. Munich: Carl Hanser Verlag, 1972. Originally published in English: *Indian Journals. March 1962–May 1963. Notebooks. Diary. Blank Pages. Writings.* San Francisco: Dave Haselwood Books and City Lights Books, 1970. New York: Grove Press, 1996.

Jeffrey, Robin. *Media und Modernity: Communications, Women, and the State of India.* Delhi/Ranikhet, Uttaranchal: Permanent Black, 2010.

Kaplan, Ilee and Carol A. Wells, editors. *Peace Press Graphics 1967–1987: Art in the Pursuit of Social Change.* Exhibition catalog. Long Beach, Ca.: University Art Museum, California State University, 2011.

Katyal, Anjum. "Seagull: Romancing the Book." In *Kolkata Book City. Readings, Fragments, Images,* edited by Sria Chatterjee and Jennie Renton. Edinburgh: Textualities, 2009, pp. 97–111.

Kaul, Suvir. *The Partitions of Memory. The Afterlife of the Division of India.* Delhi/Ranikhet, Uttaranchal: Permanent Black, 2001. Bloomington: Indiana University Press, 2002.

Keller, Hans Gustav. *Die politischen Verlagsanstalten und Druckereien in der Schweiz 1840–1848: Ihre Bedeutung für die Vorgeschichte der deutschen Revolution von 1848.* Bern/Leipzig: Paul Haupt, 1935.

Losty, Jeremiah P. *The Art of the Book in India.* Exhibition catalog. London: British Library, 1982.

Lutz, Hans-Rudolf. *Der Schülerverlag an der Schule für Gestaltung in Luzern ... und warum es ihn gibt. Übersicht der Publikationen.* TM-Beilage 6/1979. Lucerne: [Self-published], 1980.

Mishra, Pankaj. "Indien heute." *Lettre International,* Winter 2014, pp. 78–82.

Mitra, Samarpita. "Bangla Literary Journalism at Nationalism's 'Movement of Departure'." In *Founts of Knowledge. Book History in India,* Vol. 3, edited by Abhijit Gupta and Swapan Chakravorty. Delhi: Orient BlackSwan, 2016, pp. 173–221. Originally printed in 2010; reprinted in 2015 by Orient BlackSwan.

Mode, Heinz and Subodh Chandra. *Indische Volkskunst.* Leipzig: Edition Leipzig, 1984.

Moorhouse, Geoffrey. *Calcutta.* London: Redwood Press Limited, 1971. First reprinted by Evanston, Ill: Holt McDougal, 1985.

Morris, Rosalind C., editor. *Can the Subaltern Speak? Reflections on the History of an Idea.* New York: Columbia University Press, 2010.

Moss, Jessica and Ram Rahman. *The Sahmat Collective. Art and Activism in India since 1989.* Chicago: Smart Museum of Art, 2013.

Nadel, Dan. *The Collected Hairy Who Publications 1966–1969.* New York/Los Angeles: Matthew Marks Gallery, 2015.

Nandy, Pritish. "Poetry in the Age of Politics." *Times of India.* epaper.timesofindia.com/Default/Scripting/ArticleWin.asp?-From=Archive&Source=Page&Skin=TOINEW&BaseHref=TOIKM/2010/04/11&ViewMode=HTML&PageLabel=42&EntityId=Ar04200&AppName=1 (accessed September 10, 2018).

National Library. *Collections: Indian Languages Collection.* Kolkata: National Library. Ministry of Culture, Government of India. nationallibrary.gov.in/nat_lib_stat/collection.html (accessed August 29, 2018).

Parimoo, Ratan. "Somnath Hore and his Time." Typed manuscript (8 pages) by art historian Ratan Parimoo, probably written around 1995 for a seminar paper to be delivered in Mohile Parikh Centre, Mumbai. The manuscript is undated. An essay under the same title, based on this text, was subsequently published in Vol. 2 of the journal *Bichitra* in Kolkata, 2000. Ratan Parimoo Archive, Manuscripts of Essays and Articles, *Asian Art Archive,* 1995, cdn.aaa.org.hk/_source/digital_collection/fedora_extracted/40748.pdf (accessed September 10, 2018).

Parisi, Valentian. "Scribes, Self-Publishers, Artists: Performing the Book in the Samizdat Writing Scene." In *Publishing as Artistic Practice,* edited by Annette Gilbert and Hannes Bajohr. Berlin: Sternberg Press, 2016 (2nd edn), pp. 154–169.

Ray, Sukumar. *Wordygurdyboom! The Nonsense World of Sukumar Ray.* Translated by (Sampurna Chatterjee. Penguin Random House India Pvt. Ltd/Puffin Classic, 2008. First published as *Abol Tabol* in Puffin by Penguin Books India, 2004.

Raychowdhury, Upendrakishore. *Essays on Half-Tone Photography. Facsimile Edition.* Jadapvpur University Press, 2014. Nine essays originally written for Penrose's *Pictorial Annual. London: A. W. Penrose,* 1897–1912.

Roy, Proma Basu. *Children's Libraries and Children's Section in Public Libraries.* 2012, libraryeducators.in/wp-content/uploads/2014/06/Proma-Childrens-Libraries-and-Childrens-Section-in-Public-Libraries.pdf (accessed July 17, 2016).

Roychoudhury, Malay. *"Weekly Manifesto of the Hungry Generation." Edited by Debi Ray; Leader, Shakti Chatterjee.* First one-page bulletin of the Hungry Generation. Published by Haradhon Dhara, 269 Netaji Subhas Road, Howrah, West Bengal, November 1961. Scanned version of original: hungryderphoto.wordpress.com/2011/06/01/manifesto (accessed September 10, 2018); text transcription and description of historical context under Dr Indrajit Bhattacharjee, "Anti-Establishment Pioneers." hungryalistgeneration.blogspot.com (accessed September 10, 2018).

Roychoudhury, Prabir. *Public Libraries in West Bengal.* Chapter 3. shodhganga.inflibnet.ac.in bitstream/10603/61940/13/13_chapter %203.pdf (accessed September 10, 2018).

Saha, Romila. "Yello Books." *The Telegraph,* under "India." Kolkata, 2007. telegraphindia.com/1070325/asp/calcutta/story_7562038.asp (accessed September 10, 2018).

Sanders, Ed. *Fuck You/A Magazine Of The Arts. Issues 1–5, Vol. 4 (1962–1963),* edited by Gerardo Madera. Reprinted and recomposed by Gerardo Madera, publisher and printer. New York: Common Satisfactory Standard, 2015.

——. *Fug You. An Informal History of the Peace Eye Bookstore, the Fuck You Press, the Fugs, and Counterculture in the Lower East Side.* Philadelphia, Pa.: Da Capo Press, 2011.

Sarkar, Sumit. *The Swadeshi Movement in Bengal. 1903–1908.* New Delhi: People's Publishing House, 1973. Printed by Tarten Sengupta at New Age Printing Press, New Delhi. Reprint by Telangana: Orient BlackSwan, 2011.

Schnapp, Jeffrey T. and Adam Michaels. *The Electric Information Age Book: McLuhan/Agel/Fiore and the Experimental Paperback.* Princeton Architectural Press, 2012.

SenGupta, Amitabh. *Memoir of an Artist.* Gurgaon: Partridge India, 2014.

Society of Contemporary Artists Trust. *Society of Contemporary Artists.* Exhibition catalog. Kolkata: Akar Prakar Art Gallery, 2009.

Suarez, Michael F., S. J. and H. R. Woudhuysen, editors. *The Book. A Global History.* Oxford University Press, 2013.

Thorton, Edward. *A Gazetteer of the Territories Under the Government of the East-India Company, and of the Native States of the Continent of India.* London: Wm. H. Allen & Co., 1854. Scanned version downloaded at Internet Archive: archive.org/details/bub_gb_xpfB8bld7WcC (accessed September 10, 2018).

TNN. "Central Probe Doesn't Change State of Bhasa Bhawan." In *The Times of India: City,* August 3, 2014. timesofindia.indiatimes.com/city/kolkata/Central-probe-doesnt-change-state-of-Bhasa-Bhawan/articleshow/39516936.cms (accessed September 10, 2018).

Toibïn, Colm. "Mercy." In *The Weekenders. Adventures in Calcutta,* edited by Andrew O'Hagan, London: Ebury Press/Random House, 2004, pp. 47–80.

Trojanow, Ilija and Anja Bohnhof. *Stadt der Bücher.* Stuttgart: Langen Müller, 2012.

Turcotte, Bryan Ray and Christopher T. Miller. *Fucked Up + Photocopied. Instant Art of the Punk Rock Movement.* Berkeley, Ca./Hamburg: Gingko Press, 1999.

Vale, Valhalla. *Zines!* Vol. 1. San Francisco: RE/Search Publications, 1996.

Visva-Bharati. "Mission and Vision: Santiniketan. Sriniketan." *Visva-Bharati. A Central University and an Institution of National Importance,* n.d. visvabharati.ac.in/Mission__Vision.html (accessed September 10, 2018).

Weiss, Christian and Hans-Kartin Kunz, editors. *Goldenes Bengalen? Essays zur Geschichte, sozialen Entwicklung und Kultur Bangladescha und des indischen Bundesstaats Westbengalen.* Bonn: Verlag Bonner Siva Series, 2002.

Wirz, Mirjam. *Bootleg.* Mexico City: [Self-published], 2013. Printed by Publicidades Panther, Mexico City.

ABOUT THE AUTHOR

Mara Züst, b. 1976, is an artist, cultural pedagogue (author and outreach project developer), docent, and researcher residing in Zurich, Switzerland. She has a diploma in Visual Communication from the Zurich University of the Arts (ZHdK) and a Master's in Art History and Modern History from the University of Zurich. She works as a researcher at the ZHdK and is personally in charge of the estate of the artist Andreas Züst, under which the Bibliothek Andreas Züst in Oberegg/AI, Switzerland is operated. In her work she is most interested in print in its various forms, and, as a medium with its complex applications and technologies ranging from traditional to the state-of-the-art. Her current greatest passions are the publishing of books combining research, text, and images in a unique design; developing tools in the field of cultural pedagogy incorporating hands-on print production; running a library as a free, playful form; and, exploring the subject in a research project at the ZHdK about documenting and mediating artistic processes in print. Another special subject arousing her great enthusiasm is print combined with the feministic art movement, a combination which can be triggered by instances ranging from individual artworks to radical pedagogical approaches. More information about her work can be found on the Internet. On College Street her name is (still) relatively unknown.

লেখক পরিচিতি

মারা জিউইস্ত, জন্ম ১৯৭৬ সালে, একজন শিল্পী, সংস্কৃতিবিশারদ, শিক্ষক (লেখক ও আউটরিচ প্রজেক্ট ডেভেলপার), এক সফল গবেষক ও ডোসেন্ট। বসবাস সুইজারল্যান্ডের জুরিখে। জুরিখ ইউনিভার্সিটি অব দ্য আর্টস জেডএইচডিকে থেকে ভিসুয়াল কমিউনিকেশনে ডিপ্লোমা করেছেন, শিল্প-ইতিহাস বিষয়ে এবং আধুনিক ইতিহাসে জুরিখ বিশ্ববিদ্যালয় থেকে স্নাতকোত্তর। জেডএইচডিকে-তে তিনি গবেষণার কাজের সঙ্গে তো যুক্ত বটেই, এর পাশাপাশি এই লেখিকা 'শিল্পী আন্দ্রেয়াস জিউইস্ত আর্টিস্ট এস্টেট' -এর ভারপ্রাপ্ত প্রধান। এই প্রতিষ্ঠানের অধীনেই সুইজারল্যান্ডের ওবারেগে কাজ করে চলেছে 'বিব্লিওথেক আন্দ্রেয়াস জিউইস্ত' নামক আর একটি ব্যক্তিগত সংস্থা। প্রিন্ট-এর নানান ফর্ম ও মাধ্যম নিয়ে চর্চার ওপর সবচেয়ে বেশি আগ্রহ তাঁর। বিবিধ মাধ্যমে ও ফর্মে প্রিন্টের প্রয়োগ ও ব্যবহারের বিষয়টি কিন্তু নিতান্তই সহজ নয়। বরং বেশ জটিল। এর জন্য প্রয়োজনীয় প্রযুক্তির যে বিস্তৃত পরিসর সেখানে প্রচলিত কৌশল থেকে শিল্পকলা ভিত্তিক প্রযুক্তি সবকিছুই পড়ছে। বর্তমানে বিভিন্ন গবেষণার মাধ্যমে লেখিকা পাণ্ডুলিপি, ছবি ইত্যাদির সমন্বয়ে স্বতন্ত্র ও অত্যাধুনিক একরকম বিন্যাসে বই প্রকাশ নিয়ে কাজ করছেন। সাংস্কৃতিক শিক্ষাবিজ্ঞানে এর জন্য প্রয়োজনীয় নানান যন্ত্রপাতি উদ্ভাবনার কথাও বলেছেন লেখক। হাতে করা প্রিন্ট উৎপাদন বা বিনামূল্যে খেলাচ্ছলে গ্রন্থাগার চালানো বা মুদ্রণ শিল্পের বিভিন্ন মাধ্যম আবিষ্কার করার বিষয়গুলি নিয়ে ডকুমেন্টেশন অথবা মুদ্রণে শিল্পকলাকেন্দ্রিক নানান পদ্ধতির মধ্যস্থতা–এসবই তাঁর আগ্রহের ও চর্চার বিষয়। আর একটি বিষয়ে তাঁর বিপুল উৎসাহ লক্ষ্যণীয়। তা হল নারীবাদী শিল্প আন্দোলনের সঙ্গে প্রিন্টিং কীভাবে সংযুক্ত, নিজস্ব আর্টওয়ার্ক থেকে শুরু করে মৌলিক শিক্ষাগত অভিগমনের দিকে ছড়িয়ে রয়েছে যার বিবিধ দৃষ্টান্ত। অন্তর্জালেও পাওয়া যাবে মারা জিউইস্ত-এর আরও নানাবিধ কাজকর্মের তত্ত্বতালাশ। কলেজস্ট্রিট অঞ্চলে হয়ত অপেক্ষাকৃতভাবে কম পরিচিত এই লেখিকা। কিন্তু কে বলতে পারে, এই বই-ই হয়ত কলকাতা ○ শহরে তাঁকে এনে দেবে পাঠকপ্রিয়তা।

Kolkata City of Print

Applied Publishing Studies no. 3

Text:
Mara Züst

Glossary:
Mara Züst with Linda Cassens Stoian, Saumik Chakraborty, Kurt Eckert

Concept:
Mara Züst, Krispin Heé

Graphic Design:
Studio Krispin Heé,
Krispin Heé and Tim Wetter

Drawing:
Rajat Sen

Additional texts:
Samrat Banerjee, Luis Züst

Editing:
Stefanie Sourlier

Translation:
Dipanwita Sarkar (Bengali),
Linda Cassens Stoian (English)

Copy-editing/proofreading Bengali:
Samrat Banerjee, Khan M. Baki Ullah, Anandarup Ghosh

Copy-editing/proofreading English:
Margaret May

Published by:
Spector Books
Harkortstraße 10
04107 Leipzig
spectorbooks.com

First edition
Printed in India
ISBN 978-3-95905-294-8

Distribution:

Germany, Austria:
GVA, Gemeinsame Verlagsauslieferung
Göttingen GmbH & Co. KG
www.gva-verlage.de

Switzerland:
AVA Verlagsauslieferung AG,
www.ava.ch

France, Belgium:
Interart Paris,
www.interart.fr

Southern Europe:
charlesgibbes@orange.fr

UK:
Central Books Ltd,
www.centralbooks.com

USA, Canada, Central and South America, Africa, Asia:
Artbook, D.A.P.
www.artbook.com

South Korea:
The Book Society
www.thebooksociety.org

Australia, New Zealand:
Perimeter Distribution,
www.perimeterdistribution.com

Production Details

প্রোডাকশন সংক্রান্ত বিবরণ

Kolkata City of Print

কলকাতা সিটি অব প্রিন্ট

Production Supervisor and
Translation Support Bengali:
Anandarup Ghosh

প্রোডাকশন সুপারভাইজার এবং
বাংলা অনুবাদে সহযোগ:
আনন্দরূপ ঘোষ

Hand-carved Woodblock:
Rupsha Block House

হাতে খোদাই কাঠের ব্লক:
রূপসা ব্লক হাউস

Printing Plate Painting and
Lettering Poster Lithography:
Swapan Das

প্রিন্টিং প্লেট-পেন্টিং এবং লেটারিং
পোস্টার লিথোগ্রাফি:
স্বপন দাস

Production Poster Lithography:
Rabindra Litho — Ashok Das
with Ismail and Badal

প্রোডাকশন পোস্টার লিথোগ্রাফি:
রবীন্দ্র লিথো – অশোক দাস, ইসমাইল
এবং বাদল

Screenprint Invitation Card:
Galaxy Printers — Vicky (Jaiswal)
Bikash

স্ক্রিনপ্রিন্ট নিমন্ত্রণ কার্ড:
গ্যালাক্সি প্রিন্টার্স – ভিকি (জয়সোয়াল)
বিকাশ

Printing, Binding and
Wrapping of the Book:
CDC Printers

প্রিন্টিং, বাইন্ডিং এবং
বই মোড়ানো:
সি ডি সি প্রিন্টার্স

Head of Prepress Department at CDC:
Raju Pal

সি ডি সি প্রিপ্রেস ডিপার্টমেন্ট হেড:
রাজু পাল

Head of Printing Department at CDC:
Pravashis Panda

সি ডি সি প্রিন্টিং ডিপার্টমেন্ট হেড:
প্রভাশিস পান্ডা

Offset Printers at CDC:
Shaktipada Kandar, Harekrishna Nayek,
Sukanta Senapati, Ananta Seal

সি ডি সি অফসেট প্রিন্টার:
শক্তিপদ কান্ডার, হরেকৃষ্ণ নায়েক, সুকান্ত
সেনাপতি, অনন্ত শীল

Screenprint Printers at CDC:
Mohammad Zafar with Bittu

সি ডি সি সিল্ক স্ক্রিন প্রিন্টার:
মোহাম্মদ জাফর, বিট্টু

Head of Bookbinding Department
at CDC:
Tapas Banerjee, Rakesh Jaiswal

সি ডি সি বুক বাইন্ডিং ডিপার্টমেন্ট
হেড:
তাপস ব্যানার্জি, রাকেশ জয়সাওয়াল

Paper

Cover:
Pink Color Map Litho, 120 GSM

Dust Jacket:
Imported Art Gloss, 250 GSM

Inside:
Ladder Paper, 54 GSM

Wrapper:
Craft Paper, 90 GSM

Sticker:
Gumming Sheet Fashion, 80 GSM

Printing Presses

Digital Printing:
Konica Minolta Bishnu Press C1060

Offset Printing:
Heidelberg MS 102

Binding

Centre Staple Cover Glue Binding

কাগজ

কভার:
গোলাপী রঙের কাগজ, কালার ম্যাপ লিথো, ১২০ GSM

ডাস্ট জ্যাকেট:
ইমপোর্টেড আর্ট গ্লস, ২৫০ GSM

ভিতরে:
ল্যাদার কাগজ, ৫৪ GSM

মোড়ক:
ক্রাস্ট কাগজ, ৯০ GSM

স্টিকার:
গামিং শিট ফ্যাশান, ৮০ GSM

প্রিন্টিং প্রেস

ডিজিটাল প্রিন্টিং:
Konica Minolta Bishnu Press C1060

অফসেট প্রিন্টিং:
Heidelberg MS 102

বাঁধাই

মাঝে স্টেপল কভার আঠা দিয়ে বাঁধাই

This book was created with the support of
যাদরে সাহায্যে এই বইটি তরৈি হল

Kanton Zürich Fachstelle Kultur
Pro Helvetia—Swiss Arts Council
Institute for Contemporary Art Research at the Zurich University of the Arts
Erna und Curt Burgauer Stiftung

কলকাতা সিটি অব প্রিন্ট

ব্যবহারিক প্রকাশনার অধ্যয়ন, ৩য় সংখ্যা

গ্রন্থকার:
মারা জিউইস্ত

পরিভাষাকোষ:
মারা জিউইস্ত, লিন্ডা ক্যাসেন্স স্টোইয়ান,
সৌমিক চক্রবর্তী, কুর্ট এখার্ট

বিষয় ভাবনা:
মারা জিউইস্ত, ক্রিস্পিন হে

গ্রাফিক ডিসাইন:
স্টুডিও ক্রিস্পিন হে
ক্রিস্পিন হে ও টিম ওয়েভ্তের

অঙ্কন:
রজত সেন

অতিরিক্ত গ্রন্থে:
সম্রাত ব্যানার্জি, লুইস জিউইস্ত

সম্পাদনা:
স্টেফানি সুরলিয়ের

অনুবাদ:
দীপান্বিতা সরকার (বাংলা), লিন্ডা ক্যাসেন্স
স্টোইয়ান (ইংরাজি)

কপি এডিটিং ও বাংলা প্রুফ রিডিং:
সম্রাট ব্যানার্জি, খান ম.বাকি উল্লাহ,
আনন্দরূপ ঘোষ

কপি এডিটিং ও ইংরাজি প্রুফ রিডিং:
মার্গারেট মে

দ্বারা প্রকাশিত:
Spector Books
Harkortstraße 10
04107 Leipzig
spectorbooks.com

প্রথম প্রকাশন
ভারতে মুদ্রিত
ISBN 978-3-95905-294-8

বতিরণ:

Germany, Austria:
GVA, Gemeinsame Verlagsauslieferung
Göttingen GmbH & Co. KG
www.gva-verlage.de

Switzerland:
AVA Verlagsauslieferung AG,
www.ava.ch

France, Belgium:
Interart Paris,
www.interart.fr

Southern Europe:
charlesgibbes@orange.fr

UK:
Central Books Ltd,
www.centralbooks.com

USA, Canada, Central and
South America, Africa, Asia:
Artbook, D.A.P.
www.artbook.com

South Korea:
The Book Society
www.thebooksociety.org

Australia, New Zealand:
Perimeter Distribution,
www.perimeterdistribution.com

দিএতর রথ প্রিন্টকে প্রোডাক্ট ও প্রসেস দুভাবেই দেখতে চেয়েছেন। *প্রিন্টিং, প্রেসিং* আর *বাইন্ডিং-এর* প্রসেস-এর মধ্য দিয়ে টেক্সট আর ইমেজ নিজেদের অপরিহার্য চরিত্র অর্জন করে। আবার *প্রিন্টিং প্রেসিং বাইন্ডিং* কোন মুল পাঠকে একটা চেহারা দিতে পারে এমন টেকনিক হিসেবেও দেখা যেতে পারে ,যদিও পুরো ব্যাপারটা আদতে সম্পূর্ণ হয় পাঠকের দৃষ্টি অব্দি পৌঁছে। তাছাড়া এই বইতে মিডিয়ার-ইতিহাস আর তার তাত্বিক দিকগুলোর নিরিখে মুল-পণ্য আর যোগাযোগের মুল প্রক্রিয়া হয়ে প্রিন্টিং কীভাবে সমাজের বিভিন্ন স্তরের মধ্যে আন্তঃসংযোগ স্থাপন করে চলেছে তা বোঝার চেষ্টা করা হয়েছে।

In the sense of Dieter Roth, print is both product and process of making: through being *printed pressed bound*, texts and images acquire their essential nature as an object, just as *printing pressing binding*, the physical form-giving processes, can be explored per se as techniques which are eventually only fully completed in the viewer's eye. Furthermore, as understood in this book, in terms of media history and theory, print figures as a key product and process of communication, bridging different social strata and interconnecting these within their various levels.

9 783959 052948